●民族文字出版专项资金资助项目
●中缅跨境民族语言文字研究丛书

民族语言与文化

MINZU YUYAN YU WENHUA

张　琪　刘劲荣　主编

德宏民族出版社

图书在版编目（CIP）数据

民族语言与文化/张琪 刘劲荣主编.—芒市：德宏民族出版社，2017.5

ISBN 978-7-5558-0673-8

Ⅰ.①民… Ⅱ.①张… ②刘… Ⅲ.①少数民族—民族语—中国—文集 Ⅳ.①H2-53

中国版本图书馆CIP数据核字（2017）第149191号

书　　名	民族语言与文化
作　　者	张　琪　刘劲荣　主编

出版·发行	德宏民族出版社	责 任 编 辑	胡兰英
社　　址	云南省德宏州芒市勇罕街1号	责 任 校 对	余胜连　么　批
邮　　编	678400	封 面 设 计	蒲雪良
总编室电话	0692-2124877	发 行 部 电 话	0692-2112886
汉 文 编 室	0692-2111881	民 编 部	0692-2113131
电 子 邮 件	dmpress@163.com	网　　　　址	www.dmpress.cn
印　　刷	云南天彩印务包装有限公司		
开　　本	787mm×1092mm　1/16	版　　次	2017年5月第1版
印　　张	22	印　　次	2017年5月第1版
字　　数	294千	印　　数	1～2000册
书　　号	ISBN 978-7-5558-0673-8	定　　价	60.00元

如出现印刷、装订错误，请与承印厂联系。

序

石　锋

劲荣是 2008 年在南开大学获得博士学位，转眼已近十年了。我一直欣慰地关注着他和他们学院在学术上的不断进步和发展。在各民族荟聚的彩云之南，又是云南民族大学的民族语言文化学院，有着得天独厚的丰富资源，再加上现代的理论方法和仪器设备，成果层出不穷，前景令人期待。这本刘劲荣、张琪主编的《民族语言与文化》论文集正是他们辛勤耕耘的又一结晶。

书中收录的是他们指导的云南民族大学研究生所撰写的调查研究民族语言文化的论文，虽然篇幅不长，但是内容充分，语料详实，值得一看。书中特色略举如下：

一、选题多样。从语音、词汇、语法以及语言传习为切入点，采用不同视角来解读不同民族各具特色的语言生活。如既有《藏缅语重叠式结构初探》（王战领）那样从宏观角度的分析，也有《少数民族大学社团文化在双语建设中的作用探析》（郭亚杰、黄玉婉）这样对双语教育形式的考察。

二、导师和学生结合，透过表层的语言形式，联系人类学与社会学的民族习俗、宗教信仰等领域，探求其中渗透的文化精髓。如《从语义分析看乌撒彝族的婚姻制度》（何根源、刘劲荣）等。

三、关注濒危语言的调查研究，保护人类文化多样性。如《新平红星小组苦聪话使用现状与濒危原因分析》（张琪、刘劲荣）等。

四、文章语料多是通过田野调查搜集资料，进行论证分析，很少空谈理论。贴近实际的语言生活，虽然有些略显稚嫩，但是可以感觉到那泥土的清香。

看到这些民族语言文化研究的新成果，不禁回想起我自己调查民族语言的往事。在1986年第一次踏上云贵高原，进行历时六个月，深入贵州、云南、广西的田野调查。在荔波水语中记录到一种小舌鼻音时喜出望外，我曾写下"山遮新雨羞见客，寨遗古风笑迎人。最爱荔波榕树下，坐听皓首记新音。"今年在昆明的"演化语言学会议"中，当年我调查三都水语时发音人的侄女已经是语言学研究生，她找到我，十分惊喜：你比我姑妈说的更和蔼可亲哦！

后来我们还曾带研究生到过西双版纳以及广东、湖南等地。王士元先生有时还跟我们一起做田野调查。有一次还陪王先生进了大瑶山。王先生多次讲到：在南开大学，我有一个好朋友叫石锋，他很熟悉国内少数民族的情况。我一有机会就来内地，跟着石锋去少数民族地区做研究。到香港后，我继续跟着北大的、南开的团队去做田野工作（王士元：我们应当让语言自然地演化，《文汇学人访谈录》12月8日）。跟王先生在一起，耳闻目濡，言传身教，从为人到治学，我学到很多，受益匪浅；尤其是他对于语言研究的专注执着，令人难忘。

美国学者拉波夫提倡在社会中研究语言，把语言学建立在实证的基础上。我是非常赞同的，语言在社会中产生，在社会中发展，在社会中变化，离开社会就不会有语言。离开社会的语言研究只是纸上谈兵、空中楼阁。我身体力行，并以此跟我的学生们共勉：到社会中去，到田野中去，到实验室去。劲荣和张琪的这本书正是研究社会中的语言得到的成果，希望以后会有更多更好的这样的成果，使语言学的花园百花齐放、争鲜斗艳。

是为序。

2017年12月31日于南开静寓

目　录

新平红星小组苦聪语使用现状与濒危原因分析 ……… 张　琪　刘劲荣（1）
浮游调简介……………………………………………… 和丽昆　伦　静（8）
从语义分析看乌撒"na³³su³³"彝族的婚姻制度……… 何根源　刘劲荣（20）
哈尼语领属结构分析…………………………………………… 胡金华（31）
桐城方言的研究综述…………………………………………… 蒋金晶（38）
傈僳语动物词汇文化内涵浅析………………………… 李丰林　余德芬（43）
河南方言实验语音学研究综述………………………………… 乔　明（51）
剑川沙溪阿吒力教符箓文字的语言文化透视………… 王　彬　袁　晗（58）
对外汉语教学的国别化——以韩国汉语教学为例…………… 许　黎（65）
澜沧县东主佛堂寨的节日习俗初探…………………………… 闫　蕊（72）
论《中国语言生活状况报告》中新词语的仿词造词法………… 杜　策（78）
《万物的起源》文本程式语词浅析……………………………… 方　潇（85）
澜沧县竹塘乡东主村佛堂寨语言使用情况调查报告………… 郭晨阳（93）
永城市住宅楼盘名称的结构分析……………………… 黄玉婉　郭亚杰（102）
德宏傣语与泰语名量词对比研究……………………………… 朗叶喊（106）
河南固始方言处置句研究……………………………………… 李玉静（116）
竹塘乡老缅大寨语言使用现状分析…………………………… 刘陇凤（125）
现代汉泰人称代词对比研究…………………………………… 罗冠章（133）
济源方言构词法研究…………………………………………… 苗雨思（141）

马关蚌卡壮语音系…………………………………………侬道敏（149）

四川达州方言"毛"字及"毛"字词组浅析………………………邱　双（159）

云南文山壮语（沙系）的构词方式浅析…………………………陶梦思（167）

藏缅语重叠式结构初探……………………………………………王战领（176）

以谐发铎　妙趣横生：论沈起凤《谐铎》的美学追求…………徐梦菲（185）

"动词'闹'+X"的语义研究………………………………………徐　蓉（192）

维西傈僳族竹书文字及其使用情况的研究………………………蔡秀花（201）

副词"充其量"的语法特征探究………………………柴　畅　刘劲荣（209）

少数民族大学社团文化在双语建设中的作用探析………郭亚杰　黄玉婉（220）

山西太谷方言的语音特点…………………………………………胡　蕊（225）

南段老寨拉祜西话的语法特征……………………………………李利行（235）

载瓦语形容词程度表达方式浅析…………………………………李木瑞（247）

傈僳语作家母语文学作品翻译实践初探…………………………李琴香（256）

浅谈网络词语的类词缀化…………………………………………李帜艳（266）

汉泰语气副词"当然"和"แน่นอน[nae⁴⁵non³³]"对比分析……刘　静（275）

富宁里呼壮语音系研究……………………………………………卢　春（284）

试论端午节民俗文化促进孝感地方旅游经济发展之策略………万登峰（297）

浅析《盗墓笔记》网播剧的创新与不足…………………………谢　倩（304）

乔家大院馆舍文化与晋商精神……………………………………翟佳敏（312）

傈僳族语言文字运用的现状与发展方向研究

　　………………………………………舒生跃　胡兰英　曹　五（320）

傈僳族神秘文化初探………………………………胡兰英　胡灵英（330）

载瓦语四音格词初探………………………………………………刀果双（335）

参考书名目……………………………………………………………（344）

后　记…………………………………………………………………（345）

新平红星小组苦聪语使用现状与濒危原因分析[①]

张 琪[②] 刘劲荣[③]
（云南民族大学）

[摘 要] 新平县漠沙镇的小坝多村居住着彝族、拉祜族苦聪人。其中苦聪人口 746 人，占全村总人口的 42.5%，主要聚居在红星、龙潭新寨、香箐棚、竹棚寨四个村民小组。我们发现，该地的苦聪语已处于濒危状态，出现断代式传承障碍，35 岁以下的青少年母语使用能力退化，青年不具备母语"说"的能力，16 岁以下少年"听说"能力丧失，为此作者对红星小组的苦聪语使用与濒危情况进行调查和分析。

[关键词] 苦聪语 现状 濒危 断代式传承障碍

苦聪人是拉祜族的一个支系[④]，[qho³³tɕho³³] 是苦聪人的自称，[qho³³]：山头，[tɕho³³]：人，[qho³³tɕho³³] 即住在山头上的人。苦聪人主要分布在云南省的镇沅县、新平县和金平县。新平县漠沙镇的小坝多村居住着彝族、拉祜族苦聪人（以下简称苦聪人）。其中苦聪人口 746 人，占全村总人口的 42.5%，主要聚居在红星、龙潭新寨、香箐棚、竹棚寨四个村民小组。而其余的先锋、新联社等 8 个村民小组居住着已经成为汉语单语人的彝族，红星苦聪聚居小组被强

---

① 本文是中国语言资源保护工程专项任务《民族语言调查·云南拉祜语苦聪话》（项目编号 YB1624106）和 2017 年度云南省级民族文化项目《濒危苦聪语传承保护研究——以新平县小坝多村苦聪语为例》阶段性成果。

② 张琪，女（汉族），云南民族大学外国语学院讲师、在读博士，主要研究云南少数民族语言。

③ 刘劲荣，男（拉祜族），云南民族大学民族文化学院院长、教授、博士生导师，主要研究语言学及中国南方少数民族语言。

④ 1988 年根据大多数苦聪人的意愿，将其划归为拉祜族，文章中仍保留苦聪称谓。

势的通用汉语包围着。2016年7月笔者到该地进行田野调查，调查发现，该地的苦聪语已处于濒危状态，出现断代式传承障碍[①]，35岁以下的青少年母语使用能力退化，青年不具备母语"说"的能力，16岁以下的少年丧失"听说"能力。

一、小坝多村红星小组概况[②]

小坝多村委会驻地距新平县城65公里，乡村道路较狭窄，交通不便。东邻曼蚌，南邻黎明，西邻平掌，北邻纸厂。辖外寨、新寨、小坝多、龙潭、红星、龙潭新寨、香箐棚、先锋、阿波黑、瓦房、竹棚寨、新联社共12个村民小组。共有463户居民，1756人，彝族1010人，拉祜族746人。全村国土面积29.63平方公里，海拔1450米，适合种植苞谷、核桃等农作物，属于山区贫困村。[③]

本文选取的调查点红星小组原名阿古龙村，文革时改名红星组。隶属新平县漠沙镇小坝多村委会，在村委会驻地约15公里远的半山区，20世纪70年代从大尖山深山老林中陆续搬迁至此。共有71户，229人，其中苦聪人口158人，占69%，彝族55人，汉族15人、傣族1人。族际婚姻有29户，一些族际婚姻后代的民族成分已随外族父（母）。

村里的老人说他们的祖先是从"江西"[④]过来的，所以在家中供奉家神时会将"姜"做为祭品之一。春节、正月初三之后第一个属牛的日子、农历六月二十四、家里娶媳妇时都会举行祭竜活动。仪式当天全村人到神树（榕树）[⑤]前献饭，敬香，根据不同的时间选择杀鸡、猪、羊或豆腐等不同的祭品，全村人在神树前用餐结束后会打歌祈福。

二、村民使用语言情况及程度

红星小组共71户，6岁以上的人口218人，6~16岁的33人，17~35岁的59人，36~59岁的97人，60岁以上的29人。经过入户调查、400词测试和

---

① 断代式传承障碍：语言的代际传承出现断代，一个年龄段人的母语语言使用活力骤然下降。
② 这次调查还得到谭妮、关东晨、刘洋、张小光、闫蕊、何根源、乔明、蒋金晶8位云南民族大学研究生（在读）的协助。
③ 相关数据由漠沙镇政府和小坝多村委会提供。
④ 拉祜族传说先民去赶"江西兹"[tɕa³³si³³zi³³]，今青海湖江西沟。
⑤ 神树并不一定选村寨内生长时间最长的榕树，也可以重新选择优良品种的榕树进行栽种培养。

问卷调查，我们了解到村里的 36 岁以上村民的交流用语仍是苦聪语，但 6~35 岁[①]的青少年母语使用能力下降，出现断代式传承障碍。

（一）苦聪语使用情况

全组第一语言为苦聪语且程度为熟练的有 105 人，其中 36~59 岁的有 81 人，占这个年龄阶段的 83.5%，占全村人数的 35.37%。60 岁以上的有 24 人，占这个年龄阶段的 82.76%，占全村人数的 10.48%。第二语言为苦聪语且程度为熟练的有 14 人，大部分为族外婚村民。第二语言为苦聪语且程度为一般的有 53 人，主要集中在 17~35 岁年龄段，共有 41 人，占这个年龄阶段的 69.49%，占全村人数的 17.9%。第二语言为苦聪语且程度为略懂的有 9 人，均为 6~35 岁的村民，占全村人数的 4%。

（二）汉语使用情况

全组第一语言为汉语且程度为熟练的有 110 人，主要是 6~59 岁的村民。第二语言为汉语且程度为熟练的有 105 人。全组没有不会讲汉语的村民，村中一位 80 岁的老人都可以熟练的使用汉语。

（三）彝语和傣语使用情况

组里共有彝族 55 人，都是嫁入或入赘的外族人及其子女。这些彝族均已不会讲彝语，婚后定居在红星组的 45 岁以上的中老年人大都学会了苦聪语且能熟练掌握，但 45 岁以下人的外族人不会或略懂苦聪语。全村唯一的傣族封立芳，42 岁，是傣汉双语人，第一语言傣语且熟练，第二语言汉语且熟练，但不会苦聪语。

（四）族际婚姻家庭的语言使用情况

村寨里族际通婚的情况较多较早，现共有 29 户族际婚姻家庭，占全组 71 户的 40.8%，包括拉（苦聪）汉、拉彝、拉傣三种民族成分的族际通婚，部分族外婚姻的后代将民族成分随父（母）改为汉族或彝族。早在五、六十年代开始，村中就有族际通婚的情况，大部分是拉彝通婚。这些早期定居在红星组的彝族媳妇或女婿刚来时只会讲汉语，后来渐渐学会了苦聪语且能熟练运用，家庭交流用语为苦聪语。但 80 年代之后的族际婚姻家庭交流用语却有很大不同，外族家庭成员不愿学习苦聪语，所以家庭交流用语也改为汉语。

三、苦聪语 400 词测试及问卷调查

为了更好地调查和了解红星小组苦聪语使用现状，作者进行了苦聪语 400

---

① 由于 6 岁以下的儿童因语言使用系统还未完全形成，本文暂不计入调查对象。

个词测试和调查问卷。

（一）400 词测试[①]**情况**

我们结合当地苦聪语的特点，设计了"400 词测试表"，该测试表包括名词、动词、形容词、数词、代词等日常使用频率较高的词汇，如：人称代词爷爷、母亲、妹妹；表示时间的今天、后天、白天；自然现象类的太阳、云、山；生产生活类的草鞋、茶、唱山歌；方位词和颜色词东、北、红、黑；形容词、动词类的大、矮、骂、砍等等。我们分别选取 4 个年龄段[②]男女共 8 人进行测试，测试结果如下：

1. 6~16 岁：测试对象 1 王孟诚，男，16 岁，初中刚毕业正在找工作，第一语言为汉语，A+B 词汇为 179 个，测试等级为一般。与生活密切相关的词汇反应较快，不常用的词汇需要在给予一点提示方能说出来，但很多词汇经别人提示后被测人仍表示不会；测试对象 2 田忠琼，女，16 岁，初中刚毕业，第一语言为汉语，A+B 词汇为 78 个，测试等级为差。因为平时在家中听长辈们讲苦聪语，所以她对少数的自然现象、生活用品等与日常生活紧密相关的词还知道苦聪语，但其它的词已基本不会了。田忠琼第一语言为汉语，从来没有专门学习过苦聪语，长辈及村民们和她的交流用语都是汉语。

2. 17~35 岁：测试对象 1 李应祥，男，26 岁，小学文化，第一语言为汉语，外出务工，A+B 词汇为 167 个，测试等级为一般。这个年龄段的青壮年出生时父母就有意识的用汉语与孩子交流，以便入学时能更快的接受汉语的教育。很多像李应祥一样的初中毕业后外出务工，不再选择继续读书。外出务工与外族人的交流用语都是当地汉语，所以一部分年轻人只具备母语"听"的能力，丧失了"说"的能力。测试对象 2 彭润莲，18 岁，高三在读，汉语单语人，A+B 词汇为 50 个，测试等级为差。另一部分像彭润莲这样正在上学的青年人，特别是需要外出住校的高中生或大学生，母语的使用能力退化得更严重，全汉语的学习环境使他们学习本民族语言的机会更少。

---

① 我们依据被测人在测试时对 400 词的反应，将程度划分为 ABCD 四个等级，A 等级为脱口而出的词汇；B 等级为略思考之后说出的词汇；C 等级为经我们提示后想起来的词汇；D 等级为虽经提示仍不知道的词汇。另外，我们将被测试人掌握 400 词的程度划分为四个等级：优秀、良好、一般和差。四个等级的评分标准是：A 级 +B 级的词汇达到被测总词汇的 75%，语言能力为优秀；A 级 +B 级的词汇达到 60%，语言能力为良好；A 级 +B 级的词汇达到 30%，语言能力为一般；A 级 +B 级的词汇在 29% 以下的，语言能力为差。

② 第一年龄段：6~16 岁，正在受小学及初中义务教育的青少年人；第二年龄段：17~35 岁，大多出外务工的青壮年人；36~59 岁，中青年人；60 岁以上，老年人。

3. 36~59岁：测试对象1李绍明，男，42岁，小学文化，第一语言为苦聪语，A+B词汇为361个，测试等级为优秀。测试对象2李美玲，女，46岁，小学文化，第一语言为苦聪语，A+B词汇为355个，测试等级为优秀。中青年龄段的村民常年只在村子里劳作，村内的交流用语多为苦聪语，只有赶集出门的时候才会用到汉语与他人交流，所以他们的苦聪语很熟练。

4. 60岁以上：测试对象1龚家发，66岁，小学文化，苦聪语、汉语双语人。A+B词汇为380个，测试等级为优秀。测试对象2罗侨妹，62岁，文盲，苦聪语、汉语双语人。A+B词汇为375个，测试等级为优秀。60岁以上的老人都是双语人，除一些新兴事物或不常现的事物词汇如国家、手机、大熊猫、大象、鸳鸯等不会用苦聪语表达外，其它与日常生活中息息相关的词语基本都能脱口而出。

（二）家庭内、外部语言使用情况

通过对不同年龄段的人进行问卷调查，我们发现家庭内、外部语言使用情况可以分为以下两种情况：

第一，6~35岁年龄段的青壮年，出生后，在家庭内部长辈对晚辈一般只讲汉语，使他们丧失了"说"的能力，苦聪语"听"的能力是从说苦聪语的长辈那里"听"学到的。但正在读书或打工的人因回家时间少，就连"听"的能力也丧失了，他们几乎变成汉语单语人，不具备本民族语的听说能力。他们在外可以用流利的汉语与其它人交流，回到本村同长辈们也都只用汉语交流。

第二，36岁以上年龄段的中老年，母语的听说能力保留完好，在村寨内部同辈人之间或与长辈之间的交流用语都为苦聪语，外出赶集或短暂务工时也可以用流利的汉语与他人交流。与本族客人交流时他们首选苦聪语，对待非本族或陌生人时会选择汉语进行交流。

（二）语言态度问卷调查情况

我们随机抽取8位不同年龄段的村民进行语言态度的问卷调查，发现不论是什么年龄段的被调查人都希望自己及后代是苦聪语—汉语双语人（以下简称苦汉双语人）。他们不希望自己的民族语消失，同时又希望能熟练掌握汉语，方便交流、求学和找工作。他们渴望有自己的文字，有苦汉双语授课的学校，希望媒体可以用双语进行播音，也希望通过苦聪语的代际传承保护本民族的历史和文化。

6~35岁年龄段的青壮年虽然自己的苦聪语测试等级是一般或差，但却仍然表现出想成为苦汉双语人的愿望，也很遗憾为了求学的需要没有学会苦聪语。对待外出几年后不再会说苦聪语的村民大多抱着宽容的态度，可以理解因外地学习或工作交流的需要而放弃使用本民族语言的无奈。

36岁以上年龄段的中老年，一方面希望后代能学好苦聪语传承本民族文化，另一方面又希望后代们能掌握运用好汉语，有机会接受更高层次的教育或者找到更好的工作。特别是60岁以上的老人，认为苦聪人掌握苦聪语很有必要，不希望苦聪人成为汉语单语人，更不认同在外地学习或工作的后辈放弃苦聪语，他们对本民族的认同感比年轻人更为强烈。

四、红星组苦聪语出现断代式传承障碍的原因分析

红星、龙潭新寨、香箐棚、竹棚寨四个村民小组形成苦聪人小聚居的局面，我们认为这样的局面是红星组还保留着本族语言的重要原因。虽然外围都是汉语语言环境，但五百人左右的小聚居规模还是让他们有一定讲母语的机会。

但是这样局面可能在不久的将来被打破，造成红星组苦聪语濒危的原因是多方面的，但我们认为居住环境、聚居人数较少、外来强势文化侵入和渗透、与其他民族通婚，学业压力等成为该组苦聪语濒危的主要原因。

（一）居住环境是造成苦聪语濒危的内部因素

从居住环境上看，红星组的周围被彝族村寨包围着，苦聪聚居只有四个小组500人左右的苦聪人聚居。20世纪70年代搬迁到离乡镇较近的现址后，交通更为便利，与外族交流的机会和需求也增多，讲苦聪语的机会逐渐减少，只有在村寨里才会用苦聪语交流，直接导致了本民族语言的濒危。

（二）外来强势文化的渗透及外出务工是造成苦聪语濒危的外部因素

苦聪语被当地较为强势的汉语包围着，电视、手机等现代化产品的使用较为普遍；红星小组是特困村，很多青年人选择外出务工，使用汉语交流的机会要远远多于使用母语的机会，这些加速了苦聪语的濒危。

（三）几代人的族际通婚是影响苦聪语代际传承的客观因素

红星组的村民从20世纪50年代开始就和外村的彝族或汉族通婚，族际婚已有几代人的历史。全组共71户，就有29户是族际婚姻，剩余的42户也有一些人是早期族际婚姻的后代。只有45岁以上嫁入或入赘的外族人学会了苦聪语，45岁以下的外族人仍然只说汉语，从而影响了该家庭的交流用语只能是汉语。

（四）长辈的语言传授方式是影响苦聪语代际传承的主观因素

一种语言是否濒危，代际传承是一项重要指标。村里的长辈为了让后代们

更好的适应全汉语的外部环境，从孩子牙牙学语时就只教孩子学汉语。迫于升学和工作的压力，年轻人也只能接受这样的现实。

五、结　语

语言的濒危必定会伴随着文化的消失，搬迁到现址的红星小组民居大多没有保留本民族的特色文化，只有少数几间房屋还保留了石头房的痕迹。村中只有3名中老年妇女保留着传统服饰，而有本民族特色的生产生活用具也很少能在村寨中看到。从红星组走出的教师龚家祥面对母语的传承问题及后辈们不会说苦聪语的现状表示担忧。

笔者曾两次到新平县水塘镇旧哈村进行苦聪语使用情况的调查。12年前的旧哈村，虽然被强势的彝语包围着，但苦聪语仍在顽强的生存着。12年后，汉语已经替代彝语成为旧哈村的通用语，苦聪语到了消亡的边缘。我们也担心同样是弱势语言的小坝多苦聪语的使用情况，在强势的通用语的侵入下还能生存多久？四十年后，随着中老年人的故去，小坝多的苦聪语是否也会随之消亡。如果不加以保护和传承，旧哈苦聪语使用现状将成为小坝多苦聪语的明天，苦聪语的消亡也就成了必然。语言的消失伴随着民族认同感的消失。那些不会讲本民族语言的年轻人对本民族文化和历史的传承也会变得漠不关心，民族多样性的消失同物种的消失同样让我们唏嘘。

2015年云南省颁布《云南省少数民族语言文字工作条例》[①]，该条例对云南少数民族语言文字的传承与保护做了明确规定，我们希望该条例能对正在处于濒危的苦聪语的传承与保护发挥积极的作用。

参考文献：

[1] 戴庆夏主编. 泰国拉祜语语言使用现状及其演变 [M]. 中国社会科学出版社，2011年.

[2] 李锦芳. 中国濒危语言研究及保护策略 [J]. 中央民族大学学报，2005，(3).

[3] 刘劲荣、张琪. An analysis of the current status and language endangerment of the Kucong language at Shuitang Township in Xinping County. John Benjamins Publishing Company. Volume 38 NR2 2015.

---

① 该条例于2013年5月1日通过云南省人大常委会讨论通过并颁布实施。

浮游调简介

和丽昆[①]　伦　静[②]
（中央民族大学少数民族语言文学系）

[**摘　要**] 术语"浮游调"最早源于非洲声调语言的研究，近年来开始用于解释亚洲汉藏语言的一些特殊变调，如纳西语的"省略变调"，但国内文献中还缺少对浮游调的专文介绍。浮游调指失去载调单位后独立存在的一类声调。失去载调单位后浮游调重新与邻近音节停靠（合音），以曲折调、中和化、降阶、替换和时长音系化实现为表层形式，从目前的研究来看浮游调的出现主要与音节弱化和音节节律结构演变有关。了解浮游调的概念及其音系特征对描写和解释汉藏语言的声调类型具有积极的意义。

[**关键词**] 浮游调　降阶　替换　中和化　曲折调　时长音系化

引　言

纳西语片丁话（Michaud & He 2015）有高平（H）、中平（M）、低平（L）以及升调（R）四个基本字调[③]，用五度制分别标调为55、33、11、24。除四个字调外，单字调在句中出现时可变调为与基本字调不同的调类。如量词 pʰʊ˧ "副"和 pʰʊ˩ "块"分别为中平调和低平调，进入句子后两个量词在例1a和1b中分别变调为中高升调的 pʰʊ˧˥ 和低高升调的 pʰʊ˩˥。

[①] 和丽昆，男（纳西族），中央民族大学博士，语言学及应用语言学专业（现代语音学方向），主要研究纳西语。
[②] 伦静，女（傣族），中央民族大学硕士，中国少数民族语言文学专业。
[③] 大写字母 H、M、L 和 R 分别是 high（高）、mid（中）、low（低）和 rising（升）的缩写，下文涉及非洲声调语言时也使用 H、M 和 L 表示。

1a. dɯ˧ pʰy˧˥ ʝɤ˥ se˩.   2a. dɯ˧ pʰy˩˥ ʝɤ˥ se˩.
　　一　 副　　EXIST　PFV 　　　一　 块　　EXIST　PFV
　　只有一副（扑克）了。 　　　　　　只有一块（田）了。

上述例句中量词变调现象并不能简单的从语音角度得到解释，如"中平调或低平调在中平调之前分别变为中高升调和低高升调"，因为其它"中平＋中平"和"低平＋中平"声调序列并不变调，不属于常见的连读变调。此外，也不能解释为"中平调和低平调在中平调存在动词之前分别变为中高升调和低高升调"，因为两个量词在不变调的情况下符合语法，并且表达完全不同的句义。如：

1b. dɯ˧ pʰy˧ ʝɤ˥ se˩.   2b. dɯ˧ pʰy˩ ʝɤ˥ se˩.
　　一　 副　　EXIST　PFV 　　　一　 块　　EXIST　PFV
　　有一副（扑克）了。 　　　　　　　有一块（田）了。

那么如何解释纳西语的这种变调现象呢？实际上，纳西语中的变调与音节弱化有关，在《纳西语简志》中称为"省略变调"（和即仁　姜竹仪 1985：14~15）。此类变调在非洲声调语言中较为常见，非洲声调学家对这类变调的解释已很成熟，如班图语言。解释这类变调需要引入一个概念，即浮游调（floating tone）。

一、浮游调的概念

浮游调又称无元音声调（vowelless tone），"floating tone"国内翻译为"浮游调"（王洪君 2008，228）或"漂浮声调"（赵忠德　马秋武 2011，247），其中"浮游调"的翻译更能体现声调在底层的"漂浮"以及在表层上"游离"于周围音节的音系特点，本文采用了前一种翻译。"floating tone"一词最早由非洲语言学家 Voorhoeve 在 1971 年提出，在此之前 Voorhoeve 先后使用过"音段前调位"（presegmental tonemes）、"音段后调位"（postsegmental tonemes）、"非音段调位"（nonsegmental tonemes）、"非音段的高／低调"（nonsegmental H and L）四个不同的术语（Voorhoeve 1967），"浮游调"现已成为非洲声调学界普遍接受的术语（Michaud 2017：60~62）。

在中文文献中很少就汉藏语具体的例子对浮游调进行详细的讨论，只在理论介绍中偶有提及。如：

"漂浮声调是一种特殊的，指潜藏在声调层的音段构成语素单位，也就是无语音承载单位相连的声调"（赵忠德 马秋武 2011：247）

"Margi 语言里浮游声调的概念，其更深的含义在于说明声调的持久性（tonal persistence）。就是说音素音段被删除后，声调依然存在。这种浮游声调的概念，指在语音的某个生成阶段，某个声调不与任何带调单位连接"（包智明，侍建国和许德宝 2015：123）。

以上两种解释主要说明了声调失去载调单位（tone bearing unit）后变为浮游调，声调具有持久性，也就是说声调可以独立存在。但在汉藏语中一般认为"每个音节都有固定的声调"（马学良等 1994：6），即一个声调对应一个音节。那么如何认为一个声调脱离音段后依然存在呢？实际上，判断声调脱离音段存在的常见依据是浮游调停靠邻近音节引起的变调。根据纳西语的话题标记对左邻音节声调的影响，音系上将话题标记分析为带高平浮游调的 -ˀzeˀ。这是因为在符合句法的情况下，话题标记在任何位置都可使之前的音节变为高升调（低高升和中高升调）。如例 3a 和 4a 中，动词 ndʐɿ˧ "吃"和 ndʐɿ˩ "坐"单读时声调分别为中平调和低平调，出现话题标记后两个动词发生变调。

3a. nuɯ˩ luɯ˧ mɤ˧ ndʐɿ˧ ze˧ ŋɑ˧ lɑ˩ mɤ˧ ndʐɿ˧ se˩.
    2SG   若   NEG   吃   TOP 1SG 也   NEG 吃   了
    "你若不吃，我也不吃。"

4a. nuɯ˩ luɯ˧ mɤ˧ ndʐɿ˩ ze˧ ŋɑ˧ lɑ˩ mɤ˧ ndʐɿ˩ se˩.
    2SG   若   NEG   坐   TOP 1SG 也   NEG 坐   了
    "你若不坐，我也不坐。"

浮游调失去载调单位后依然需要通过寻找另一个载调单位与之合音实现为表层形式，浮游调与周围音节合音的过程称为停靠（docking），浮游调停靠的音节称为宿主（host）。浮游调的概念源于对非洲声调语言的研究，但近年来的研究表明浮游调同样存在于亚洲的汉藏语中，如羌语（Evans 2008）、Kuki-Thaadow（Hyman 2010）、永宁摩梭话（Michaud 2017）、大研镇纳西话、冷不罗纳西话（Michaud 2006）、片丁纳西话（作者的母语）等。此外，虽然没有明确指出存在浮游调，但从前人描写的变调现象来看与浮游调引起的变调类似，如汉语广州话（白宛如 1989）、山东方言（李仕春 艾红娟 2009，2008）、烟台方言（张占山 李如龙 2007）、赵庄白语（赵燕珍 2013）等。浮游调在不同语言中既有类型共性又有其独特的来源和音系特征，了解浮游调的概念及其音系特征有助于描写和解释汉藏语中的声调特点。

二、浮游调常见的表层实现形式

浮游调停靠的表层形式在不同语言中有不同的表现，常见的表层形式为降阶、替换、中和化、曲折调以及时长音系化。

（一）降阶

降阶（downstep）在非洲声调语言中很常见，降阶可分为自动降阶（automatic downstep）和非自动降阶（non-automatic downstep）两类，其中由低平浮游调引起的降阶称为非自动降阶，更详细的讨论见（Connell 2001）。由于低平漂浮调 L 的影响，导致 H–L–H 声调序列中后一个高调 H 产生具有音系区别的声调降低，但这种降低并没有变为与声调系统内基本调类相同的声调，也就是说并没有变为中平调 M，降阶使用带箭头的 ↓H 或带感叹号的 !H 表示。以下是 Twi 语中漂浮调 L 引起降阶的例子（Hyman & Schuh 1974：92）。例句第二行是对非洲语言学家常用声调描写符号的转写，声调转写为汉藏语中使用的竖线调值符号（下文同）。

5a.　　mè　　　əbó.　　　⇒　　　mè　　　!bó.

5b.　　me⌐　　ɔ⌐ɔ⌐.　　　　　　me⌐　　!bo⌐.

　　　我的　　石头　　　　　　　我的　　石头

　　　"我的石头"　　　　　　　　"我的石头"

例句中，əbó "石头" 的第一个音节 ə 的元音 [ɔ] 丢失弱化，而所带的低平调得以保留变为了漂浮调 L，由于受到漂浮调 L 的影响，第二个音节 bó 的高平调降阶为 !H。与此相同的现象同样出现在非洲的 Gã（Paster 2003）和尼日—刚果语系的 Bamana 语（Vydrin 2016：91）中。

（二）替换

替换（replacement）是指浮游调停靠时替换宿主音节原有的声调，替换不产生升调或降调。浮游调替换宿主的声调时，在满足停靠的情况下可以替换左边或右边宿主的声调。如在非洲的 Igbo 语的 central Igbo 和 Aboh Igbo 两个方言中，非限制领属标记（associative marker）使用高平浮游调 H 标记（Hyman 2011）。在 Central Igbo 中浮游调 H 向左停靠，使低平调 L 变为高平调，而在 Aboh Igbo 中浮游调 H 向右边音节停靠，替换原有的底平调 L 变为使宿主变为高平调。

6a.	Central Igbo	èbgà		-́	èŋwè	⇒ àgbá	èŋwè
6b.		e˩gba˩		-˥	e˩ŋwe˩	a˩gba˩	e˩ŋwe˩
		猴子		associative	下巴		
7a.	Aboh Igbo	èbgà		-́	èŋwè	⇒ èbgà	éŋwè
7b.		e˩gba˩		-˥	e˩ŋwe˩	e˩gba˩	e˩ŋwe˩
		猴子		associative	下巴		
		"猴子的下巴。"					

（三）中和化

在浮游调停靠过程中中和化（neutralization）是指浮游调与宿主的声调中和化为同一个声调。当浮游调与宿主音节的声调相同时，两个声调中和化为简单的平调，如高平调、中平调或高平调。此时，浮游调类似于没有实现为表层形式。非洲 Bamana 中，名词的定指使用低平浮游调 L 标记，当低平浮游调 L 后的音节为高平调起首时高平调降阶为 !H，其后名词的音节为低平调 L 起首时，漂浮调与之中和化，不发生语音凸显。

8a.	a˩	ma˥	fa˩li˥	bu˩gɔ˩.	
	3SG	PFV.NEG	驴	打	
	"他没有打驴。"				
8b.	a˩	ma˥	fa˩li˥-˩	bu˩gɔ˩	
	a˩	ma˥	fa˩li˥	bu˩gɔ˩	
	3SG	PFV.NEG	驴 -ART	打	
	"他没有打那（头）驴。"				

（四）曲折调

曲折调（contour tone）在这里指的是声调类型学上平调型声调语言（Michaud 2017：419 - 23）中可分析为平调派生的升调（rising tone）或降调（falling tone）。这类曲折调与两个调值不同的平调同时出现在同一个载调单位上有关。如图 1. 所示：

A.　　　σ　　　　　　　　　B.　　　σ
　　　 ╱ ╲　　　　　　　　　　　　╱ ╲
　　　L　　H　　　　　　　　　　　H　　L
　　　升调　　　　　　　　　　　　　降调

图 1　平调派生的曲折调

纳西语的副词 tɑ˦"仅仅"在"数词 + 量词 +tɑ˦"的结构中弱化为高平浮游调 H，浮游调 H 与量词音节停靠。量词为中平调时，停靠使量词由中平调变为中高升调（MH），停靠不影响量词的音段［lɯ］。

9a.	dɯ˦	lɯ˦		tɑ˦	ɟʏ˦	se˨.
	一	CLF.担（水）		仅仅	EXIST	PFV
9b.	dɯ˦	lɯ˦˧			ɟʏ˦	se˨.
	一	CLF.担（水）- 仅仅			EXIST	PFV

只有一口（吃的）了。

完整体（perfective）se˨在动词后弱化为低平浮游调 L，低平浮游调 L 与非低调动词停靠产生降调。例如：当动词为高平调 H 时低平浮游调 L 停靠产生高低降调（HL）。

10a.	nɯ˨	hɑ˦	le˦	lɑ˦	se˨	lɑ˦.
	2 SG	饭	ITER	打	PFV	句尾
10b.	nɯ˨	hɑ˦	le˦	lɑ˦˨		lɑ˦.
	2SG	饭	ITER	打 - PFV		句尾

"你已经打过饭了吗？"

当动词为中平调 M 时，低平浮游调 L 与之停靠产生中低降调（ML），如：

民族语言与文化

11a.	nɯ˩	hɑ˧	le˧	lɑ˧		se˩	lɑ˥.
	2SG	饭	ITER	打		PFV	句尾
11b.	nɯ˩	hɑ˧	le˧	lɑ˧˩			lɑ˥.
	2SG	饭	ITER	打 - PFV			句尾

"你已经打过饭了吗？"

（五）时长音系化

时长音系化是指浮游调停靠后宿主音节的元音出现长短的对立。在非洲声调语言中浮游调与宿主声调相同时，最常见的情况是中和为简单的平调，中和调与浮游调和宿主的调值相一致。纳西语的音位系统中虽然没有元音长短的对立，但浮游调停靠后宿主音节出现时长对立。纳西语中没有韵尾，韵母的时长与声调时长相同，为了使声调系统简洁、减少过多声调符号的使用，处理为元音时长的对立。

纳西语中高平、中平和底平浮游调分别与字调中的高平、中平和低平调宿主停靠时使宿主音节的主要元音变为长元音。纳西语中低平调的 tʰe˩ 持续体标记，出现在动词前表示动作的持续。类似于汉语中的"……着"，如"坐着"、"吃着"、"唱着"等。在"le˧+ 动词₁+tʰe˩+ 动词₂"结构中 tʰe˩ 弱化为低平浮游调 L，浮游调与之前的动词₁的音节停靠。动词₁的声调为低平调时，停靠不发生变调，动词音节的元音时长变长。

12a.	zʋ˧gʋ˧	tʂʰɯ˧	kʰɯ˩	le˧	tɑ˩	tʰe˩	ndz˥.
	路	DEM	CLF.条	ITER	拦	CON	坐
12b.	zʋ˧gʋ˧	tʂʰɯ˧	kʰɯ˩	le˧	tɑː˩		ndz˥.
	路	DEM	CLF.条	ITER	拦 – CON		坐

"堵着这条路坐着。"

除低平调浮游调与低平调宿主停靠时变为长元音外，中平浮游调和高平浮游调可分别与中平调和高平调宿主停靠使宿主变为长元音。限于篇幅，不再详细举例说明。

三、浮游调出现的条件及原因试析

浮游调的概念源于非洲声调语言的描写，不过非洲语言学家主要从共时描写角度去描写和解释，而较少讨论浮游调的来源和出现的原因。其中主要的观点是浮游调来源是音节弱化（syllable reduction），音节在语流中或在历史上完全丢失音段（辅音和元音）而只留下纯粹的声调——浮游调。例如，非洲尼日—刚果语系原始班图语（Proto-Bantu）的音节结构为"前缀 + 词干"，前缀为低平调 L，在许多现代班图语族语言中前缀只用一个低平浮游调表示，这与历史上前缀丢失元辅音有关（Hombert & Hyman 1999）。又如非洲 Bamana 语言比较证明低平浮游调（ˋ）来源于早期具有音节的词缀 *ò 的弱化（Vydrin 2016：91）。不过谈及浮游调文献中很少讨论浮游调出现的原因及条件。主要原因是因为在非洲声调语言中浮游调发展成熟，来源研究属于历史语言学的范畴，绝大多数情况下语言中难以发现浮游调与具体弱化音节的的对应关系。
然而，在纳西语中浮游调与弱化音节的对应关系较为清楚，只有极少数弱化音节完全演变为了浮游调，如话题标记 –ʦe꜓。纳西语中被弱化的音节属于独立性更高一些的虚词，虚词的弱化与特定的句法结构有一定的关系。纳西语片丁话中带高平、中平和低平调的一些虚词在句中弱化为浮游调 H、M、L。如高平调副词 tɑ꜒ "仅仅"在句中丢失音段［tɑ］变为高平浮游调 H，浮游调 H 与量词 kʰɑ˧"半"的声调（M）合音产生中高升调 MH。

13a.	ʝi꜒	du꜓	kʰɑ˧	tɑ꜒	ɟʏ˧	se꜓.
	水	一	CLF.半	仅仅	EXIST	PFV
13b.	ʝi꜒	du꜓	kʰɑ˧꜒		ɟʏ˧	se꜓.
	水	一	CLF.半 - 仅仅		EXIST	PFV

"只有一半水了。"

在《简志》中音节弱化及浮游调停靠引起的变调称为"省略变调"（和即仁 姜竹仪 1985：14 - 15）。对弱化音节的系统分析表明音节并不是严格意义上的"省略"，而属于弱化的范畴。音节弱化与虚词所处的句法结构有关，而与弱化音节自身的音节结构及所处的语音环境没有明显的关系。在例句 12b 中弱化与 tɑ꜒ 的辅音是清塞音或韵母为单元音 [ɑ] 无关，与前后的声调也没有必然的联系，只与副词"仅仅"tɑ꜒ 是否在"数词 + 量词 +tɑ꜒"的结构中有关。副词并不是无条件的弱化为浮游调，在例 13a 中语感上禁止弱化为高平浮游调。

14a.	ja˩ko˥	bu˩	ta˥	ɲɥʏ˥	se˩.
	家里	助	仅仅	EXIST	PFV

"家里只有猪了。"

浮游调停靠引起的变调与文献中常见的"合音"现象相似,属于合音现象下的一个小类,但停靠是前一个音节与后一个音节声调的合音。而前人研究中"音节合音"多指词内合音,涉及前后两个音节声、韵、调三个层面的合音,合音的语音形式复杂,这说明音节合音与语音结构关系密切,如后字为零声母、擦音或塞擦音时更容易发生合音(孙红举 2014, 2016)。

除音节弱化外,历史上音节的节律结构演变(metrical structure change)同样可产生浮游调。如纳西语东部方言摩梭话中的高平浮游调(H)(Michaud 2017:60-69)。摩梭话中浮游调在底层与音节连接(linking),单读时并不实现为表层形式。如 gi˧zɯ˧ "弟弟"和 go˧mi˧ "妹妹"两个词在单读时皆为中平调(M-M)。系统地研究表明系词 ɲi˩ "是"的声调本身为低平调,但在与 gi˧zɯ˧ "弟弟"组合时系词变为高平调 H,而在 go˧mi˧ "妹妹"后不变调。系词的变调与 gi˧zɯ˧ 在底层携带高平浮游调 #H 有关(#H, #˥表示浮游调),而 go˧mi˧ 不带浮游调对系词的声调不产生影响。系词的变调可以解释为:底层 gi˧zɯ#˥ 末尾存在浮游调 H,系词与该词结合时浮游调投射到系词音节上"挤走"了系词原有的低平调,使浮游调 H 在系词的音节上得以实现。

表层	15a.	gi˧zɯ˧	ɲi˥.	15a.	go˧mi˧	ɲi˩.
底层		gi˧zɯ#˥	ɲi˩		go˧mi˧	ɲi˩.
		弟弟	COP		妹妹	COP
		是弟弟			是妹妹	

方言比较表明,摩梭话的浮游调与韵律的演变有关。摩梭话中带高平浮游调 H 的词与拉伯纳西话中带高平调的词存在以下整齐的对应(Michaud 2017:66)。

表1　摩梭话高平浮游调 H 与拉伯纳西话高调的对应

汉语	摩梭话单用形式	摩梭话字调	拉伯纳西话	声调对应
土	tʂe˧	tʂe#˥	tɕi˥	#H::H
冰雹	dzo˧	dzo#˥	dzo˥	#H::H
星星	kɯ˧	kɯ#˥	kɯ˥	#H::H
血	sɤ˧	sɤ#˥	sɤ˥	#H::H
普米族	bɤ˧	bɤ#˥	bɤ˥	#H::H

由于历史上摩梭话双音节词首 H 和 M 调中和化为 M，二者失去对立，现代摩梭话中词首不允许出现 H 调。作为回应，单音节中的 H 和 M 也中和化为了 M 调。因此，原来为 *H 调的词与音节断链（delinking）成为了浮游调，而失去 *H 的音节得到了底伏调 M，变为了 M 调的音节，并在底层携带一个浮游调（#H）。

四、结　语

对不同语言中浮游调常见音系特征的初步考察表明，浮游调通过与周围音节停靠实现为表层形式，浮游调停靠具有方向性，可以向左或向右宿主停靠。停靠后宿主的表现形式主要为升调、降调、长元音、降阶、替换以及中和化五种形式。浮游调主要来源于音节弱化和节律结构演变，音节的弱化与语音和句法结构有关，而与弱化音节所处的语音环境和自身音节结构无关。文章对常见的浮游调表层形式做了简要的介绍，但未能涵盖所有漂浮调的音系特征，对于具体语言中浮游调的音系特征需要结合具体语言实际进行分析。

参考文献：

[1] 白宛如.广州话中的省略性变音[J].方言，1989（2）：114-120.

[2] 马学良.汉藏语概论[M].北京大学出版社，1991.

[3] 王洪君.汉语非线性音系学—汉语的音系格局与单字音[M].北京大学出版社，2008.

[4] 孙红举.论汉语合音现象的研究[J].西南大学学报：社会科学版，2014，40（1）：115-124.

[5] 孙红举. 论合音与汉语音节构成及语音规则的关联——基于中原官话28个方言点的语料[J]. 西南大学学报（社会科学版），2016，42（3）：138-147.

[6] 和即仁、姜竹仪. 纳西语简志[M]. 北京：民族出版社，1985.

[7] 李仕春、艾红娟. 山东方言里的一种语法变调[J]. 方言，2009（4）：380-383.

[8] 李仕春、艾红娟. 山东莒县方言动词的合音变调[J]. 语言科学，2008，7（4）：394-397.

[9] 包智明、侍建国、许德宝. 生成音系学理论及其应用（第2版）[M]. 北京：中国社会科学出版社，2015.

[10] 赵忠德、马秋武. 西方音系学理论与流派[M]. 北京：商务印书馆，2011.

[11] 张占山、李如龙. 虚化的终极：合音——以烟台方言若干虚成分合音为例[J]. 鲁东大学学报：哲学社会科学版，2007，24（2）：95-100.

[12] 赵燕珍. 赵庄白语的合音音变[J]. 大理学院学报：综合版，2013，12（7）：33-36.

[13] Connell, Bruce. Downdrift, Downstep, and Declination[C], Typology of African Prosodic Systems Workshop Bielefeld University, 2001.

[14] Evans, Jonathan. 'African' tone in the Sinosphere[J]. Language and Linguistics, 2008, 9（3）: 463-490.

[15] Hombert, Jean Marie & Hyman, Larry M. Bantu historical linguistics: theoretical and empirical perspectives[M]. California: CSLI Publications, 1999.

[16] Hyman Larry M. Kuki-Thaadow: an African tone system in Southeast Asia[G]// Floricic, Franck. Essais de typologie et de linguistique générale. Mélanges offerts à Denis Creissels. Lyon: ENS Editions, 2010: 31-51.

[17] Hyman Larry M. Tone: Is it different?[G]//Goldsmith, John & Riggle Jason & Yu Alan C.L. Second edition. The Handbook of Phonological theory. Oxford: Blackwell, 2011: 197-239.

[18] Hyman Larry M. & Russell G. Shuh. Universals of tone rules: Evidence from West Africa[J]. Linguistic Inquiry, 1974, 5: 81-115.

[19] Michaud, Alexis. Tonal reassociation and rising tonal contours in Naxi[J]. Linguistics of the Tibeto-Burman Area, 2006, 29（1）: 61-94.

[20] Michaud, Alexis. Tone in Yongning Na: lexical tones and morphotonology

[M]. Berlin: Language Science Press, 2017.

[21] Michaud Alexis & He Likun. Phonemic and tonal analysis of the Pianding dialect of Naxi (Dadong County, Lijiang Municipality) [J]. Cahiers de Linguistique – Asie Orientale, 2015, 44 (1): 1 - 35 plus online Appendices.

[22] Paster Mary. Floating tones in Gã [J]. Studies in African Linguistics, 2003, 32 (1).

[23] Voorhoeve, Jan. Personal pronouns in Bamileke [J]. Lingua, 1967, 17 (3): 421 - 430.

[24] Vydrin, Valentin. Tonal inflection in Mande languages: The cases of Bamana and Dan-Gwɛɛtaa [G] //Enrique, L. Palancar, Jean, Léo Léonard. Tones and inflections: New facts and newperspectives (Trends in Linguisitcs Studies and Monographs [TiLSM] 296). Berlin: De Gruyter Mouton, 2016: 83 - 105.

民族语言与文化

从语义分析看乌撒"na^{33}su^{33}"彝族的婚姻制度

何根源[①] 刘劲荣[②]

（云南民族大学 民族文化学院，云南 昆明，650500）

[摘 要]乌撒彝族作为彝族的一个分支，以云南昭通、宣威、贵州威宁为主要聚居区。本文通过对威宁乌撒彝语亲属称谓词进行语义分析，把词义分解为最小的语义成分。运用层次分析法，从义素分析、义位网络、语义组合等方面对乌撒彝语的亲属称谓的语义特征进行分析并推测出早期乌撒彝族的婚姻制度。

[关键词]威宁 乌撒彝语 亲属称谓 语义分析

乌撒彝语为彝语六大方言中的一个方言土语，隶属于东部方言。乌撒彝族中国境内主要以云南昭通、宣威、贵州威宁彝族回族苗族自治县为主要聚居区。亲属称谓词是语言当中的基本词汇。虽然在词汇大系统中只是一个小部分，但在维系家庭关系和社会关系方面有重要作用同时也能体现出一个民族的婚姻制度。每个民族都有其亲属制度，从而形成独具特色的亲属称谓，各自构成自己的亲属称谓体系（戴庆厦，1993）。每种语言的亲属称谓构成一个复杂的语义场，不同语言因其亲属制度和亲属称谓的不同，也存在不同的语义场。本文以威宁彝族回族苗族自治县（以下简称"威宁县"）龙街镇和大街乡为调查点，对当地彝语的亲属称谓词的语义进行分析，找出亲属称谓与婚姻制度的关系。

---

① 何根源，男（彝族），云南昆明人，云南民族大学在读硕士研究生。研究方向：文化语言学、实验语言学。

② 刘劲荣，男（拉祜族），云南澜沧人，博士生导师/教授，云南民族大学民族文化学院院长，研究方向为应用语言学及中国南方少数民族语言。

一、亲属制度与婚姻家庭

亲属制度是反映人们的亲属关系以及代表这些亲属关系称谓的一种社会规范,通常又称为"亲属称谓制度"或"亲属名称制度"。

也就是说有什么样的婚姻形式就会有什么样的家庭形式,有什么样的婚姻家庭形式就会有什么样的亲属制度。摩尔根认为:"每一种亲属制度表达了该制度建立时所存在的家族(家庭)的实际亲属关系,因此它也就反映了当时所流行的婚姻形态和家族形态"。①

亲属制度是婚姻家庭形式的反映或记录,但它并非是短时间内就能形成的。实际上,某一种婚姻家庭形式产生的初期,记录它们的亲属制度尚未形成;只有在某一种婚姻家庭形式的成熟阶段,即发展到了较晚的阶段,与之相应的亲属制度才会在社会上流行开来。而亲属制度是被动的;它把家族每一段长久时间所产生的进步记录下来,并且只是在家族已经急剧变化了的时候,它才发生急剧的变化。

基于上述亲属制度与婚姻家庭形式之间的关系做出的解释,可以看出家庭形式是由婚姻形式来决定的,而亲属称谓又是由于家庭形式长期积累而形成的。也就是说,我们可以根据亲属称谓来推断出早期的家庭组成形式,进而推断出早期的婚姻形式。

二、亲属称谓义素分析

语义的基本单位是词的义项。义项是词典、字典中同一个条目内按意义分列的项目。义素是对词的义项进行分析的最小的语义特征。义素没有语音表现形式,不是音义结合的语言形式。它是一群意义相关联的词的共同语义特征的反映,是带有区别性特征的语义单位,所以义素也可以称为语义特征。语义分析,就是对词从义素的角度来分析。例如:ve^{31}mo^{33} "哥哥"这个词应包含"人、男性、同胞、年长"等义素;a^{31}nou^{33} "姐姐"这个词应包含"人、女性、同胞、年长"等义素。两者义素中"女性"与"男性"的不同,也是造成"姐姐"与"哥哥"两个词词义差异的原因所在。所以在区别这两个词的时候我们可以用性别这一义项来做区分。

威宁乌撒彝语当中的亲属称谓词从语音形式来看,可分为单音节词和多音节词,但多音节词远远多于单音节词。从结构形式来看,以带前缀或后缀的

---

① 摩尔根.古代社会[M].北京:商务印书馆,1977:390.

民族语言与文化

派生词及两个或两个以上的语素按照特定的构词规则组成的复合词。常用的亲属称谓派生词用于直呼和组词。将其中常用亲属称谓词进行义素分析，可分为以下几类：(1) 性别 (+男，-女)；(2) 亲疏 (+血亲，-姻亲)；(3) 辈份 (+长辈，-晚一辈，=平辈，++长两辈，长三辈+++，长四辈++++，--晚两辈，---晚三辈，----晚四辈)；(4) 长幼 (+长，-幼)；这些亲属称谓大多只用前三个义素做为区别特征就可以区分开，有时也会需要用到第四个区别特征。镇沅苦聪人男女平等的思想体现在亲属称谓上，没有呼方性别的差别，也无面称引称的差异。试看威宁乌撒彝语亲属称谓，参照表1。

表1

亲属称谓	国际音标	性 别	亲 属	辈 分
外祖父	$you^{33}bu^{33}$	+	−	++
外祖母	$a^{31}phi^{33}$	−	−	++
爷爷	$a^{31}bu^{33}$	+	+	++
奶奶	$a^{31}da^{33}$	−	+	++
父亲	$su^{31}mɔ^{33}$	+	+	+
母亲	$a^{31}ma^{31}$	−	+	+
继父	$su^{31}mɔ^{33}xe^{13}$	+	−	+
继母	$a^{31}ma^{31}xe^{13}$	−	−	+
岳父	$a^{31}ʐy^{31}mɔ^{33}$	+	−	+
岳母	$phi^{33}ʂa^{13}mɔ^{55}$	−	−	+
公公	$ʐɛ^{31}phu^{31}mɔ^{33}$	+	−	++
婆婆	$a^{31}ɲi^{33}mɔ^{33}$	−	−	++
叔叔	$vɔ^{31}niɛ^{13}$	+	−	+
伯伯	$vɔ^{31}mɔ^{33}$	+	−	+
姑姑	$a^{31}ni^{21}$	−	+	+
姑父	$ʐɛ^{31}phu^{31}$	+	−	+
舅舅	$a^{31}ʐy^{31}$	+	+	+
舅妈	$phi^{53}ʂa^{13}$	−	+	+
姊妹	$mɯ^{31}khou^{31}$	−	+	=
哥哥	$ve^{31}mɔ^{33}$	+	+	=

续表：

亲属称谓	国际音标	性 别	亲 属	辈 分
嫂子	a³¹mu¹³	−	−	=
弟弟	ȵi³¹ba³³	+	+	=
弟媳	ȵi³¹ba³³tɕhi³⁵	−	−	=
姐姐	a³¹nou³³	−	+	=
妹妹	mɯ³¹khou³³	−	+	=
儿子	zu³¹	+	+	−
儿媳妇	tshe³¹tɕhi³³	−	−	−
女儿	a³¹me³³	−	+	−
女婿	a³¹me³³sɔ³³ʐy³³	+	−	−
孙子	ɬi³¹ba⁵⁵	+	+	−−
侄子	zu³¹ndu³³	+	+	−
外甥	sɔ³³ba⁵³	+	−	−

上表当中大多数的亲属称谓词已能区别出特征，但仍有少数几组词仍然显示不出区别特征，因此，我们还可以加上其他义素成分加以区分。例如需要区别长幼的，可加"长幼（＋长，－幼）"的义素成分。详见表2。

表2

亲属称谓	国际音标	性 别	亲 属	辈 分	长 幼
哥哥	ve³¹mɔ³³	+	+	=	+
弟弟	ȵi³¹ba³³	+	+	=	−
姐姐	a³¹nou³³	−	+	=	+
妹妹	mɔ³¹khou³³	−	+	=	−

从上述两个表中可以看出"性别"、"亲疏"、"辈份"这三个义素成分就可以把大多数乌撒彝语中的亲属称谓区别开来，可以称之为主要义素成分；诸如相对的"长幼"只能区别少数词的义素，则称之为次要义素成分。

三、从亲属称谓的语义场看婚姻制度

笔者在 2016 年暑期田野调查时发现在族内相互称呼时，有时一个家庭内部的亲属称谓会出现隔辈的现象。这种现象在威宁乌撒的"$na^{33}su^{33}$"一支中经常出现，亲属称谓又是亲属制度的直观体现，而亲属制度表达了该制度建立时所存在的家族（家庭）的实际亲属关系，因此它也就反映了当时所流行的婚姻形态和家族形态。而这种婚姻形态或家族形态又是在几代人之前形成的。为了找出当时婚姻形态的特征，下面用语义场对 5 个案例中的亲属称谓进行分析并找出婚姻形态的线索。

案例 1

在案例 1 中的家庭中，笔者对家中一对夫妇的称呼并不相同。笔者称男方为"$a^{31}bu^{31}$ 爷爷"；称女方为"$mo^{31}\gamma\varepsilon^{33}$ 姨妈"。双方的亲属称谓语义的义素分析，参见表 3。

表 3

亲属称谓	国际音标	亲属	辈分	族姓
爷爷	$a^{31}bu^{33}$	+	+ +	$a^{31}be^{31}tɕh o^{33}dʐo^{33}$
姨妈	$mo^{31}\gamma\varepsilon^{33}$	-	+	$a^{31}nɤ^{31}na^{33}lie^{31}$

从表 3 中的义素中可以看出夫妻双方在称谓上相差一辈，族姓也不相同，在仔细询问后得出造成夫妻双方称谓上相差一辈的原因如下图：

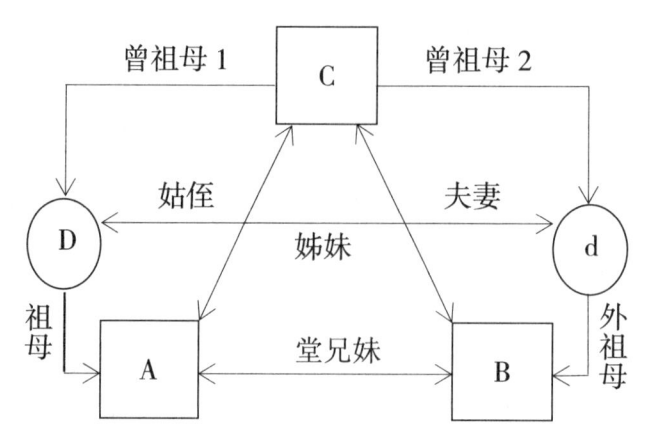

注释：A 为笔者家族；B 为表 3 中男方家族；C 为表 3 中女方家族；D、d 表示 C 家族中出嫁的两姊妹。

从上图中可以看出，造成称呼隔辈的原因是 C 的两位曾祖母 D、d 分别出嫁到了 A 家族与 B 家族，称谓 A、B 的祖母使得 A 与 B 成为堂兄妹，而 B 与 C 结婚后称谓变为夫妻相称，但 A 家仍与 C 维持姑侄关系。与汉族不同的是，威宁乌撒"$na^{33}su^{33}$"一支中夫妻双方的辈分关系女方不随男方，仍保持婚前的亲属称谓。

案例 2

在案例 2 中的家庭中，笔者对家中一对夫妇的称呼也不相同。笔者称男方为"$vɔ^{31}mɔ^{33}$ 伯伯"；称女方为"$a^{31}da^{33}$ 奶奶"。双方的亲属称谓语义的义素分析，参见表 4。

表 4

亲属称谓	国际音标	亲属	辈分	族姓
伯伯	$vɔ^{31}mɔ^{33}$	−	+	$bi^{31}ʐy^{31}mɔ^{33}dɤ^{33}$
奶奶	$a^{31}da^{33}$	+	++	$a^{31}be^{31}tɕhɔ^{33}dzɔ^{33}$

从表 4 中的义素中可以看出夫妻双方在称谓上相差一辈，族姓也不相同，在仔细问后得出造成夫妻双方称谓上相差一辈的原因如下图：

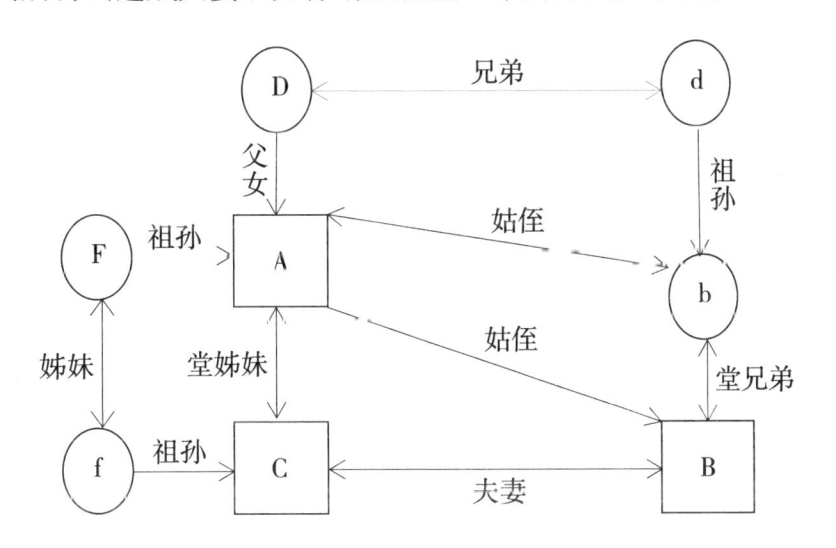

注释：A 为笔者的奶奶；B 为表 4 中男方；C 为表 4 中女方；D 为 A 的父亲排行第五、d 为表示 b 的爷爷排行老大，D、d 为同一父亲的两个儿子；F、f 是同一家族中的两姊妹分别嫁到 A 与 C 家族中。

从上图中可以看出，造成称呼隔辈的原因是 A 与 b 的母亲是同祖的两姊妹，而 B 与 b 又是堂兄弟那么 B 就与笔者的父亲是同辈又年长，所以笔者称呼其为"vɔ³¹mɔ³³ 伯伯";C 与 A 是由同一家族中两姊妹分别所生的孙辈,两者为同辈,A 又是笔者的奶奶所以笔者称呼 C 为"a³¹da³³ 奶奶"。与案例 1 相同的是 B 与 C 结婚后双方的亲属称谓仍保留婚前的称呼,值得一提的 B 的儿子与笔者之间的称谓是以兄弟相称,并没有受到其母亲大我两辈的影响。

案例 3

在案例 3 中的家庭中,同一个家庭中姑侄关系的两位与笔者的奶奶都是姑侄关系。所以在这个家庭中笔者称呼男的为"a³¹ʐy³¹ 舅舅";称女方为"mɔ³¹ɣɛ³³ 姨妈"。双方的亲属称谓语义的义素分析,参见表 5。

表 5

亲属称谓	国际音标	亲属	辈分	族姓
舅舅	a³¹ʐy³¹	−	+	a³¹nɤ³¹na³³liɛ³¹
姨妈	mɔ³¹ɣɛ³³	−	+	a³¹nɤ³¹na³³liɛ³¹

从表 5 中可以看出这个家中的男方与女方都与笔者是姻亲关系,而且辈分都是大一辈,但是在他们家庭中两者相互的称谓又差一辈,男方叫女方为"a³¹ni²¹ 姑姑";而女方叫男方为"zu³¹ndu³³ 侄子"。造成这一现象的原因见下图:

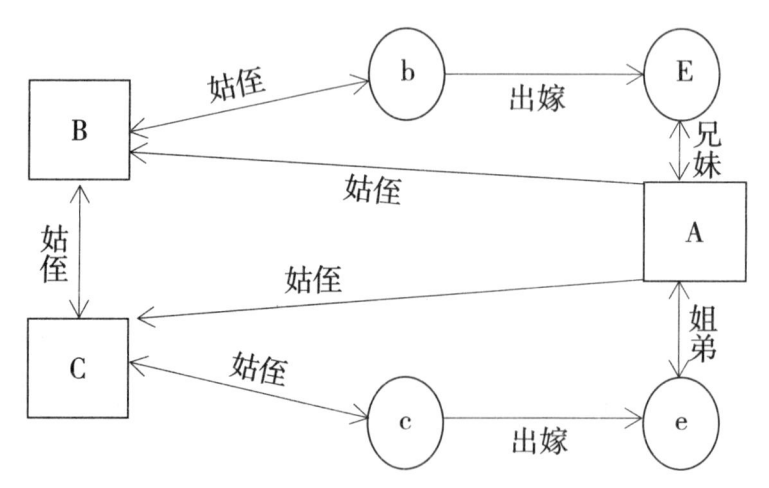

注释:A 为笔者的奶奶;B 为表 5 中男方;C 为表 5 中女方;b 为 B 的姑妈、c 为 C 的姑妈,b 与 c 之间是姊妹关系;E 为 A 的长兄,e 为 A 的弟弟,A、E、e 三者的父亲都是同一人。

从上图中可以看出,造成称呼隔辈的原因是 B、C 的姑姑 b、c 出嫁的对象与 A 是同辈的兄妹或姐弟关系，从 A 家族的角度的来看 B 与 C 为同辈，一个称为 "$a^{31}z y^{31}$ 舅舅"；一个称为 "$mɔ^{31}\gamma ɛ^{33}$ 姨妈"。但在 B 与 C 的家族中 B、C 之间的称呼仍然是 "$a^{31}ni^{21}$ 姑姑" 和 "$zu^{31}ndu^{33}$ 侄子"。也就是说在威宁 "$na^{33}su^{33}$" 一支的彝族中间，从不同家族的角度出发对相同的人称谓可能不同，而且后代一般是随家族中的男性称谓辈分。

案例 4

在本案例中，一个家族 B 中的三代人对另一个家族 A 中的一个人的亲属关系都是兄妹，A 称 B 其中两人为 "$ve^{31}mɔ^{33}$ 哥哥"；另外一人为 "$mɔ^{31}khou^{33}$ 妹妹"。双方的亲属称谓语义的义素分析，参见表 6。

表 6

亲属称谓	国际音标	亲属	辈分	族姓
哥哥 1	$ve^{31}mɔ^{33}$	-	=	$a^{31}be^{31}tɕho^{33}dʐɔ^{33}$
哥哥 2	$ve^{31}mɔ^{33}$	-	=	$a^{31}be^{31}tɕho^{33}dʐɔ^{33}$
妹妹	$mɔ^{31}khou^{33}$	-	=	$a^{31}be^{31}tɕho^{33}dʐɔ^{33}$

从表 6 中可以看出这个家中的三个人都与 A 家族的亲属关系为姻亲而且辈分都是一辈，但是在他们家族中三者相互的称谓又差一辈，哥哥 1 称哥哥 2 为 "$zu^{31}ndu^{33}$ 侄子"；妹妹称呼哥哥 2 为 "$a^{31}zy^{31}$ 舅舅"；妹妹称呼哥哥 1 为 "$\gamma ou^{33}bu^{33}$ 外公"。造成这一现象的原因见下图：

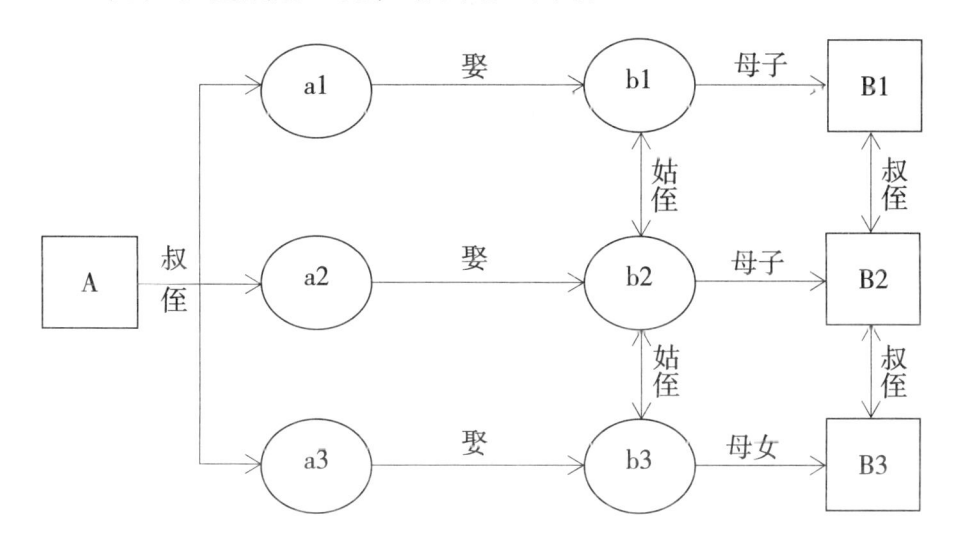

从上图中可以看出，造成隔辈称呼同一人的时候辈分相同的原因是 B 家族中 B1、B2、B3 的母亲分别嫁给了 A 家的三位男士，这三位男士又与 A 是叔侄

关系，所以 B1、B2、B3 在称呼 A 时亲属关系都为兄妹，但 B 家族中三者之间的互称仍是叔侄相称，也就是说姻亲关系在对本族外的亲戚称呼时都是以姻亲中男方的亲属关系来称呼。

案例 5

在案例 5 中，A 家族中 A 的女儿 a 与 B 的侄子 b 结婚后，b 称 A 为"vɔ³¹mɔ³³ 伯伯"，称 B 为"a³¹ni²¹ 姑姑"；a 称 A 为"a³¹bu³¹ 爷爷"，称 B 为"a³¹phi³³ 曾祖母"双方的亲属称谓语义的义素分析，参见表7、表8。

表 7

亲属称谓	国际音标	亲属	辈分	族姓
伯伯	vɔ³¹mɔ³³	−	+	a³¹be³¹tɕhɔ³³dzɔ³³
姑姑	a³¹ni²¹	+	+	ve³¹tsʅ³³a³¹niɛ³¹

表 8

亲属称谓	国际音标	亲属	辈分	族姓
爷爷	a³¹bu³¹	+	++	a³¹be³¹tɕhɔ³³dzɔ³³
曾祖母	a³¹phi³³	−	+++	ve³¹tsʅ³³a³¹niɛ³¹

从表7、表8中可以看出不论是 a1 还是 b1 对 A 于 B 的称呼都是小一辈，但 A 与 B 的的亲属关系是 A 小 B 一辈称呼 B 为"a³¹ni²¹mɛ²¹ 堂姑妈"，以此类推 a1 应该小 B 三辈，但实际 a1 称呼 B 为"a³¹ni²¹ 姑姑"只小一辈。造成这一现象的原因见下图：

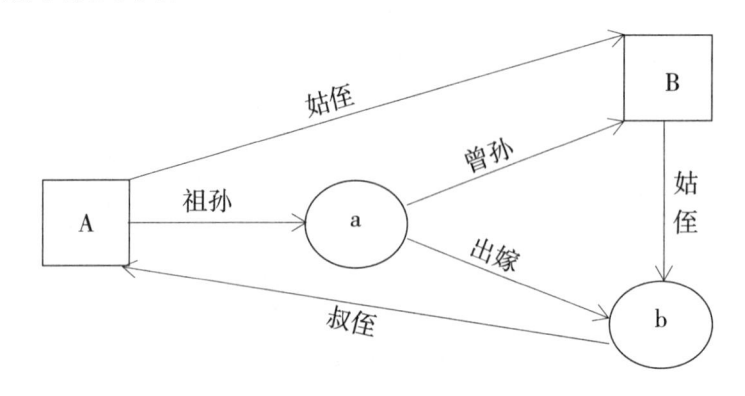

注释：A 为 a1 的爷爷；a1 是 A 的孙女；B 是 A 的堂姑妈，又是 b 的姑姑，b 是 B 的侄子，同时称呼 A 为伯伯，a 是 A 的孙女，同时既是 b 的妻子又是 B

的曾孙。

从上图中可以看出造成辈分差异的原因是 a 与 b 成婚，婚后女方随男方的亲属制度来称呼亲戚，而在本族中亲属制度仍然沿用婚前的制度；而男方这边不论婚前还是婚后都依照自己的亲属制度不变。

三、威宁乌撒"$na^{33}su^{33}$"彝族的婚姻特点

结合以上材料可以发现威宁乌撒"$na^{33}su^{33}$"彝族的婚姻形式的特点大致可分为五点：①总体的婚姻形式可以归结为"亲乱族不乱"即亲戚间（指姻亲）可以相互开婚，但族内是不能相互结婚的，在5个案例中都可以清楚看到结婚的夫妇族姓都不是一个；②由于"亲乱族不乱"的婚姻制度导致以亲戚关系来讨论亲属称谓是无法说清道明的，所以当地人都是以家族来谈论的，如当地人见面要弄清亲属称谓时通常都是先询问对方的族姓，随后便能得知如何称呼对方；③女方嫁到其他家族后自己族姓不变，但后代的族姓要随父亲；④后代的亲属制度及称谓（辈分）要以父亲的族谱辈分来计算，就像案例2中笔者虽然称呼其母亲为"$a^{31}da^{33}$ 奶奶"，但是和他还是以兄弟相称；⑤与汉族不同的是，"$na^{33}su^{33}$"彝族表兄弟是可以结婚的，即舅表、姑表可以结婚，但姨表是不能结婚的。

类似的婚姻制度除了像"$na^{33}su^{33}$"彝族这样为了保证族系血统的纯正为目的的还有因交通形式不便造成的类似情况，例如腾冲在早期交通不便时，当地流行一句俗语"腾冲大地方，侄儿讨孃孃"。这样的婚姻形式类似于古代族外的群婚制度，而这种群婚具有多种形式。而恩格斯曾预言说"在级别制度与普那路亚两种婚姻形式之间，我们无疑还会发现某些中间阶段；在这里，目下摆在我们面前的还是一个刚刚敞开而尚未有人进入的研究领域"①。

四、结　语

因为语义场的联系性使语义场内每个词义都相互联系，相互补充，同时语义场具有层次性，它是带层次结构的语义有序集，可以分为若干"子场"。

所以通过语义场理论来找出一个民族亲属称谓中各个亲属间的有区别的"子场"。再通过有区别意义的"子场"找出该民族族婚姻制度或婚姻形式的线索，以人类学研究族系的方式加以深入研究，能够清晰的得出某个民族几代的

---

① 恩格斯.家庭、私有制和国家的起源［M］.北京：人民出版社，2003：43.

婚姻状况，若是可以加入该民族中几个家庭的族谱则能快速的推理出该族的迁徙史、婚姻制度及形式的演变情况。以语义分析为调查手段的方法对语言学、人类学、民族学来说是一种简洁的、有效的、可行的田野调查方法。

参考文献：

[1]戴庆厦.景颇语亲属称谓的语义分析[J].民族语文，1991（1）

[2]杨云燕.拉祜族亲属称谓及其文化内涵探微[J].怀化学院报，2011（1）

[3]林耀华.民族学通论[M].北京：中央民族大学出版社，1997.

哈尼语领属结构分析

胡金华[①]

（云南民族大学）

[摘 要]通过对哈尼语领属结构的分析，以及对领属结构特点背后成因的探讨，以求揭示哈尼语领属结构的规律，进一步拓展和深化对哈尼语语法的研究。

[关键词]哈尼语 领属结构 特征 影响

哈尼语从语系、语族、语支来说，属于汉藏语系藏缅语族彝语支的一种独立语言。哈尼语分为三个方言，即哈僾方言、豪白方言和碧约方言。哈僾方言自称"哈尼"或"僾尼"；豪白方言自称"豪尼"或"白宏"；碧卡方言自称"碧约"、"卡多"或"峨努"。而本文要研究的对象是哈僾方言下的哈尼次方言的领属结构。

一、领属范畴和领属结构

领属范畴主要有两种：人称领属附加成分附在词上或者由词组成的结构上，它表示的基本语法意义是指出领属关系。比如：哈尼语的"$a^{31}phi^{33}za^{31}mo^{31}\gamma^{33}la^{31}du^{31}$"老太太的手镯，是指手镯是属于老太太的，而并非其他人所有。此外，表示领有一方的词和表示被领有一方的词所构成的语义，有时候不一定是纯粹的领属关系，而是从广泛的意义上讲的，可以理解为彼此之间存在某种性质的联系，这种联系不存在于其他人和物之间，只存在于词所指称的双方之间。如哈尼语的"$lu^{31}za^{31}\gamma^{33}$（$a^{31}\eta u^{31}$）牧童的（牛），在这

[①] 胡金华，女（土家族），云南民族大学民族文化学院，在读硕士。

里表示牧童和牛之间的一种联系。领属结构是指由领属语（Genitive）和核心名词（Noun）构成的名词性结构式。充当领属语的可以是名词，也可以是人称代词。在人类语言里，领属结构语序有"名词+领属语（NG）"和"领属语+名词（GN）"两种模式。

二、哈尼语领属结构特征探讨

首先介绍一下哈尼语在人称代词中的领属结构的情况：哈尼语在人称代词"我"、"你"作定语时，以带助词 γ^{33} 并读作降调最为常见：ŋa$^{31}\gamma^{33}$"我的"；no$^{31}\gamma^{33}$"你的"。不带助词 γ^{33} 是读中平调：ŋa^{31}"我（的）"；no^{31}"你（的）"，带有比较亲切的感情色彩。"他"用作主语、宾语时自身没有语音的变化，可以根据情况用助词表示。"他"用作定语表示领有的时候，一般带助词 γ^{33} 并读作低降调 a^{31}jo$^{31}\gamma^{33}$"他的"；不带助词 γ^{33} 时末尾一个音节读作中平调 a^{31}jo^{33}"他（的）"，带有感情色彩。人称代词作定语，除了单复数人称代词的领格有声调变化，可以用可以不用后置助词 γ^{33} 外，复数的人称代词没有格的变化，一般都要加上后置助词 γ^{33}①。这是哈尼语人称代词表示领有时候的情况。

此外，哈尼语的领属结构还有其他的一些特征：

1. 哈尼语的领属结构为复数时，需要加上标记；领属定语为单数的时候，可加可不加标记词，而加上标记词之后表示一种亲切的感情。

如：ŋa^{55}du$^{33}\gamma^{33}$gu^{31}bi^{55}咱们的唢呐

No^{31}a^{31}go^{33}你哥

2. 哈尼语的领格标记为 γ^{33}，添加在领有者名词或代词与所属名词之前。

如：ŋa$^{31}\gamma^{33}$a^{31}ma^{33}我妈

我（助）妈

3. 哈尼语中描写性定语和领属性定语标记词都相同为助词 γ^{33}。

如：ŋa$^{31}\gamma^{33}$tshe^{55}khɔ^{55}我的头发

Na^{33}na$^{33}\gamma^{33}$tshe^{55}khɔ^{55}黑黑的头发

4. 哈尼语的名词性或代词性领属性定语一般都需要加上助词 γ^{33}，而汉语则为名词性领属定语常常带"的"，而代词性领属定语常常不带"的"。

5. 在哈尼语中，助词 γ^{33} 除了可以表示领属之外，动词和形容词后边带上助词 γ^{33} 表示一种名物化。如：dza$^{31}\gamma^{33}$吃的；ɲi$^{55}\gamma^{33}$红的。

6. 哈尼语中的名词或代词表示领属的时候往往会借助 γ^{33} 和中心语连接前

---

① 李永燧.哈尼语语法[M].民族出版社，1990

定语。

如：a³¹ jo³¹ ʏ³³ a³¹ da³³ ta³³ je³¹ ŋa³³ 他父亲是老党员
　　他（助）父亲　党员（助）

7. 表示名词的领属性一般都是要加上 ʏ³³ 的。例如：

"哈尼族的酒歌 xa³¹ ȵi³¹ za³¹ ʏ³³ la⁵⁵ ba̠³¹

"老太太的手镯 a³¹ phi³³ za³¹ mo³¹ ʏ³³ la̠³¹ du̠³¹

8. 表示隶属关系的领有情况时，可以省略中心语。例如：lu̠³¹ za³¹ ʏ³³（a³¹ ȵn³¹）牧童的（牛）

9. 表示名词的领属性和代词的领属性加上 ʏ³³ 后，后边省略的中心语指人或者具体的事物。例如：

ŋa³³ ja³³ ʏ³³ a³¹ ɣa³¹ a³¹ jo³³ ma̠³¹ ʏ³³（a³¹ ɣa³¹ a³³）xu⁵⁵ ta̠³³ tshu⁵⁵ dze³¹

我们（助）猪　他们（助）　　猪　　上　边　肥　多

10. 表示空间的领有关系作定语时，不是一个词，而是一个短语。例如：

xɔ⁵⁵ go³¹ ɕi⁵⁵ mɯ³³ na³³ go³¹ ʏ³³ a⁵⁵ bo⁵⁵ 这几座山的树

山　这　几　座　（助）树

11. 当领属性成分作定语修饰名词的时候，往往位于句首，非领属性名词作定语放在最后面，紧接中心名词。例如：

no³³ tɕho̠³¹ dza³¹ tɕhu⁵⁵ ne³³ ʏ³³ mu⁵⁵ xo³³ la³¹ xø⁵⁵ 你家漂亮的瓦房

你家　　漂亮的　　（助）瓦　房子

以上是哈尼语领属结构自身的特点，而将其与汉语的领属结构进行比较后，可以得出哈尼语领属结构的不同之处在于：

1. 哈尼语主要是带助词 ʏ³³ 来确定领属关系，加 ʏ³³ 和不加 ʏ³³ 时所表达的感情色彩不一样；而汉语则是以助词"的"和通过变换语序或者某些句法的限制来体现。

2. 哈尼语加 ʏ³³ 构词领属结构，但是可以省略 ʏ³³；而汉语加上"的"之后，当领属结构为人称代词的时候，省去"的"之后是不合法的，如"我手"，人物占用关系也必须加上"的"，如"我的书包"。

3. 在人称代词加上亲属关系词的时候，如"他大妈、他婶子"。这些短语用来称呼对方，并不是强调"他"和"亲属"的关系，因此，汉语中不可以变为"他的大妈、他的婶子"，但是它们的语义基础却是领属关系，这里的"的"是隐含的，是由于语用因素的影响；在哈尼语中，人称代词作定语加上亲属关系词，如"他舅舅"是表示一种强调和亲切的感情色彩。

4. 在哈尼语中，领格中的第一、二、三人称单数后面可以通过声调变化表示，在发生声调变化后加上 γ^{33} 时表示客观陈述或者是描写事物和事实，不带有任何的感情色彩，不加 γ^{33} 则表现为带有较为亲切的感情色彩。

三、哈尼语领属结构特征的原因

分析了哈尼语和汉语两种语言在领属结构上各自的特点并对其进行了异同上的比较之后，可以深入思考研究一下造成哈尼语领属结构特征的原因。这里主要从两方面来探讨哈尼语领属结构特征的原因。

（一）哈尼语自身文化的反映

一种语言是一种文化的反映，所以，哈尼语的这种领属性结构自身的特点也是受到了哈尼语本民族文化的长期影响和制约，所以才展示了它的标志性特征 γ^{33} 因为文化的差异使它所表现的和汉语不一样的"的"字标志。

1. 哈尼族成员独特的村寨归属感

哈尼族社会成员最具归属感的是自己的村寨，因此，它们非常重视以村寨为中心的人地关系，以红河哈尼梯田为代表的哈尼族农村社会生产出来的一整套独特的以人地和谐关系为核心的本土生态知识体系，揭示了人地和谐关系的朴素哲理，构成了哈尼文化中人地和谐的基本关系和秩序。

2. 哈尼族"牛粪亲家"特色事例

哈尼族注重对森林生态意识保护，主要体现在水田涵养林的保护；对寨种林的保护，家庭庭院生态果农化；对薪碳林的培植与合理砍伐。哈尼族的"牛粪亲家"是颇具特色的哈尼族与其他民族和谐相处的典型事例之一。这种"牛粪亲家"关系代代相传，是哈尼族与其他民族和谐关系的桥梁和纽带，这种平衡和谐的生产环境是哈尼族认知和适应人地关系的结果，同时也是对其人和社会，人与人关系的适应的产物。

3. 哈尼族传统文化"六维同构"的生态系统

哈尼族传统文化作为带有红河流域地方各族特色，反映了哈尼族对自然环境的适应和互动，通过对自然资源的使用，注重可持续发展，实现了文化、生态、经济协调发展。这正是哈尼族传统文化与自然和谐机制的集中体现，它形成了以人为中心的独具特色的"气候—森林—村寨—梯田—水系—人文"六维同构的人地生态系统。

哈尼族的文化塑造了哈尼人淳朴、善良和勤劳的个性，也造就了哈尼语这一民族语言的产物。然而，仔细探究哈尼族人的民族性性格，可以看出其民族性格所带来的不好的一面。

迁移流落是哈尼族历史的特征，稻耕文明是哈尼族传统文明的核心成分。①由于长期的迁徙流动，加上生活在封闭的自然环境中与外界接触颇少，所以造成了其民族不容外界事物的情感和价值观；并且传统心理框架束缚了哈尼人本身。家族孝敬意识，民族孝敬意识束缚了哈尼人，这致使哈尼族人有极强的排异心理。哈尼族对传统异物非常敏感，认为新的思想都是比较偏颇和怪异的。这种具有显著破坏性的排斥异常的心理、情绪是如此深入人心，以致形成了全民族的祖先崇拜的历史文化内涵，反映传统的思维习惯。这会严重抑制个性意识的发展，扼杀了个人的独立思考的能力和民族群体的创新精神。

这些是哈尼族自身文化塑造的哈尼语独特的语法结构，对文化的认同感，对外界事物的排斥心理，都是哈尼族对世界的认知方式，所以哈尼族人对哈尼语的语言形式，意义上的认同使哈尼语领属结构成为一个独立的句式，体现着和汉语不同的特征和独特的语义关系。

（二）哈尼语语言的外部影响：汉语文化的影响

哈尼语的领属结构之所以和汉语在一定程度上有些许的相似之处，这也是受到了汉语文化的影响，所以才导致了两者在语言上的相似性。

哈尼语受汉文化影响还表现在词汇、语音、声调和语法形式变化几个方面。就词汇而言，借词所涉及到的范围很广泛，汉语借词与本民族的词语共存，突出的是哈尼语亲属称谓语显示辈分严格、长幼有序、男女有别、内外有别的特征，这表明哈尼语的亲属称谓印有汉族封建宗法社会制度的深刻烙印，和以辈分有别、长幼有序、尊卑有序的伦理道德观念。②及其祖先崇拜，重视血缘关系，强调等级差异，因此，汉族的宗法观念渗透到哈尼族的意识形态领域，并在亲属称谓上得到了比较明显的体现。

比如在语音上：松紧元音相拼的音节结构形式是它的特点；在声调上：增加了一个24调和一条新的变调规律；在语法形式的变化上：引入一些本民族没有的汉语语法形式。③

一般情况下，如果没有内部因素的支撑，外部因素的影响再大，也难以在言语中站住脚，正如唯物辩证法所阐释的那样"内因决定外因，内因是根据，外因是条件，外因通过内因起作用"。所以哈尼语的领属结构的这些特征最主

---

① 白宇.哈尼族传统心理结构的宏观透视［J］.云南社会科学，1989（2）
② 王宴，杨艳，冯霞.哈尼族亲属称谓语的特点及其文化内涵探析［J］.红河学院学报，2007，5（6）
③ 段贶乐.论汉语在哈尼语发展中的影响［J］.中央民族学院学报，1984（4）

要的还是源于自身文化的反映，汉文化只是对它在某种程度是上有一定的助推作用。比如说，哈尼语的复合元音 ie，iu，ue，ua 的出现是由于自身语音系统特点作为基础的。因为自身双唇腭化声母和舌面音声母，当它们与单元音结合的音节，发音上接近复合元音韵母。所以汉语借词的复合元音借词就容易被哈尼语所接受，哈尼人也就不难读出复合元音的汉语借词。总之，哈尼语在汉语借词中使用复合元音韵母，都有其内部的条件，外部的影响使这些复合元音在哈尼语语系中得到巩固和发展。

四、结　语

通过认识领属范畴、领属结构，对哈尼语领属结构的分析，探讨哈尼语领属结构的特征和规律，并将其与汉语领属结构作了简要比较，可见哈尼语主要通过借助助词 γ^{33} 这个领格标记来确定领属关系。当然，文段也分析了哈尼语领属结构的一些其他特征。这些都可帮助我们进一步全面认识哈尼语语法。此外，从哈尼族自身文化因素和受汉文化影响两方面入手，探讨了影响哈尼语领属结构的实质原因，使我们了解到哈尼语语言内部机制和汉文化外部影响两者的关系：哈尼族自身文化对语言起着决定作用，但汉语汉文化在一定程度上也助推哈尼语领属结构发生了一些与时俱进的变化。综上，探讨哈尼语领属结构的特征规律，以求进一步拓展和深化对哈尼语语法的认识。

参考文献：

［1］李永燧.哈尼语语法［M］.民族出版社，1990

［2］李永燧，王尔松.哈尼语简志［M］.民族出版社

［3］戴庆厦，闻静.汉藏语"的"字结构［J］.汉语学报，2011（4）

［4］江狄.藏东南藏缅语的领属结构［J］.语言研究，2014（4）

［5］解鲁云.近十余年哈尼族民族研究综述［J］.云南民族大学学报，2006，23（6）

［6］段贶乐.论汉语在哈尼语发展中的影响［J］.中央民族学院学报，1984（4）

［7］戴庆厦，田静.语言的外部影响和内部机制［J］.民族语文，2007（4）

［8］肖娴.论领属构式的认知意义［J］.赤峰学院学报，2013，34（4）

［9］范元昌，何作庆.哈尼族人与自然和谐相处的文化特征［J］.云南民

族大学学报，2008，25（6）

[10]王宴，杨艳，冯霞.哈尼族亲属称谓语的特点及其文化内涵探析[J].红河学院学报，2007，5（6）

[11]白宇.哈尼族传统心理结构的宏观透视[J].云南社会科学，1989（2）

（指导老师：张雨江）

民族语言与文化

桐城方言的研究综述

蒋金晶[①]
（云南民族大学）

[摘　要] 桐城方言的研究始于20世纪50年代的方言调查，历经几十年的研究，涉及的范围比较广泛，但研究的成果相对而言比较匮乏。本文从语音、词汇和语法三方面对桐城方言的研究进行了整合。

[关键词] 桐城方言　语音　词汇　语法

桐城，古之桐国，楚之附庸[②]。因其地适宜种植油桐而得名，是"桐城派"的故乡，也是安徽省历史文化名城之一。它位于安徽省中部偏西南，长江的北岸、大别山的东麓、安庆市的北部，东邻庐江、枞阳两县，西连潜山县，北接舒城县，南抵怀宁县和安庆市区[③]。南北长64公里，东西宽42公里，面积1644平方公里。"抵天柱而枕龙眠，牵大江而引枞川[④]"。地势自西北向东南，山地、丘陵、平原依次呈阶梯形分布。西北部山区为大别山东段余脉；中部丘陵扇面展布，倾降平缓；东南部平原阡陌纵横。桐城接江趋淮，河埠陆驿自古车水马龙，素有"七省通衢[⑤]"之称。

桐城市位于西南部的边沿地带上，所以县境西南部分地区，像青草、双港等乡镇带有赣语方言的特征。桐城方言属于江淮官话，但具体的归属尚有争议。《中国语言地图集》（1987）认为桐城方言属江淮官话洪巢片，而中国社会

---

① 蒋金晶，女（汉族），云南民族大学在读硕士，专业：语言学及应用语言学　主要研究云南少数民族语言及汉语方言。
② 王宴，杨艳，冯霞.哈尼族亲属称谓语的特点及其文化内涵探析[J].红河学院学报,2007,5（6）
③ 同上。
④ 同上。
⑤ 同上。

科学院语言研究所的刘祥柏先生基于20年的研究调查，将桐城方言从洪巢片划归黄孝片中。两者由于划分的标准不同，所得出的结论自然不相同，但依据搜集的资料来看，大部分的学者仍旧认同将其划归为洪巢片中。由于皖南地区方言被发掘比较晚，所以研究成果并不算多，而这些研究主要是以皖南地区的江淮官话为研究对象进行的，针对桐城地区方言的研究则更少，大多只是对于各地方言的分区作出了划分，并选取一些方言点进行调查。根据对各类学术期刊及学位论文的不完全统计，专门涉及桐城方言的研究已经发表论文约十几余篇，研究内容主要涉及词汇、语法以及相关研究等多方面。而对桐城方言的语音研究则相当之少。

一、语音研究

运用现代语言学方法研究桐城方言的语音状况的调查研究始于二十世纪五十年代的方言普查。最早见于《安徽方言概况》（1962），书中在皖中江淮官话分区中将21个县划归到洪巢片当中，其中就提到"桐城"。对桐城方言语音的研究主要体现在对皖南地区方言语音的整体研究中，如郑张尚芳在《皖南方言分区（稿）》（1986）中指出桐城地区的语音特点是：古全浊声母今读送气的清音声母，古全浊上声、去声、入声今一律读阳去。《桐城县志》（1995）中将桐城方言做了一个系统的介绍。其中提到桐城方言是以城关话为代表，除少数村镇，大多数都与城关话相接近。并指出它的特点：1.有入声，入声有高低之分。去声不分阴阳，有些字古今同调。2."盆"与"笨"、"同"与"洞"等字不读浊声母，也不全读送气清声母，而是根据古声调的区别，声母浊变清的规律，平声读送气清声母，仄声读个送气的清声母。3.不分尖团音。4.不分前后鼻音。5."班"与"搬"、"关"与"官"韵母不同，分别为 an、uan、on、uon。在语音归纳中，将桐城方言的声母归纳为22个，韵母为46个，声调为六类。并将异读现象分别列出进行具体的分析，其中提到桐城城关话中的异读现象占据比例是相当大的。分成三类为韵母异读、声调异读、声母异读，而尤以韵母异读数量居多。吴波《江淮方言的边音韵尾》（2007）一文中分析了中古入声韵在桐城、宝应话中的类型分布与对应，从历史来源和音理的角度来探究边音韵尾的分布规则。除此之外，关于桐城方言的语音研究一直空缺，直到2014年广西大学的张慧娟发表的论文《桐城方言单字调声学实验研究》，以桐城方言的声调为研究对象进行实验分析。实验得出桐城方言单字调五度值与前人结论相比，调型趋势是相同的，但具体的调值还是有差异，具体表现为有降调，且实验中的调值与另外两个的调值并不完全相同。

二、词汇研究

　　桐城市位于江淮官话的西南边沿地带，有些地区就会受到邻近方言赣语的影响，因此，在词汇方面均有所体现。最早对桐城方言的词汇进行系统描述的为《桐城县志》（1995）。它排除了方音的差异，将词汇特点归结为四点：（1）总体上来说，桐城方言词汇与普通话相比，大多相同。比如日常应用有六千多词语，与普通话相同的占五分之四，特殊方言词只占五分之一。（2）桐城特殊方言词汇，与普通话名同实异的少，实同名异的多。（3）桐城一些特殊方言词汇与当地特殊的自然条件和社会习俗相关。（4）桐城与安庆接近，是安庆市下的一个县级市，因此桐城方言与安庆方言相同或相近。袁庆珍的《桐城方言亲属称谓词特点》（2013）一文中讨论桐城方言亲属称谓词的泛化现象和从子现象。从社会语言学的角度来研究桐城方言亲属称谓的共时变化。针对这两种现象提出推测，并就此给出意见和建议。胡凯玲《桐城方言词汇特点举要》（2013）一文中，从桐城方言的特殊词汇出发将其与普通话的差异进行具体说明归为四点：词义差异、词源差异、词缀差异、构词理据差异。词义差异主要表现在理性意义、语法意义、附加意义三方面，词源差异表现在桐城方言沿用古汉语并使用借用词两方面，词缀差异方面主要例举"子"、"头"、"儿"、"家"、"洋"等词来进行具体描述分析。在构词理据差异中主要从五个方面来举例分析桐城方言跟普通话因造词理据的不同而带来的词汇差异。项波的《试析桐城方言词汇与普通话词汇之差异》（2017）一文与胡凯玲一文的切入角度相同，都是与普通话词汇的对比来分析的，只是再分析的过程中还加入了一些新的观点。

三、语法研究

　　桐城方言的语法研究相对语音和词汇来说要稍显丰富，且研究的时间要早于语音和词汇。李金陵的《皖西潜怀十县方言语法初探》（1991）一文中从词法和句法两方面入手来分析皖西潜怀十县的语法特征。词法方面从代词、助词和形容词三个方面来进行探索；句法方面从状语、补语、双宾语的特殊用法、"把"字句、疑问句、比较句等几个方面来进行分析。在《桐城县志》中就桐城方言的语法特点用七点来说明：1.动态助词"着"。它在桐城方言中有三层含义:(1)表示动作、变化的完成,相当于普通话中的"了"。例如:他把我打着。(2)表示新情况的出现,在普通话中也是"了"的意思。例如:她一见着生人,脸就红着。(3)表示动作变化的持续状态,在普通话中有"着"的意思。例如:门开着。2.结构助词"着"。它一般只在宾语和补语之间起结构作用,相当于普通话中的"得"。3.动词后缀"搁"。有"放置"的含义,位于动词后面,一般表示处所,相当于普通话中的"到"、"在"。例如:他把小狗抱搁怀里了。4.人称代词后缀"节"和疑问代词"么"。"节"在桐城方言中表示复数,例如:我节、他节,分别代表"我们""他们"。"么"有"什么"的含义,例如:么人、么东西。5.名词后缀"子"。这点与普通话类似,但是使用的范围比普通话要广泛。普通话中不能使用的在桐城方言中都可以使用。6.状态形容词"鲜甜"、"喷香""死辣"等都表示程度加深,有些还富有感情色彩,如"鲜甜"表褒义。7.特殊搭配和特殊语序。方瑜的《安徽桐城方言语气词初探》一文中就搜集到的16个常用语气词从概况、分类、分析三个方面进行论述。江亚丽《桐城方言中ABB式形容词的结构特点和句法功能》(2010)一文中就ABB式形容词的类别、结构方式、构词特点、句法功能进行举例分析。得出桐城方言中ABB式形容词非常丰富,A与BB主要有主谓式、后补式、联合式、附加式等四种结构方式,BB往往以摹状、比拟、比喻、通感等修辞方式与词根A构成词,ABB式形容词可充当谓语、状语、定语、补语、宾语等句法成分。江亚丽《桐城方言"把"字研究》(2010)一文中就桐城方言中"把"的特殊用法一一例举。桐城方言的"把"可以作为动词、介词、量词和助词。动词中的"把"有"给、放、用、派、喂、嫁"等语义。介词中的"把"既能构成处置句,还可作工具语。另外,介词中的"把"还可以放在某些动词后面,引进动作的接受者。还可以表示行为的对象、方位、处所等。量词中的"把"表示动量的意思。"一把"可以表示副词"一起、一同"。助词"把"有"×把两×"格式,表示近于"两×";还有"×把×"格式,表示程度深。华紫武《桐城方言中的"V得(不)来"结构》(2013)一文中选取"V得(不)来"这一独特形式来表达桐城方言中的可能义。通过作者的考察发现"V得(不)来"结构有三种深层语义,这主要是动词"来"的语法化的结果。

四、结 语

有关桐城地区的研究大多集中于文学方面,而对方言的研究相对要薄弱。纵观搜集的资料发现桐城方言的研究主要以语法研究为主,词汇次之,而在语音方面的研究更是寥寥无几。而随着实验技术的发展，以实验的方式来研究语言或方言已成为一种趋势，但桐城方言在这方面的成果相对其他方言要薄弱的多，也间接说明桐城方言在实验语音学方面还有很大的发展空间，希望有更多的研究者在这方面能做出成就，不仅能丰富桐城方言的研究资料，也为桐城方言的发展以及文化传承贡献一份力量。

参考文献：

［1］桐城县地方志编纂委员会.桐城县志［M］.合肥：黄山书社，1995：761.

［2］刘祥柏.方言［J］.中国社会科学院语文研究所，2007，（4）.

［3］孟庆惠.安徽方言概况［M］.合肥：合肥师范学院方言调查组编（铅印，内部发行）.

［4］孟庆惠.安徽省志·方言志［M］.北京：方志出版社，1997年版.

［5］郑张尚芳.皖南方言的分区［J］.《方言》.1986第1期：8~18.

［6］中国社会科学院，澳大利亚人文科学院.中国语言地图集［M］.香港：香港朗文（远东）有限公司，1987.

［7］胡凯玲.桐城方言词汇特点举要［J］.新余学院学报，2013，18（5）：85~87.

［8］李金陵.皖西潜怀十县方言语法初探［J］.安徽大学学报（社会科学版），1991第三期.

［9］项波.试析桐城方言词汇与普通话词汇之差异［J］.宿州学院学报，2017，32（2）.

［10］孙宜志，方以智《切韵声原》与桐城方音［J］.中国语文，2005，（2）.

［11］江亚丽.桐城方言"把"字研究［J］.安庆师范学院学报（社会科学版），2010，29（2）.

［12］江亚丽.桐城方言中ABB式形容词的结构特点和句法功能［J］.池州学院学报，2010，24（1）.

［13］吴波.江淮方言的边音韵尾［J］.语言研究，2007，27（1）.

［14］华紫武.桐城方言中的"V得（不）来"结构［J］.宜春学院学报，2010，32（3）.

［15］袁庆珍.桐城方言亲属称谓词特点［J］.池州学院学报，2013，27（1）.

［16］张慧娟.桐城方言单字调声学实验研究［J］.汉语研究，2014第12期.

（指导老师：刘劲荣）

傈僳语动物词汇文化内涵浅析

李丰林[①] 余德芬[②]

(云南民族大学 民族文化学院,云南 昆明,650500)

[摘　要]一个民族的文化内涵往往是在日常生活中积累下来,是反映一个民族对各种各样事物的认知。本文从傈僳语动物词汇的特点、分类及其所表现的文化内涵来进行描述。傈僳语中动物词汇可以分为家禽类、野兽类和昆虫类等,在傈僳族语言中往往没有动物这样的大类词,而是由大家都比较熟悉的小类词汇来替代。

[关键词]傈僳语　动物　词汇　文化内涵

人与动物作为生物界[③]的组成部分,彼此之间有着非常密切的联系,以一种和谐的方式共存。在人类选择用语言记录下它们的同时,那些描绘动物的词汇也随着历史发展,凝聚着一定的文化信息。本文透过傈僳语动物词汇的表层意义,探微其中的深层次文化内涵。

语言是人类社会最重要的交际工具,随着人类社会的发展,语言不仅传递信息,而且负载着人类历史沉淀下来的深厚文化,而语言则因为有了文化的充实变得更加丰富。傈僳语作为中国五十六个少数民族之一,很早的时候就有了自己的语言,傈僳族几千年来的沧桑变化,它们在一定程度上凝结在傈僳语中,尤其是与文化关系最为密切的词汇部分当中。一般来说,动物的命名本来

---

① 李丰林,男(傈僳族),云南民族大学民族文化学院在读研究生,主要研究云南少数民族语言。
② 余德芬,女(傈僳族),云南民族大学民族文化学院讲师、教授、研究生导师,主要研究语言学及中国南方少数民族语言。
③ 瑞典博物学家林奈(Carolus Linnaeus,17071778)在18世纪就将生物界分成植物和动物两界,这种两界系统,建立最早,也沿用得最广和最久。

只是反映事物的本质特征,无需带上任何的感情色彩,但在傈僳族文化由萌发到成熟发展的进程中,这些名称也就或多或少地镀上了一层民族的感情色彩。

一、傈僳语动物词汇

(一)动物词汇的定义

词汇,又称语汇,是一种语言里所有的(或特定范围的)词和固定短语的总和①。词汇随着时代的发展演变,成为人们交流沟通、获取知识的实用工具。词汇是词的集合体,词汇和词的关系是集体与个体的关系,好比树林与树的关系。动物是生态系统的重要组成部分。它不仅对人类的生存和发展起着重要的作用,同时也造就了多姿多彩的大自然。野生动物不仅具有重要的经济、科学、生态、文化及美学等方面的价值,也大大丰富了人类的文化生活。动物词汇是生长生活在大自然的各种动物的名称组合起来,形成系统的动物名称词的集合体。

(二)傈僳语动物词汇的分类及特点

1. 动物词汇

动物词汇的分类往往与傈僳族人民所生存的环境决定,在生活有了很大的提高后,剩余价值的出现后。才出现了在狩猎回来的猎物中把小的猎物圈养起来,从在不断的认知过程中可以把傈僳语中的动物词汇分为家禽类、野兽类、昆虫类等三大类。在傈僳语中动物词汇往往没有像"动物"这样的专有大类名词,而是用像如狗、猪、牛、羊、鸡等这类小类的词汇来表示。

2. 动物词汇的特点

傈僳语中的动物词汇多数由两个字组成一个词的结构,他们的开头字母大多数情况都是以"a^{55}"起始,同时也有一个字形成一个词的词汇。

二、傈僳语动物词汇及其文化内涵

(一)家禽类

家禽类的动物词汇以 $a^{55}na^{31}$ 狗、$a^{55}vɛ^{33}$ 猪、$a^{55}ni^{31}$ 牛、$a^{55}tʃɦ^{31}$ 羊、$a^{55}w^{55}$ 鸡为例。

1. $a^{55}na^{31}$ 狗

狗 $a^{55}na^{31}$. 在汉族的社会生活中,"狗"的身份比较复杂。它的忠诚及其通

---

① 黄柏荣、廖序东. 现代汉语[M]. 2011.6.

人性，让它成为人类很好的伴侣，如"犬马之劳"、"儿不嫌母丑，狗不嫌家贫"，而"猫来穷，狗来富"的说法也可以看出中国人一直把狗看作是吉祥之物。而在傈僳族的社会生活中也同样如此，狗不仅仅是傈僳族的朋友，而且也是傈僳族家庭社会生活中的得力助手。为什么这么说呢？因为每当傈僳族人把家里的动物们赶到外面去放的时候，狗也会随之而去，充当了放哨的职责。当有狼或者是其它动物来犯的时候，狗会"汪汪、汪汪"的叫起来通知主人。这样就可以保护家里面的动物们造成不可避免的损失，从这可以看出狗的智慧有时候比其它动物的智慧高很多。在傈僳族神话传说中有狗为傈僳族人民带来种子的记载。

为了纪念狗找来种子的行为，所有傈僳族在每一年的大年三十的那一天，自己还没吃饭，在祭祀过天神等鬼神过后就会把所有的事物每样一点拿来先给狗吃，这种传统从古至今从未间断过。

从那时起，狗便成为了傈僳族人民必养的动物之一，在傈僳族的村寨里随处都可以看见狗在那里叫，在那里嬉戏。从此以后傈僳族的村寨里就不再有东西被小偷偷走，人民也就从此过上了幸福美满的生活。

2. $a^{55}vɛ^{33}$ 猪

猪用傈僳语来表示的时候，不同地方用不同的语音来表示。如怒江地区用傈僳语"$a^{55}vɛ^{33}$"来表示，而维西地区则用傈僳语"$ɛ^{55}e^{31}$"来表示，然而丽江永胜地区则用"$ɛ^{55}vɛ^{42}$"来表示。[a] 猪是傈僳族在很早以前就开始喂养的动物之一，不是因为它好喂养，而是因为猪可以用来检测傈僳族人民猎回来或者是寻获的食物中是否有毒。每当傈僳族人从山里发现一种植物的时候，一般不是拿回来直接煮来吃，而是先喂给猪，一般猪不吃的食物，人也不能吃，因为那些食物都是有毒的。生活在大山里的猪也是一样的，虽然它们是杂食动物，可以说什么都吃，但是它们知道什么样的植物可以吃，什么样的食物不可以吃。所以，在远古的时候猪一直都是充当着人们的食物检验师，就是说猪吃的植物，一般人也可以吃。

3. $a^{55}ni^{31}$ 牛

牛 $a^{55}ni^{31}$. 傈僳族人民在经过漫长的迁徙活动中，在遇到环境好，气候温和，适于种植作物的地方的时候就会定居下来。而要种植作物在现代的傈僳族村寨中就不像是以前那样刀耕火种的样子了，在不断的对事物的探索中，出现了用牛来代替人力的现象，二牛抬杠的出现大大减轻了人的劳动力。

---

① 木玉璋、孙宏开. 中国少数民族语言方言研究丛书. 傈僳语方言研究［M］. 北京：民族出版社. 2011. 12.

民族语言与文化

在傈僳语中常常会用"牛"来比喻自己的儿子，用"la^{33}bu^{42}"一词来表示，如一个男孩的父亲说：

ŋua^{44}nu^{33} thi^{31}hi^{33} tɛ^{55} la^{33}bu^{42} ma^{33} le^{44}la^{33} wa^{44}.
我们　　一家　的　牛　助词　回来　助词

这句话不是说我们一家的"牛"回来了，而是说我们家的儿子回来了。牛在傈僳语中用来形容某人怎么样的时候，往往不是用"a^{55}ni^{31}"来表示，而是用在傈僳族生活的环境中很少出现的"ma^{55}ŋa^{31}"来形容，如：

nu^{33} tsho^{44}sa^{33} thi^{31}ʐo^{44} ma^{33} nie^{44} ma^{55}ŋa^{31} thi^{31}le^{44} ta^{55}。
你　人　一个　助词　助词　水牛　一样　助词

这句话是用来形容一个人很笨，其中的牛一词是用"水牛"来表示，而不是用常见的"黄牛"来表示。

在傈僳族创世史诗《创世纪》（mu^{31} tɕi^{42} mi^{33} tɕi^{42} mo^{31} gua^{31}）、《洪水滔天》中就有傈僳族的两兄妹用牛皮制成的鼓中从洪水中逃生的故事。有人说这两兄妹就是傈僳族的祖先，因为在那场洪水中各民族的人几乎灭绝了。所以傈僳族在每年的农历二月初八的时候，都会把家里的所有的牛、猪、羊、狗等动物都赶到外面，带上锅碗瓢盆等炊事工具，还有吃的东西，然后去到那个原先指定的地方去做饭吃。在把所以吃的都做好后，不是人先吃，而是先让牛群们先吃，然后才是其他的动物，最后才是人。这一天现在一般叫做"a^{33}ni^{31} hɛ^{42} ji^{35}"，意思是牛的过年日，这是为了纪念牛对傈僳族人祖先的救命之恩，这种习俗在傈僳族寨子中，年复一年，日复一日的重复着，从那时起就再也没有间断过。

4. a^{55}tʃɿ^{31} 羊

羊 a^{55}tʃɿ^{31}. 是一种本性驯顺的动物。傈僳族在很早的时候不像现在一样定居在某一个地方。"黄蜂没有蜂蜡，傈僳族居无定所"，从这句傈僳族的谚语中我们可以想象，傈僳族很早以前的生活是像现在生活正在大草原上的民族一样过着游牧的生活，而羊有可能成为傈僳族放牧的动物。在日常生活中与羊不断的接触过程中，从羊的各种生活习性中改编而来的歌舞"阿尺木刮"更是成为我国的非物质文化遗产。那是一种原生态的歌舞，是表演者边唱边跳，通过模仿羊的各种各样的动作而形成的。其中模仿小羊羔自出生起便知"跪乳"的这个动作是模仿地最多的，傈僳族人认为从小到大他们跪拜的对象除了所有神灵以外，就是他们的父母机器已经去世的长辈们，这一习俗大概是从小羊羔"跪乳"的习性中学习而来的。剪下来的羊毛可以制成帽子来戴，而从宰羊后得来的皮可以制成羊皮褂来穿。

5. a⁵⁵ɯ⁵⁵ 鸡

鸡 a⁵⁵ɯ⁵⁵. 在傈僳族的家里我们经常可以看到，可以说鸡是所有傈僳族人必须养的一种动物了，因为鸡一般都是祭祀时用来做祭品的动物之一，鸡不仅可以用来吃，还可以看成是像时钟一样告诉人们夜晚及其早上时间的"表"。公鸡在夜里一般叫两次，而第三次叫的时候一般是天亮了，除了特殊情况外。如：

thi³¹pha⁴⁴ thɛ³¹ yi³¹gu⁴⁴ du³⁵ ta⁴² wa³³ ? ma³¹ta⁴² sʅ³⁵,
现在   助词 床起   可以 吗？ 不可以 助词

a⁵⁵ɯ⁵⁵ ni⁴²wu⁵⁵ pu³¹ sʅ³³ ŋo³¹. a³¹wa³⁵ thi³¹ko⁴⁴ pu³¹ thɛ³¹
鸡   两次   打鸣 才 助词 等一下   一次   打鸣 助词

nu³³ du³⁵ ni⁴⁴ʃ⁴² niɛ⁴² du³⁵ ha⁴⁴.
你 起   喜欢 助词 起 吧。

现在可以起床了吗？不可以的，鸡才打鸣了两次，等一下鸡再打鸣一次的时候，你想起的话起吧！从这个对话中我们可以看出鸡在傈僳族的生活中充当了不可或缺的角色。

鸡在傈僳语中有时候以"a⁵⁵ɯ⁵⁵ ma³¹mu⁵⁵"的形式出现，这里的"a⁵⁵ɯ⁵⁵ ma³¹mu⁵⁵"并不像在汉语里如"鸡婆"之类语言的意思，而是说一个人的言行有时候像带小鸡的"老母鸡"一样。如：

yi⁵⁵ co⁴⁴sa³¹ thi³¹yo³⁵ ma³³ niɛ³⁵ a³³li⁴⁴ ta⁵⁵ ? thi³¹pha⁴²thɛ³¹
他 人   个 助词 助词 怎样 助词？ 有的时候

na⁴⁴ a⁵⁵ɯ⁵⁵ ma³¹mu⁵⁵ a³¹li⁴⁴ ŋo³¹.
助词   "老母鸡   一样 助词

这句话中回答的时候不是说像一只"老母鸡"，而是说他的言行像一只带小鸡的"老母鸡"一样，在那里一天的说话，别人不想听，他还是在那里唠叨。

（二）野兽类

野兽类以 hɛ³⁵ 鼠、tɕɛ³⁵mi³¹ 猴、a⁵⁵nɛ⁵⁵ tɕɛ⁴²tɕia⁴² 喜鹊、tsua⁴⁴mɛ⁴² 燕子为例。

1. hɛ³⁵ 鼠

鼠 hɛ³⁵. 在汉语里认为它是一种杂食动物，具有极强的破坏力，给人们的生活带来了很多的麻烦，正因为如此在汉语里"鼠"有胆小、卑微、不受人欢迎、不够光明正大的意思。然而在傈僳语中的"鼠"则与汉语的恰恰相反，鼠在傈僳族人的心目中是非常美好的。在傈僳语中常常用"hɛ³⁵sʅ⁴⁴ a³¹le³³"来形容一件事的美好。因为傈僳族人认为鼠的肝脏是比起其他动物的肝脏来说是要美好得多。所以常常用"hɛ³⁵sʅ⁴⁴ a³¹le³³"来形容一件事或者是某个事物的美好。

民族语言与文化

在傈僳族创世史诗《创世纪》（mu^{31}tɕi^{42} mi^{31}tɕi^{42} mo^{31}gua^{31}）中就有"mi^{31}ma^{33}mu^{55}，hɛ^{35}ma^{31}mu^{55}"的记载。意思就是说"hɛ^{35}ma^{31}mu^{55}"是创造天地的大神之一，这与汉族的女娲补天造人相似，所以傈僳族人认为鼠"hɛ35ma31mu55"比他们的祖先还要崇高，因为没有被造出来的天地就不会有人类。所以傈僳语常常用"hɛ^{35}sŋ^{44} a^{31}le^{33}"来形容一件事或者是某个事物的美好。

傈僳族人民为了得到"hɛ^{35}ma^{31}mu^{55}"的庇护或者是对他的崇拜，所以就有傈僳族以"鼠"作为自己的姓氏，现在傈僳族社会中使用"浩"、"楚"等就是由"鼠"这个字演变而来的。有的傈僳族部落里几乎所有人把"鼠"作为他们的图腾，从此就用这一图腾来约束人们在日常生活中什么事该做，什么事不该做。

鼠在傈僳族文学作品中出现的时候往往不是以老鼠的字义出现，而是与其他词汇相搭配出现。如有一句傈僳族的歇后语"hɛ^{35}miɛ^{33}bo^{44}pho^{31}"（花面鼠）——富人。因为傈僳语中形容斑纹花里胡哨的"花"字与富裕的"富"字谐音而出此艺语。

2. tɕɛ^{35}mi^{31} 猴

猴子 tɕɛ^{35}mi^{31}. 是一种聪明、敏捷、机智的动物，在傈僳族居住的房前屋后的大森林里都是居住着猴子，他们是一种群居的动物。在傈僳族创世史诗《创世纪》（mu^{31}tɕi^{42} mi^{31}tɕi^{42} mo^{31}gua^{31}）中就有"mi^{31}ma^{33}mu^{55}，hɛ^{35}ma^{31}mu^{55}"的记载。在这句话中不仅仅说明了老鼠是创造天地的大神，同时也说明了猴子也是创造天地的大神之一。所以傈僳族的村寨中有时候出现猴子的时候，是不会伤害他们的，因为他们就像是自己的祖先一样。

3. a^{55}nɛ^{55} tɕɛ^{42}tɕia^{42} 喜鹊

喜鹊 a^{55}nɛ^{55} tɕɛ^{42}tɕia^{42}. 在傈僳族人认为喜鹊是吉祥的象征，同时也是富裕的象征。喜鹊往往是在傈僳语的谚语[a]中出现。如"a^{55}nɛ^{55} tɕɛ^{42}tɕia^{42} e^{55}khu^{44} ma^{31}ɕi^{44}，tsho^{44} ni^{35}tɛ^{35} sa^{31} tɕha^{33}gu^{44}ma^{31}bi^{33}"。——喜鹊不做窝，好人不虚假，喜鹊是一种非常吉祥的鸟，好的人一般与你交往的时候，他一般不会假情假意。又如"tsho^{44}bo^{33} kha^{35}gua^{31} a^{55}nɛ^{55} tɕɛ^{42}tɕia^{42} la^{31}，tsho^{44}ʃua^{55} kha^{35}gua^{31} a^{31}tsɛ^{31}dzua^{31}"。——富裕的村寨里有 a^{55}nɛ^{55} tɕɛ^{42}tɕia^{42}（喜鹊），贫穷的寨子里有 a^{31}tsɛ^{31}（在我们那里俗称盐巴雀）。

从上面的描写中我们可以看出，喜鹊在傈僳族人的眼中往往是一种吉祥而又富贵鸟的象征，而 a^{31}tsɛ^{31} 往往是贫穷与饥饿的寓意。

---

① 斯琴高娃、李茂林. 傈僳族风俗志[M]. 北京：中央民族大学出版社. 1994.

4. tsua⁴⁴mɛ⁴² 燕子

燕子 tsua⁴⁴mɛ⁴². 在现在的傈僳族社会中，用木头做成的楼房已经是随处可见了，在有的房子里会有那么几只燕子在那里做窝。傈僳族人认为，家里的鸟类，其中最好的要数燕子了，因为燕子喻示他们不再贫穷，朝着富贵的方向发展。"tsua⁴⁴mɛ⁴² la³¹thɛ³¹ ji⁴²，bɛ⁴²du³³ la³¹thɛ³¹ ni⁴⁴ma³¹na³³"——燕子来到房子里做窝是一件好事，而如果家里面来了马蜂，那么就意味着你要伤心了，因为在傈僳族认为家里面来了马蜂，就会有自己的亲人将会离去。因而燕子在傈僳族社会生活中往往是富裕的象征。

（三）昆虫类

昆虫类以 a³¹gə³¹ma⁴⁴ 螳螂、bo⁴²lo⁴⁴ 蚂蚁为例。

1. a³¹gə³¹ma⁴⁴ 螳螂

螳螂有的时候用傈僳语 "a³¹gə³¹ma⁴⁴" 来表示，它有一双鼓鼓的大眼睛，它的脖子是扁扁的。在傈僳族社会生活中螳螂的形象不是很好，从它的长相就可以看出它在许多时候总是在形象不好之列，螳螂的眼睛往往被傈僳族人运用到生活中。如：

nu⁴⁴ mɛ⁴²sɯ³¹ ma³¹ a³¹gə³¹ma⁴⁴ thi³¹li³⁵ tha³¹ ta⁵⁵.
你　眼睛　助词　螳螂　　一样　不　助词

这句话说的是别人在很生气时张大眼睛看着你的时候，就像是一只螳螂的眼睛一样看着，从而表达出每当你在生气的时候不要把生的气撒在别人身上。与人相处，即使你再生气也要学会控制好自己的情绪。

螳螂有的时候也用傈僳语说成 "a³¹go⁵⁵ma⁴⁴"，这是傈僳族人想象出来的一种像汉族人所说的，像如"妖怪"之类的词，是傈僳族人民用来劝告小孩的话，每当小孩子们不听话或者是哭泣时，大人们就会用 "a³¹go⁵⁵ma⁴⁴" 来劝告小孩要听话。

2. bo⁴²lo⁴⁴ 蚂蚁

蚂蚁在傈僳族的语言中不同的地方用不同的语音来表达，有的地方虽然是同样的一个词，但是他们的读音是不相同的。我们常常用 "bo42lo44" 来表示，在傈僳族社会生活中常常用"蚂蚁"来形容一个人的勤快。如：

yi⁵⁵ thi³¹he⁴⁴ na³¹ a³¹dʒi⁴² li⁵⁵ mi³¹yi⁴² thɛ³¹ a³¹khɣ⁵⁵ da³⁵ ma⁴²,
他　一家　助词　全部　助词　干活　助词　非常　厉害　助词

bo⁴²lo⁴⁴ thi³¹he⁴⁴ thi³¹li⁵⁵ ta⁵⁵ ŋo⁴².
蚂蚁　　一窝　　一样　　像　助词

这句话不是说他家像一窝蚂蚁的家一样，而是说他家里的每一个人在干活的时候非常厉害，也非常勤快，就像是一窝蚂蚁窝里的蚂蚁一样勤快。

在汉语中出现的有一些词汇在傈僳族的语言中表达出来往往是通过意象的形式来表现。在傈僳语的动物词汇里还有许许多多的文化内涵还没有被现代人所认知，其他各民族的也是同样如此，动物词汇的文化内涵不仅反映了一个民族的文化，同时也是反映了一个民族的灵魂。

三、结　语

傈僳族对于动物词汇的认知往往是傈僳族人在长期的社会生产生活中得出的，而每一个经典的词汇后面都有一定的文化内涵。语言是文化的载体，是反映文化的一面镜子，而词汇是语言中最容易受社会影响而变化的部分，有的是傈僳族语言中特有的，有的是和其他民族语言类似的，还有的是大相径庭的。这也说明了这些词汇的文化内涵意义是傈僳族人经过千百年的发展所积累的文化传统，民族心理特征和思维习惯的投射，而且随着时间的推移，有的词汇的文化内涵意义已经开始出现新的变化，有的则渐渐消逝。准确了解傈僳族语言词汇的文化内涵意义将对我们今后研究傈僳语词汇及傈僳语的传播有着很大的帮助。

参考文献：

［1］余庆远撰．李汝春校注．维西见闻纪［M］．维西傈僳族自治县编委会办公室编印．1994.

［2］杨春茂．傈僳族民间文学概论［M］．昆明：云南教育出版社．2002.

［3］斯陆益．傈僳族文化大观［M］．云南民族出版社．1999.

［4］《傈僳族简史》编写组．傈僳族简史［M］．云南人民出版社．1983.

［5］李兴等．傈僳族风俗歌集成［M］．昆明：云南民族出版社．1988.

［6］左玉堂．傈僳族文学简史［M］．昆明：云南人民出版社．1999.

［7］斯琴高娃、李茂林．傈僳族风俗志［M］．北京：中央民族大学出版社．1994.

［8］徐琳、木玉璋、盖兴之．傈僳语简志［M］．北京：民族出版社．1986.

［9］徐琳等．傈汉词典［M］．昆明：云南民族出版社．1985.

［10］木玉璋、孙宏开．中国少数民族语言方言研究丛书．傈僳语方言研究［M］．北京：民族出版社．2011.12.

（指导老师：余德芬）

河南方言实验语音学研究综述

乔 明[①]

(云南民族大学 民族文化学院 云南昆明)

[摘 要] 近几年来,实验语音学迅速发展。然而,河南方言在实验语音学方面的研究相对滞后。本文以河南地区的方言为研究对象,从声学语音学、实验语音学的应用两大方面进行了梳理,从而能清晰的了解到河南方言实验语音学的研究现状。

[关键词] 河南方言 实验语音学 声学语音学 实验语音学应用

河南方言是北方方言中比较有特色的语言,主要分布在河南地区,但是由于历史的因素河南方言也流向了周边。河南地区实验语音学发展要比周边地区发展的快。不同地区的语言虽然有相同之处,但是其中的差异也比较明显。然而运用现代实验语音学的方法和理论更能寻得其中的差异。从所搜索的河南方言研究的文献中找到了25篇关于河南方言实验语音学方面的研究,对其进行了分类梳理。

一、河南方言实验语音学研究现状

(一)声学语音学研究

1.语音格局研究

张慧丽的《汉语方言变韵的语音格局》(2011)以河南地区的100多个方言点作为调查对象,利用全新的方法和理论借助实验仪器分析河南方言中的儿化韵、D变韵和Z变韵。经过对河南方言中的变韵进行分析后指出汉语方言变

---

① 乔明,女(汉族),云南民族大学在读硕士,主要研究云南少数民族语言及汉语方言。

韵的语音格局的特点。比如文中第五章涉及到河南方言中的偃师方言,用"特征扩展"的模型来解释 F3 的下降。这就解决了一些凭听感难以辨认的儿化闪、颤音,从而能够更加精细地分析汉语方言变韵的现象。

2. 元音声学特征研究

姜玉宇女士所写的一篇是《河南中学生元音声学特征研究》(2008),另外一篇是《基于语音库的英语学习者元音声学特征研究》(2010)。在第一篇文章中,作者主要是为了考察学生的元音习得状况,利用 Praat 提取每位学生朗读语料中元音 /i/、/u/、/æ/、/ɑ/ 的共振峰 F1、F2 的数据,发现学生发音容易受母语的影响。这从声学角度进行汉语或其他方言对二语的影响研究提供了启示。第二篇文章是对第一篇研究的深化,其研究目的和研究方法相同,只不过作者在第二篇文章中为了研究河南学生英语发音受方言的影响,研究者又选取了其中 2 位河南学生的方言语料,以确保研究的精确性。

3. 声调实验研究

声调格局是声调系统的共时初始状态,是各种声调变化的基础形式,是进行声调分析的出发点。[①] 河南方言与现代汉语普通话最大的差别是声调的不同,所以研究河南方言的单字音声调的文献相当丰富,从 2011 年到 2016 年这几年间都有人做河南方言单字调的研究,然而,河南方言每个地区的方言又有自己的特点。2011 年,孙军岩《周口方言声调实验研究》一文以周口方言为对象,他用实验语音学的方法做出的声调研究与前人凭听感记录的声调总的趋势一致,但是阳平调和去声调的终点调值有所不同,这就显示出了传统"口耳相传"的局限性。2012 年,陈彧在《河南博爱方言的单字音声调格局》一文中以母语熟练程度较高的青年男性和中年女性为发音对象,选取了《方言调查字表》声调表最后一列调类部分共 150 例字让其发音,其声调数据的主要是来源于所选取的主要元音及其后带音部分作为声调负载段的语音。用实验的方法分析得出了博爱方言的入声消失途径。而在《焦作获济小片方言的声调格局和入声演化》一文中对泌阳、博爱、武陟三个地区方言的声调格局的考察,既运用了实验语音学的方法,又与传统方法进行了结合。在 2013 年陈彧与李文瑞、许海鹏合作的《河南洛阳老派方言的单字音声调格局》一文中虽然也运用了实验语音学的方法,但是由于所选取的发音合作人有年龄的限制,他们所分析的单字音的声调格局也是存在着一定的缺陷。与此同时,张婉琳在《民权方言单字音声调实验研究》一文中为了区分民权方言和商丘方言的声调,她也是采用了实验语音学的方法从基频值和 T 值的角

---

① 马均. 丹阳方言声调格局的实验研究 [J]. 文教资料,2011

度进行了区分。另外，张云云和李景红合作写的《新乡方言的声调格局》一文中通过现代语音实验法、统计学分析法并且利用 praat 对所录的语料进行分析并与前人传统的研究做了对比，得出了更加详实的新乡方言的声调格局。2014 年，刘俊霞在《河南巩义方言的声调实验研究》一文中用实验语音学的方法得出了巩义方言声调的的五度值并与汉语普通话的调值进行了对比，发现巩义方言的调长要短些。李晟爱《卫辉市区方言声调实验研究》一文使用先进软件分析声谱的实验的方法来考察卫辉方言声调曲线和实际调值。实验结果表明阴平调、阳平调、上声调与传统的河南方言的调类一致，但是去声调有很大的区别，传统的去声调是一个曲折调，而经过实验分析得出来的去声调是一个高降调。2015 年，汤传扬《河南通许方言单字调声学实验研究》运用实验语音学的方法对通许方言四个声调中的阳平调、上声调、去声调重新定了调值。2016 年，刘晓青在《河南新密方言单字调声学实验研究》（2016）一文中利用 Adobe Audition3.0、Praat 对新密方言单字调进行分析时发现有一个升调，一个平调和两个降调。这较前人的研究有了重要的突破。

从这五年的研究中表明，河南方言声调实验研究中单字音的声调研究最多。由于传统的方法有一定的误差，那么利用仪器和实验分析的方法得出的声调的调值更为精确些，这也为研究双字调以及变调提供了一定的技术支持。随着技术的发展，许多研究者对于双字调以及更为复杂的变调现象也做了研究。

户新婴《河南长葛方言声调实验研究》（2008）中使用 Cool Edit Pro 软件，ECR101 型话筒录音，用 Praat 语音软件对单字调样本进行切分和标注，用 Praat 软件获取并处理有关数据，包括声调基频数据、时长数据，为了确定单字调和双字调的调值，文中采用的方法是调长基频、时长归一法并且运用"折度打磨说"的理论来分析双字调的变调模式，这是一个新的理论方法。吕萌《商丘方言的声调分析》（2010）采用实验语音学的方法对商丘方言的声调进行了详细的描写，文中对声调研究的内容比较广泛，包括单字调、两字组连读变调以及两字组中的轻声。刘丹丹《尉氏方言语音研究》（2012）以河南尉氏方言语音为研究对象，结合相关实验语音学的方法对声调调类、调型、调值以及连读变调等问题作了科学阐述，找出了河南尉氏方言中的声调模式。张兰《信阳商城方言声调实验研究》（2013）采用实验语音学的理论和方法，从音高、音长角度，展现信阳商城方言在单字调、双字调、轻声方面的特征。

由此可见，许多研究者运用实验语音学的方法所做的研究中，河南方言中的声调研究最多，这也正说明了河南方言与现代汉语普通话最显著的差别在于声调的不同，与传统的记录声调的模式相比较，运用实验语音学的方法对河南方言声调的研究中所得出的精确的数据更能准确地反映出河南方言的特点。

（二）河南方言实验语音学应用

1. 语料库的建设与使用

为了更好的研究河南方言，许多研究者考虑建立河南方言语料库。张颖、王钢、安然《方言语料数据库管理系统设计》（2008）一文中提出了建立河南方言语料数据库的设计方案。并利用数据库技术、多媒体技术和网络技术建立方言语料数据库，这为公安机关侦察破案提供了一些辅助手段，这也为其他方言的研究提供了价值。司罗红在《河南方言有声档案建设的可行性研究》（2016）一文中指出河南方言与其他语言相互接触后产生了变化，建立河南方言有声档案语料库势在必行。王素改在《河南方言有声档案建设中语言学与档案学的协同机制》（2016）一文从河南方言有声档案建设的标准性和河南方言的区域性及有声档案建设的连续性三个方面进行论述，指出河南方言为其他学科提供一定的理论参考并且对信息技术的出处理和刑侦提供一定的帮助。

2. 语音处理

韩芳的《基于河南方言的低信噪比下基音检测算法研究数字信号处理》（2016）一文中对河南方言在低信噪比环境下语音基音检测准确率低、较低的问题提出了一种语音信号增强和基音检测相结合的算法。通过多窗谱估计的改进谱减法对语音信号进行降噪处理[①]，对增强后的语音信号用中心削波法消除偏离基音轨迹的野点，再通过自相关法实现基音检测。另外，韩芳与靳宗信合作写的《低信噪比下的端点检测算法研究》（2016）一文中，与前篇文章相比该方法减少了河南方言在语音处理方面的时间限制，这就有利于进一步提取河南方言语音识别的特征参数。

3. 语音识别

河南方言在语音识别方面的初步的研究中展现了语音识别在方音和外语习得之间的联系和区别。李楠《基于河南方音的英语语音自动分析》（2015）一文中侧重于二语习得方面的研究，建立基于方音的二语发音数据库，这可以让外语习得者在方言背景下的语音进行发音。

4. 言语病理

黄莹莹、李新明、赵军方、李峰在《河南地区腭裂术后患者病理性语音特点探讨》（2014）中采集了100份正常人发音的语音样本和121份腭裂术后患者的发音的语音样本。文中以河南地区的腭裂术后患者为对象来研究其与舌位关系紧密的异常语音构音特点及元音共振峰值，找寻河南地区腭裂术后患者在

---

① 胡瑛. 低信噪比下基音检测算法研究［D］. 中南大学，2007

声学方面的病理性语音特点，从而可以对腭裂术后患者提供可行的治疗方案，并且能够合理的运用语言学方面的知识来解决更多的病理性的语音。

5. 刑事侦查

殷相印《谈刑事侦察中方言特征词的鉴别》（2006）通过对案件言语材料真伪的识别来找出言语材料中的方言词汇，这些方言词汇中具有一定的区别性特征，并且利用这种方法进行刑事侦察。但是有些方言土话中的特征词的特点比较突出，这对缩小侦破范围有一定的帮助，如文中涉及到的河南方言中的洛阳话：连连儿（赶快）、话把（奚落）等，刑事侦查人员根据嫌疑人的发音特点就可以快速锁定嫌疑人的身份，因为一个方言中的特征词是最能反映这个方言的特点的。由此可见，作为刑事侦查人员掌握一定的方言的特征词特别是一些方言中土话的特征词是十分必要的，掌握了方言的特征词通过语音识别，为刑事侦查工作的进行提供了可靠的技术支持。

二、河南方言实验语音学研究不足

河南方言在运用实验语音学方法的研究中和其他省份比起来在声调方面的的研究较为突出，许多研究者也陆续从实验语音学的其他方面进行研究，并且为河南方言的研究提供了可行的技术支持，这对后续研究有很好的指引作用。但是河南方言关于实验语音学方面的研究仍存在不足。

1. 研究的不平衡性

从以上对文献梳理过程中发现河南方言实验语音学研究主要集中在河南方言声调的研究上，特别是对于河南方言声调中的单字音声调的研究更为突出，实验语音学其他方面的研究很薄弱，有的在梳理中只有一两篇文献，而且研究的内容稍微有点单一。

2. 选取的语料不够严谨，调查的不够深入

研究者大部分都是以《方言调查字表》为发音模板，有的是找出一位采集多个样本，有的研究者找的发音合作人母语受普通话影响很大，这就导致采集的样本不够准确，而且有的研究者由于篇幅的局限性，在收集语料的时候忽略了各个年龄段语音不同的特点，这样就会大大降低结论的可信度。

3. 不够重视影响实验结果的因素

在利用实验语音学的方法对河南方言的研究中，有些研究者忽略掉了一些影响因素，比如发音人的发音习惯、声调承载段的标注等。所以在条件允许的情况下，应利用更先进的仪器采集多位发音人的发音样本，对样本进行更加精

确的分析，这样将会使实验结果更加准确，更具有可信度。

三、结　语

　　河南方言是北方方言中具有一定特色的语言，虽然在实验语音学研究方面起步比较晚，研究的内容和形式并不丰富，但是随着研究者们对实验语音学方法的掌握和研究的不断深入，对河南方言的研究也进入了一个新的阶段。就声学语音学方面来说，河南方言与现代汉语普通话最明显的差别在声调，所以许多学者在河南方言实验语音学的声调研究中对单字音声调的研究较多，部分文献中也涉及到了双字调和多字调的研究。就实验语音学应用的角度来说，从单纯运用实验语音学方法来研究本体演化到现在与多种学科交叉，比如医学、司法学、档案学等结合，形成交叉性的研究。然而，纵观这几年的研究，河南方言实验语音学方面的研究还是比较薄弱的，要根据河南方言的特点发掘出更多实验语音学方面的研究，比如说在听觉语音学方面的研究。当然，对河南方言语料库的建设与应用方面的研究也应该重视，一方面这不仅能把河南方言的语言及文化发扬光大，而且为河南地区的发展，乃至全国语言学以及世界语言学做出不可磨灭的贡献。

参考文献：

　　［1］张慧丽.汉语方言变韵的语音格局［D］.北京：北京大学，2011.
　　［2］姜玉宇.河南中学生元音声学特征研究［C］.第八届中国语音学学术会议暨庆贺吴宗济先生百岁华诞语音科学前沿问题国际研讨会，2008.
　　［3］姜玉宇.基于语音库的英语学习者元音声学特征研究［J］.北京第二外国语学院学报，2010（04）.
　　［4］孙军岩.周口方言声调实验研究［J］.青年文学家，2011（06）.
　　［5］陈彧.河南博爱方言的单字音声调格局［J］.焦作师范高等专科学校学报，2012（02）.
　　［6］陈彧.焦作获济小片方言的声调格局和入声演化［J］.河南师范大学学报（哲学社会科学版），2012（04）.
　　［7］陈彧、李文瑞、许海鹏.河南洛阳老派方言的单字音声调格局［J］.三门峡职业技术学院学报，2013（02）.
　　［8］张婉琳.民权方言单字音声调实验研究［J］.语言文字探索，2013

（02）．

　　［9］张云云、李景红．新乡方言的声调格局［J］．牡丹江大学学报，2013（05）．

　　［10］刘俊霞．河南巩义方言的声调实验研究［J］．语言本体研究，2014（12）．

　　［11］李晟爰．卫辉市区方言声调实验研究［J］．安阳工学院学报，2014（05）．

　　［12］汤传扬．河南通许方言单字调声学实验研究［J］．语言本体研究，2015（07）．

　　［13］刘晓青．河南新密方言单字调声学实验研究［J］．语言本体研究，2016（05）．

　　［14］户新婴．河南长葛方言声调实验研究［D］．广西师范大学，2008．

　　［15］吕萌．商丘方言的声调分析［D］．天津师范大学，2010．

　　［16］刘丹丹．尉氏方言语音研究［D］．山东大学，2012．

　　［17］张兰．信阳商城方言声调实验研究［D］．云南师范大学，2013．

　　［18］张颖、王钢、安然．方言语料数据库管理系统设计［J］．新乡学院学报（自然科学版），2008（03）．

　　［19］司罗红．河南方言有声档案建设的可行性研究［J］．工作园地，2016（04）

　　［20］王素改．河南方言有声档案建设中语言学与档案学的协同机制［J］．工作园地，2016（05）．

　　［21］韩芳．基于河南方言的低信噪比下基音检测算法研究［J］．数字信号埋，2016（04）．

　　［22］韩芳、靳宗信．低信噪比下的端点检测算法研究［J］．西北师范大学学报（自然科学版），2016（05）．

　　［23］李楠．基于河南方音的英语语音自动分析［J］．河南师范大学学报（自然科学版），2015（02）．

　　［24］黄莹莹、李新明、赵军方、李峰．河南地区腭裂术后患者病理性语音特点探讨［J］．上海口腔医学，2014（05）．

　　［25］殷相印．谈刑事侦察中方言特征词的鉴别毕节学院学报［J］．毕节学院学报，2006（05）．

（指导老师：刘劲荣）

民族语言与文化

剑川沙溪阿吒力教符箓文字的语言文化透视

王 彬[①] 袁 晗[②]
（1 云南民族大学；2 云南民族大学）

[摘　要] 剑川沙溪是古代滇藏茶马古道上的一个重要驿站。这个地方盛行着白族佛教密宗阿吒力教以及它的文化产物——符箓文字。笔者在田野调查中搜集到的阿吒力教符箓文字，对其符箓文字功能、性质、文化心理方面进行探讨，以期可以管窥白族的语言文化及其与汉文化的关系。

[关键词] 白族　阿吒力　符箓文字　文化心理

爨氏政权为南诏阁罗凤所灭后，爨族遗民流入到南诏、大理国新一轮的民族融合与分化中，逐渐形成白爨与黑爨两个民族共同体，也就是今天白族与彝族的前身。南诏时期阿吒力佛教密宗传入云南大理地区，由此阿吒力教符箓文字的形成自然离不开南诏、大理国的时代背景，也就是文字的人文生态环境，诸如人口、政治、宗教、教育等诸多因素[③]。从人口来源上说，南诏主体民族是与中原血脉相连的汉、夷融合体。《云南通史》列举大量史实明确指出："南诏时期的民族融合，是云南历史上规模空前，汉文化备受推崇的民族融合。[④]"因南诏与中原战争以及不堪中原官僚统治压迫而流入洱海统治区域的人口不计其数，加上唐以前流入云南的汉人，南诏国的汉族人口占有相当的比例。在这种民族大融合的背景下，阿吒教必然会受到中原汉文化的渗入，进而在白族的文

---

① 王彬，男（汉族），云南民族大学民族文化学院在读硕士研究生。在读专业为语言学及应用语言学。
② 袁晗，女（汉族），云南民族大学民族文化学院在读硕士研究生。在读专业为语言学及应用语言学。
③ 刘青.关于云南腹心地带的民族文字接触[J].昆明学院学报 2014：36（4）：99～105
④ 何耀华.云南通史：绪论[M].北京：中国社会科学出版社，2011：46.

化中有所显现。

阿吒力教对白族文化的影响是多方面的，可以说是它渗透到了白族文化的各个层面，包括神话、葬俗、文字等多个方面。阿吒力教是白族文化繁衍传播的一种形式，又与白族的语言有着密不可分的联系，首先语言记录、表现、象征着文化，而且一种民族的语言比其语言更能充分地记录、表现、象征与这种语言相联系着的民族文化，其次语言本身又是一种文化现象。一切文化都能从它的语言及记录语言的文字中体现出民族特色。这种符箓文字作为一种宗教文字，体现出了较强的宗教思想和理念，它的创制和产生是为了适应阿吒力教文化的繁衍和传播，是阿吒力教在白族文化中的活化石。笔者在田野里搜集到的阿吒力符箓文字可谓是白族语言文化的桥梁和纽带，从中也可以管窥汉文化在白族语言文化中的显现。

一、阿吒力教概况

阿吒力［atşali］（梵名 Acarya），原为婆罗门教中对弟子讲授有关吠陀祭典规矩、行仪的教师，意为"规范师"、"导师"。南诏时期阿吒力佛教密宗传入云南大理地区，与当地的的土著宗教从斗争到适应，吸收融合了儒学、道教、藏传佛教、汉传佛教等多种文化成分，就形成了白族佛教密宗阿吒力教。阿吒力并非密教，普列汉诺夫在他的《论一元历史观之发展》一文中指出，"'同一的'宗教适应着信奉它的各民族的经济发展的不同阶段而本质的改变了它自己的内容。[①]"它兴盛于南诏中后期及大理国时期，降及元明清逐渐衰落，2016年4月笔者在剑川沙溪进行了实际的田野调查，根据阿吒力教的负责人沧源师傅（阿吒力教师傅）讲到，阿吒力教起先是先传到大理，明代的时候阿吒力教被打压好几次，甚至阿吒力教信徒被杀好多人，因此阿吒力教被迫离开大理，迁移到偏远的地方，至今阿吒力仍在剑川，洱源等白族聚居的地方有不少信徒。

对于阿吒力的研究可以分为五个时期：二十世纪三十年代到四十年代，这一阶段方国瑜先生在他的《新纂云南通志》中对阿吒力教做了系统的论述，这可谓是研究阿吒力教的开山之作。美国学者海伦.查萍博士在《哈佛亚洲研究杂志》中发表了《云南的观音》，由此阿吒力教的研究引起了海外学者的关注。二十世纪五十年代到六十年代，这一阶段主要是大陆学者和台湾学者在考古发掘、火葬墓、天竺僧人、佛教经典和画卷方面的研究，最大的研究是关于阿吒

[①] 李东红.白族佛教密宗阿吒力教派研究［M］.昆明：云南民族出版社，1999：9.

力教研究资料的发现和刊发。二十世纪八十年代，这一时期汪宁生、方国瑜、张锡禄等人为代表，研究成果从资料整理到深度研究，佛教和塔藏文物考古成为新的研究亮点，阿吒力教和白族文学的关系开始进入研究视野，阿吒力教源流的研究成为焦点。阿吒力教经典进行深度研究。二十世纪九十年代，阿吒力研究进入兴盛期，张锡禄先生在他的《大理白族佛教密宗》书中首次提出"白密"的概念，这本书成为20世纪阿吒力教研究的经典之作。21世纪，这一时期研究的重点是阿吒力教与白族文化、阿吒力教经典、佛教画卷、火葬墓、石窟造像、大黑天神、阿嵯耶观音、阿吒力教综合研究，这一时期以李东红、侯冲、张锡禄、傅永寿为代表，其中最大的研究亮点是李东红《佛教密宗阿吒力教派与白族文化》和侯冲的《云南阿吒力教经典研究》。

二、阿吒力教符箓文字的性质

符箓中的字是不是文字，这个问题颇有争议。刘晓明认为：中国的符箓主要是由文字符号构成，一道完整的符包括图像、文字、符号三大组成部分……，在符的三大组成部分中，图像部分常常省略，故一般所见的符多是由文字、符号两部分构成[①]。《辞海》中对文字的解释：记录和传达语言的书写符号，扩大语言在时间和空间上的交际功用的文化工具，对人类的文明起很大的促进作用。文字有表形文字、表音文字、表意文字三大类[②]。李运富先生认为：只要某个符号具有一定的平面形体和构造取意，能不依附实物和场景而表示约定的意义或信息就可以看作是文字[③]。他认为中国的汉字与汉语不一定要有严格的对应关系，由此可以判断出阿吒力教符箓文字是一种文字，因为它具有形体和构意能表示意义和信息，而且在符箓中具有通行的正文字。符箓表达的是对鬼神、自然事物等神秘力量的敬畏，试图达到天三、语言生态背景下的符箓文字。

语言的生态背景包括人口、政治、宗教、教育等诸多因素。语言的产生、文字的发明是人类演化史上的奇迹，人之所以为人凭借的是语言，而真正的文明却肇始于文字，语言文字的神奇力量自然被古人赋以灵异，《淮南子·本经训》载"昔者仓颉作书而天雨粟，鬼夜哭。"张彦远的《历代名画记·叙画之源流》中解释说："颉有四目，仰观天象。因俪乌龟之迹，遂定书字之形。造化不

---

① 刘晓明.《中国符咒文化大观》，百花洲文艺出版社，2000：597.
② 辞海编纂委员会《辞海》，上海辞书出版社，2000：4365.
③ 李运富.《汉语汉字论稿》，学苑出版社，2008：12.

能藏其秘，故天雨粟；灵怪不能遁其形，故鬼夜哭。是时也，书画同体而未分，象制肇创而犹略。无以传其意故有书，无以见其形故有画，天地圣人之意也。"《太上正一咒鬼经》则称咒术"咒金金自销，咒木木自折，咒水水自竭，咒火火自灭，咒山山自崩，咒石石自裂，咒神神自缚，咒鬼鬼自杀，咒祷祷自断，咒痈痈自决，咒毒毒自散，咒诅诅自灭。"语言文字的神奇力量在宗教中被发挥到极致，在阿吒力教经书中亦屡见不鲜。

元郭松年《大理行记》白族地区"……所诵经律，一如中国"；《云南图经志书》也记载："故其宫室楼观，言语书数，……云为略本于汉"，说明当时官府藏书多以汉籍为主，官学教育内容一如汉制，汉字为南诏大理国时期的官方文字已为学界公认，我们搜集到的阿吒力教经书中杂有不少符箓，证明了阿吒力教中浓厚的道教因素，这些符箓与汉地流行的道教符箓几无二致。南诏前期深受道教的影响，唐贞元十年（公元794年），南诏王异牟寻及清平官大军将与剑南西川节度使巡官崔佐时谨指玷苍山，上请天、地、水三官，五岳四渎的道教礼节；南诏在十一世南诏王劝丰佑即位以前的各代诏王，都以崇奉道教天师为主。① 《邓川州志·风俗》载："密僧叱龙救旱，道士驻雷逐疫，皆有大功。若2月8日迎佛，4月8日浴佛，9月朔至9日拜斗，皆自唐以来"。② 阿吒力教的师傅用朱砂书写符箓，诵经作法。符箓为道教方术之一，用以治病镇邪，驱鬼召神。

笔者在田野调查过程中，在沧源师傅家搜集到一些阿吒力教的符箓，这些符箓主要是用来治病镇邪。现例举如下：

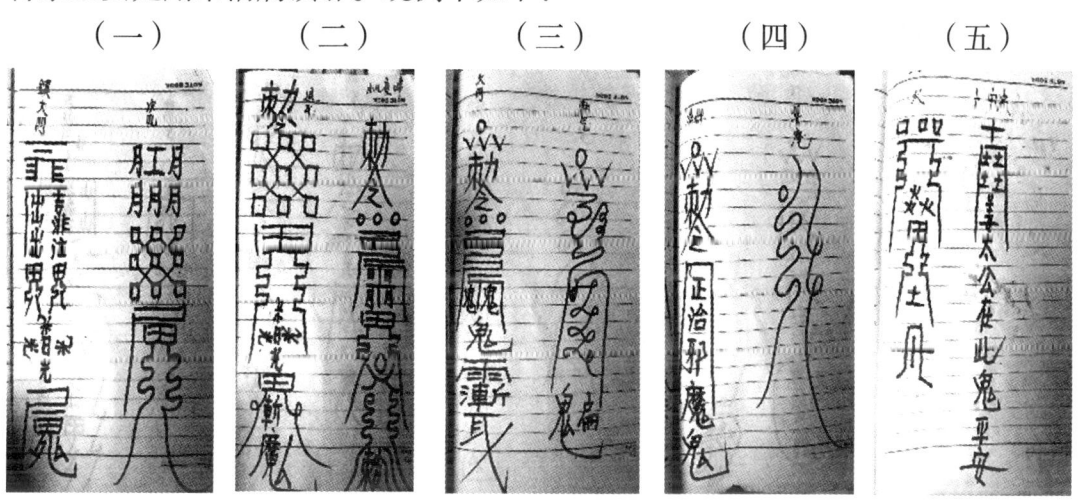

（一） （二） （三） （四） （五）

---

① 何俊伟，汪德彪. 白族地域道教藏书的历史与特色[J]. 大理：大理学院学报，2012(11)：25~27.

② 杨学政，郭武. 道教在云南[J]. 宗教学研究，1993（z1）：17.

民族语言与文化

通过对以上阿吒力教符箓的分析，可以看出阿吒力符箓是由文字和一些符号组成，它作为一种符号语言，与古文字关系密切。符箓在其创始之初直接来自先秦的古文字，包括某些篆书、鸟书。例如图四中的普庵符。"20世纪末以来，普庵信仰日渐受到海内外学者的关注。根据科仪文本举行宗教仪式使用普庵咒、普庵符，被认为是普庵教科法的三个重要内容。"①笔者田野调查在沧源师傅家中的符箓中发现了普庵符，此符是用来治邪。这表明了阿吒力教也包括普庵信仰，是汉地佛教宋代以后的重要表现形式。

为了显示符文系云气结成，后来符中线条屈曲缠绕。图三、图四中的标有"三勾"三清符号"ⅴⅴⅴ"，三勾代表三清（太上老君、元始天尊、通天教主）。三清符头，它象征生气，无中生有之意，又有三才之意有意，暗合人之精气神，天之日月星，地之水火风。同时我们也可以在阿吒力教符咒上看到汉文合体字的元素，也就是文字的堆积——复文。正如图片中 。在道教流行的年代，这种手法便被道士们借用到符箓上，称为"复文"。民间亦深受其染，晚从宋代起，复文已从道士画符，演变为民众表达避凶求吉的一种手段。从符咒中我们也可以看中国道教的元素在里面，又进一步表明了阿吒力教吸收融合了中国道教和汉传佛教的文化成分在里面。

民间的东西大多数都是功能性的，毫无例外，民间阿吒力教的符箓也是功能性的。符箓的种类是根据其功能划分的，其主要的功能是趋吉避凶，驱鬼避邪。根据功能及放置位置不同，可以把民间阿吒力教符箓进行如下分类：

1. 去煞平安符

（1）石符、水符、落气符（去世在哪里，就将此符贴在哪里）、火符、弓符、桃符，火把符、桶符、铁符、次死符（非正常死亡）、退死符（去世的日子，抬出去的日子不好）、起灵符、香饭符、退煞符。

（2）镇大门符、圈房符、房门符、大门符、灶房门符。

（3）夜行治邪符、普庵符

2. 治病符

藥符、小儿夜啼符（分两种，晚上十二点以前、十二点以后）。

3. 五行符

金（东）符、木（南）符、水（西）符、火（北）符、土（中央）符。

阴阳五行的意识形态是中国古代文化的基因，无论是在广度上还是深度上都长期运作着古代中国的文化心理结构和思维方式。符咒功能主要抓住了善男信女的心理，趋吉避凶。这正如古代中医讲究的祝由术，流于形式而已。它在

---

① 侯冲. 如何理解大理地区的阿吒力教[J]. 宗教学研究，2015（3）：108.

历史的长河中和民间百姓的心理中根深蒂固,我们绝不可以忽视它的作用。

三、符箓文字的文化心理显现

作为文化信息承载体的语言记下了统一文化人们之间及其与对象世界之间独特的文化关系,一切文化都能从它的语言及记录语言的文字中体现出民族心理和民族文化[①]。阿吒力教符箓文字也毫无例外。这种符箓文字是一种具有图案属性的一种文字,它作为一种宗教文字贯穿其中较强的宗教思想和理念,因此造字就呈现出晦涩神秘的特点。造字方式与汉字的构字方式有一定的联系,其构字方式为合体字,基本原理多集中于会意,多是一些汉字和符号的结合。这些符箓文字也表达了人们治病镇邪,驱鬼召神,祈福平安的心理。在阿吒力教符箓文字中体现出了浓重的道教文化和佛教文化,也体现出了中华文化中的宝贵精神财富——"合"文化心理。从先秦时期开始的符节制度,便是一种"合"的应用,符节使用中的"合"代表的是完整,代表的是完整统一才具备的能量,将字合二为一形成整体,愿望和祸福凝聚,把这种力量最大化,同时赋予美的属性。阿吒力教符箓文字中体现的阴阳五行意识,它是中国古代文化的基因,无论是在广度上还是深度上都长期运作着古代中国的文化心理结构和思维方式。阿吒力教符箓文字作为白族文化的一部分,反映了一个民族的特征,它包含着对该民族历史和文化背景,并且蕴藏着白族人民的心理状态、认知方式和思维轨迹。众所周知,白族文化南诏时期受唐文化影响很深,这些影响影射在白族社会经济、政治、语言文化、宗教信仰、民族心理等方面。

四、结　语

综上所述阿吒力教符箓文字作为白族文化的一部分,它对于研究白族的语言文化、宗教信仰、民族心理等方面都有重大的意义。语言与文化关系紧密,语言显现了文化属性,记录语言的文字也即如此。从这种符箓文字中,我们可以看到白族文化深受汉文化的影响。

---

① 夏敏.语言文字及其观念的文化——心理阐释,西藏民族学院学报,1990(1).

参考文献：

［1］刘青.关于云南腹心地带的民族文字接触［J］.昆明学院学报 2014.

［2］何燿华.云南通史：绪论［M］.北京：中国社会科学出版社，2011.

［3］李东红.白族佛教密宗阿吒力教派研究［M］.昆明：云南民族出版社，1999.

［4］刘晓明.中国符咒文化大观［M］.百花洲文艺出版社，2000.

［5］辞海编纂委员会《辞海》，上海辞书出版社，2000.

［6］李运富.汉语汉字论稿［M］，学苑出版社，2008.

［7］杨学政，郭武.道教在云南［J］.宗教学研究，1993.

［8］侯冲.如何理解大理地区的阿吒力教［J］.宗教学研究，2015.

［9］夏敏.语言文字及其观念的文化——心理阐释，西藏民族学院学报，1990.

［10］何俊伟，汪德彪.白族地域道教藏书的历史与特色［J］.大理：大理学院学报，2012.

（指导老师：刘　青）

对外汉语教学的国别化
——以韩国汉语教学为例

许 黎①

（云南民族大学）

[摘 要] 随着全球"汉语热"的持续升温，汉语教学也愈来愈受到重视。对于越来越多的来自不同国家、地区、民族，以及不同文化背景的汉语学习者，国别化或者语别化的教学模式就显得尤为重要。文章通过对韩汉语教学，介绍"国别化"教学的具体实践。

[关键词] 对外汉语教学 国别化 对比语言学

一、"国别化"的必要性

吕叔湘先生曾说过："把汉语教给英国人，或者阿拉伯人，或者日本人，或者巴基斯坦人，遇到的问题不会相同；在国外教外国人学习汉语跟国内教外国学生汉语，情况也不完全相同。"①所以在进行对外汉语教学活动中，有必要对所教授对象的母语和文化背景等进行一定程度的认识。通过了解他们的自身特点能够在以后的教学过程中有重难点的开展有效的教学。

美国语言学家赛尔斯在《英语作为第二语言或外语的教学》一书中总结到，外语教学的各类课程应建立在本族语和外族语比较的基础上。②因为外语习得主要是一个从母语习惯向外语习惯转移的过程，当母语与外语的某些结构相同，就出现有益的转移，称之为正迁移；当母语和外语的某些结构相异时，就出现有害的迁移，称之为负迁移。外语教学的目的是促进有益的转移，克服有

---

① 许黎，女（汉族），云南民族大学民族文化学院学生，在读研究生，主要研究汉语言方言。

害的转移,并且进行有针对性的教学。所以一名外语老师,如果能够在了解学习者母语极其文化等的前提下来讲授,借助母语中有益于外语教学的部分,相信会有事半功倍的效果!

二、韩语的语言特征在汉语教学中的影响

(一)语音教学

语音是语言的物质外壳。在对外汉语教学中,语音教学首当其冲。

汉语普通话有21个声母,39个韵母,四个声调;韩语有19个辅音和21个元音,没有声调。首先,从汉语的声母来看b[p]、p[pʰ]、d[t]、t[tʰ]、g[k]、k[kʰ]、n[n]分别与韩语辅音中的ㅂ[p]、ㅍ[pʰ]、ㄷ[t]、ㄸ[tʰ]、[k]、ㄲ[kʰ]、ㄴ[n]发音比较接近,都是不送气音和送气音的对应,学生很容易掌握,教师在教的过程中完全可以一带而过。声母中的j[tɕ]、q[tɕʰ]、x[ɕ],可以用韩语中的ㅈ、ㅉ、ㅆ来读,对韩国学生来说也比较容易;m[m]与韩语中的ㅁ[m]发音部位和方法基本一样,只是韩语辅音ㅁ[m]为闭口音节,老师只要告诉学生汉语中的m[m]发完后不需要闭口,学生即可领会。其次,从汉语中的单韵母来看,a[a]、o[o]、i[i]与韩语元音中的ㅏ[a]、ㅗ[o]、ㅣ[i]也基本一样,很容易学习。因此,上面所提到的这些音,韩国学生在汉语学习的过程中都不会有太大问题,可以通过母语的同化来习得。而其余未提及的,则都是与他们的母语——韩语的发音相似或者母语中完全没有的音,在学者马燕华文章《论对外汉语教学的语音难点与语音重点》中将其分成语音难点和重点来分析:第一,语音难点。马燕华在文章中提到:"'语音难点'指外国汉语学习者短时间内难以学好的音,表现为学习者较难学好、出错率高、纠错时间较长、即使学好后汉语语音面貌也无明显改善。"[1] 例如,韩语辅音中的ㅎ[h]与汉语声母中的h[x],元音中的ㅗ[u]与汉语单元音韵母中的u[u]发音较为相似,之所以把它们看作语音难点,原因是:h[x]、u[u]都是汉语语音系统中出现频率不是很高的音[2],而且韩国学生在使用汉语表达时,即使把这两个发成了韩语中的ㅎ[h],ㅗ[u],一般也不会使语义发生改变,只是使他们的汉语听起来不地道。在具体教学中,要让学生掌握两组音的区别,以利于他们准确地发音。h[x]是舌根音,而韩语中的ㅎ[h]是喉音。h[x]发音时舌根靠近软腭形成窄缝,气流

---

[1] 吕叔湘.对外汉语教学研究会成立大会贺词[J].对外汉语教学,1980(1).
[2] 马燕华.论对外汉语教学的语音难点与语音重点[J].汉语教学,2008(4).

摩擦而出，声带不震动，练习发音时，可以拉长发音，发音依然响亮，而喉音[h]不可以；发韩语中ㅎ[u]时，双唇音拢圆但不十分突出，气流比u[u]强。所以教学时汉语的韵母u[u]时，可以使口型夸张一些，尤其是口型的尖圆突出。第二，语音重点。语音重点是指"外国汉语学习者必须学好的重要的音，表现为学习者较难学好、出错率高、纠错时间长、但是一旦学好后汉语语音的面貌则有非常明显的改善"。韩国学生说汉语时，经常会出现zh[tʂ]、ch[tʂʰ]、sh[ʂ]、r[ʐ]发音不好或把z[ts]和zh[tʂ]、c[tsʰ]和ch[tʂʰ]、s[s]和sh[ʂ]、r[ʐ]和l[l]、p[pʰ]和f[f]混用，还有e[e]、u[y]发音不准确等，严重影响了他们的语言面貌。同时混用这些音也会导致汉语学习的理解偏差（汉语中不同声母或韵母，有区别意义的功能），所以将其纳入重难点是有必要的。

f[f]的发音。由于现代韩语保持了汉语"古无轻唇音"的传统，双唇音/p/音位也还有三个条件变体，它们的分布位置各不相同。在音节开头位置的双唇清擦音[p]，在音节组合中受前面音节的影响而发成双唇浊塞音[b]，充当音节辅音韵尾的是[pʰ]。所以，初学汉语的韩国人常用[p]、[b]来代替[f]声母。如：夫妇[pubu]、部分[bubun]、皮肤[pʰibu]等等。

r[ʐ]的发音。r[ʐ]也是卷舌音，韩国学生很难发这个音，但韩语中有闪音[l]，所以韩国学生遇到汉语中的r[ʐ]是，常用ㄹ[l]来代替，导致他们将"人"说成len，"肉"读成lou，将"热"读成le等等。教r[ʐ]音时首先要指出两个音的异同：两者发音部位相同，但发音方法却完全不同。发r[ʐ]时舌头卷起，接近硬腭前部，形成窄缝，摩擦成声，声带振动；发ㄹ[l]时，舌头不卷，只轻轻弹一下，是闪音。我们还可以利用与r[ʐ]相对应的清音sh[ʂ]，把sh[ʂ]发准后保持原发音部位，拖长音程，让学生用手感受声带的振动或不振动，是声带颤动，就发出r[ʐ]音了。练习发音时，也应给出相应的词语，以利于学生练习。如：日本、很热、鸡肉、如果、容易等等。

汉语语音教学中除了声母和韵母的教学外，对于韩国学生来说，由于韩语是无声调语言，而汉语中声调是具有辨义功能，是汉语音节结构重要组成部分，也是汉语的重要特征之一，所以声调的学习也是重难点。外国人的汉语说得再好，但我们还是能够迅速的辨别出他非母语者，很大程度上是因为声调及语流中的变调等内容掌握不好而造成的。很多汉语学习者都认为声调是最难学、最难记的。因此在语音教学中应重视声调教学，尤其是加强三声和二声的训练。值得注意的是，汉语声调在语流中呈现出一定的变化，所以声调训练应在语流中进行，而适合单字训练。除声调外，汉语轻重音和语调教学也同样重要。

（二）词汇教学

词汇教学在汉语教学体系中位置很重要。而在韩国语中有60%以上的汉字词是源于汉语的词汇，这些词汇在语音和语义上跟汉语有一定的联系。弄清楚这大半的词汇意义和用法便显得尤为重要。

这占60%比例的词语给韩国人学习汉语提供了便利的条件。首先是"同形同义"词，韩语很多汉字词与汉语中的某些词语完全对应，"形"同并且"义"也几乎相同。如名词类的"电话、交通、动物、国际"等；形容词类的"伟大、满足、贵重、亲切"等；动词类的"尊敬、研究、发展"等；副词类的"果然、大约"等；数量词的"三倍、一月、一日、一层"等。这些词不仅是词义相同，发音也很相似，有助于他们理解、记忆，在短时间类掌握更多的汉语词。并且很准确地运用。其次，有些韩国语汉字词和汉语词词义相同，只是汉字书写顺序相反。即所谓的"中韩逆序词"。这类词语只需在教学中将顺序改正过来。如汉语中的"限制、设施、迫切、黑暗、减轻、介绍、拥抱"等，与韩语中的"制限、施设、切迫、暗黑、轻减、绍介、抱拥"等词语只是顺序不同。在教学中通过这些"汉字词"可加速韩国留学生汉语词汇的学习。

同样和语音教学一样，词汇的学习并不都是上面的这类对韩国学生学习汉语有优势的词汇，词汇学习中当然也存在着重点难点。第一，韩国语中大量汉字词，给韩国学生既带来了方便，也带来障碍，其原因在于汉语词汇和韩国语汉字词中，虽存在许多与汉语基本"同形同义"词，但与汉语的用法和意义以及感情色彩均有不同。如"关心"，韩国语只能用作名词，而汉语还可以作动词使用。再如"独身"，汉语和韩国语均表示"没有配偶的人"，但是韩国语还表示"没有兄弟姐妹的人"；汉语中一些含有褒义的词在韩国语中变成了贬义。例如"欢乐"，韩国与常用来表示"拈花惹草""寻欢作乐"，含有贬斥的感情色彩。而汉语中一些含有贬义的词语在韩国语中变成了褒义或中性，例如"自负"，汉语表示"自以为了不起"，含有贬义，而韩国语则表示"有自信"、"感到荣耀"，带有自豪的感情色彩。对这一类"同形"词语，韩国学生如果产生混淆，就会走入词汇理解和使用上的误区。第二，韩国语中还有大量的汉语里没有的汉字词。韩国语吸收汉语大量的词的同时，在汉语词的基础上产生了很多新词。如："通院"指每天到医院去看病检查的意思；"往诊"指医生到患者那儿给患者诊断的意思；"映画"是电影的意思。韩国学生很容易把韩国语的一些汉字词套用在汉语上，从而导致韩语言表达上的错误。

在进行词汇教学时，教师需要对汉语和韩国语汉字词之间的异同做一个对比分类，利用汉韩词汇对比辅助教学，为学生呈现汉语词汇时，可以尽可能的按照"同音同义"词到"同音异义",再到"异音异议"词教学顺序,先易后难,利用汉源词的正迁移,循序渐进地增强学生对汉语词汇的认识,逐步消除陌生感。

(三)语法教学

韩语和汉语的差异性突出表现在语法特征上:

1. 韩语的基本语序是主宾动,而汉语的基本语序是主谓宾。这种母语语序带来的直接结果是在初级阶段韩国学生经常会出现的动宾倒置的语法错误。如:"我书看,我广州到过"等等。韩国语是用动词结尾的语言,动词永远是句子的最后一个成分,在韩语里,修饰语和短语都放在被修饰词语的前面,形容词在名词前面,副词在动词前面。但汉语中的动补结构是以动词为中心的偏正结构,修饰语放在动词之后,补语有可能成为句子的最后一个成分。特别是当动词之后有带宾语又带补语时,其语法顺序更加复杂。在汉语学习的中高级阶段,韩国学生常常会将汉语中的动补结构的语序改变,如:"小丽看书了一整天;他看电视得很高兴"等等。

2. 韩语复句与汉语表现手法不同,韩语分句之间用连接词尾表示,表示各种关系的连接词尾放在两个分句之间。而汉语是借助关联词或用意合法、结构助词以及一些虚词来揭示分句之间的关系,因而汉语关联词的学习也是韩国学生汉语学习过程中的一个重点。

3. 韩语本身也有量词,有些量词是音译的汉字词。但汉语的量词比其分工更加细致而且丰富,韩国学生经常简单地从自己的母语出发去理解和使用量词,造成语言的偏误,如"一个手套;一个饭"等。

根据以上关于汉语与韩国语之间的语音、词汇、语法的对应比较,找到二者的相同之处并借入汉语教学的过程中,使学生可以了解到汉语的基本大概;同时也重点提出二者的区别,在教授时强化理解,让学生学习时引起注意。这样一种对比语言的教学方法,能够使学习对象更加有层次有方法的去学习第二语言,当然,这也在同时要求着从事外语教学的教师不仅仅要熟练地掌握好所要教授的语言,更要好好地去了解所教授对象的母语知识,以便进行对比教学。

三、汉韩文化差异在汉语教学中的影响

中国和韩国同属于东亚文化圈,韩国学生在学习汉语的时候有着文化优势和地域优势,中国文化和韩国文化在价值观、认知和思维方式、民间信仰、宗

教等方面有许多相同点，但也存在着差异。

1. 风俗习惯。风俗习惯是一个民族特有的东西，习俗文化是由一个民族风俗习惯形成的文化。中韩风俗文化的不同表现在对颜色的理解上，中韩对颜色的实际感受和赋予颜色的意义有很大的不同。韩国人非常喜欢白色，认为白色是纯洁高尚的象征，自称"白衣民族"。但中国是很忌讳白色的，比如"红白喜事"：红是婚庆而白是丧葬。又如中国过年的时候要挂红灯笼，贴红对联和红福字，给小孩要发红包；而韩国春节的时候给孩子压岁钱一般用白色信封。在中韩文化中类似的差异有很多，在汉语学习中必须注意。当然还有很多别的风俗习惯差异，这就要求韩国学生在汉语学习的时候要从同一类事物的不同称谓出发。

2. 中韩文化为了表示对对方的尊重或表示彼此间的亲密程度，一般都会用亲属称谓。但中韩文化的具体称呼语有不同，不理解不同文化中称呼语的的不同叫法，学习汉语的时候会经常发生误会。例如，"哥哥"，在汉语中字典里的注释：一是指同父母（或只同父、或只同母）而年纪比自己大的男子；二是指同族同辈而年纪比自己大的男子。而韩语里面的有四个方面的意思：一是弟弟对兄长的称呼；二是妹妹对嫂子的称呼；三是妯娌之间对长者的称呼；四是比自己年龄大的、认识的男性朋友，且在"哥哥"之前要加这个朋友的名字。在汉语学习和交际中，必须了解两者使用的范围和对象，才能更好的进行汉语学习。再如，中国人常说"王二婶、田大娘"等，这类姓氏/名字 + 亲属称谓的称呼方式，而在韩国是没有这样的称呼语，一样的意思用韩语表达出来的就是田家的大娘等等。如果不了解汉语中的称呼语，很可能导致理解上的偏误。

除此之外，关于汉韩文化差异还有很多的方面。在语言学习和教学中，我们不能把语言和文化孤立起来，二者是完全可以相互促进的，语言的学习离不开文化，否则习得的语言会显得死板缺乏活力。所以我们要充分的利用文化在语言学习中的作用，找到二者语言背后的文化异同，更好的更全面的掌握外语。

四、结　语

对外汉语教学的"国别化"，具体来看，就是要弄清楚汉语与所学者的母语进行对比分析，从而找出一种适合该母语者学习汉语方法。有点类似于"因材施教"教学途径，只是在"国别化"的背景下，对"材"的范围有了广度和深度的扩大。相信随着中国与国际上的交往更加密切，国际地位的不断提高，我们更加需要将本国的文化借助语言的力量来向外国友人准确的传播出去，因此，对外汉语这一学科所承载的内容更加艰巨。我们需要借助而且有必要去主动开发出一些科学的教学实验来帮助海外汉语学习者更好的学习汉语，更好的感受中华文化！

参考文献：

［1］吕叔湘.对外汉语教学研究会成立大会贺词［J］.对外汉语教学，1980（1）.

［2］马燕华.论对外汉语教学的语音难点与语音重点［J］.汉语教学，2008（4）.

［3］赵元任.赵元任语言学论文集［M］.北京：商务印书馆，1959.

［4］王海峰.国别化：对外汉语教学方法（语言要素篇）［M］.北京大学出版社，2011.

［5］王秀珍.韩国人学汉语的语音难点和偏误分析［J］.世界汉语教学，1996（4）.

［6］金周亨.从中韩文化差异看汉语学习［J］.

［7］Marianne Celce·Murcia.Teaching English as a second or Foreign Languge［M］.外语教学与研究出版社，2006.

（指导老师：张雨江）

民族语言与文化

澜沧县东主佛堂寨的节日习俗初探

闫 蕊[①]

（云南民族大学）

[摘　要] 拉祜族的人民勤于劳作，一般的庆祝活动和节日习俗多与生产劳作密切相关，他们希望通过自己的辛勤劳作换来丰收，因此许多传统的拉祜族的节日都有祈祷粮食丰收的寓意。新中国成立后随着一些国际节日的普及，拉祜族人民也逐渐接受了一些现代的节日。因此，这里的节日丰富多彩，具有多样性。为此，作者就当地的节日习俗进行调查与记录。

[关键词] 拉祜族　佛堂寨　节日　习俗

佛堂寨隶属于云南省普洱市澜沧县竹塘乡东主村辖的一个寨子，是拉祜族聚居村。全寨共32户，114人，其中汉族、彝族、哈尼族各一人，其余的全是拉祜族。这里的节日丰富多彩，多与生产劳动密切相关。本文介绍的是佛堂寨的传统节日与现代节日。

一、岁时节日[②]

（一）年节习俗

罗承松曾在《拉祜族岁时节日民俗的变迁》[③]中写到：社会经济的发展、民族文化心理和价值取向的改变是岁时节日变迁的重要原因。

---

① 闫蕊，女（汉族），云南民族大学在读硕士，主要研究云南少数民族语言。
② 张益家，周焱，张秀娟. 澜沧老缅人的岁时丧葬礼仪、宗教信仰和语言接触调查 [J]. 长安学刊.2010（9）.
③ 罗承松. 拉祜族岁时节日民俗的变迁 [J]. 思茅师范高等专科学校学报.2005（03）.

1. 过年（大年初一）

1.1 接新水

早上鸡叫第一声的时候上山去接新水（又叫抢新水），将抢到的新水用竹筒装好后放在背篓里背回来。据当地传言：凡是在大年初一这一天第一个接（抢）到新水的人，他的全家人都会有好运气。

1.2 祭祖

每年大年初一的早上，寨子里的每家每户都要进行祭祖仪式。祭祖用的贡品由全家人一起准备，祭祖的贡品有：新水（家里去世了几个老人就摆几杯新水），茶水（家里去世了几个老人就摆几杯茶水），糯米粑粑，家里早上做的第一顿饭等。把准备好的贡品都放在一个簸箕里，由家里的老人摆放在贡台上，贡台设在家里客厅正对大门的那面墙下面。

1.3 祈福

大年初一，每户人家都要一起烧香祭祀，由家中最年长，威望最高的长辈点香，但出嫁的女儿不能参与家里的活动。开始烧香时，先烧上香，按辈分的大小站位，竖列队形排列，小孩要站在自己爸爸妈妈的后面。按辈高低分先后磕头，每个人磕三下。之后进行系线，寓意是祈求天神厄莎的保佑，有黑色的线还有白色的线，男人系左边的胳膊，女人系右边的胳膊，一般系在脖子上的更多一些，线长的话系两圈，线短的话系一圈，由家中辈分最老的人来系，一般情况下是由爷爷来主持，若爷爷去世了由奶奶主持。祭拜时都要念诵祭词，祭词大意如下：希望全家健康平安，夫妻和睦，家庭幸福，多多赚钱。希望小孩子学业进步，好好学习，身体健康。

用于祭祀的第一碗饭，都要先给狗吃。因为拉祜族是狩猎民族，狗是拉祜族的狩猎时的好伙伴，是拉祜族的家庭成员之一。有人说，拉祜族的祖先是喝狗奶长大的；也有人讲，以前在闹饥荒的时候，是狗用弯弯的尾巴，把粮食背出来给人们吃的，所以拉祜族人把狗看做是自己的图腾。

（二）纪念性节日习俗

1. 祭祖先

每年农历的2月，拉祜族人都会去上坟，以此来祭奠自己家里逝去的亲人。去坟地的时候每家要抱一只鸡，带几挂鞭炮，还有一些香。到了坟地先放一挂鞭炮，然后杀鸡，杀鸡的时候又要放一挂鞭炮。杀过鸡后把鸡血贡给自己逝去的亲人们，并说："今天我们来看你了，来给你整理整理房子，给你带只鸡，你吃好喝好，你在那边要好好的，你要好好保佑我们啊。"所有的仪式结束后，准备返回的时候也要放一挂鞭炮。如果有子辈对死者有比较深厚的感情，每次也可以重复放鞭炮，以此来表达对逝者的深深的思念之情。

2. 清明节

每年农历的 4 月。因为是给死人过节，所以全家人都会去坟地扫墓，烧香祭祖。这一天大家会休息一天，吃糯米粑粑和糯米饭。因为要去烧香祭祖，所以不去地里做活。去祭祖的时候会带香，鞭炮、烟、酒、盐、柴、米、带肉、带菜，纸钱（纸钱是黄色的，正方形，六排每排 6 个洞，总共 36 个洞）。到了坟地要先放一挂鞭炮，点了香和两根蜡烛。去的人都要去点香，一般都是先点两根，点香要从辈分排列，但点香的数量不需要按辈分从多到少排列，都是点两根蜡烛。香点完了就要开始砍草，整理坟墓。接着要杀鸡献给逝者，并在坟前烧纸钱，放一挂鞭炮。这些做完后就要开始做饭了，饭做熟后要点香，点蜡烛，把做好的饭献给死去的亲人，吃的同时要放一挂鞭炮。把饭在坟前献十几分钟后，大家就可以一起吃掉了。在烧纸钱的同时还要向神灵祈祷，祈求保佑全家人生活平安[1]。离开时，要再放一挂鞭炮，所有的仪式做完后火必须要灭掉。

3. 中秋节

每年农历的 8 月 15 日这天过中秋节。这一天要祭祖，在家里的香炉里烧两柱香，家门外两边也要各烧两柱香。有些人会去山上祭拜，去山上祭拜的人都要带上两块粑粑，带点生米，每家每户要拿出来一点，去那里煮，煮好了就贡在那里的台子上，贡的米只要一碗，剩余的煮好的米，除了贡在台子上的不能吃，其他的等祭拜仪式结束了就可以吃了。一般情况下，大家去了先是烧香，要烧一大把香，山上点香的地方，不是香炉，是一块形状似靠椅状的石头，大石头周围铺满了小石头，就在那里上香，不论数量，越多越好。接着要点起蜡烛，越多越好，小组负责人负责点蜡，点蜡是十分必要的一项活动。还要磕三下头，点香磕头者都是各小组负责人作为代表。点香点蜡磕头后还要贡茶，泡茶用的水一般是那里特有的水，其水是从一个石头洞中打来，洞中的水是永远不会枯竭的，一直打水一直都有，永远都是满的。这一切仪式做完后，大家就开始吹芦笙，跳拉祜族的民族舞，组织者一般是各小组的负责人，人们都不能上去那个台子，大家都围着那个石头跳舞。在这一天大家都要穿民族服装，不能说汉语，只能说拉祜语。

（三）农时节日习俗

1. 端午节

每年农历的 5 月 5，在这一天大家要吃糯米粑粑和糯米粽子，会休息一天，

---

[1] 何国强，林跃文. 粤东凤凰山区文化研究调查报告续集［M］. 昆明：云南大学出版社，2014.

不做活。以前听老人们说，因为在端午节这一天，地里的谷子发芽，谷壳要断（脱落），所以这一天大家都不能去地里做活，都要在家里休息一天。不能影响谷壳脱落，不然谷子会长得不好。

2. 火把节[①]

每年的农历6月24日，寓意是祈求粮食的丰收。

火把节使用的火把的制作：把松树劈开，劈成一支一支的，捆在一起拿来点火，还要砍一小棵槠栎树，因为槠栎树结果，我们认为结果子的树都是好的象征。都是在自己家里过的。火把要绑三道，谷子的谷叶要绑在里面，传说会管住谷子里的虫子，因为谷子里会长虫，把谷叶绑在里面的话，火一烧会把虫子烧死，这样谷子里就不会长虫了。用槠栎树的树枝层层包裹。

火把节的饮食活动：火把节的时候自己不杀猪，但要杀一只鸡，还要到街底下去买肉，生活条件好的会买鱼，还有一些别的菜。下午五六点的时候全家一起吃饭，到了晚上八九点左右，天色晚了看不见了的时候去外面点火把。以前有放谷子的地方的时候，会把鸡头，鸡肝，鸡腿，鸡肚等，摆在放谷子里的地方贡下，十多分钟后就可以拿出来全家一起吃掉了。

火把节的仪式：去外面把火把点好，然后拿沙子在家里面到处洒，用手拘一把撒向空中，嘴里说：出去吧，出去吧，赶紧跑走吧。寓意是把一些不好的东西和恶鬼赶出去，现在条件好了，变成洒水了。剩余的水、燃烧后的火把都扔到路边，但是外面缠的绑三层的那个大火把要留一天，是因为要在火把下面家里的香炉里点三回香，还要磕头，所以不能丢。今晚八九点的时候点燃，到明晚的八九点才可以扔。六月二十四日点火把，二十五日就可以休息一天。

火把节这天要抱一只鸡到地里去，对着地念一段话，家里有几块地，就要抱着这只鸡念几段话。这些话是老摩巴编的。念得话具体如下：让谷子多一点吧，让谷子回来吧。这段话的背后有一段传说：很久以前要开儿华会，有一个拉祜族的男人作为代表去开会，他带着一顶荞麦粑粑做的帽子去开会，大会开了七天七夜都没让大家吃饭，这个拉祜族的代表不怕，他饿的时候就到帽子上吃一口，饿的时候就吃一口，最终坚持了下来。后来被天神厄莎看见了，就觉得拉祜族人很厉害很聪明，于是送给了这个人一块玉。后来在他回家的路上，遇见一个傣族的女人，她很想要这块玉，这个拉祜族代表走路的时候不小心踩了一片竹叶滑倒了，滑倒的时候不小心摸到了那个傣族女人的胸，她就说要让这个拉祜族的男人给他赔偿，这个男人给她这个那个她都不要，她就要那块宝玉。于是她就把这块宝玉骗走了。拉祜族人因为善良，会被别人骗，所以就生

---

① 刘劲荣.拉祜族民间文学概论［M］.昆明：云南民族出版社，1998.

活的很穷了。让谷子回来，这句话就是希望自己勤劳所得，不再失去。

3. 新米节

每年8，9月的属狗那天过新米节。这一天要把新米炒熟，舂米，把舂好的米装进一个小碗里，贡在神香那里并烧两炷香。贡好以后就开始煮饭，把煮熟的饭放一个桌子在香台和大门中间，还要摆碗筷，意寓是给去世的老人们先吃。祭祖时嘴里要念着：爸爸妈妈，这是我们一年四季辛苦种的新米，快来吃新米了。祭拜完后，家人就可以一起吃饭了。祭拜的时候只叫自己去世的爸爸妈妈，如果自己的哥哥弟弟（晚辈们）不幸去世的话，是不叫的。新米节时要看鸡卦，以前的老人都会看鸡卦，打鸡卦不分时间，从鸡卦中可以看出今年的粮食的收获情况。用鸡大腿的骨头来打卦，如：鸡腿骨若有一个洞的寓意是粮食收成好；一边一个洞的是更好；但如果三个洞同时存在在一条线上就是粮食收成不好的意思了；不对称的就是更不好的意思。过新米节的时候，人们会聚在一起唱民族歌，跳民族舞。

（四）宗教性节日习俗

1. 平安夜和圣诞节

每年阳历的12月24日到25日信基督教的人们过圣诞节，由教主李老九组织在教堂举行，有时会来三十多个人，人少时候会来十来个，人数不固定，具体看情况而定。他们会在24日平安夜晚上八点到九点唱赞美歌，所唱的赞美歌和平时不同，平安夜唱的赞美歌具体内容如下：因为上帝给了我们生命，这一天是上帝的诞辰，我们来给他庆祝。唱完歌后，24日白天就开始杀猪，基督教徒们每家要带一对舂好的粑粑，同时还带着糖果、饼干、饮料、水果等等放在教堂的上帝像前面，然后一起做祷告。12月25号一大早就来教堂，把昨晚带的东西分给大家一起吃，25日全天休息什么都不干，当天要杀鸡吃，唱赞美诗，到了晚上八点左右，等人来齐了，大家就开始在教堂外面空地上跳锣鼓舞了。

（五）其他类型节日习俗

1. 拉祜族五月的习俗

农历五月份的时候，佛堂寨的拉祜族有一个习俗，会拿一大坨泥巴，用泥巴捏出鸡，猪，狗，牛，羊，马，人等等的形状，然后去山上砍竹子，把竹子破成一条一条的，用竹条编成竹筐，然后把用泥巴捏好的这些东西都放进这个竹筐里。还要去山上砍一棵盐酸树（盐酸树七月份开花，到了九月份十月份的时候结果，结的果子可以吃，但是很酸）大家一起把盐酸树抬回来，然后做成一把大刀的形状。之后把做好的竹筐和放在竹筐里的东西全部放到寨子外面，然后找一个寨子里最壮实的小伙子拿着做好的大刀在寨子里到处挥舞几下。寓意是把寨子里不好的东西要赶出去。（此习俗于文化大革命时已取消，后再设恢复。）

二、现代节日的普及程度

（一）妇女节

每年的三月八日过三八妇女节，以前是不过这个节日的，从1980年开始，由于全国三八妇女节的普及，拉祜族同胞们也开始过妇女节。妇女节的那天由妇女队长，也就是张娜母组织整个寨子里的男男女女一起来，在我们寨子的党员活动室里，一起做饭吃，一起喝酒，还会一起在活动房里跳锣鼓舞，十分热闹。

（二）建军节

参过军退伍的老战友们会自发地聚在澜沧县城一起聊天，吃饭，一起在看电视里的阅兵典礼。

三、结　语

人们通过节日与神灵进行沟通，从而使自己的愿望得到寄托；人们通过节日与身边的亲朋好友进行沟通，从而促进彼此间的感情。节日习俗在人们的生活中起着纽带般的作用，把人们的心连在一起。节日习俗与拉祜族的社会生产劳动密切相关，与广大拉祜族群众的生活紧密联系在一起，并且跟随时代的脚步进一步发展，不仅体现了拉祜族社会经济的发展，还体现了拉祜族人民的价值观。

参考文献：

[1] 刘劲荣.拉祜族民间文学概论[M].昆明：云南民族出版社，1998.

[2] 王正华，和少英.拉祜族文化史[M].昆明：云南民族出版社，1999.

[3] 何国强，林跃文.粤东凤凰山区文化研究调查报告续集[M].昆明：云南大学出版社，2014.

[4] 杨云.拉祜族芦笙舞的民俗意蕴[J] 北京舞蹈学院学报.2012（04）.

[5] 张益家，周焱，张秀娟.澜沧老缅人的岁时丧葬礼仪、宗教信仰和语言接触调查[J].长安学刊.2010（9）.

[6] 罗承松.拉祜族岁时节日民俗的变迁[J].思茅师范高等专科学校学报.2005（03）.

（指导老师：刘劲荣）

民族语言与文化

论《中国语言生活状况报告》中新词语的仿词造词法

杜 策[①]

（云南民族大学）

[摘　要] 笔者通过对 2010~2014 年《中国语言生活状况报告》中新词语的修辞造词法研究发现，仿词造词法是最为普遍的造词法，占 44.3%。本文分别从定义、类型、特征和价值这四个方面来分析新词语的仿词造词法，既有利于学者关注到新词语的形成和发展规律，也有利于深入研究仿词造词法。

[关键词] 中国语言生活状况报告　新词语　仿词造词法

词语是人类对客观事物和现象的概括反映，新的事物和现象的出现，自然而然会促使新词语的产生与应用。本文所指的新词语的"新"，既包括时间上的新，又包括内容与形式上的新。从时间上来讲，本文的新词语是指 21 世纪初期国家语言资源监测与研究中心在数以万计的文本、语料中层层筛选提取出来的新词语；从内容上来讲，本文的新词语反映了 21 世纪初期的社会生活中的事件、焦点；从形式上来说，本文的新词语指运用修辞手法创造的新词语。修辞与词汇之间有着密切的联系，修辞造词法是一种学术界公认的造词方法。修辞造词法包括比喻造词法、借代造词法、比拟造词法、夸张造词法、仿词造词法等。根据笔者整理的数据资料，2010~2014 年《中国语言生活状况报告》中由仿词造词法创造的新词语共有 1094 个，占总数的 44.3%。由此，本文着重研究新词语的仿词造词法。

---

① 杜策，女（汉族），云南民族大学民族文化学院硕士在读研究生，主要研究语言学及应用语言学。

一、仿词造词法定义

根据表达的需要，更换现成词语中的某个语素，临时仿造出的词语，这种辞格叫仿词。仿词造词法是一种利用仿词这种修辞方式，对造词材料按照一定的造词规律进行选择加工来创造新词的方法。①

二、仿词造词法的基本类型

（一）音仿

音仿是用音同或音近的语素去替换已有词语中的某个或某几个语素创造新词，或者用音同或音近的语素直接创造新的词语。2010~2014年《中国语言生活状况报告》中，由音仿创造出来的新词语很少，大约有30个，占1.2%左右。例如：

拜客 指倡导使用自行车坚持绿色出行的人。例句：从"拜客行动"的亚运志愿者低碳生活……为引领新时尚、创造新生活作出了成功探索。（2010年10月12日《中国青年报》）

心常态 指领导干部调整心态以适应我国政治经济发展的"新常态"。例句：适应新常态，能否调整"心常态"，是对各级党员干部的新考验。（2014年10月24日《人民日报》）

从上面两个典型的例子中我们可以看出，音仿有两种形式，一种是在原有词语基础上替换音同音近的语素，如"心常态"中"心"谐音"新"，再如："蒜你狠""十面霾伏"等；另一种是用音同或音近的语素直接创造新词语，如"拜客"源于英语单词"bike"，用与"bike"相近或相同音的语素创造新词"拜客"，再如："丁克族""媚皮族"等。

（二）义仿

义仿是用与已有词语意义相近或相反的语素仿造新词语。在《中国语言生活状况报告》中，义仿造出来的新词语数量比音仿造出来的新词语多，有80多个，占3.2%左右。例如：

首相套餐 英国首相卡梅伦吃过的火锅店推出来的套餐。例句：成都一家火锅店最近火了，因为英国首相卡梅伦在此吃了一顿麻辣火锅。火锅店特地推出888元首相套餐，包括卡梅伦点过的所有菜。（2013年12月9日光明网）

炫苦 在网络上公开展示自己的艰苦生活和吃苦经历。例句："炫富过时了，

---

① 廖旭东，黄伯荣．现代汉语［M］．北京：高等教育出版社，2011.204

炫苦才精彩。"（2011年11月1日《北京青年报》）

"首相套餐"是仿"主席套餐"而造的词语，主席与首相意义相近，都是国家领导人的意思，"首相套餐"是用与原词语相近的语素仿造出来的词语。再如"淑商"、"康商"等。"炫苦"是仿"炫富"而造的词，苦与富是一对反义词，所以"炫苦"是用与原词语相反的语素仿造出来的新词。再如"碳粉知己"、"阳光族"等。

（三）形式仿

形式仿是仿原词语的某种形式，以类推的方式创造新词语。在《中国语言生活状况报告》中，形式仿创造出来的词语不胜枚举，占95.6%左右，比重相当得大。例如：

～体 凡客体、唤醒体、腹黑体、公式体、回爱体、且行且珍惜体、任性体……

～族 傍傍族、剁手族、扫码族、抬头族、指尖族、阳光族、陪跑族……

云～ 云按揭、云播放、云手表、云家政、云商、云会议、云概念、云媒体……

微～ 微经济、微语言、微腐败、微婚礼、微恐怖主义、微小说、微视频……

中国～ 中国好爸爸、中国好室友、中国好司机、中国好作业……

三、仿词造词法特征

2010~2014年《中国语言生活状况报告》中，由仿词造词法创造出来的新词语共有1094个，本文将从词长、词性、词的构成及构成材料和使用频次四个方面分析这1094个新词语的特征。

（一）词长

由仿词造词法创造出来的新词语以三音节为主，占65.2%。二、三音节次之，共占30.8%。五、六、七音节虽有，但数量很少，仅占4%。

三音节词语中，绝大多数是由形式仿创造出来的。如由"～哥"仿出来的词有：犀利哥、高考哥、红娘哥等，再如由"剧"仿出来的词有：良心剧、大师剧、影转剧等。正是因为形式仿这种仿造形式，使三音节词语成为比重最大的一部分。这种仿造形式一经济简单，创造者只需要在原有词语形式的基础上，填补与所造词语相关的内容，即可创造新词；二符合现代人的坐享其成、省时省力心理。

（二）词性

通过对1094个新词语的分析研究，这些词语只有两种词性，一种是名词，另一种是动词。名词所占比重最大，为86.7%，动词所占比重为14.3%。

造成名词所占比重最大的原因有以下几点：第一、名词性前缀或后缀比重大，动词性前缀或后缀比重小。名词性前缀或后缀有40多种，如"门"、"族"、"客"、"微"等。动词前缀后缀大约有7种，如"秒"、"闪"、"被"、"代"等。第二、名词性前缀后缀能产性高，动词性前缀后缀能产性低。例如："族"这个名词性后缀，所包含的词语有160多个，而"秒"这个动词性前缀，所包含的词语只有8个。第三、名词的职能是指称，动词的职能是叙述。五年内所产生现象、事件，发生的变化多如牛毛，由此，名词数量远远多于动词。

（三）词的构成

词的构成有单纯式、合成式两大类，合成式包括复合式和附加式两小类，复合式有联合、偏正、中补、主谓、动宾等几种形式，附加式有前附加和后附加两种形式。在《中国语言生活状况报告》中由仿词造词法产生的词语，其构成涵盖两大类。单纯式的新词语大约有34个，占3.1%。比如"神马"、"妻税"、"闹太套"等。合成式的新词语大约有1060个，占96.9%，其数量远远多于单纯式的新词语。在合成式中，附加式所占比重最大，高达90%。由此可知，由仿词造词法所创造出来的新词语，附加式是其主要的构词形式。

近五年内，词语的构词材料有了新的形式。有以下两种：一、字母加汉字。例如："TA时代"、"Q仔"等；二、数字加汉字。例如"360休"。

（四）使用频次

频次段	数量	比例
≥10000	1	0.1%
1000~9999	25	2.37%
100~999	183	17.45%
0~99	840	80.08%

由上表可知，仿词造词法创造出来的新词语使用频次主要集中在0~99次，100~999次之，1000次以上最少。这些新词语使用频率不是很高。造成这种情

况的原因有以下几点：第一、非常用字组词。比如"攒贝族"中的"攒"不是常用字；第二、词义具有特定性，有的词语仅用来记录该年发生的特殊事件。比如："U 站"，是为了记录第 26 届大学生运动会而创造的词，有的词语只涉及某一方面，如："零裸官"，在涉及政治方面才会使用；第三、人们接受度低。人们接受程度高，自然该词语使用率低；人们接受程度低，该词语使用率低。如"零钱宝"和"支付宝"相比，二者都是理财工具，但二者使用频次相差甚远，"支付宝"更为人们接受。

四、仿词造词法的价值

2010~2014 这五年内，国家语言文字工作委员会发布的新词语共有 2466 个，其中由仿词造词法创造的新词语有 1094 个，占 44.3%，近乎半数。由此可知，仿词造词法是新词语产生的主要方式，而仿词造词法是修辞造词法中最具有实际价值的造词法。仿词造词法最为关键的是"仿"这个字，由"仿"这个字可以看出其价值所在。

（一）能产性

仿词造词法具有极高的能产性。由名词性动词性前缀或后缀产生的词语有 891 个，占总数的十分之八。例如：由名词性后缀"族"产生的新词语有 164 个，如：阳光族、阴天族、指尖族等；由名词性前缀"微"产生的新词语有 132 个，如：微旅行、微反应、微文明等；由名词性后缀"哥"产生的新词语有 82 个，如：犀利哥、大衣哥、咆哮哥等；由动词性后缀"被"产生的词语有 24 个，如：被小三、被上楼、被贫血等。

（二）社会性

仿词造词法创造出来的新词语具有社会性。名词性词语占总数的十分之八。名词主要是用来指称的，事件、人物、生活现状等都要用名词性词语来记录。例如名词性后缀"控"，"控"表示极其喜欢某人或某物的人，如弟控、微博控等；名词性后缀"门"，"门"表示当年发生的重大社会事件或典型性事件，如喂药门记录的是一家幼儿园为了提高出勤率给幼儿喂食禁药却使这些幼儿生病这一事件；名词性后缀"令"，"令"表示国家颁布的一系列政策，如五星禁令是政府禁止官员将五星酒店作为会议场所；名词性前缀"微"，"微"表示微信、微博等网络平台，如微游戏、微空间、微世界等，这些词语反映了人们日常的交际工具并由此引申出来一系列与之有关的情况。

（三）多样性

由仿词造词法创造出来的新词语涉及的方面、领域多种多样。有的关乎政治领域，如劣迹令、限外令；有的关乎经济领域，如分享经济、科长经济；有的关乎天气方面，如霾表、霾情；有的涉及时代特征，如众症时代、父婴时代；有的涉及理财方面，如支付宝、佣金宝；有的涉及不同特征的人，如走走族、宝粉……但这种多样性会使新词语变得小众化。从上文使用频次表可知，由仿词造词法创造出来的新词语使用频率主要集中在0~99这一频次段，100~999次之，而1000以上的频次段少之又少。人们只有在涉及某一方面时才会用到这些词语，自然，如果不涉及，这些新词语便不会被用到，久而久之可能会走向消亡。

（四）政治性

近些年，国家领导人通过个人魅力受到人民的热烈拥戴，进而使其话语得到老百姓的关注，有的人会在日常生活中使用领导人话语，因此使国家领导人的一些话语进入词汇系统中。这些经过仿词加工后的新词语，能在一定程度上拉近国家领导人和人民的距离，又能引起老百姓的共鸣，有利于政策的颁布施行。

五、结　语

《中国语言生活状况报告》由国家语言文字工作中心发行，具有权威性，实时性，是研究新词语现状的最佳材料。2010~2014年《中国语言生活状况报告》新词语中，仿词造词法是最主要的造词方法。除此之外，还有比喻造词法、借代造词法、比拟造词法等。根据笔者整理出来的数据显示，仿词造词法所创造出来的新词语的数量自2010年至2014年逐年增加，由此观之，仿词造词法创造出来的新词语的数量在以后也会逐渐增加，即使增加数量少或停止，其所占比重仍大。

本文的一切数据完全来源于笔者个人的归纳统计，可能有所出入，但在以后的学习生活中本人会不断改进完善。

参考文献：

[1] 陈望道. 修辞学发凡 [M]. 上海：上海教育出版社，2001.

[2] 戴军明. 网络词语的造词分析 [J]. 语言文字应用，2006（2）.

[3] 栗臻. 现代汉语新词语造词法研究 [D]. 兰州：兰州大学，2010.

[4] 廖旭东，黄伯荣.现代汉语［M］.北京：高等教育出版社，2011.

[5] 周洪波.修辞现象的词汇化［J］.语言文字应用，1994（1）.

[6] 周一民.现代汉语［M］.北京：北京师范大学出版社，2010.

[7] "中国语言生活状况报告"课题组.中国语言生活报告［M］.北京：商务印刷馆，2010~2015.

[8] 任学良.汉语造词法［M］.北京：中国社会科学出版社，1981.

（指导老师：刘　青）

《万物的起源》文本程式语词浅析

方　潇[①]

[**摘　要**]《万物的起源》是一部口头流传的彝族创世史诗,史诗塑造了栩栩如生的创世母神阿黑西尼莫,展现了彝族先民对远古时代的思考与阐释,史诗一般在毕摩盘诘辩论时进行口头演唱。因其口头史诗即兴创作的特殊性,演唱者在演唱过程中存在或多或少的差异,但其中的某些词组、句子、核心部分是固定、反复出现的。本文通过对《万物的起源》文本程式语词的具体浅析,进一步探究其口头流传的高度固定化,及这些程式语词中包含的文化内涵。

[**关键词**]《万物的起源》口头程式　语词程式　高度固定化

《万物的起源》[②]是流传于滇南哀牢山下段地区的一部彝族创世史诗,史诗塑造了一个不同于其他民族的创世母神阿黑西尼摩的形象,其中包括天地起源、人类起源及各种风俗起源等内容。本文选用云南民族出版社出版的《万物的起源》作为研究文本,该著作根据元阳县新街乡水卜村施义科毕摩收藏的彝文抄本翻译整理。"在当地《万物的起源》并不作为祭祀仪式中的祭辞使用,而是穿插于祭祀过程或节日中作为毕摩盘诘论辩的经典,是毕摩较量法力高低的评判方法之一。"[③]

---

① 方潇,女(彝族),云南民族大学民族文化学院在读硕士,中国少数民族语言文学专业。
② 梁红译注. 万物的起源[J]云南民族出版社,1998(5).
③ 访谈者:普学旺,男,55岁,彝族,《万物的起源》翻译整理者;访谈地点:云南民族大学图书馆四楼报告厅;访谈时间:2016年12月22日14点28分.

一、关于"口头程式理论"

"口头程式理论",又称"帕里——洛德理论",于二十世纪兴起,由北美古典学学者米尔曼.帕里和他的学生艾伯特.洛德共同创立。"口头程式理论"是米尔曼.帕里在试图解开"荷马其人及其创作"这一千古谜题研究过程中所提出的学术推想,之后他和艾伯特.洛德通过与南斯拉夫的活形态的口头传统作对照和类比研究,进一步印证、发展起来的理论。

"口头程式理论的精髓,是三个结构性单元的概念,它们构成了帕里——洛德学说体系的基本骨架。它们是程式(formula)、主题或典型场景(theme or typical scene),以及故事型式或故事类型(story-pattern or tale-type)。"[①] 口头诗歌与文人诗歌不同。文人诗歌在产生之后,其作者及内容就通过文字固定地流传下来,如唐诗宋词在千百年的传颂中一字未改;而口头诗歌在产生之后,其传播方式多为民众口耳相传,每个传播者在传播的过程中都会或多或少不自觉地更动自己讲述的作品,赋予它新的生命力。因此在长期的流传中,这些口头诗歌与其原始版本相比发生了差异,甚至衍生出多个版本,但在它口头流传的过程中,程式、主题或典型场景、以及故事形式或故事类型是基本固定的,具有高度固定化、程式化特征。程式的表达是口头诗歌的核心特征,"程式(Formula)——根据帕里的定义,程式是在相同的布格条件下,常常用来表达一个基本观念的词组"。[②] 通过口头程式理论对史诗进行程式分析研究可以知道,"传统是如何模塑歌手和听众的,是如何限制歌手的自由发挥,给予这种发挥一个基本的范围,又为这种发挥提供使用便利而又威力无比的传统手段"[③]

二、《万物的起源》中的语词程式

《万物的起源》作为毕摩盘诘论辩的经典,是毕摩较量法力高低的评判方法之一。这种特殊的语境和传播方式在文本中也有迹可循,在《万物的起源》的每一章节中都出现了大量类似语句,如:"知道就讲来,若是不会讲,臭名

[①](美)约翰.迈尔斯.弗里著.口头诗学:帕里——洛德理论[J]朝戈金译.北京:社会科学文献出版社,2000(8):15.

[②](美)约翰.迈尔斯.弗里著.口头诗学:帕里——洛德理论[J].朝戈金译.北京:社会科学文献出版社,2000(8):30.

[③]朝戈金:口传史诗诗学:冉皮勒<江格尔>程式句法研究[J].广西人民出版社,2000(11):138.

昭天下"①、"会诵受人敬，吟错成笑柄，人人轻视你"②、"师傅为最大，我要说的话，暂讲到这里"等等，都展现出其演唱环境、演唱听众和演唱目的。为了显示自己精通世事、知识渊博，让听众信服，取得最终的胜利，演唱者就必须快速、准确、全面的进行演唱。因此演唱者就需要运用程式将史诗的一个诗章与其他诗章联系起来，将史诗演唱的表演统一为完整的整体，确保演唱内容的前后一致、逻辑合理。

演唱中会有些词组、句子、甚至是句子的组合出现重复的情况，这些反复出现的单元是高度固定化的，即使存在差异，其核心部分也是基本一致的。程式就是这样一个特定的单元，是特定的含义与词语的组合，它有相对固定的韵式和相对固定的形态，由演唱群体所共享和传承，反复地出现在演唱文本中。这种表达的冗余非但不会让聆听者觉得多余，反而能帮助听众建立起各单元、情节之间的框架。语词是构造诗句的最小单位，是固定的、通常不可再切分的部分，是诗句最基本的构造单元，程式是诗节中反复出现的高度固定化的词语。史诗演唱者在每次演唱时通过程式来进行再一次的口头诗歌创作，用这些看似重复的语词来引导思路，确保演唱的准确性和完整性。本文以《万物的起源》作为主要文本依据，具体分析其程式语词。

（一）数字程式

数字程式贯穿于创世史诗《万物的起源》的程式语词中，在演唱过程中增加史诗的真实可信度，同时这些数字程式的使用具有特殊含义、依赖于彝族传统文化，下面对其进行具体分析。

1. 关于数字"三"

在创世史诗《万物的起源》中，数字"三"多处可见，如："三年不吃饭，三载不喝水。"③、"祭三天三夜"④等程式在文本中数不胜数，以此来表现时间的漫长。史诗中出现的"三天"、"三年"等时间不具有实在意义，这种象征性的时间作为一个固定的单元，是史诗演唱者惯用的脱口而出的语词，对句子中的主体起到修饰作用。

此外，史诗中也大量出现用数字"三"与量词组成数量词，来形容人、自然物等事物数量的现象。如"一日织三匹，一年种三季"⑤、"勺武有三女"⑥ "要

---

① 梁红译注.万物的起源[J]云南民族出版社，1998（5）：8.
② 梁红译注.万物的起源[J]云南民族出版社，1998（5）：10~11.
③ 梁红译注.万物的起源[J]云南民族出版社，1998（5）：10~11.
④ 梁红译注.万物的起源[J]云南民族出版社，1998（5）：99.
⑤ 梁红译注.万物的起源[J]云南民族出版社，1998（5）：99.
⑥ 梁红译注.万物的起源[J]云南民族出版社，1998（5）：200.

煮三甑饭，晓前三担水，要砍三挑柴"①等。这些数量词对句子主体进行修饰，显得史诗真实可信、符合日常生活规律，更容易为听众所接受。

在创世史诗《万物的起源》中，数字"三"的出现，多是虚指，没有特定根据或含义，它绝大多数是建立在创作者形而上的想象或对传统遵从的基础上，表达抽象的概念。

彝族的宗教祭祀活动和日常生活，很多都与数字"三"紧密相连。"三"作为一个最起码的基数，达到"三"就带有一定普遍性和代表性，甚至是决定性。以峨山彝族自治县为例，在举行祭祀活动时，要在升斗②中插上三柱成三角形分布的清香、祭祀要献三牲、祭酒祭三杯、毕摩卜卦卜三次；彝族火塘旁竖着三个锅庄石来顶锅；彝族传统民居土掌房有三间正房；滇南《指路经》中用"三个未嫁的姑娘，三个未娶的小伙"来统称所有未婚青年。

2. 关于数字"九"

在创世史诗《万物的起源》中多次出现数字"九"及"九"所衍生出来的"九百九十九"、"九千九"、"九万九千"等数字，这些数字程式是文本的重要构成部分之一。如：通过"身重九千九，骨头九千九，筋有九千九"③来表现创世母神阿黑西尼摩的身体之大，让人叹为观止；用"阿黑西尼摩，九千苍穹里，九千九层上"④来刻画阿黑西尼摩的远离人间、高高在上；"杀倒九条牛，送他九匹马，杀倒九只羊，杀倒九头猪，杀倒九只鸡"⑤表明了祭祀牲畜的丰厚程度；此外像"东方九座山，南方九座山，西方九座山，北方九座山"⑥、"有九万九千，九百九十九"⑦等语句中出现的数字"九"及其衍生数字，都并非实数的"九"，而是虚数的"九"，只表达多数之意。这种用法用于无法准确描述事物数量之多、物体之大、景象之壮观时，以虚数"九"来作为表现手段，带有一定的夸张色彩。

在彝族哲学观中，一为天数（阳），二为地数（阴），而九作为纯阳之数，同时也有到达极限、最大之说。在彝族祭祀活动、日常生活、民间文学中随处可见，如：峨山彝族自治县若是在上午举行祭祀活动，一般都在上午九点九

---

① 梁红译注．万物的起源［J］云南民族出版社，1998（5）：209.
② 彝族传统祭祀用具，共上下两台，在一个大正方形容器上叠放上一个小正方形容器，容器中间有横梁。
③ 梁红译注．万物的起源［J］云南民族出版社，1998（5）：3.
④ 梁红译注．万物的起源［J］云南民族出版社，1998（5）：14.
⑤ 梁红译注．万物的起源［J］云南民族出版社，1998（5）：14.
⑥ 梁红译注．万物的起源［J］云南民族出版社，1998（5）：323.
⑦ 梁红译注．万物的起源［J］云南民族出版社，1998（5）：5~6.

分开始，认为这个时刻阳气达到最大值，有助于祭祀活动的顺利完成；有俗语"联姻成一家，立九根铁柱为证"；在民间文学作品中随处可见"翻越了九十九座山，涉过九十九条河"这类型的表达。

3. 关于数字"十二"

在创世史诗《万物的起源》中，数字"十二"是常见的数字程式，出现频率最高，这种用具象思维来表达现实抽象事物的表现手法，有利于听众的接受和理解。如："阿黑西尼摩，绿的育十二，红的育十二，黄的育十二，黑的育十二，白的育十二，空心物十二，藤状物十二，有眼物十二，冬眠物十二，饮水物十二"①，表达创世母神阿黑西尼摩养育万物的种类之丰富；"绿取十二名，红取十二名，黄取十二名，黑取十二名，白取十二名，空心物十二，藤子十二样，有眼的十二，冬眠物十二，饮水物十二"②，表现奢古白勒神为世间万物都取了名字、"财物十二种，金银十二种，被子十二床"③，描述了金银财宝种类丰富、数量之多。

在彝族古老神秘的文化中，有很多与数字"十二"息息相关的事物，如：彝族有十二兽历，每一兽名各纪一年，共十二年一轮，纪月和纪日也采用十二兽，十二兽为一轮。在楚雄彝族自治州还有十二兽舞，是集祭祀与歌舞为一体的古老民族民间舞蹈。

4. 关于序数程式

在创世史诗《万物的起源》中，可以看到许多序数程式，这种程式在很多彝族史诗中都有迹可循。通过序数排列将事物列举出来，或直接或间接来体现事物的高度固定化，如："绿的是第一，红的是第二，黄的是第三，黑的是第四，白的是第五，空心的是六，藤状的是七，有眼的是八，冬眠的是九，饮水的是十"④、"一世木墨克，二世克波莫，三世波莫则，四世则罗莫，五世罗莫勒，六世勒阿木……"这样的表达，在这种序数程式中，系数放置于句末或句首，直接排放事物顺序，是《万物的取源》中系数程式的主要表现形式。此外，还有间接隐含系数程式来排放事物顺序的表达形式，如："一奶喂苍天，一奶喂大地，一奶喂太阳，一奶喂月亮，一奶喂星星，一奶喂白云，一奶来喂雾，一奶喂彩霞，一奶喂给风，一奶喂给光吃，一奶喂者尼，一奶喂者讷，一奶喂绿龙，一奶喂红龙，一奶喂绿象，一奶喂红象，绿红黄黑白，个个都吃奶"⑤、"一

---

① 梁红译注．万物的起源[J]云南民族出版社，1998（5）：5.
② 梁红译注．万物的起源[J]云南民族出版社，1998（5）：43.
③ 梁红译注．万物的起源[J]云南民族出版社，1998（5）：250~251.
④ 梁红译注．万物的起源[J]云南民族出版社，1998（5）：4.
⑤ 梁红译注．万物的起源[J]云南民族出版社，1998（5）：21~22.

层给天盖,一层给地盖,一层给日盖,一层给月盖,一层给星盖,一层给云盖,一层让雾盖,一层盖彩霞,一层给光盖"①,这些文本中虽然并未直接出现系数,但在《万物的起源》中,这些事物每次出现的顺序都是高度固定化的,基本按照"天、地、日、月、星、云、霞、风、光"的顺序来进行逐一描写。

(二)关于人名和地名的程式

在创世史诗《万物的起源》中,存在丰富的人名程式,这些人名程式大多能体现该人物的某一特性或特征,装饰成分与人名结合在一起,构成高度固定化的人名程式。如:"天神额阿麻"、"地神额阿妣"、"天君奢俄木"、"龙王罗塔叽"、"东方尼木则,南方讷木发,西方尼木革,北方吐木铁"②,这些人名程式中同时包含了人物的职能和人物的名字,在文本中反复出现。这种人名程式化有利于听众加深印象,不知不觉中记住了众多民族神灵和英雄,并且能清晰的区分他们,能更好的理解和接受史诗情节,潜移默化中强化听众对本民族文化的深入了解。另一方面,这种人名的程式化也帮助演唱者更好的记忆、串联史诗,在即兴创作时候,能为演唱者争取到更多的创作时间,更好地向观众呈现史诗。

在创世史诗《万物的起源》中,"有个汪洋海,海名叫奢阻"这一句式多次重复出现,带有高度固定化。该地名程式把"汪洋海"这一特征与"奢阻"这一地名紧密联系在一起,加深听众记忆。

(三)关于颜色程式和方位程式

在创世史诗《万物的起源》中,有很多关于颜色的程式,如:"绿红黄黑白,样样怀肚中。"③、"阿黑西尼摩,绿的育十二,红的育十二,黄的育十二,黑的育十二,白的育十二,空心物十二,藤状物十二,有眼物十二,冬眠物十二,饮水物十二"④、"绿红黄黑白,空心藤状有眼冬眠饮水者"⑤,从以上这些片段中,可以发现"绿"、"红"、"黄"、"黑"、"白"这五种颜色按照固定的排列顺序出现在史诗各部分中。在彝族民间用绿、红、黄、黑、白五色分别代表十天干的甲、丙、戊、庚、壬,笔者猜测这一民间习惯可能就解释了史诗中出现这一颜色程式的原因,史诗内容建立在神秘丰富的彝族文化基础上,来源于彝族民众的日常生活中。

此外,在创世史诗《万物的起源》中多次出现"东方的绿门,南方的红门,

---

① 梁红译注.万物的起源[J]云南民族出版社,1998(5):31.
② 梁红译注.万物的起源[J]云南民族出版社,1998(5):16.
③ 梁红译注.万物的起源[J]云南民族出版社,1998(5):3.
④ 梁红译注.万物的起源[J]云南民族出版社,1998(5):5.
⑤ 梁红译注.万物的起源[J]云南民族出版社,1998(5):15.

西方的黑门，北方的白门，中央的黄门"这一颜色和方位相结合的程式语词，如："锁东方绿门，锁南方红门，锁西方黑门，锁北方白门，锁中央黄门"①、"开东方绿门，开南方红门，开西方黑门、开北方白门，开中央黄门"。笔者认为这些方位与颜色的固定搭配是有理可循的，其来源于彝族民间的方位图②（图一），"东方甲乙木"与绿色搭配，"木"的代表颜色是绿色；"南方丙丁火"与红色搭配，"火"的代表颜色是红色；"西方庚辛金"与黑色搭配，未提炼的乌金颜色是黑色；"北方壬癸水"与白色搭配，"水"的代表颜色是白色；"中央戊己土"与黄色搭配，"土"的代表颜色是黄色。

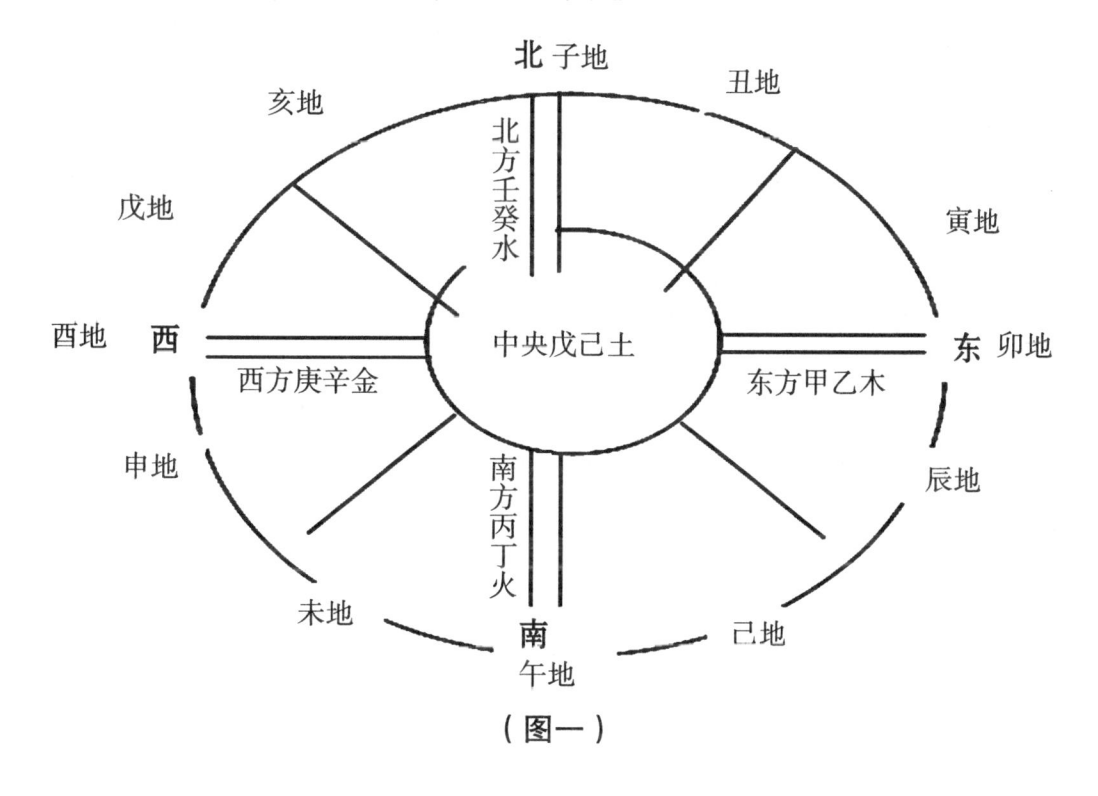

（图一）

三、结　语

《万物的起源》作为一部内容庞杂、章节繁多、人物众多的口头创世史诗，对演唱者而言，在一定时间内快速、完整、准确的演唱史诗是一个巨大的挑战。但其程式、主题或典型场景，以及故事型式大都高度固定，在极大程度上帮助演唱者进行记忆、顺利完成演唱。程式作为演唱者构建各单元框架、衔接

---

① 梁红译注.万物的起源［J］云南民族出版社，1998（5）：60.
② 该图来源于：李增华主编.古彝文常用字典：南部方言［J］云南民族出版社，2014（8）：155.

情节的重要技巧代代相传，以反复使用的片语来加深听众的记忆，还使得史诗衔接流畅。程式在口头史诗的演唱中具有不可替代的作用。此外，史诗的创作根植于该民族的文化土壤中，人们的行为和思维方式受其所直观感知的生存空间的直接影响，使得史诗的演唱者、听众都无法脱离其置身的传统文化环境。《万物的起源》的程式语词从彝族民间中汲取民族精华，保存和记录彝族传统文化，这是《万物的起源》流传至今的重要原因。

参考文献：

[1] 朝戈金：口传史诗诗学：冉皮勒〈江格尔〉程式句法研究［J］.广西人民出版社，2000（11）.

[2] 胡云.《梅葛》《查姆》文本的程式语词和程式句法分析［C］.朝戈金，尹虎彬等主编.全媒体时代少数民族文学的选择.北京：中国社会科学出版社，2016（5）.

[3] 梁红译注.万物的起源［J］云南民族出版社，1998（5）.

[4] 李增华主编.古彝文常用字典：南部方言［J］云南民族出版社，2014（8）.

[5]（美）约翰.迈尔斯.弗里著.口头诗学：帕里——洛德理论［J］朝戈金译.北京：社会科学文献出版社，2000（8）.

（指导老师：昂自明）

澜沧县竹塘乡东主村佛堂寨语言使用情况调查报告

郭晨阳[①]

（云南民族大学）

[摘　要]澜沧拉祜族自治县是全国唯一的一个以拉祜族为主体民族组成的自治县。笔者根据田野调查的第一手资料对澜沧县竹塘乡东主村佛堂寨的语言使用情况进行了分析。该寨语言生活的最大特点是：全民稳定使用母语——拉祜语，各年龄段的母语使用能力均为优秀。在此基础上，笔者进一步分析了形成这种特点的原因。

[关键词]拉祜语　语言使用现状　母语稳定性

拉祜族是最古老的民族之一，民族语言为拉祜语，属汉藏语系藏缅语族彝语支。2017 年 7 月，由云南民族大学 11 位师生组成的课题组到东主村进行语言使用情况的田野调查。面对主流语言汉语的强势来袭，全面而充分地了解佛堂寨拉祜语的使用情况及其真实的生态环境，对于保护拉祜语和传承拉祜族文化来说显得尤为必要。

一、竹塘乡东主村及佛堂寨基本概况

竹塘乡位于澜沧县城西北郊，距澜沧县城 27 公里，214 国道穿境而过；与澜沧县四乡一镇接壤，与西盟县毗邻，交通地理优势明显。辖区面积 636 平方公里，居全县第五位，地属山区、半山区，海拔在 800~2200 米之间，气候温

[①] 郭晨阳，女（汉族），云南民族大学民族文化学院、在读硕士，主要研究云南少数民族语言。

和，属典型的亚热带季风气候，耕地面积99211亩，其中水田面积20824亩。全乡辖包括东主村在内的有11个村民委员会，境内有拉祜、哈尼族等多种少数民族聚居，少数民族人口占总人口的87.22%，主体民族拉祜族人口占总人口的79.54%，是全县拉祜族人口最多的乡镇。竹塘乡是普洱市澜沧县拉祜族人口聚居的比例较高的乡镇之一，达到80%。①

东主村佛堂寨位于竹塘乡东南部，是东主村委会下辖的村民小组，距澜沧县城20公里，距竹塘乡政府驻地17公里，距村委会驻地3公里。2016年末，有农户32户113人。②佛堂寨的民族构成以拉祜族为主，拉祜族占99%，还有1个汉族、1个彝族和1个傈尼族；佛堂寨的男性多于女性，目前年龄超过80岁的有三位女性，男性中年龄最大的一个是70岁。③佛堂寨的文化程度大致分为四个类别：半文盲、学龄前、小学、初中、高中，全寨只有黄恪明一个人是高中学历。④

二、竹塘乡东主村佛堂寨语言使用现状

（一）佛堂寨母语使用现状

1. 拉祜语400词测试结果

语言由语音、词汇、语法三部分组成，而语言能力的高低，往往在词汇上表现得最为明显。为了掌握佛堂寨的语言使用情况，我们采用拉祜语400词测试表作为佛堂寨语言能力测试的范本，以此来测出佛堂寨人的实际语言能力。如果语言词汇掌握水平越高，母语能力就越强，反之亦然。据此，我们共抽取了八位被测试人，其基本信息如下：

表1- 东主村佛堂寨八位被测试人的基本信息表

姓名	性别	年龄	职业	文化程度	语言使用情况
黄保	男	63岁	农民	小学	优秀
李扎约	男	68岁	农民	文盲	优秀
张时保	男	40岁	会计	小学	优秀
黄玉兰	女	55岁	农民	初中	优秀

---

① 相关资料来自于东主村佛堂村民小组组委会。
② 相关资料来自于东主村佛堂村民小组组委会。
③ 该部分来自于村民小组成员口述的整理资料。
④ 相关资料来自于东主村佛堂村民小组组委会。

续 表：

姓名	性别	年龄	职业	文化程度	语言使用情况
张美强	男	29岁	农民	初中	优秀
张娜母	女	34岁	妇女队长	小学三年级	优秀
周博	男	14岁	学生	初一在读	优秀
李娜体	女	13岁	学生	小学六年级在读	优秀

各年龄段400词测试结果如下：

表2-1　佛堂6~16岁年龄段拉祜话400词测试结果

姓名	年龄	A 数量	A 比例	B 数量	B 比例	C 数量	C 比例	D 数量	D 比例
周博	14岁	292	70.2%	55	13.2%	48	11.5%	22	5.3%
李娜体	13岁	249	59.9%	56	13.5%	55	13.2%	57	13.7%

由表2-1可知：小朋友周博在400词测试中，A+B=347＞300，所以其母语使用能力为优秀。在青少年的年龄段中，民族语掌握程度如此熟练已实属不易。由于年龄和性别的限制，他对于家里的某些调味品、农业用具、金属器物、畜牧方面、盖房等一系列的物品不太了解，所以无法用拉祜语表达出来。有些词受汉语影响已经汉化，比如"桌子"、"纸"。但是总体而言，他对拉祜语掌握程度已经相当不错。小朋友李娜体在400词测试中，A+B=305＞300，所以其母语能力也为优秀。她不熟知的词语主要是罕见的动植物、女孩不常接触的工具以及一些此年龄段的孩子无法理解的抽象词，比如"晚辈"。相较于同年龄段中的男孩，女孩本身羞涩，测试中有些词语不是脱口而出。

表2-2　佛堂17~35岁年龄段拉祜话400词测试结果

姓名	年龄	A 数量	A 比例	B 数量	B 比例	C 数量	C 比例	D 数量	D 比例
张美强	29岁	372	89.4%	35	8.4%	5	1.2%	5	1.2%
张娜母	34岁	403	96.9%	10	2.4%	2	0.5%	2	0.5%

由表2-2可知：被测试人张美强初中毕业，目前可以算作佛堂寨的"最高

学历",所以他自己识字,可以看着我们提供的400词表对照着汉字逐个地说出相应的拉祜语。在400词测试中,A+B=372＞300,所以其母语使用能力为优秀。C等级和D等级的词语也只有5个而已。另外,作为寨子里的妇女队长,她长期居住在寨子里,使得她对拉祜语的熟悉度极高。她的400测试结果是:A+B=403＞300,所以其母语使用能力为优秀。C(棉衣、鱼腥草)等级和D等级(长辈、彝族)的词语均只有2个,虽然她知道"彝族"这个测试词语也是个民族,但是却不会用拉祜语来表达。

表2-3　佛堂36~59岁年龄段拉祜话400词测试结果

姓名	年龄	A 数量	A 比例	B 量	B 比例	C 量	C 比例	D 量	D 比例
张时保	40岁	372	89.4%	22	5.3%	13	3.1%	10	2.4%
黄玉兰	55岁	381	91.6%	9	2.2%	16	3.8%	9	2.2%

由表2-3可知:被测试人张时保在400词测试中,A+B=394＞300,所以其母语使用能力为优秀。C等级的词语有13个,因为被测试者为男性,对一些关于女性配饰、厨房做饭所用食材的名词不是特别敏感,所以需经旁人提醒;另外还有些是生活中不太常用的词,需要测试人读出相应的国际音标。D等级的词语有10个,这些词不管是经提醒或是提示后都说不上来,包括"硬、螃蟹、核桃、梅子、手艺、香(迷信用品)、鱼腥草、绿豆"等。被测试人黄玉兰在400词测试中,A+B=390＞300,所以其母语使用能力也为优秀,说明其拉祜语掌握情况十分熟练。C等级的词语有16个,因为被测试者是中老年女性,所以自身有点羞涩,与外人交流过程中难免会有些紧张,所以有些词语需经提示。D等级的词语不到10个,有"掰、老虎、麂子、手艺、土基、香(迷信用品)、鱼腥草"等。

表2-4　佛堂60岁以上年龄段拉祜话400词测试结果

姓名	年龄	A 数量	A 比例	B 数量	B 比例	C 数量	C 比例	D 数量	D 比例
黄保	63岁	409	98.4%	6	1.4%	0	0%	1	0.2%
李扎约	68岁	408	98.1%	7	1.7%	0	0%	1	0.2%

由表 2-4 可知：黄保、李扎约两位被测试人，A+B 等级的总数均为 415 个，大于 300 个，所以其母语使用能力为优秀。笔者在 400 词的测试中，切身感受到被测试人对于日常生活中息息相关的词语的熟练度，基本是脱口而出。黄保有 8 个词——"爱（小孩）、摆（整齐）、核桃、礼物、斗笠、荒地、袋子、头人"是 B 等级，李扎约则仅有 6 个词——"瓦、棉衣、荒地、鬼、学生、祖母"要稍微思考一会儿或需经提醒；还有"彝族"这个词是受被测试人的生活环境所致，原来的拉祜语并没有相对应的词语，现在这类词都是用汉语方言借词来表达。

综上所述，接受测试的八位村民，从青少年到老年人，拉祜语词汇认知能力均达到优秀水平。青壮年、中老年人的拉祜语词汇认知能力较为稳定。但是，代际差异仍然存在，其差异主要表现在三方面：

第一，6~16 岁年龄段中，被测试者的词汇认知水平略低于成年人，熟练的词在 305~347 之间。主要原因是青少年接触本族语的语场少，语域小，词汇量少。但是，随着年龄的增长佛堂寨的青少年词汇认知会逐步提高

第二，D 等级的词集中在少数接触少的动物、事物、现象或者抽象概念上。如"麂子、鱼腥草、彝族、爱（小孩）"等。

第三，出现了一些解释性词汇，如"伯母"是"父兄之妻"。

第四，语言接触后，青少年的固有词汇受到了不同程度的影响，出现了汉语借词。

2. 不同对象、不同场合语言使用情况调查结果

6~16 岁年龄段的青少年中，两位被测试人都处于学龄阶段，加上学校推崇普通话教学，所以其课堂用语都选择普通话；而课外用语李娜体选择拉祜语，周博选择当地汉语方言。其他情况下，二人遇到本族人首选拉祜语交流，遇到非本族人首选当地汉语方言，遇到陌生人则先用拉祜语沟通，如若不能顺利交流再换用当地汉语方言。至于家庭内部语言的使用情况，李娜体小朋友在长辈对晚辈、晚辈对长辈、同辈之间这三种情况下均采用拉祜语，只会对非本族客人采用当地汉语方言或普通话来接待。而周博小朋友因为爸爸是汉族人，所以他在家庭内部语言中能熟练转换拉祜语和当地汉语方言，一般和爸爸、非本族客人交流都用当地汉语方言，和其他长辈、兄弟姐妹、本族客人交流使用拉祜语。

17~35 岁年龄段的青壮年中，张娜母见到本族人一般情况下都会说拉祜语，作为寨子里的妇女队长，在正式场合办理事务时会说当地方言。她见到非本族人时，大部分会用当地方言交流；但是她见到陌生人时，会先用拉祜语交

流,如果不能交流,就说当地方言。过节举行仪式、宗教等方面,她仍然说拉祜语。张美强见本族人都会说拉祜语,而见非本族人则会说当地方言,见到陌生人同时兼用民族语和当地方言。家庭内部语言使用时,张娜母因其丈夫是汉族,因而家中会出现双语交流的现象。张美强家里有两个孩子,与子女说话同时兼用拉祜语和当地方言,对于陌生人会先说拉祜语,如若交流不畅,则采用当地方言。他接待非本民族的客人时,会说当地方言,其他地点和时间都会说拉祜语。

36~59岁年龄段的中青年中,两位被调查者在遇到本族人时,除了课堂用语和公务用语采用当地汉语方言时,其他情况都采用拉祜语;遇到非本族人时,二人均使用当地汉语方言;遇到陌生人时,黄玉兰多采用双语,张时保多采用当地汉语方言。家庭内部交流时,二人对来访的本族客人都说方言,对陌生人说双语,而其他情况张时保一律使用拉祜语,黄玉兰的孙辈对自己一般说当地汉话。

60岁以上的年龄段中,他们是佛堂寨的单语人,任何时间任何地点,和不同民族、不同对象交流时全部采用拉祜语,拉祜语是他们唯一的交流工具。这主要是因为他们年岁已大,不便外出,年复一年过着日出而耕、日落而歇的生活。

综上可知,不同年龄段的佛堂寨寨民在不同场合面对不同对象时所采用的社交语言会有所差异,这个也是我们意料之中的结果。然而,佛堂寨寨民在面对陌生人时,其社交语言表现出高度的一致性,即均采用拉祜语作为第一语言进行交流,然后再选择其他语言作为辅助进行沟通。

3. 语言态度问卷调查情况

6~16岁这个年龄段中,两位测试人虽都涉世未深,但深知自己的第一语言是拉祜语,希望日后可以掌握拉祜文字。对于拉祜族人成为汉语单语人持反对态度,成为"拉祜语—汉语"双语人持顺其自然态度或是无所谓态度,这充分体现了他们不忘本的态度。男生周博认为好拉祜语的首要目的是了解和传承本民族的历史传统文化,学好汉语的首要目的是了解汉族文化;女生李娜体认为学好拉祜语的首要目的是便于与本族人交流,学好汉语的目的是便于与外族人交流。二人都是从文化和交流的宏观角度出发,并不是单纯地为升学、找工作而考虑。他们年龄虽小,但民族认同感扎根于心。

17~35岁这个年龄段中,两位被测人都有一种强烈的民族责任感。当问起他们,让孩子学习拉祜语是为了让他们能够与本族人交流还是为了传承拉祜族的文化?本来笔者以为"文化"这个词太过宽泛,他们可能不是特别理解,但让人惊讶的是，他们一听到"传承拉祜文化"，眼里闪着光芒，嘴里不停地念叨："对，就是这个。"突然间，莫名的感动油然而生，哪怕只有小学三年级的文化，但是他们坚定地知道，学好语言是为了更好地传承拉祜文化。

36~59岁这个年龄段中，两位被测试人对本民族的语言掌握十分熟练，希望有机会可以学习拉祜文，并不希望自己成为汉语单语人。如果有人在外地呆几年后回到家乡不再说拉祜语，他们会反感。作为佛堂寨的一员，就要永远记得自己是拉祜族一员，学好自己本民族的语言是首要任务，在自我发展过程中要传承自己的民族文化。与此同时，也要学会说汉语，希望自己的后代能到汉、拉授课的学校学习，从而使本民族得到长足的发展。

在老年段中，两位被测试者都是60多岁的老人，心中坚定不移地认为自己是一名拉祜人，对于他们的后代，他们迫切希望其在学会汉语的同时把自己的母语熟练掌握，值得一提的是，他们认为拉祜族既然有文字就应该去学会，不管是哪个年龄段的人都应该掌握拉祜文，要做一个不但会说拉祜语还要学会写拉祜文的佛堂人。

总而言之，语言学习必然与该语言相联系的文化价值系统密切相关，也必然伴随着语言使用者及其群体对该语言的态度和评价的影响。特别是在语言和文化价值相互交融、碰撞的双语环境中，语言态度的作用更为明显，也更为复杂，它对双语使用者的心理状态和语言行为都具有重要的影响。

（二）佛堂寨汉语使用情况

以上具体分析的是佛堂寨母语的使用现状，但各个部分的调查结果已经渗透出通用语的使用情况，佛堂寨里能使用汉语的人仅限于学龄阶段的人和接受过义务教育的人，未接受过义务教育的老年人听不懂汉语方言，也就不用汉语交流。总的来说，汉语在佛堂寨只是作为母语无法进行沟通之外的第二辅助交际工具。

三、竹塘乡东主村佛堂寨母语使用稳定的成因

（一）母语认同感是竹塘乡东主村佛堂寨母语使用稳定的先决条件

语言是民族最重要的特征，是维系民族感情的纽带。在一般情况下，语言还是民族"图腾"，具有文化认同的重要作用。佛堂寨人自上而下都一贯使用拉祜语作为他们第一交际工具，且对外出学习或工作的人回来不会说拉祜语表示不习惯、别扭甚至反感的态度，充分反映了拉祜语在他们每个人心中的归属感以及保护本民族语的责任感。

(二)高度聚居是竹塘乡东主村佛堂寨母语使用稳定的内在条件

语言作为通行于社会的最重要的交际工具,首先得有一定的人群使用。佛堂寨人口有 123 人,全寨以拉祜族为主体民族,汉族人仅有一个。强大的地域性人口优势再加上上述语言现状调查的结果,无论是家庭内部日常生活,还是寨子里走亲访友、召开会议、节日庆典和宗教仪式等,拉祜语永远作为首要语言,除非无法沟通才会选择其他语言。正是因为拉祜语使用频率高、语言环境好,才使其在佛堂寨得以稳定使用。

(三)族内通婚是竹塘乡东主村佛堂寨母语使用稳定的必要保证

竹塘乡东主村佛堂寨除了张娜母一户是汉拉族际婚姻之外,其他 31 户家庭都是拉祜族族内婚姻。家庭语言的使用,直接涉及到子孙后代的语言习得能力的形成。族际婚姻的家庭内部必然存在一种相对强势和相对弱势的语言,语言选择主要受语言环境的影响。张娜母和其丈夫(汉族)育有一儿一女,分别叫周博、周满。其子也是我们本次调查的青少年阶段的被测试者,通过上述调查结果发现周博的第一语言仍然是拉祜语,这说明语言环境起到了很大的作用。至于族内婚姻,其家庭日常用语均为拉祜语,自然而然,下一代从呱呱坠地—咿呀学语—蹒跚学步—嬉笑打闹,直到长大成人,都是习得拉祜语。

(四)外出的务工和读书人员少是竹塘乡东主村佛堂寨母语使用稳定的外在条件

佛堂寨青壮年以前外出打工的多,远的有去新疆做建筑工的、去广东做伐木工的,近的就去景洪那边做改板子或是去澜沧县做修理工和翻地的。目前只有一个在思茅工地做建筑工,其余的都是在家务农,经济来源比较单一。近几年中央推行的精准扶贫项目,所以他也返乡盖房。竹塘乡设有自己的中学,东主村设有自己的小学,所以佛堂寨的青少年在家门口就可以顺利地接受九年义务教育。正是因为与外界缺乏深入的接触与交流,所以他们的语言环境一直没有发生太大的改变,拉祜语仍可作为他们的第一交际工具。

四、结 语

竹塘乡东主村佛堂寨语言使用现状为以拉祜语为第一语言,各个年龄阶段的母语使用能力为优秀;其双语能力较之于双文能力稍强,大部分人都不懂拉祜文,且对此求知欲甚强。这是笔者本次田野调查所得结论。另外,让人担忧的是——青少年中已经出现拉祜语开始衰退的苗头,在强势汉语的冲击下青少年的母语等级会不会逐渐衰退到 C 等级,甚至在后代的传承中出现濒危呢?对此相关政府应该采取什么样的语言政策？等等可以衍生的一系列问题无一不是需要我们关注和思考的问题！所以在实施双语教育的同时，相关政府很有必要引导民众对这种不平衡性给予正确的认识、树立该有的危机感，让其民族语言和民族文字在双语科普的环境之下仍然能够熠熠生辉。

参考文献：

［1］戴庆厦.社会语言学概论［M］.北京：商务出版社，2011.

［2］澜沧拉祜族自治县地方志编纂委员会.澜沧县情［U］.云南科技出版社，2003年.

［3］常竑恩（刘劲荣修订）.拉祜语简志［U］.北京民族出版社，2009年5月。

［4］刘劲荣，张琪，刘航宇.云南双江县拉祜族"双语"型社会成因分析［J］.广西桂林第三届"全国高等院校民族语文教学暨学术研讨"论文，2017.

［5］王川林.云南省泸水县上江乡傈僳族语言使用情况［J］.云南师范大学，2015.

［6］刘玲玲.云南摩梭人的语言使用现状的调查研究.［J］.云南师范大学，2015.

（指导老师：刘劲荣）

民族语言与文化

永城市住宅楼盘名称的结构分析

黄玉婉[①]　郭亚杰[②]

（1 云南民族大学；2 云南民族大学）

[摘　要]住宅楼盘的名称随着社会的发展，越来越注重住宅楼盘的名称。楼盘名称一般由通名和专名构成。本文以永城市住宅楼盘作为研究对象，主要从词汇结构的角度分析住宅楼盘名称，通过分析楼盘名称的结构中的专名和通名，探究住宅楼盘名称的结构模式，了解永城市住宅楼盘名称体现的语言知识。

[关键词]住宅楼盘名称　通名　专名

永城市位于河南的东南部，交通便利，经济发展较为迅速。住宅楼盘的名称随着社会的发展，越来越注重住宅楼盘的名称。楼盘名称一般由通名和专名构成。"通名"是楼盘通用的名称，是指普遍存在的、有明显共性的实体，楼盘通名可以显示楼盘的定位、功能和规模，具有一定的固定性。"专名"是区别共性实体的楼盘的专有名称，通常位于通名前修饰限定通名，用于辨别、区分不同的楼盘，已被开发商作为一个品牌来进行推销，是楼盘个性化的体现。[③]例如：住宅楼盘名称滨河花园、天润城，其通名分别是"园"和"城"专名分别是"滨河"和"天润"。

---

① 黄玉婉，汉，女，云南民族大学在读研究生，语言学及应用语言学专业。
② 郭亚杰，汉，男，云南民族大学在读研究生，语言学及应用语言学专业。
③ 崔雪梅.成都市楼盘名称的语言特色和文化内涵[J].成都大学学报（社科版）2012年第5期p18

一、住宅楼盘通名分析

通名可以理解为一般标志着建筑物的功能类型，具有区别性的作用，永城市的住宅楼盘命名大部分是由"专名＋通名"构成的。通名通常是由"花园""苑""城""村""楼""居""府""庭""家"等单、双音节作为通名。具体可以表示为：

（一）X+园

以"园"作为通名的住宅楼盘名称，多数是用来表示有着优美的生活环境，尤其是指自然景物丰富，绿化合理。因为在我们的认知中，"花园"总会让我们想到有着美丽环境的花园，在这里我们可以呼吸到清新的空气，可以调节我们的心情。那么以"园"字作为通名的住宅名称大概有：龙城御园、沱滨花园、苏州花园、龙呈嘉园、华欣家园、永馨园、上河国际嘉园、怡和嘉园、明珠花园、凤凰国际花园、湖滨花园、东方城市花园等。

（二）X+苑

其中的"X"多为形容词性的语素或词作为通名，并且含褒义。"苑"在以前是意为古代养禽兽植物的地方，多指帝王花园。后来随着发展，现在多用来指优雅的环境。所以在这里以苑作为通名的住宅楼盘名称往往代表着清幽的环境和和充满着丰富的人文气息，在这种环境中我们可以得到心灵的净化和休息。例如：光明雅苑、绿景苑、永阳花苑、师颂苑、百花苑、荷花苑、城市雅苑、牡丹苑、永乐花苑、健乐花苑、永康花苑、桂馥苑、师风苑、豫锦苑、师雅苑等。

（三）X+城

以"城"作为通名，可以是"世纪城""生活城""现代城"等。"城"意为人口密集、工商业发达的地方，所以这里以"城"作为通名的住宅楼盘名称一般表示基础设施的完善，生活的便利，有着宏大的意境。在住宅楼盘名称中以"城"作为通名命名的有：中豫·世纪城、世纪东方城、后现代城、山水倾城、四季花城、中天星城、富邸东城、时代城等。

（四）X+邸

邸有住宅的意思，在古代一般称豪宅为邸。以"邸"作为住宅名称的通名，我们可以认为住宅名称的含义有着像古代豪华住宅环境和设施方面的含义，在这个住宅区中我们可以有着豪华的生活环境体验。例如：祥和名邸小区、剑桥名邸、学府观邸、中央名邸等。

（五）X+国际

国际，其意义为世界各国之间，国际协定。另外，可引申为超出一个国家的国际事物，在这里，可理解为事物的潮流性，先进性。以"国际"作为通名命名的住宅有：永尚国际、文苑国际、府邻国际、新城国际、岚湾国际、尚品国际、左岸国际等。

二、住宅楼盘专名分析

楼盘名称中的专名是住宅楼盘命名中的另外一种方式，它更能体现出住宅命名的个性，这类命名方式共21个。这些命名方式中，充满着雅俗共赏的情感，雅直接从成语中取名。住宅楼盘名称从语义上我们可以分为：

（一）专名或指明开发商姓名

开发住宅楼盘的人以自己的名字进行命名主要是为了宣传自己，增加自己的知名度。同时以自己的名字命名住宅楼盘也表达了一种亲切之感，拉近自己与消费者的距离，达到出售住宅楼盘的目的。如：金博大公馆、建业·联盟新城、嘉丽星城、嘉鹏花园、龙腾世纪花园、美林·香槟小镇、金地·格林小镇等。

（二）专名或体现地域特征

住宅楼盘的名称中有些会带有地域特征，通过地域显示住宅楼盘所处的优势之处，这样独特的命名能够具有新意，更容易吸引购房者的眼光，从而达到宣传作用。例如：

"光明小区"位于光明路西段，由它所在的地理位置进行命名；"水岸沱滨"位于沱滨路与百花路的交汇处，水岸意指位于沱河的岸边，根据所在的位置沱滨进行命名；"富邸东城"，富邸东城位于东城区文化路东；"百花小区"位于百花路附近。专名或体现地域特征的还有：丰庄未来城、上河苑小区、东城雅居、沱滨小区、光明小区、沱滨花园、欧亚阳光花园、雪枫小区、西城名苑等。

（三）专名或体现文化品位

随着社会的发展，消费者越来越关注文化品位。通过自身的消费来提高自身的文化品位，方式即为消费，住宅楼盘的销售也是其中的一种。住宅楼盘通过有文化的名称即从中国的古典名称和成语中进行命名，这样的住宅楼盘命名体现着开发商的独具匠心。而且，也能体现出现代人对于人文环境的追求。例如：江南世家、天然居、名门世家、水墨苑、书苑名家、中央名门等。

（四）专名或指明所属单位

住宅楼盘的名称现在很多都带有自己所属单位的名称，通过所属单位命名即代表着住宅楼盘所属，而且通过住宅楼盘名称可以达到宣传自己单位的意图。例如："神火·城市春天"所代表的是神火这个单位建的楼盘，并且通过楼盘名称达到宣传神火这个单位的目的；这样的住宅楼盘名称还有"神火雅苑""永煤百花苑"。除了单位所属单位住宅楼盘外，还有"市政花园小区"它所代表的所属住宅楼盘是市政府单位的住宅楼盘，这样即标记了自己的所属单位，又可以吸引人们的注意；除此之外还有：工会小区、铝业花苑等。

（五）专名或突出自然环境

住宅楼盘名称通过带有自然环境的专名来达到宣传的目的。通过自然环境可以吸引消费者的注意。因为现在人们对于环境的关注越来越多。例如：水木清华园、上海春天、牡丹区、菊花小区、天然居、月季区、西湖春天、福源美景、芙蓉里、玫瑰小区等，通过专名以表示环境的名词来表达更容易吸引人们的注意力。

三、结　论

近年来随着社会的发展，房地产产业迅速崛起，许多的语言学家开始关注住宅楼盘的名称问题。本文主要从语言学词汇结构的角度分析了永城住宅楼盘命名的原则。通过分析楼盘命名的词汇构成，发现永城市的楼盘名称主要是以通名+专名的形式出现。并且通过分析发现通名为形容词性的语素或词，含褒义。在楼盘名称中的专名主要是寄托当地人们的一种祝愿或者是追求。

参考文献：

[1] 姚乃强. 新华字典[M]. 北京：商务印书馆国际有限公司.2000年6月北京第三次印刷

[2] 商务国际辞书编辑部. 商务国际现代汉语词典[M]. 上海：商务印书馆国际有限公司出版.2014年4月第一版第三次印刷

[3] 黄伯荣，廖序东. 现代汉语[M]. 北京：高等教育出版社.2011-6

[4] 王慧灵. 谈房地产品牌建设中的楼盘命名策略[J]. 现代企业教育版.2007（08）

[5] 吕津. 杭州楼盘名称的语言文化分析[J]. 浙江教育学院学报.2004（5）

[6] 崔雪梅. 成都市楼盘名称的语言特色和文化内涵[J]. 成都大学学报（社科版）2012年第5期

（指导老师：周德才）

民族语言与文化

德宏傣语与泰语名量词对比研究

朗叶喊[1]

（云南民族大学）

[摘　要] 量词是傣泰语言的特点之一，量词在傣泰语言中使用非常的广泛。傣泰语的量词分为几种类别，其中名量词是傣泰语量词使用中表示人或事物单位的词。本人通过收集整理的傣泰语的名量词来比较研究，发现傣语名量词的使用要比泰语名量词的使用更加的广泛，但是泰语的名量词在借用其他语言的使用上更加的丰富和灵活。

[关键词] 德宏傣语　泰语　名量词

语言是一种社会现象，是人类必不可少的交际工具和思维工具，语言既有自身结构的独立性，同时也与人类自身以及社会环境存在着密切联系[2]。傣语和泰语同属汉藏语系壮侗语族壮傣语支，两者有许多的共同特点。傣语名量词在其社会生产活动中形成了自己的独特性，而泰语名量词有不少巴利语、梵语、英语借词。本人通过查阅傣泰语量词的书以及关于傣语量词和泰语量词的论文，了解掌握名量词的知识。通过把傣语和泰语的名量词分为个体量词、集体量词、度量词、不定量词、准量词和借用量词六类来进行比较分析。下面我就以德宏傣语为列，比较傣语和泰语名量词的异同，以及它们所独有的特点。

---

[1] 朗叶喊，女（傣族），云南民族大学在读研究生，主要研究中国少数民族语言文学。
[2] 叶蜚声，徐通锵《语言学纲要》[M].2010年1月修订版.北京：北京大学出版社.2010年.

一、傣泰语名量词的特点

表示事物单位的量词叫名量词。名量词可以分为个体量词、集体量词、度量词、不定量词、准量词、借用量词六类[①]。

傣语名量词的特点：表示不同事物的名词需要用不同的量词与之相搭配，量词跟名词连用，修饰名词用哪个量词是约定俗成的。

泰语名量词的特点：泰语的量词，大部分直接由名词来充当，少部分源于动词和代词。在长期发展中，部分名词承担了量词的功能，这部分名词一般与泰民族的生活极为密切。泰语名量词的语序是"名词＋数词＋名量词"[②]。

二、傣泰语名量词的比较

（一）傣泰语个体量词的比较分析

个体量词是用来计算和区分单个的人或事物的名词[③]。

1. 傣语的 ᨠᩬ [ko^{54}]（个、位），是用于"人"的量词。泰语的 คน [kon^{33}]（位、个），是最普遍用于人物的名词，除了国王、王族及和尚外，其他表示人的名词大都可以用"คน"来搭配。

（1）傣语的 ko^{54}（个、位），是用于"人"的量词。例如：

mo^{24}lai^{453}ko^{54}lən^{33} 一位老师

老师　个　一

（2）泰语的 คน [kon^{33}]（位、个），是最普遍用于人物的名词，除了国王，王族及和尚外，其他表示人的名词大都可以用"คน"来搭配。例如：

k^{h}ru：nɯŋ^{22}k^{h}on^{33} 一位老师

老师　一　位

傣语的"ᨠᩬ"[ko^{54}]和泰语的"คน"[kon^{33}]都是用于表示人物的量词，但是傣语中用于佛爷、沙弥的量词用"ᨸᩣ"「pa^{453}」来表示，泰语中用于国王、王族的量词用"พระองค์"来表示，用于僧人、和尚的量词用"รูป"来表示。

2. 傣语的 ᨲᩬ [to^{33}]（个、只、头、匹、条、片等）用于文字和乳扇的计

---

① 巫凌云，杨光远.《傣语语法》[M].云南：云南民族出版社.1993年.第274页.
② 刘晓荣.泰语量词的解析[J].云南民族大学学报（哲学社会科学版）.2009，26（6）：第121页.
③ 巫凌云，杨光远.《傣语语法》[M].云南：云南民族出版社.1993年.第274页.

量单位词以及所有的动物等名词。泰语的ตัว[tu：a³³]（个、只、头、匹、条、件、张等）用于动物、家禽、桌椅以及衣服等名词。

（1）傣语的ᨲᩫ[to³³]（个、只、头、匹、条、片等）用于文字和乳扇的计量单位词以及所有的动物等名词。例如：luk⁵⁴sɔŋ²⁴to³³ 两只鸟

　　　　　　　　鸟　两　只

（2）泰语的ตัว[tu：a³³]（个、只、头、匹、条、件、张等）用于动物、家禽、桌椅以及衣服等名词。例如：kau⁴¹ʔ：⁴¹sam²⁴tu：a³³ 三张桌椅

　　　　　　　　桌子　　三　　张

傣泰语中，用于表示动物以及家禽的量词都是用"ᨲᩫ"[to³³]、ตัว[tu：a³³]表示，但是泰语的ตัว[tu：a³³]还可以用于表示桌椅的"张"的量词。

3. 傣语的ᨧᩴ[sen⁴²]（条、根、丝）用于头发、线等细小条状物以及道路。泰语的เส้น[sen⁵¹]（条、根、丝、道）用于细小条状物。

（1）傣语的ᨧᩴ[sen⁴²]（条、根、丝）用于头发、线等细小条状物以及道路。例如：khun²⁴taŋ⁴⁵³sen⁴²lɤŋ³³ 一条路

　　　　路　　条　一

（2）泰语的เส้น[sen⁵¹]（条、根、丝、道）用于细小条状物。例如：phom²⁴sɔŋ²⁴sen⁵¹ 两根头发

头发　二　根

从傣语的量词"ᨧᩴ"[sen⁴²]和泰语的量词"เส้น"[sen⁵¹]的读音来看，他们的读音相同，只是调值不同，并且都是表示细小条状物，但是泰语的"เส้น"[sen⁵¹]还用于搭配蜡烛，而傣语中用于搭配蜡烛和针的量词"根"用"ᩃᩬᩴ"[lon⁴²]（根、颗、条、支）。

4. 傣语的ᩉᩖᩢᨦ[lăŋ²⁴]（栋、座、幢、所）用于"房屋"等名词，泰语的หลัง[lăŋ²⁴]（栋、座、幢、所、顶）用于房屋以及有顶的物品，例如：

（1）傣语的ᩉᩖᩢᨦ[lăŋ²⁴]（栋、座、幢、所）用于"房屋"等名词。例如：

hɤn³³haŋ⁴²lăŋ²⁴lɤŋ³³ 一栋楼

楼房　栋　　一

（2）泰语的หลัง[lăŋ²⁴]（栋、座、幢、所、顶）用于房屋以及有顶的物品。例如：tuk²¹ha⁴¹lăŋ²⁴ 五栋楼

楼房 五 栋

从所举的例子来看，傣语和泰语量词的"ᩉᩖᩢᨦ"[lăŋ²⁴]和"หลัง"[lăŋ²⁴]的读音和调值都相同，并且用法也相同。

5.ᨾᩖᩮ[mian³³]（把、柄、顶、张、页）用于"刀、剪刀、斧头、锄头、镰

刀、弩、斗笠、雨帽、草帽、嘴巴、纸张"等工具的名词，ด้าม [dam⁴¹]（支、把）用于"笔、枪、刀、剑"等。

（1）ใบ [mian³³]（把、柄、顶、张、页）用于"刀、剪刀、斧头、锄头、镰刀、弩、斗笠、雨帽、草帽、嘴巴、纸张"等工具的名词。例如：

mit⁵⁴ sɔŋ²⁴mian³³ 两把剪刀

剪刀　二　把

（2）ด้าม [dam⁴¹]（支、杆、把、柄、个）用于"笔、枪、刀、剑"等。例如：

dap²¹si²¹dan⁴¹ 四把剑

剑　四　把

傣语的量词"ใบ"[mian³³]和泰语的量词 ด้าม [dam⁴¹]所搭配的名词大都相同，但是泰语中的 ด้าม [dam⁴¹]还可以与笔类搭配，表示"支"，而傣语中与笔类搭配的量词"支"要用"หลอด"[lon⁴²]（支、根、颗、条）。

6. 傣语的 ใบ [miat⁵⁴]用于"谷子、豆子、麦子"等颗粒状名词。泰语的 เม็ด [met⁴⁵⁴]（粒、片、丸、颗）用于"药片、药丸、种子"等颗粒状物体。

（1）傣语的 ใบ [miat⁵⁴]（粒、颗、片）用于"谷子、豆子、麦子"等颗粒状名词。例如：xv⁴¹sɔŋ²⁴miat⁵⁴ 两粒谷子

谷子　二　粒

（2）泰语的 เม็ด [met⁴⁵³]（粒、片、丸、颗）用于"药片、药丸、种子"等颗粒状物体。例如：ja³³ha⁵³met⁴⁵³ 五粒药片

药　五　粒

7. 傣语的 ลำ [lm⁴⁵³]（条、架、辆、艘）用于"汽车、船、飞机、自行车、摩托"等名词，ลำ 泰语的 [lăm³³]（架、艘、只、支、根）用于"飞机、船、竹竿、甘蔗"等。

（1）傣语的 ลำ [lm⁴⁵³]（条、架、辆、艘）用于"汽车、船、飞机、自行车、摩托"等名词。例如：leŋ²⁴men³³lm⁴⁵³ləŋ³³ 一架飞机

飞机　架　一

（2）ลำ 泰语的 [lăm³³]（架、艘、只、支、根）用于"飞机、船、竹竿、甘蔗"等。例如：khrɯŋ⁴¹sɔŋ²⁴lăm³³ 两架飞机

飞机　两　架

傣语的"ลำ"[lm⁴⁵³]和泰语的"ลำ"[lăm³³]的用法大都相同，但是泰语的"ลำ"[lăm³³]还可以与竹竿、甘蔗搭配，而傣语中与竹竿、甘蔗搭配的量词"根"用"หลอด"[lon⁴²]（根、颗、支、条）。

民族语言与文化

8. 傣语的 ᥚᥧᥢ [phun²⁴]（条、件、床、张、块、领）用于"床单、被单、衣服、毡子、毯子、撒垫、篾垫、席子、披巾"等，泰语的ผืน [phɯn²⁴]（片、块、面、张、匹）用于"布料、田地、席子、旗帜"等面积较大的薄状物。

（1）傣语的 ᥚᥧᥢ [phun²⁴]（条、件、床、张、块、领）用于"床单、被单、衣服、毡子、毯子、撒垫、篾垫、席子、披巾"等。例如：

ha⁴²tsɔŋ²¹phun²⁴lən³³ 一条毯子

毯子　　条　一

（2）泰语的ผืน [phɯn²⁴]（片、块、面、张、匹）用于"布料、田地、席子、旗帜"等面积较大的薄状物。例如：pha⁴¹sɔŋ²⁴phɯn²⁴ 两块布

　　　　　　　　　　　　布　两　块

傣语的量词"ᥚᥧᥢ"[phun²⁴]和泰语的量词"ผืน"[phɯn²⁴]所搭配的名词大都相同，但泰语中的泰语的"ผืน"[phɯn²⁴]还可以用于田的量词，而傣语中表示一块田的量词用"ᥞ"[hau³³]（块、丘、畦）。

9.（1）傣语的 ᥛ [mau³³]（片、张、把、顶）用于"植物叶、刀、斧、锄、镰、草帽"等。泰语的ใบ [bai³³]（张、片、个）用于"片状物、票据、杯子、碗碟、水果、帽子"等。

（1）傣语的 ᥛ [mau³³]（片、张、把、顶）用于"植物叶、刀、斧、锄、镰、草帽"等。例如：mau³³mǎi⁵⁴ sɔŋ²⁴mau³³ 两片树叶

　　　　　　　　树叶　　两　片

（2）泰语的ใบ [bai³³]（张、片、个）用于"片状物、票据、杯子、碗碟、水果、帽子"等。例如：bǎi³³mai⁴⁵³sɔŋ²⁴bai³³ 两片树叶

　　　　　　　　树叶　　两　片

傣语的"ᥛ"[mau³³]和泰语的"ใบ"[bai³³]所搭配的名词大都相同，但泰语的"ใบ"[bai³³]还可以用于"芒果"，而傣语中搭配"芒果"的量词"个"用"ᥞᥨᥭ"[hoi²¹]（个、颗、粒、张、顶、面、口、块）。

（二）傣泰语集体量词的比较分析

集体量词修饰的是由两个或两个以上个体组成的事物以及表示"成双成对"或一组的人[①]。

1. 傣语的 ᥐᥧ [ku³³]（双、对）用于"筷子、耳环、耳坠、手镯、鞋袜、水桶、子弹"等，在特定的语言环境里也用于人，泰语的คู่ [khu⁴¹]（双、对）用于成双、成对的物品和夫妻或组成两个人的小组以及成双成对的动物。

（1）傣语的 ᥐᥧ [ku³³]（双、对）用于"筷子、耳环、耳坠、手镯、鞋袜、

---

① 巫凌云，杨光远．《傣语语法》[M]．云南：云南民族出版社．1993年．第277页．

水桶、子弹"等，在特定的语言环境里也用于人，例如：thu²¹ku³³ləŋ³³ 一双筷子
　　　　　　　　　　　　　　　　　　　　　　　筷子双 一

（2）泰语的"คู่"[khu⁴¹]（双、对）用于成双、成对的物品和夫妻或组成两个人的小组以及成双成对的动物，例如：tǎ²¹kiap²¹mɯŋ²¹khu⁴¹ 一双筷子
　　　　　　　　　　　　　　　　　　　　　筷子 一 双

从所举的例子对比来看，傣语的"ກູ"[ku³³]和泰语的"คู่"[khu⁴¹]都是用于成双成对的物品，但有一点不同的就是泰语的"คู่"[khu⁴¹]还用于搭配夫妻或组成两个人的小组以及成双成对的动物，而傣语中用量词"ກົບ"[kop⁵⁴]（双、对）搭配夫妻或组成两个人的小组和动物。

2. 傣语的 ຊຸມ [tsum²¹]（套、双、对、幅）用于"衣服、锣鼓、图画、机器、碗盆"等，泰语的 ชุด [chut⁴⁵³]（套、届、梭、组、队）用于"服装、餐具、茶具、卧具、文具、厨具、道具、子弹、机构组织"等。

（1）傣语的 ຊຸມ [tsum²¹]（套、双、对、幅）用于"衣服、锣鼓、图画、机器、碗盆"等，例如：sə⁴²xo⁴⁵³sɔŋ²⁴tsum²¹ 两套衣服
　　　　　　　　　　　　　　　　　　　　衣服 二 套

（2）泰语的 ชุด [chut²⁵³]（套、届、梭、组、队）用于"服装、餐具、茶具、卧具、文具、厨具、道具、子弹、机构组织"等，例如：

sɯa⁴¹pha⁴¹nɯŋ²¹chut⁴⁵³ 一套服装
　服装　一　套

从所举的例子对比来看，泰语的"ชุด"[chut⁴⁵³]要比傣语的"ຊຸມ"[tsum²¹]的用法广。

3. 傣语的 ຝູງ [fuŋ²⁴]（群、伙、干）用于"人"或"牲口、家禽、鸟"等动物。泰语的 ฝูง [fu:ŋ⁴⁵]（群、队）用于人群或成群的动物以及事物。

（1）傣语的 ຝູງ [fuŋ²⁴]（群、伙、干）用于"人"或"牲口、家禽、鸟"等动物。例如：pɯ²⁴sau²⁴fuŋ²⁴ləŋ³³ 一群姑娘
　　　　　　　　　　　　　　　　　　姑娘 群 一

（2）泰语的 ฝูง [fu:ŋ⁴⁵]（群、队）用于人群或成群的动物以及事物。例如，

chuŋ³³fu:ŋ⁴⁵nɯŋ²¹ 一群人
　人　群　一

傣语中的 ຝູງ [fuŋ²⁴]和泰语的 ฝูง [fu:ŋ⁴⁵]所搭配的名词都相同。

（三）傣泰语度量词的比较分析

1. 容量单位：

傣泰民族的早期社会农业较为发展，因此跟粮食有关的容量单位比较多。例如：

（1）傣语的容量单位：tso⁴⁵³（箩）taŋ³³（箩）ǎtu⁴⁵³（斗、十升）

suɯŋ⁴²（升）pe⁴²（或 puŋ⁴⁵³）（一筒、约五市斤）

（2）泰语的容量单位：th⁴⁵³naŋ³³（塔喃，约一公升）thaŋ²⁴（桶，等于20公升）sǎt²¹（泰斗，等于25公升）pán⁴¹（泰石，约333.33公升）

ka²¹-vian³³（车，等于200公升）

2. 重量单位：

傣泰民族在其经济交往过程中，也有一套属于自己的表示重量的单位。例如：

（1）傣语的重量单位：sɔi⁵⁴（三市斤）xin²¹（斤）xǎn²⁴（四市两）hɔŋ³³（一市两）

（2）泰语的重量单位：sa²¹-luŋ²⁴（钱，等于375克）pat²¹（珠，等于15克）tǎm³³luŋ³³（雨，等于60克）chǎn⁴¹（斤，等于0.5公斤）

hap²¹（担，等于60公斤）。

3. 长度单位：

人体的生理构造是丈量长度的单位，需要使用量词标记的东西与人们的日常生活密切相关。例如：

（1）傣语的长度单位：va⁴⁵³（一庹：成人两臂左右伸直的长度为标准，约合五市尺）

sɔk²¹（肘，约合一市尺）mǎi⁵⁴（尺）lǎk²⁴（公里）

（2）泰语的长度单位：kra²¹（泰分，等于0.635厘米）niu⁴⁵³（泰寸，约等于2.08厘米）khɯp⁴¹（半泰尺，约25厘米）sɔk²¹（泰尺，约50厘米）va³³（泰丈，约2公尺）sen⁴¹（泰里，约等于40公尺）jɔt⁴¹（410泰里，约16公里）

4. 面积单位：

傣泰民族是以种植农作物为生，不仅有广阔的农田，还有庄稼，因此表示面积的单位也有属于自己的特色。例如：

（1）傣语的面积单位：mu⁴⁵³（亩）juɯt⁵⁴（行）haɯ³³（丘、畦、块）

（2）泰语的面积单位：ta³³ra³³va³³（平方泰丈，等于4平方公尺）

ŋa:n³³（昂（工），等于400平方公尺）rǎi⁴¹（泰亩，等于1600平方

公尺）

傣泰民族在其生产生活中，形成了自己独有的用于度量的词，但在与其他民族交往的过程中又有借用其他民族的的度量词，最明显就是泰语中借用英语的度量词，如长度单位 กิโลเมตร［ki²¹lo³³met⁴⁵³］（kilometre；千米、公里）、面积单位 เฮกตาร์［hak²¹tɑ³³］（hectare；公顷）。表示度量的量词与傣泰民族生存的环境有关，人体的生理构造是丈量长度的单位，需要使用量词标记的东西与人们的日常生活密切相关①。

（四）傣泰语不定量词和准量词的比较分析

1. 傣泰语不定量词的比较分析

傣语的 ʔiŋ²⁴ 点和 xɔŋ³³ 些，泰语的 nit⁴⁵³ 点和 ban⁵¹ 些。ʔiŋ²⁴ləŋ³³ 一点，xɔŋ³³ləŋ³³ 一些，nit⁴⁵³nɯŋ²¹ 一点，ban⁵¹ 一些。

2. 傣泰语准量词的比较分析

准量词指那些既可作名词，又可直接接受数词的修饰的词。傣泰语的准量词是某些表示时间的名词和地点名词②。

（1）表示时间的傣语：Pi³³ 年　lən³³ 月　Vǎn⁴⁵³ 日、天　la²¹li⁴⁵³ 小时，例如：Sɔŋ²⁴la²¹li⁴⁵³　三个小时

三　小　时

（2）表示时间的泰语：P i³³ 年　dɯːan³³ 月　Vǎn³³ 日、天　Chua⁵¹moŋ³³ 小时，例如：Sɔŋ²⁴Chua⁵¹moŋ³³　三小时

三　小　时

（1）表示地点的傣语：Məŋ⁴⁵³村子　Məŋ⁴⁵³地方　Təŋ⁴⁵³国家，例如：Sɔŋ²⁴Təŋ⁴⁵³　两个国家

二　国家

（2）表示地点的泰语：mu²¹ban⁵¹村子　mɯːaŋ地方　pra²¹thet⁵¹国家，例如：Sɔŋ²⁴pra²¹thet⁵¹　两个国家

（五）傣泰语借用量词的比较分析

傣泰语的借用量词大都借用名词和动词，但是傣语借用量词的名词和动词中，有些又是汉语借词，泰语借用的名词和动词中，有些又是借用英语、巴利语和梵语。

1. 借用名词作量词的：

---

① 刘晓荣.泰语量词的解析［J］.云南民族大学学报（哲学社会科学版）.2009, 26（6）：第 122 页.

② 巫凌云，杨光远.《傣语语法》［M］.云南：云南民族出版社.1993 年.第 282 页.

1. 借用名词作量词

（1）傣语借用名词作量词的，例如：phən²⁴（桌子）van²¹（碗）tău⁴²（瓶子） mo⁴²（锅）thoŋ²⁴（袋子）ʔɛŋ²¹罐子 pɛm⁴⁵³腰箩 sɔŋ⁴⁵³篮子，例如：phăk²⁴som⁴²mo⁴²ləŋ³³（一锅酸扒菜）

　　酸扒菜　锅　一

（2）泰语借用名词作量词的，例如：to⁴⁵³（桌）lɔt²¹（瓶）cham³³（碗）（巴利） mɔ⁴¹（锅）caŋ³³（盘、碟）thuŋ²⁴（袋）năm⁴⁵³sam²⁴lɔt²¹（三瓶水） khrɔk⁴¹窝 klɔŋ²¹盒，例如：khau⁴¹sɔŋ²⁴cham³³（两碗饭）

　　　饭　二　碗

傣语的名词"แผ่น [phən²⁴]"和泰语的名词"โต๊ะ [to⁴⁵³]"的意思都是"桌子"，傣语的名词 ชาม [van²¹] 和泰语的名词 ชาม [cham³³] 的意思都是"碗"，傣语的名词"หลอด [tău⁴²]"和泰语的名词"หลอด [lɔt²¹]"的意思都是"瓶子"，傣语的名词"หม้อ [mo⁴²]"和泰语的名词"หม้อ [mɔ⁴¹]"的意思都是"锅"，傣语的名词"ถุง [thoŋ²⁴]"和泰语的名词"ถุง [thuŋ²⁴]"的意思都是"袋子"，在这些名词前面加上数词用来修饰名词，都变成了量词。傣泰语中借用名词作量词的名词都是一样的。

2. 借用动词作量词：

（1）傣语借用动词作量词的，例如：măt⁵⁴（捆、束、把）ห่อ [ho²¹]（包、裹）ฝอย [fot²¹]（束、把、团）Kɔŋ³³ 堆 hap²¹挑、担 hom²¹盖、床 Kɛn⁴⁵³ 卷，例如：phăk²⁴kɛŋ³³măt⁵⁴ləŋ³³（一捆青菜）

　　　青菜　捆　一

（2）泰语借用动词作量词的，例如：ขด [kʰot²¹]（盘、卷）กอง [kɔŋ³³]（堆）กำ [kăm³³]（把、束）ห่อ [ho²¹]（包）เทียบ [thiap⁴¹]（剂、服）ปั้น [păn⁴¹]（团、块）jot²¹滴，例如：dɔk²¹mai⁴⁵³sɔŋ²⁴kăm³³ 两束花

　　　　花　二　束

傣泰语借用动词作量词的动词都是一样的，傣语的动词"ห่อ [ho²¹]"和泰语的动词"ห่อ [ho²¹]"的意思都是"包、裹"，傣语的动词 กอง [Kɔŋ³³] 和泰语的动词 กอง [kɔŋ³³] 的意思都是"堆"，傣语的动词"ขด [Kɛn⁴⁵³]"和泰语的动词"ขด [kʰot²¹]"的意思都是"盘、卷"，在这些动词的前面加上数词来修饰名词就变成了量词。

三、结 语

通过上述的对比分析，从中可以看出傣泰语名量词的用法的异同：

1. 相同之处：傣泰语的量词在译成汉语时，都有好几个相应的汉语量词，傣泰语的名量词搭配的对象大都相同，而且有些还是同源词。在借用量词上，傣泰语借用名词和动词作量词的动词和名词大都相同。

2. 不同之处：傣泰语名量词的最大不同之处就是度量词的使用上，傣泰语都有各自固定的度量词，但是表示长度单位的量词有相同之处，都是用人体的生理结构特点来表示长度单位。

综上所述，本文通过对傣语和泰语名量词的个体量词、集体量词、度量词、不定量词、准量词、借用量词的对比分析后，得出以下结论：

1. 傣泰语同属汉藏语系是亲属语言，所以在名量词的搭配使用上都有许多相同之处，哪些名词要搭配哪些量词都是约定俗成的。

2. 傣泰语在长期的生产生活和风俗习惯上都大同小异，具有相似的性格特点以及思维特点，在量词的搭配使用上都以其语言习惯为主。

傣泰民族居住在比较炎热的地方，并且都是临水而居，以便于稻米的种植生长，因此，傣泰民族的性格都比较温和、勤快，乐善好施。傣泰民族是进行经商的较早民族，因此，在傣泰语的量词中度量词是最能体现傣泰民族善于做生意，有经商的头脑。傣泰民族还善于动手，制作各种手工业，因此。搭配傣泰民族手工制作的物品也有其特别的量词与之搭配。

参考文献：

［1］叶蜚声，徐通锵．语言学纲要［M］.2010年1月修订版.北京：北京大学出版社.2010.1.

［2］巫凌云，杨光远．傣语语法［M］.云南：云南民族出版社.1993.

［3］孟尊贤．傣汉词典［M］.昆明：云南民族出版社.2007.8.

［4］萧少云，刘瑞琪，翁琳等．泰汉词典［M］.北京：商务出版社.2011.4.

［5］龙伟华．汉泰语量词比较研究［D］.云南：云南师范大学文学与新闻传播学院.2004.5.

［6］刘晓荣．泰语量词的解析［J］.云南民族大学学报（哲学社会科学版）.2009，26（6）：121~123.

（指导老师：龙　珊）

河南固始方言处置句研究

李玉静[①]

（云南民族大学）

[**摘　要**] 河南固始方言处置句的句式是"NP1+ 处置标记 +NP2+VP"，表示由施事发出某种动作致使受事受到影响而产生变化。根据 VP 的不同，可分为"NP1+ 处置标记 +NP2+VC"和"NP1+ 处置标记 +NP2+V+NP3"两类。句法成分中动词后的成分多为补语，说明动作后受事的状态。固始方言处置句的句式意义有位移、处置、等同和致使四种意义，本文试图从共识层面考察固始方言中动词"搁"虚化为介词的过程。

[**关键词**] 固始方言　处置句　处置标记

固始县是河南第一人口大县，位于豫东南地区，北部、东部、东南部分别与安徽阜南、霍邱、金寨三县交界，西南、西部、西北部依次与本省内的商城、潢川、淮滨三县毗邻。南依大别山，北临淮河。据《中国语言地图集》的划分，固始方言属于中原官话的信蚌片。但固始县几乎是处在中原官话区的最南部边缘，它向南靠近湖北，东接安徽。由于这种特殊的地理位置和一些历史诸因素，固始方言呈现一种过渡性特点，它具有江淮官话甚至西南官话的一些特点，再加上自己的一些独有特色，使得固始方言在语言学、方言学上都有很大研究价值。

文中用例以本人自己家所在地——固始县城东南的分水亭镇方言为准。除了自己熟悉的句子，也调查了本人父母的语料，他们均为小学文化，基本没有离开过家乡。

---

① 李玉静，女（汉族），云南民族大学民族文化学院在读研究生，专业是语言学及应用语言学。

一、固始方言处置句的句法结构

关于处置句的句法结构,先贤已有诸多论述,归纳起来如王力的"处置句目的语的前后,不能只跟着一个简单的述词"[①],如同刘培玉的处置句的动词前后必须有附加成分",[②] 为了分析这些成分,我们需要对结构类型做一个描写。固始方言表示处置义的基本句式是"NP1+处置标记+NP2+VP",根据VP的不同,可分为"NP1+处置标记+NP2+VC"和"NP1+处置标记+NP2+V+NP3"两类。

(一)NP1+处置标记+NP2+VC

处置介词引进动词所支配、关涉的对象,表示由于某种动作或原因的影响而产生某种结果或状态。VC中的补语有结果、趋向、处所、动量、时量、状态、程度等。结果补语如:

(1)他搁驴腿打断了。

(2)妹妹搁刀砍坏了。

上述例子中的"断"、"坏"都是前面动作"打"、"砍"产生的结果,在这里做补语,修辞前面的动词。

趋向补语如:

(3)俺搁老师衣裳拿过来了。

(4)弟弟搁鱼拿走了。

(5)叫耳子拿去。

处所补语如:

(6)他搁饭倒进锅里了。

(7)叫水倒进缸里。

上述例子的趋向动词"来"、"走"、"去"作趋向补语,修辞前面动词"拿"。处所宾语大多要加"了",表示位移的完成。

动量补语如:

(8)妈搁米又淘了一遍。

(9)他搁地又锄了一道。

上述例子中的"一遍"、"一道"都是动量词,在这里作动词"淘"、"锄"的补语。

时量补语如:

---

① 王力.中国现代语法[M].北京:商务印书馆,1943,P83
② 刘培玉.现代汉语把字句的多角度研究[M].武汉:华中师范大学出版社,2009,P50

（10）他搁衣服泡了一天。

（11）他搁水淌了半天了。

上述例子中的"一天"、"半天"发生时间的总量，在这里作补语。

状态补语如：

（12）他搁墙刷白了。

（13）妹妹搁衣服洗干净了。

上述例子中的"白"、"干净"是表示状态的形容词，做"刷"、"洗"的补语。

程度补语如：

（14）你快搁人烦死。

（15）我搁他气得要死。

例句中的"死"是一种夸张的说法，表示到达了极点或者很高的程度。做"烦"和"气"的补语。

（二）NP1+处置标记+NP2+V+NP3

在NP3位置上出现的主要有结果宾语、与事宾语、等同宾语等。结果宾语如：

（16）妹妹搁别人的书弄脏了。

（17）弟弟叫俺妈的衣裳扯破了。

与事宾语多与动词"给"搭配，处置介词带直接宾语，"给"带间接宾语。其作用上配合处置介词突出、强化句中谓语动词对处置介词后宾语的某种影响力或者处置的结果。如：

（18）俺爸叫田给别人种了。

（19）他叫小狗给我了。

二、固始方言处置句的句法成分

（一）处置介词之前的句法成分

一般情况下，处置标记之前的成分由名词性成分充当。例如：

（20）俺妈叫衣裳行送人了。

（21）老李家的搁菜拿走了。

（22）猫搁老鼠咬死了。

（23）他搁衣服洗干净了。

上述例句处置标记之前的成分分别是定中短语、指物名词、人称的代词，都是名词性的成分。

除了名词性的成分之外，标记之前也可以由谓词性成分充当。例如：

（24）用盆搁水舀出来。

（25）雨下大了，叫菜淹死了。

（26）表妹明儿说老婆子_{出嫁}，叫她妈忙得晕头转向。

上述例句的处置标记前的成分是主谓短语、动宾短语，都是谓词性的成分。

处置标记之前也可以没有成分，表示要求、命令等语气。例如：

（27）叫猪撑圈里去。

（28）搁衣服叠起来。

（29）叫柴火压灭了。

固始方言处置标记之前的成分不仅可以充当句子的主语，也可以是状语，也可以既不是主语，也不是状语。例（20）到（23）是句子的主语，例（24）是句子的方式状语，（25）（26）是句子的主题。

（二）谓语动词后的成分分析

处置句谓语动词之后的成分一般是补语，补充说明动词处置后的结果或状态。固始方言处置句的补语由形容词、动词等充当。

补语是形容词，如：

（30）他叫房子盖好了。

（31）他叫棉鞋穿破了。

（32）风叫树刮倒了。

谓语的核心是动作动词或行为动词，补语是形容词，前后两个谓语之间有致使关系，如例句中的"穿"使鞋"坏"，"刮"使树"倒"。另外，补语均指向介词宾语，如"坏"指向"棉鞋"，"倒"指向"树"。

补语是动词，如：

（33）电影叫俺们吓死了。

（34）他叫褂子掖进去了。

（35）他叫青菜拿回来了。

补语是动词时，可以分为状态动词和趋向动词两种。如（33）中，"死"是状态动词，或者说心理动词，补语是通过结果表示动作状态达到的程度。例（34）的"掖"和（35）"拿"是趋向动词，有的趋向动词后还可以带宾语，如：

（36）他叫裤腿塞进鞋壳里了。

三、固始方言处置句的语义分析

语义分析是"指出句中动词和有关联的名词与所指的事物之间的语义关系",[①] 本文将通过分析处置介词前的成分和处置介词后宾语的语义角色来分析固始方处置句。

（一）固始方言处置句的语义成分分析

1. NP1 的语义角色

根据处置介词前的成分和动词之间的语义关系，NP1 可以是施事、因事两种语义角色。

NP1 是施事，如：

（37）我搁笔扔出去。

（38）你别叫俺当傻子，你的心眼可多了。

（39）俺妈叫水倒了。

上面例句"扔"、"当"和"倒"都是动词，处置标记"搁"、"叫"之前的成分都是施事。

NP1 是因事，如：

（40）雨太大了，叫菜淹死了。

（41）表妹明儿说老婆子_出嫁_，叫她妈忙得晕头转向。

上面例句中"雨太大了，"和"表妹明儿说老婆子_出嫁_，"是"菜淹死了"和"她妈忙得晕头转向"的因事，表示导致事情的原因，一般由谓词性成分充当。

2. NP2 的语义角色

根据处置介词的宾语与动词语义关系，动词的受事、使事、成事、当事、工具、处所都可以处于处置介词后。

NP2 表示受事时，如：

（42）服务员不当心搁茶杯打碎了。

（43）衣裳搁我洗烂了。

这两个例句处置介词之后的"茶杯"和"树"都是动词"打"和"洗"的受事宾语。

NP2 表示使事，如：

（44）他的话叫大娘气的眼泪掉了。

（45）他的脸叫我吓得尿都出来了。

---

① 黄伯荣，廖旭东. 现代汉语（增订四版）（下）[M]. 高等教育出版社，2007，P104

这两个例句处置介词之后的"大娘"和"我"是动词"气"和"吓"的使事宾语。

NP2 表示成事，如：

（46）我叫毛衣织成了。

（47）建筑队叫楼房盖好了。

上面例句中，动补结构"织成"和"盖好"是结果动词，宾语"毛衣"和"楼房"就是结果动词的成事。

NP2 表示当事，如：

（48）她搁我当成她亲姑娘。

（49）俺妈搁我看成她的心，她的肉。

上面例句中，"当成"和"看成"是针对动词，宾语"我"就是当事。

NP2 表示工具，如：

（50）写过来写过去，俺搁笔都弄坏了。

（51）他搁沙镰子割的草。

例句中的宾语"笔"和"沙镰子"是动作动词"写"和"割"使用的工具。

NP2 表示处所，如：

（52）他搁地面铺上地砖了。

（53）搁菜园子浇浇水。

例（52）中，处置介词的宾语"地面"是动词"铺"的处所；例（53）中，处置介词的宾语"菜园子"是动词"浇"的处所。

（二）固始方言处置句的句式意义

固始方言处置句是表示处置义的句式，表示说话人认为施事对受事施加某种行为致使受事受到影响而产生变化。

1. 位移义

表示某物因动作而发生位置的移动或关系的转移。如：

（54）我搁碗放锅台上了。

2. 处置义

表示某物因动作而发生某种变化，产生了某种结果。如：

（55）他会着凉的，应该搁他喊醒。

3. 等同义

表示把某物认同为另一事物，或通过动作使某事物变化为在性质、特征上有等同关系的另一事物。

（56）他搁学生当成自己的孩子。

（57）几个人叫这房间搞成了一朵花。

4. 致使义

表示由于外在的原因导致特定对象不自觉的发出动作或产生变化①。如：

（58）搁我气得要死。

（59）搁我吓死了。

四、固始方言处置标记的语法化

固始方言主要用"叫"和"搁"作为处置标记。蒋绍愚（1994）认为："教"表被动始于唐代，用"叫"表被动始于清代②。固始方言，用"叫"代替"教"应是同音替代的结果。本文主要探索"搁"的语法化路径。

固始方言的处置标记"搁"，是动词虚化演化而来的。"搁"用作实义动词时，具有［＋经受］、［＋耽搁］、［＋放置］等多个语义特征。动词"搁"向介词转化的过程可分析为 A>B>C 三个阶段。

（一）A 阶段："搁"是实义动词，具有［＋承受］、［＋耽搁］、［＋放在］等语义特征，动作义明显

构成"搁+NP"句式，"搁"是句中唯一的动词，是唯一的句法核心和语义核心。例如：

（60）体力太差，搁不住折腾。

（61）搁一般人早斗气哭了。

（二）B 阶段：搁是实义动词，保留了［＋放置］等语义特征，但动作义不及 A 阶段明显，其后出现介词"待在"，构成了"搁+待在+NP"结构

如：

（62）车搁待在哪？

（63）搁在院子里。

问句"搁"的动词性很强，是典型的放置类动词，答句"搁"的动词性明显减弱，虚化成介词了。

（三）C 阶段："搁"语义完全虚化，演变为处置标记，出现在"NP1+处置标记+NP2+VC"中，介引受事，完全丧失了作为动词的功能

如：

---

① 郭燕妮. 致使义"把"字句的句法语义语用分析［J］. 汉语学报，2008（1）
② 蒋绍愚. 近代汉语语法研究［M］. 北京大学出版社，1994，P230

（64）搁门开着。

（65）他搁衣服补好了。

从以上固始方言处置句演变的 A>B>C> 三个阶段，我们可以看到"搁"作为实义动词的语义不断虚化直至消失，最后语法化为处置标记。"搁"语法化为处置标记的起点是"搁"分布在连动结构的第一个动词位置，这一句法位置降低了"搁"的句法和语义地位，将句子的句法和语义中心后移，为"搁"的语法化创造了句法条件。

四、结　语

由于受普通话的影响，固始方言中的"叫"作为处置标记用法的使用人群基本上只有五十岁以上的，年轻人很少使用。本文对固始方言处置句进行了较为全面的描写，并从结构、句法和语义三个方面进行了分析，总结发现其基本句式是"NP1+ 处置标记 +NP2+VP"，表示由施事发出某种动作致使受事受到影响而产生变化。根据 VP 的不同，可分为"NP1+ 处置标记 +NP2+VC"和"NP1+ 处置标记 +NP2+V+NP3"两类。句法成分中动词后的成分多为补语，说明动作后受事的状态。固始方言处置句的句式意义有位移、处置、等同和致使四种意义。处置介词"叫"可能是"教"的同音替代，动词"搁"经过"搁+NP"、"搁 + 待在 +NP"、"NP1+ 处置标记 +NP2+VC"三个过程虚化成介词。

表达处置义，固始方言和普通话采用语法形式有存在一致的地方，也有不一致的地方。这既体现了普通话和方言之间的共性，又体现出固始方言的特色。考察不同方言表达同一语法意义所采用的不同句型，有利于我们观察不同方言的特点，以推动现代汉语语法的研究，丰富研究成果。

参考文献：

[1]叶祖贵.固始方言研究［M］.中国社会科学出版社，2009 年.

[2]王力.中国现代语法［M］.商务印书馆，1943 年.

[3]刘培玉.现代汉语把字句的多角度研究［M］.华中师范大学出版社，2009 年.

[4]黄伯荣，廖旭东.现代汉语（增订四版）（下）［M］.高等教育出版社，2007 年.

[5]郭燕妮.致使义"把"字句的句法语义语用分析［J］.汉语学报，2008，（1）.

[6] 张伯江. "把"字句的句式语义[J]. 语言研究，2000，(1).
[7] 张雪平. 河南叶县话的"叫"字句[J]. 方言，2005，(4).
[8] 胡彩敏. 说"搁"[J]. 绍兴文理学院学报，2005，(5).
[9] 蒋绍愚. 近代汉语语法研究[M]. 北京大学出版社，1994年.

（指导老师：余金枝）

竹塘乡老缅大寨语言使用现状分析

刘陇凤[①]

（云南民族大学）

[摘　要] 云南省普洱市澜沧拉祜族自治县竹塘乡东主村老缅大寨主要居住着拉祜族老缅人[②]。东主村老缅大寨是一个拉祜族老缅人聚居村。本文通过对不同年龄段的人进行语言能力测试，发现老缅大寨全村人的语言第一语言均为老缅话，且对自己的母语有高度的认同感，希望能把自己的母语一直流传下去，为此，笔者对老缅大寨的语言使用现状进行了调查分析。

[关键词] 澜沧县　老缅话　语言使用现状　全民双语型

老缅人是拉祜族的一个支系，[ɣu³¹ ba³¹]是老缅人的自称，是"我们自己人"的意思，"老缅"是他称，是"没有"的意思[③]。据调查，远古时期，老缅人的先民曾经和祖国西北的氐羌族群有密切的亲缘关系，可能是唐代东爨乌蛮中的一支，同称为"乌爨"，因生活地域的不断变迁，语言的发展变化，"乌爨"演变为"乌参"[④]。老缅人作为一个跨境族群，分布在中国、泰国、缅甸、老挝四国的边界区域。徐世璇（1988）认为我国境内的老缅人主要以澜沧拉祜族自治县竹塘乡老缅大寨和勐海县勐遮乡的老品寨为主要聚居地。

---

① 刘陇凤，女（汉族），云南民族大学民族文化学院在读研究生。在读专业为语言学及应用语言学。

② 老缅人属拉祜族的一个支系，1990年根据大多数老缅人的意愿，将其划归为拉祜族，文章中仍保留老缅人称谓。

③ 张益家、周焱、张秀娟.澜沧老缅人的岁时丧葬礼俗、宗教信仰和语言接触调查研究[J].长安学刊：哲学社会科学版3（2010）：23~26

④ 李保、杨文安主编.《拉祜族史》[M].昆明：云南民族出版社，2003

一、老缅大寨概况

老缅大寨是澜沧县竹塘乡东主村的一个村民小组,澜沧县竹塘乡东主村老缅大寨位于澜沧县竹塘乡政府东南部,村委会所在地,距乡政府11千米,距县城17千米,该村人口有62户,总共约251人。老缅大寨中主要居住着拉祜族老缅人支系,还有少量拉祜纳支系、傣族和汉族,这些人主要是与本村男性通婚后嫁进来的妇女。信仰原始宗教和佛教,系"五佛五经"之"东主佛"旧址所在地。使用拉祜语老缅话和拉祜纳方言。归属于竹塘乡东主村,东主村位于竹塘乡的东南部,地处国道214线旁,距县城17公里,距县政府所在地14公里。东与勐朗镇唐胜村相邻,南接勐朗镇大平掌村接壤,西连竹塘乡募乃村,北与竹塘乡攀枝花村相接。国土面积有64.9平方公里,属于山区半山。适宜种植水稻、旱稻、玉米等作物。至2016年末,全村在之前一共有15个村民小组,后经分裂,现有17个村民小组,有农业人口725户,2629人,辖区内居住有多种民族,有拉祜族、哈尼族、佤族、汉族、彝族等,拉祜族人口有1760人,占总人口66.9%。东主村内老缅人聚居村寨共有三个,分别是老缅大寨、老缅新寨和河边寨。老缅大寨地处横断山脉怒山山系南段,距离竹塘乡大约10公里,整个寨子的人营生主要靠种植粮食、茶叶和家庭畜牧业养殖,有三分之一的人员外出打工(主要是年轻力壮的人员)。

二、竹塘乡老缅大寨村民使用语言情况及程度

老缅大寨总人口数量约为251人,经过微观入户调查,我们了解到村民们同时使用两种语言,即老缅话和汉语[①],属全民双语型社会。村寨内部,村民之间的交流用语为老缅话,汉语作为辅助语言使用。正在接受小学和初中教育的6~16岁的青年人的交流用语主要是老缅话,与长辈之间的交流除了不会用老缅话表述的词用汉语代替外,基本都使用老缅话交流,汉语主要用于同外族人的交流和学校的交际用语。由此可知,老缅大寨中老年人、中年人、青年人使用老缅话的频率是呈递减趋势,使用汉语的频率是呈递增趋势的。

1. 老缅话使用情况

全寨村民第一语言均为老缅话,其中16岁以上的人能熟练使用老缅话进行交流,16岁以下的人能用老缅话进行交流,但有个别词语不会用老缅话表述。其原因是6至16岁的青少年接受义务教育,在学校使用汉语普通话教学,

---

① 本文以下所说的汉语均为汉语当地方言。

在学校与同学之间的交流均使用汉语,只有回到家中才能接触到老缅话,通过与长辈的口耳相传学习老缅话,但因第一语言为老缅话,从会说话开始,就学习老缅话,所以老缅话传承良好,寨子中其余人均能熟练的使用老缅话交流。

2. 汉语使用情况

老缅寨里能熟练使用汉语的人为正在接受义务教育及接受过义务教育的人。从小没有接受过义务教育的老年人的汉语使用频率极低,可以听懂汉语,但理解汉语普通话稍有困难。其他人均能熟练地使用汉语。

3. 族际婚姻家庭的语言使用情况

老缅大寨村民大都是村内通婚,只有少数的人与附近村通婚,族际通婚对象主要有汉族和傣族。即使和外族人通婚,老缅大寨的人也会教习后代老缅话,而婚姻中另一方也会在一定程度上教孩子学习他们的母语,故族际婚姻的后代一般都会说老缅话、汉语和另外一种少数民族语。所以族际婚姻对语言使用情况的影响不是很大。

三、竹塘乡东主村老缅大寨母语使用现状

为了更好地调查和了解竹塘乡东主村老缅大寨的母语使用现状,笔者对不同年龄阶层的人进行了400词测试,并用《语言态度调查问卷》《不同对象不同场合语言使用情况调查问卷》及《家庭内部语言使用调查问卷》进行调查。

1. 发音人基本情况

老缅大寨八位被测试人的基本信息表

姓名	性别	年龄	职业	文化程度	语言使用情况
张梅	女	63岁	农民	文盲	优秀
李扎丕	男	63岁	农民	文盲	优秀
李明贤	男	58岁	农民	小学	优秀
张娜妥	女	40岁	农民	小学	优秀
李共赛	男	35岁	村委会监督委员会成员	中专	优秀
张娜母	女	35岁	农民	文盲	优秀
李晨熙	男	9岁	学生	小学三年级在读	一般
李娜思	女	16岁	学生	高中一年级在读	一般

调查的八位发音人张梅、李扎丕、李明贤、张娜妥、李共赛、张娜母、李晨熙、李娜思均为竹塘乡东主村老缅大寨村民,其中60岁以上的老年人张梅、李扎丕均为文盲,使用老缅话的频率最高,对于老缅话的认同感非常强,认为身为老缅人不会说老缅话是一种忘本的行为,后代必须学会老缅话,并且将老缅文化传承下去。58岁的李明贤和40岁的张娜妥均为小学文化程度,既能熟练的使用老缅话,也能熟练的使用汉语,老缅话为第一语言,他们的语言态度和60岁以上老人的是一样的。35岁的李共赛,文化程度相对较高,为中专水平,在村委会中任监督委员会成员,对于老缅话和汉语的使用情况均为熟练。35岁的张娜母,未接受过任何教育,是农民,但也能熟练的使用老缅话和汉语,张娜母和李共赛的语言态度一样,认为老缅人除了会说老缅话外还需能熟练的使用汉语,这样才能适应经济的发展,方便与外族人交流。李晨熙(9岁)和李娜思(16岁)是姐弟俩。姐弟俩都是在读学生,在学校使用汉语与同学老师交流,在家使用老缅话,但是个别词语不会用老缅话表述,只能借用汉语,老缅话还在循序渐进的学习当中,姐弟俩认为学好汉语很有必要。在调查的过程中,笔者发现,姐弟俩在被调查的过程中更多的使用了汉语借词,其主要原因是受到了学校教育和受汉族文化影响。

2. 400词测试情况

400词测试表包括名词、动词、形容词、数词、代词等日常使用频率较高的词汇,如:有人称代词父亲、母亲、亲家;有表示时间的今天、明年、现在;有自然现象类的天、太阳、风;日常工具类词扫帚、铁锅、剪子;有描述物质性状的黑、薄、矮;动词类的炒、舂、出汗等。

我们依据被测人在测试时对400词的反应,将程度划分为ABCD四个等级,A等级为脱口而出的词汇;B等级为略思考之后说出的词汇;C等级为经我们提示后想起来的词汇;D等级为虽经提示仍不知道的词汇。另外,我们将被测试人掌握400词的程度划分为四个等级:熟练、一般、略懂和差。四个等级的评分标准是:A级+B级的词汇达到被测总词汇的75%,语言能力为熟练;A级+B级的词汇达到60%,语言能力为一般;A级+B级的词汇达到30%,语言能力为略懂;A级+B级的词汇在29%以下的,语言能力为差,C级为提示以后能想起来怎么表述,D级为语言能力很差。

通过对不同年龄阶段的八位村民进行400词测试,从总体上来说,老缅大寨的老缅话保留情况较好,接受测试的8个人中有6个人的测试结果为熟练,只有2个受试的测试结果是一般。从年龄分段来看,16岁以上的青年人,中年人,老年人语言掌握程度较高,语言保留情况较好。

老缅大寨 400 词测试结果

姓名	年龄	A+B 数量	A+B 比例	C 数量	C 比例	D 数量	D 比例
张梅	63 岁	394	94.7%	21	5.1%	1	0.02%
李扎丕	63 岁	249	59.9%	23	5.5%	2	0.05%
李明贤	58 岁	416	100%	0	0	0	0
张娜妥	40 岁	407	97%	9	2.2%	0	0
李共赛	35 岁	407	97%	9	2.2%	0	0
张娜母	35 岁	396	95%	20	4.8%	0	0
李晨熙（汉语借词42个约等于10%）	9 岁	206	49.5%	80	19.2%	130	31.3%
李娜思（汉语借词7个约等1.8%）	16 岁	266	63.9%	77	18.5%	73	17.5%

在 400 词测试中，有些现象是值得注意的。第一，在青少年的调查中，出现了比较多的汉语借词，9 岁儿童的汉语借词多达 42 个，占比接近 10%，16 岁少年借词有 7 个，占比 1.8% 左右。而其他年龄段的受试则只出现个别汉语借词。第二，青少年测试结果所反映出来的语言熟练能力与其他年龄段的语言运用能力差异较大。青少年的 400 词测试结果分别为 49.5%（9 岁）、63.9%（16 岁），而其他年龄段的平均比率也达到 95% 以上。第三，年龄段在 60 岁以上的老年人母语熟练度很好，但因年龄增大记忆力减退使得母语熟练度不是非常高。接受测试的两位 63 岁的受试者，测试结果分别为 94% 和 94.7%，但是接受测试的中年人和青年人的测试结果高达 97%，甚至出现了 100% 的情况（该结果为 36 岁～59 岁的男性受试者）。这个结果应该与老年人因为年龄问题导致的记忆力减退有关，中青年的高百分比则与他们需经常参加社会生活运用语言有关。

通过 400 词测试，我们可以得出以下结论。首先，老缅大寨相对封闭的语言环境对母语保留做出了巨大贡献。其次，在老缅大寨中，社会的中坚力量——中青年语言运用能力最为出色。第三，青少年的语言运用能力稍弱。第四，老缅话受到了汉语的冲击，这主要表现在 9 岁儿童高达 10% 的汉语借词上。

关于本次 400 词测试，还需要对两个问题进行讨论。第一，青少年的母语

民族语言与文化

使用程度没有长辈们熟练与他们自身的年龄档次有关。青少年还处在学习语言的时期，对于母语掌握不全面也是可以理解的。16岁的青少年相较9岁的青少年表现就好很多。第二，9岁青少年所运用的高达10%的汉语借词值得引起注意。在所有的受试者中，唯独9岁的孩子使用10%左右的汉语借词来表意，这不仅仅反映了新生代的母语人接受更为深刻的汉语的影响，也体现了新生代的母语人更多的参与到与主流语言的交互中。

最后，在调查中，老缅人对于文字的渴望深深地打动了我们。他们也希望能有机会学习拉祜文，这样他们可以更好的传承他们的文化，记录他们的语言。

3.语言态度问卷调查情况

我们随机对6~16岁的青少年，17~35岁的青壮年、36~59岁的青中年以及60岁以上的老年人进行语言态度的问卷调查，发现语言态度与被测人掌握的语言情况紧密相关。

60岁以上的老人，掌握老缅话水平均为熟练，他们对本民族有较强的民族认同感，希望能把老缅话发扬光大，让老缅的文化传承下去，所以不希望老缅人成为汉语单语人。但是随着社会的发展，经济条件的不断好转，60岁以上的老人认为老缅人掌握汉语也是很有用的。老缅大寨的村民主要靠务农和外出打工营生，所以老人认为学好汉语的首要目的是便于与外族人交流和找到好工作。由于思想觉悟的不同，他们对于成为"老缅话—汉语"双语人的态度是迫切希望或顺其自然，所以对于子女的教育问题，他们更希望把孩子送往用老缅话和汉语双语授课的学校，希望当地的广播站、电视台能够使用老缅话和汉语双语播音。对于家里孩子不会说老缅话，他们是持反对态度的，他们认为最先教给孩子的话应该是老缅话，希望村里的开会用语为老缅话。

36~59岁的青年认为老缅人掌握汉语是很有必要的，他们认为掌握汉语的目的首先是升学的需要，其次是能找到好工作，得到更多的收入。希望当地的广播站、电视台使用老缅话进行播音，因为他们觉得广播站和电视台是更能发扬本民族文化的平台，老缅人可以通过广播站和电视台更多的了解自己的家乡。他们不希望自己家里的孩子不会说老缅话，孩子的第一语言也会是老缅话。

17~35岁的青中年人也不希望老缅人成为汉语单语人。被采访者都认为本民族的语言非常重要，但由于生活、交际、工作的需要以及国家政策的影响，他们也认为汉语是非常重要的。他们希望可以送子女去"汉语—老缅话"双语教学的学校就读，但他们希望村里开会只使用老缅话，希望能照顾到老年人。

当问及是否希望掌握本民族文字的时候,被测者给出了不同的答案,希望掌握本民族文字的人知识层次高于不希望掌握本民族文字的人,不希望掌握本民族文字的人是因为觉得自己年纪大了,已经过了学习的年纪,会说本民族语即可。

6~16岁的青少年认为掌握汉语很有用,学好汉语既是升学的需要,又可以方便与外族人交流。他们具有较强的民族认同感,认为学好老缅话的目的首先是了解和传承本民族的历史传统文化,其次是便于与本族人之间的交流。他们迫切的希望自己可以成为"汉语—老缅话"双语人,但是不希望自己是汉语单语人。希望本地的广播站和电视台可以用汉语和老缅话播音,这样就可以在广播节目和电视节目上学习汉语普通话,希望能够熟练的掌握本民族文字。对于后代的语言情况,还是希望子女的第一语言为老缅话。

4. 不同对象不同场合语言使用情况调查

通过调查,笔者发现,在大多数场合下老缅大寨的村民会使用老缅话进行交流,如和本族人的见面打招呼、聊天、生产劳动、在集市或商铺买东西、谈论电视节目和新闻、去医院看病、村里的开会、学校、公务用语、节日、集会、婚嫁丧葬和宗教仪式等。在与非本族人的交流中,不同场合都会用汉语来交流。在不确定是不是本族人的情况下,老缅人会先用汉语进行交流,等确定对方是本民族人时会用老缅话进行交流。比较特殊的有6~16岁的青少年的语言使用情况,在对随机抽选的,年龄阶层在6~16岁的两个青少年的调查过程中,笔者发现,6~16岁青少年对本族人在见面打招呼、生产劳动、买卖东西、谈论电视节目、去医院看病、节日、集会、婚丧嫁娶和宗教仪式的场合,会使用老缅话进行交流。但是在学校时,无论是本族人还是非本族人,他们都会用汉语或普通话进行交流。

5. 家庭内部语言使用情况

在对8个不同年龄阶层的被调查者进行调查的过程中,笔者发现老缅大寨村民在家庭内部成员之间使用的语言比较统一,村民之间交流首选语言均为老缅话,其次才会选择汉语。主人对本族客人使用的语言也会自然而然的选择老缅话,当地人认为老缅人之间说普通话或汉语会很别扭,所以老缅人之间不说汉语。相比之下,老缅人对于非本族的客人,会用汉语,与本地人交流时使用当地汉语,与外地人交流时使用地方普通话。而对于陌生人,首选的是汉语。

四、成因分析

老缅大寨村民外出打工和种植出售农产品的经济来源方式奠定了"全民双语"的语言使用现状,老缅人母语意识、民族责任感强,全寨村民第一语言均为老缅话,老缅人希望老缅话可以永久传承保护,老缅文化可以发扬光大。但随着经济的发展,加之汉文化的冲击,正在接受义务教育的6~16岁青少年使用的语言中出现了少量汉语借词。

五、结 语

竹塘乡东主村老缅大寨是一个拉祜族老缅人聚居村,老缅大寨的老缅人第一语言均为老缅话,老缅人对自己的语言有很强的领属意识,所以长辈会有意识的教习晚辈老缅话,小孩对于老缅话的学习也很热情,在家里都用老缅话与长辈交流。接受过义务教育的人能熟练的使用老缅话和汉语,老缅大寨营生主要靠种植粮食、茶叶和家庭畜牧业养殖,农产品拿出去卖时需要和外族人交流,这就决定了老缅人需学好汉语,方便与外族人交流。

参考文献:

[1] 李保,杨文安主编.拉祜族史 [M].昆明:云南民族出版社,2003

[2] 刘劲荣主编.镇沅苦聪语使用情况 [M].云南大学出版社,待出版

[3] 刘劲荣,张琪,刘航宇.云南双江县拉祜族"双语"型社会成因分析 [J].广西 桂林第三届"全国高等院校民族语文教学暨学术研讨"论文,2017.

[4] 刘劲荣,张琪. An analysis of the current status and language endangerment of the Kucong language at Shuitang Township in Xinping County. John Benjamins Publishing Company.Volume 38 NR2 2015.

[5] 张益家,周焱,张秀娟.澜沧老缅人的岁时丧葬礼俗、宗教信仰和语言接触调查研究 [J].长安学刊:哲学社会科学版3(2010):23~26

(指导老师:刘劲荣)

现代汉泰人称代词对比研究

罗冠章[①]

（云南民族大学）

[摘　要] 随着中泰两国的交流日益加深，两国的文化交流也在深化，两国的学生也在互相学习对方的语言，人称代词作为一个词类，显得尤为重要，本文在促进人称代词的学习的基础上，着力探讨现代汉语和泰语的人称代词的概念、具体分类：第一人称、第二人称和第三人称，单复数以及语法上的异同等，来得出结论：现代汉语人称代词的数量比泰语少。

[关键词] 人称代词　第一、二、三人称　单数　复数

比较是人类研究事物、认识事物的一种基本方法，也是语言学研究的一种基本方法。[4]汉语和泰语之间的比较研究对深入地认识两种语言的内部规律以及外部文化现象有着深远的影响。人称代词作为比较简单的概念在人际交往中往往扮演着重要的角色，由于其作用是指代具体的人名、地名和事物，其普遍性不言而喻。两种语言都属于汉藏语系，所以它们之间必然有一些内在的联系，或者同源关系，或者接触关系，在两国文化中人称代词起着不同的作用，汉语中，人称代词的词汇数量是很少的，使用起来很简便，而泰语中，人称代词还要表示尊称、谦卑等意义，在长辈和晚辈以及上次和下级的交际中，使用的人称代词是不一样的。本文主要针对泰国学生学习中文以及中国学生学习泰语的动机而设计，不论是泰国学生学习中文，还是中国学生学习泰语，都需要对每一种词类深入了解。

---

① 罗冠章，男（汉族），云南民族大学民族文化学院在读硕士，主要研究语言学及泰语。

一、人称代词的概念

对于人称代词的理解，在每个语言中是不同的，语言是文化的代码，特别是词汇尤其明显。每一种语言都有它的文化背景[3]，在泰语中，人称代词多有长幼有序的含义，不同的人在不同的场合使用不同的人称代词，即使这些人称代词表示相同的含义，在泰语中人称代词是"bu^{21}rut^{45}sap^{21}na：m^{33}"这个泰语单词本身就含有礼貌之意，而且在实际应用中，除了一些广泛使用的人称代词外，泰语还有很多使用在长辈对晚辈以及晚辈对长辈之间的词，比如 หนู 本义是老鼠，做人称代词时，表示年幼者对长者说话时的自称，แก 是长辈对晚辈的称呼，表示"你"，而在汉语中除了"您"表示对长者或领导的尊称外，几乎找不到任何尊称和谦卑的称呼。

二、人称代词的具体分类

虽然每种语言的人称代词表示的含义有所不同，但是都存在第一人称、第二人称和第三人称的划分。

（一）第一人称单数

汉语中，第一人称代词只有"我"和"咱"两个，其中"我"既可以用在书面语中，也可以用在口语中，"咱"一般用在口语中，在任何场合男女都可以使用，没有性别差异，也没有场合限制，而在泰语中，表示"我"的有好几个词，分别具有不同的含义：ผม、ฉัน、หนู。

1. "我"：ผม

ผม 是男性广泛使用的第一人称单数代词，男性在日常生活中一般使用这个词来进行口语交际，表示一种礼貌，作为称呼自己名字的代替，可用在对长辈以及上级的交谈中。

2. "我"：ฉัน

ฉัน 一般是女性使用的第一人称单数代词，它的适用范围很广，有时男性也可以使用，其作用是表示一种礼貌，此外，如果说话人和听话人是朋友或者平级的关系，则可以使用该词，但是如果说话人和听话人是年长者或者上级，如领导、老师、长辈等，一般不使用该词。

3. "我"：ดิฉัน

ดิฉัน 和 ฉัน 一样是只限于女性使用的第一人称单数代词，和 ฉัน 比起来，ดิฉัน 更礼貌，常常使用在书面语境及正式场合中，比如：电视台、晚会、书籍、论文等。

4. "我"：หนู

หนู 只限于年幼者与年长者对话中，表示年幼者的谦卑，是第一人称单数代词，它的另外一个含义是"老鼠"，此义本身就暗含着自身的渺小和卑微。

5. "我"：กู

很多学者对 กู 这个词的来源是有争议的，该词有可能是一个汉语的借词，因为在秦始皇称帝时，自称"孤"，声母、韵母和声调都是是相同的，而且"在素可泰时期，长辈对晚辈用'กู'做为第一人称单数代词来称呼自己并没有不礼貌、不文雅的意思。在史料记载中，君主也普遍使用'กู'这个人称代词。"[1] 在现代泰语中，它的使用范围和含义已经发生了很大的变化，之前可能只限于帝王或者长者使用，但是随着时间的推移，该词的使用范围越来越广，男女都可以使用，而且含义也改变了，现代泰语中的"กู"相当于汉语中的"老子、老娘"，充满了粗俗、鄙陋的色彩，是一个不文明的词语。

6. "我"：เรา

男性可以使用 เรา，女性同样可以使用，在语法范畴上，特别是在数这一范畴上，它既可以充当单数，还可以用作复数，使用范围比较广。

7. "我"：อั๊ว

อั๊ว 是泰国华人使用的第一人称单数代词，很少在泰国人的谈话中使用，早年间，中国南方部分省份的人迁徙到泰国，泰国人对他们多有歧视，该词含有不文明和蔑视之意，到现在为止，泰国人早已克服对华人的偏见，已不再使用该词，不过该词的词义却没有任何改变。

8. "我"：กระผม

กระผม 和 ผม 一样通常可以出现在口语中，男性使用，不过它和 ผม 更重要的区别是它更礼貌。

9. "我"：ผู้เขียน

ผู้เขียน 这个词比较特殊，它只适用在特定范围内，比如书、论文等具有原创性的事物，表示"作者"，相当于间接地指代了书或者论文的作者，即"我"，使用该词更具书面性，更文雅。

（二）第二人称单数

在汉语中，第二人称单数代词是"你"，在表示尊称时，可以把"你"换成"您"，称呼为"您"，第二人称单数代词和第一人称单数代词一样，同样没有男性和女性的差别，而在泰语中的第二人称单数代词基本上就是汉语"你"和"您"的细化，和"你"相对应的泰语第二人称单数代词是在同级之间发生

民族语言与文化

的，而和"您"相对应的是下级对上级以及年幼者对年长者的话语中出现的。

1．"你"：คุณ

คุณ 是男士和女士在公共场合广泛使用的第二人称代词，一般来说，它在任何场合都可以使用，不仅用于平辈之间，也用在长辈和晚辈之间，同样是表示礼貌，如果在说话时自身用"ฉัน"或者"ผม"来指代自己的名字，那么就可以用"คุณ"来称呼对方以表示对对方的尊重，这两类词可以同时使用。

2．"你"：เธอ

เธอ 也是普遍使用的第二人称代词，通常在口语中使用频率比较高，男女皆可使用，相同级别的人可以使用该词称呼对方，一般不使用在长辈与晚辈、上级与下级之间的对话中。

3．"你"：มึง

มึง 用来表示对对方的蔑称或者鄙称，是一种不文明、不礼貌的用语，男女通用，关系较好的朋友之间可以使用，一旦使用，就会有粗鄙的意味，因此在交际中较少使用。

4．"你"：แก

แก 在上文已说过，是长辈对晚辈说话时可以用 แก 来称呼晚辈，但是要注意反过来用它来称呼长辈是不被允许的，因为该词不表示尊敬之意，它可以用在朋友之间，男女通用。

5．"您"：ท่าน

ท่าน 在泰国社会中是一个敬词，表明说话人对听话人的尊敬以及礼貌，说话人可以对比自己等级地位高的人，如上司、老师、官员等说出这个词以示敬意，此外，该词还可以表示受人尊敬者的代名词，相当于汉语的"先生"或者"小姐"，可以用"ท่าน+人名/亲属称谓/职业/官衔"来表示。

6．"你"：หนู

หนู 做第一人称单数代词时，是谦卑的自称，在这里，该词是第二人称单数代词，长者可以使用该词来表示对对方的怜爱或者疼爱，怜爱或者疼爱的对象可以是小孩，也可以是女性，使用时要注意对象。

7．"你"：เจ้า

เจ้า "原意是中国古代云南大理地区的南诏王国的国号（'南'即汉语中的南方，'诏'即当时与现代泰语使用的词语接近的语言，相当于'王'）"[2] 这个词在现代泰语中很少用到。

8．"你"：ตัว

ตัว 这个词的位置比较灵活，它可以做量词，也可以做名词，在这里它还可以做人称代词，表示"你"

9."你"：นาย

นาย 做第二人称单数代词时，表示对长者或者上级的尊称，其本义是"主人、长官"，这个词可以和人的名字一起，作为此人的代称。不过在翻译时并不译为"……长官"，而是"……先生"

（三）第三人称单数

在汉语中第三人称单数只有"他"、"她"和"它"三个词，"他"是男性的代称，"她"是女性的代称，"它"则是某种物体或者生物的代称，在这里，汉语的第三人称代词出现由于性别差异而产生的不同汉字，语音是一样的，而在泰语中，第三人称单数由于礼貌的需要，数量不少，但是没有性别上的差异，它们分别是：เขา、ท่าน、มัน。

1."他、她"：เขา

เขา 在泰语中是最经常使用的第三人称单数代词，它不仅可以使用在陌生人之间，还可以在熟人之间使用，包括上下级之间、朋友之间、年长者与年幼者之间等，此词的另外一个意思是"山"。

2."他、她"：ท่าน

ท่าน 在第二人称单数代词中已出现过，在第三人称单数代词中依然表示对上级或者长辈的尊称，只不过在这里它指代出说话人和听话人之外的第三方。

3."它"：มัน

มัน 也是第三人称单数代词，与上述第三人称所不同的是，该词是对所有事物、动物、植物等非人的物体的指称。

（四）人称代词的其他形式

1. 人称代词复数形式

汉语中的人称代词复数都是通过在单数人称代词的基础上加上"们"这个助词，分别是"我们"、"咱们"、"你们"、"您们"、"他们"、"她们"、"它们"，而在泰语中也是如此，只不过添加的词不是"们"这个字，而是"พวก"，这个词的本义是"帮、种类、帮派"等，用在人称代词中，表示某一类人的集合、集团，分别在第一人称单数、第二人称单数、第三人称单数的基础上，加上"พวก"，"พวก"位于单数人称代词之前，它们一起表示人称代词复数，分别是：พวกเรา、พวกคุณ 或者 พวกเธอ、พวกเขา。

在汉语的人称代词复数形式中，有一个问题值得一提，就是"我们"和"咱们"指代的范围的问题，"我们"可以包括说话人在内，也可以不包括说话人在内，例如，老师在上课时经常说"今天我们练习写一下这些词语"，老师

民族语言与文化

想要表达的意思不是她和学生一起写,而是让学生写这些词语,还可以说"我们走吧",这句话的"我们"是包括说话人在内的,而"咱们"则只有包括说话人在内这一种情况,而不存在排除说话人这种情况,例如,"咱们一起去打球"这句话的"咱们"肯定包括说话人在内。在泰语中,是否包含说话人在内,要根据具体的语境来判断。

（1）พวกเรา 表示"我们"或者"咱们",该词表示第一人称复数,可以包括说话人在内,也可以不包括说话人在内[①]如:

① พวกเรา ต้อง เขียน ภาษาจีน

② พวกเรา ไป เล่น ฟุตบอล ครับ

很明显,第一个句子只能表示不包括说话人在内的听话人,而第二个句子则必须包括说话人在内。

（2）พวกคุณ 或者 พวกเธอ 表示"你们",该词表示不包括说话人在内的,包括所有听话人在内的一个集体范围。

（3）พวกเขา 表示"他（他）们",该词表示除了所有说话人和听话人之外的一个集体范围。

2. 人称代词的自称、他称和统称形式

这些形式的人称代词比较特殊,它们和人称代词的关系不大,但却是指代名词的形象化的表达形式。

（1）自称包括自己、本人等：ตัวเอง

ตัวเอง 这个词可以拆开来观察,前者的意思是"自身",后者的意思是"自,自己,本人,亲自",两个词加在一起构成一个完整的意义—自己。

（2）他称包括别人、人家等：คนอื่น

คนอื่น 这个词表示"别的人,其他的人",是一个泛指的他称,不具体指某个人,而是宽泛地指代除说话人和听话人以外的任何人,与 พวกเขา 相比,所指的范围更大、更广。

（3）统称包括大家、大伙儿等：ทุกคน、คนละ

ทุกคน 的准确意思是"每个人",是对某一个集体的统称,该词所囊括的范围特别广泛,可以是一个像班级那样的小集体,还可以是一个像国家全体公民那样的大集体。

---

① 汉语中的"我们"和"咱们"两个词有普通话和方言的差别,而在泰语中不是这样。

三、汉泰人称代词在语法上的异同

（一）泰语中人称代词常被称谓形式替换，汉语则很少有这种情况

在泰语交际环境中，在人称代词方面最明显的语法特征是，人称代词与称谓形式经常互换——当人们使用人称代词来代替具体的某个人名或者官衔、职业时，某个人名和与它相对应的人称代词可以互换，而且这个人名一般不是全名，而是一种尊称、昵称或者是官衔、职业的名字，比如说：

ผม รัก คุณ

我爱你

这一句子里的 ผม 和 คุณ 都可以换成表示尊称、昵称的人名，或者职业、官衔。

在汉语里通常不会这样使用，尤其在使用第一人称单数和复数来称呼自己时，只会用"我"，不会使用自己的名字、尊称、小名等，当使用除第一人称单复数之外的人称代词时，如果之前已经陈述过名字，那么在后续的谈话中也经常是只用人称代词这种形式，同样不会一直或者时常陈述名称等情况。

（二）汉语的第三人称代词有性的差异，泰语的第一人称代词有性的差异

泰语的人称代词只有第一人称有女性和男性的差别，即阳性和阴性的区别，如："ผม"和"ฉัน"，而汉语的人称代词只有第三人称单数和复数存在性的差别："他"和"她"，而且这两个词还是同音词，汉语和泰语其余的人称代词都是男女通用。

（三）泰语的人称代词的复数需要增加另外一个词来表示，汉语也是如此

泰语人称代词的复数形式用"พวก"来表示，而汉语人称代词的复数形式用"们"来表示，这其实也是从一个侧面展示了汉语和泰语有着相同的复数人称代词表示法。

四、结　语

（一）汉语中很少有明显的表示等级观念的人称代词，而在泰语中这类词比较多

由上面的具体阐述可以了解到，泰语的人称代词有很多都是表示尊称，谦称和蔑称的，而在汉语中，只有"您"这一个词表示对长者或者上级的尊称，体现了两个国家不同的社会文化，现代泰语的多人称代词现象说明了，泰国是一个等级森严的国家，由上至下，分别是皇室成员、政府官员、知识阶层、普通职员、农民以及小商贩等,阶级分化严重,阶层高低不一。一个国家、一个民族,其内部的成员还分成不同的群体;不同的群体在语言使用上均存在不同程度的变异。这里所说的不同群体没是按照所属成员的各种特征划分的。如按性别,可分为男女;按年龄,可分为老、中、青;按经济地位,可分为不同的阶级;按职业,可分为不同的行业;等等。[5]而泰语中存在的这种丰富的人称代词现象无疑是对这种论述的绝好例证。

(二)汉语中人称代词的数量比较少,而泰语中的人称代词的数量比较多

通过上文的探讨,我们可以看到,汉语的人称代词单数有7个,复数是在单数的基础上加"们"构成的,所以同样有7个,单数和复数加起来总共有14个,而在泰语中第一人称单数代词有9个,第二人称单数代词有9个,第三人称单数代词有3个,仅单数人称代词就有21个,复数人称代词有4个,加起来总共有25个,而且上文列举的还不是泰语全部的人称代词,所以泰语人称代词的数目明显多于汉语的人称代词。

参考文献:

[1]刀国新、印凡.泰语人称代词"ๆ"和"มึง"的探析[J].剑南文学(经典教苑),2011,05:86

[2]Petcharat Prasittiarpa.现代汉泰人称代词对比[J].现代语文,2012,02:150

[3]游汝杰、邹嘉彦.社会语言学教程[M](第二版).复旦大学出版社.2009.164

[4]许余龙.对比语言学[M].上海外语教育出版社.2002.1

[5]戴庆厦.社会语言学教程[M].中央民族大学出版社.1993.155

(指导老师:赵岩社)

济源方言构词法研究

苗雨思[①]
（云南民族大学）

[摘　要]河南省济源方言，因为其位于晋方言和豫方言交界地带，地理位置相对特殊，在语言交际与接触过程中，济源方言兼受两边方言影响，因而也极具研究价值。关于济源方言的归属，即到底是属于豫方言还是晋方言的问题，学界仍无明确定论。正是由于济源方言兼具晋语和豫语的特性，所以在这里就其构词法进行更加深入的探索。

[关键词]济源方言　声调　构词法

济源市位于河南省的西北部，因济水发源地而得名。济源北面隔太行山与山西晋城相连，因而济源方言部分受晋语影响；南面临黄河和洛阳接壤，东面则与焦作相邻，因而济源方言部分程度上也受豫语影响。

一、济源方言研究概况

早在上个世纪，就有学者对济源方言进行了研究，其中贺巍较为系统地写了《济源方言记略》[②]，这是第一次有学者对于济源方言进行较为全面的描写。之后陆续有学者对济源方言的形容词、代词以及特殊前缀"老"进行分别描写。到目前为止，还没有学者对济源方言的构词法进行较为全面的描写，因而这也算是一次较为有意义的尝试。

---

① 苗雨思，女（汉族），河南人，云南民族大学民族文化学院在读研究生，主要研究云南少数民族语言。
② 贺巍:《济源方言记略》[J]《方言》1981年第一期

二、构词法

构词法是研究词的构造规则，根据语素的构成，可以把词分为两大类：单纯词和合成词。单纯词是指由一个语素构成的词。单纯词又分为联绵词、叠音词和音译词。合成词是指由两个或两个以上的语素构成的词，由于其构词方式的不同，合成词又可以分为复合式、重叠式和附加式。其中复合式①包括联合型、偏正型、补充型、动宾型和主谓型。附加式由词根和词缀构成，包括前加式和后加式。

（一）单纯词：根据音节的构成，可以分为单音节单纯词、双音节单纯词和多音节单纯词。

1.单音节单纯词：济源方言中许多单纯词和普通话中的单音节单纯词声母、韵母相同、声调不同，但是济源方言中也有一些是自身特有的，声韵调和普通话截然不同的。比如说：

硬（普通话）[ʑiŋ^{51}]—鞭（济源话）[ʔeŋ^{24}]

例句：

普通话：那个馒头放久了，就变硬了。

济源话：捏馍放时间长，都鞭咧。

别（普通话）[piɛ^{35}]－包（济源话）[pɔ^{51}]

例句：

普通话：在专家面前，你可要注意别说错话了。

济源话：盖专家跟干，你可注意点包说错话了。

以下单纯词就不一一列举对比，只标出国际音标和普通话对译，以供区分。

包[pɔ^{51}]：别	盖[kɛ^{24}]：在	蒙[mɛn^{44}]：蒙圈
鞭[ʔeŋ^{24}]：硬	嚷[zaŋ^{51}]：骂	糗[tɕhiu^{51}]：赖
挛[lyan^{51}]：缝	也[ʑieʔ^{44}]：一个	徕[lɛ^{51}]：采摘
扎[tsa^{44}]：踩	梯油[thiu^{44}]：梯子	弊油[piu^{51}]：鼻涕
佰[pɛʔ^{44}]：伯父	逅[xəʔ^{51}]：孩子	邹[tsou^{44}]：枝儿
么[mə^{24}]：妹妹	达[ta^{51}]：爸爸	桨[tɕiaŋ^{51}]：剪刀

2.多音节单纯词：多音节单纯词按照其声母、韵母的特点，可以分为：叠音词、音译词和其他。

1）叠音词：不能拆开使用，通过音节的重叠来表达一种义项。

---
① 贺巍:《济源方言记略》[J]《方言》1981年第一期

须须：麻雀 [ɕy⁴⁴ ɕy⁴³]　　嘟嘟：身上的肉 [tu⁵¹ tu²⁴]
毛毛：婴儿 [mɔ⁵¹ mɔ⁵¹]　　焦焦：玉米 [tɕiao²⁴ tɕiao⁵¹]
槐槐：槐花 [xuai⁵¹ xuai²⁴]

2) 音译词：就是方言中所没有的，音译普通话的单纯词

葡萄 [phu⁵¹ thɔ²⁴]　　歇斯底里 [ɕie⁴⁴ sɿ⁴⁴ ti²⁴ li⁵¹]
键盘 [tɕan²⁴ phan⁵¹]　　芒果 [man²⁴ kuo⁵¹]
香蕉 [ɕiaŋ⁴⁴ tɕiao⁴⁴]　　超市 [tshɔ⁴⁴ sɿ²⁴]
医院 [ʐɿ⁴⁴ ʐuan²⁴]　　门诊 [men²⁴ tʂen⁵¹]
水泥 [ʂui⁵¹ ni²⁴]　　电脑 [tian²⁴ nɔ⁵¹]

3) 其他：

葛藤：台阶 [kɤ⁵¹ theŋ²⁴]
疙娄：角落 [kɤ⁵¹ lə²⁴]
搁咧：委屈；挫折 [kɤ⁴⁴ liɛ⁵¹]
明个：明天 [min⁵¹ kə²⁴]
圪则：垃圾 [kɤ⁴⁴ tsɤ⁵¹]
铺尘：破布 [phu⁴⁴ tshen⁵¹]
加斯：厉害 [tɕia⁴⁴ sɿ⁵¹]

（二）合成词：根据词的构成的语法意义分类，可以分为复合式，附加式和重叠式。

1. 复合式构词法：复合式可以按照其词根之间语法结构关系划分，可以分为：联合式、偏正式、补充式、动宾式和主谓式。

1) 联合式：由两个意义相同、相近、相关或相反的词根并列组合而成。

箍瘸 [ku¹¹ tɕhue⁵¹]：走路一瘸一瘸的样了
吭气 [kheŋ⁴⁴ tɕhɿ⁵¹]：说话
动弹 [toŋ⁵¹ than⁵¹]：和普通话语义相同
吆喝 [ʐɔ⁴⁴ xɤ⁵¹]：大声喊叫

2) 偏正式：前一词根修饰限制后一词根，中心词由名词或者动词构成，加上限制词素形成偏正关系。中心词是正，从属的偏，可分为前正后偏和前偏后正两种形式。

前正后偏：

黑里 [xɤ⁴⁴ li⁵¹]：夜里
日头 [ʐɿ⁴⁴ thɔ⁵¹]：太阳
黄西 [xuaŋ²⁴ ɕiu⁵¹]：下午

"黄西"之所以不是单纯词，是因为它分开在方言中也是可以使用的
例句：
普通话：你要赶在下午之前回来。
济源话：你要赶在黄西回来。
济源话：你要赶在黄回来。

这几句话在语义上的表达是一样的，因而这个词，我们将它列为复合词，它和表时间的词"黑里"一样，都是偏正结构。

前偏后正：

煤火[me^{51} xo^{51}]：火炉　　　　　　狗娃[kɔ^{51} wɛ^{51}]：小奶狗
偶犊[ou^{24} tu^{51}]：牛犊子　　　　　鸡娃[tɕi^{44} wɛ^{51}]：小鸡崽
圪缝[kɤ^{51} fəŋ^{24}]：门缝；墙缝
鼻圪则[pi^{51} kɤ^{44} tsɤ^{51}]：鼻屎
眼刺头[ʑan^{51} tsh^{44} tho^{51}]：眼屎

3）补充式：整个词是由中心语素和补充性语素构成，补充性语素对中心语素进行补充说明。

早炝[tsɔ^{51} tɕhiaŋ^{24}]：早上
乐气[lə^{51} tɕi^{24}]：可笑
日怪[zi^{51} kuai^{24}]：奇怪
拾翻[ʂɿ^{51} fan^{51}]：收拾
烙馍[luo^{44} muo^{51}]：烧饼
逊球[ɕyn^{24} tɕhiu^{51}]：傻子
夭气[ʑɔ^{44} tɕi^{51}]：可笑
捕抡[pu^{44} lun^{51}]：吹牛

4）动宾式：由动词语素和宾语语素结合而成，动词语素是在前，宾语语素在后，后一语素表示动作、行为所支配关涉的事物，两者之间存在支配关系。

拉稀[la^{44} ɕi^{44}]：拉肚子
糊卵[xu^{44} luan^{51}]：含糊
扯急[tʂhɤ^{51} tɕi^{51}]：急切的心情或样子
烧纸[ʂɔ^{24} tsɿ^{51}]：清明祭祖时烧的烧纸钱的行为统称

5）主谓式：由一个名词性的语素和一个动词性语素构成，前一词根表示被陈述的事物，后一词根是陈述前一事物的。

蛋黄[tan^{51} xuaŋ^{24}]　　　　　　　　心疼[ɕin^{44} thəŋ^{51}]
面有[mian^{51} ʑiu^{43}]：手工做的细面条　韭黄[tɕiu^{51} xuaŋ^{43}]

糊度［xu⁵¹ tu²⁴］：当名词来讲，是煮熟的面糊，是单纯词；但是当动词来讲，是表达面粉烧焦了，粘在锅上的状态。当动词来说，前者"糊"表示事物的动作和状态，后者"度"是对前这的陈述说明。

例句：

普通话：锅里正煮着粥，你看着点，别熬糊了。

济源方言：锅满正熬粥哩，你瞅着点，包叫糊度了。

2.附加式构词法：由词根和词缀构成。根据附加成分的所在位置，有前置的附加成分，有后置的附加成分，我们管前置的叫前缀，管后置的词缀叫后缀，其次词缀只能粘附在词根成分上，它跟词根只有位置上的关系没有意义上的关系。

1）前缀：

（1）包［pɔ⁵¹］：别。否定前缀，后面常加动词，表示说话人对动作发出者的一种制止。

包吭气［pɔ⁵¹ khɛŋ⁴⁴ tɕʰŋ²⁴］：别说话

包走［pɔ²⁴ tsɔ⁵¹］：别走

包动弹［pɔ⁵¹ toŋ²⁴ than⁵¹］：别动

（2）老［lɔ⁵¹］：在济源方言中，下面这些词有些属于固定用法，比如"老出"有些属于习惯用法，比如"老苍蝇"。

老出［lɔ⁵¹ tʂhu⁴⁴］：老鼠

老候［lɔ⁵¹ xə²⁴］：老头

老媳妇［lɔ⁵¹ ɕi⁵¹ fu²⁴］：老太婆

老苍蝇［lɔ⁵¹ tshaŋ⁴⁴ ʑiŋ²¹²］：苍蝇

（3）圪［kɤ⁴⁴］：前缀"圪"本身不能独立使用或者兼具词汇意义，只有在跟词根结合才能表达出完整的词汇意义来，与之结合的词根可以是形容词、动词以及名词。

圪能［kɤ⁴⁴ nɛŋ⁵¹］：形容一个人能力强，有时含贬义色彩

圪出［kɤ⁴⁴ tʂhu⁵¹］：腼腆或是小气状

圪皱［kɤ⁴⁴ tso²⁴］：皱皱巴巴的样子

圪拽［kɤ⁴⁴ tʂuai⁵¹］：显摆的样子，常含贬义色彩

圪咧［kɤ⁴⁴ liɛ⁵¹］：因为外界影响，而产生的不舒服状，也用于心理描写。

圪宁［kɤ⁴⁴ niŋ⁵¹］：小范围的来回移动

圪影［kɤ⁴⁴ ʑiŋ⁵¹］：表示心里不舒服的状态，用于心理方面而非生理状态。

（4）咯［kɤ⁵¹］：作为前缀，本身没意义，附加的词根一般是动词

民族语言与文化

咯蹦［kɤ⁵¹ peŋ²⁴］：双脚起跳，含"蹦"的义项成分

咯噔［kɤ⁵¹ teŋ²⁴］：单脚起跳，含"跳"的义项成分

（5）日［ʐ̩⁴⁴］：作为前缀，主要附加在具有贬义色彩的词根后

日能［ʐ̩⁴⁴ neŋ⁵¹］：喜欢显摆自己的能力

日噘［ʐ̩⁴⁴ tɕue⁵¹］：对应普通话，和"骂"语义相同

日怪［ʐ̩⁴⁴ kuai²⁴］：感到奇怪的意思

日糊［ʐ̩⁴⁴ xu⁵¹］：凑合，糊弄人

日摆［ʐ̩⁴⁴ pɛ⁵¹］：形容一个人喜欢显摆、炫耀

2）后缀：

（1）呐［nɤ⁴⁴］：和前面的复合词连起来表达一个词的意思，"呐"作为代词，前面的复合词整体作为一个形容词词根，加上后缀"呐"表示其所形容的物件的统称。前面的"抹脸""洗碗"等词根，方言的声韵调与普通话相似，在此就不加标明。

抹脸呐：护肤品（统称）

洗碗呐：表示洗碗用具的统称

喝水呐：杯子（统称）

拖地呐：拖把（统称）

（2）不拉叽［pu⁵¹ la⁴⁴ tɕi⁴⁴］：作为后缀，没有词汇意义，只有语法意义。前面的词根多是形容词，并且除了嗅觉、味觉外，多附加于含贬义的形容词词根。由于前面的形容词与普通话读音相似，故而不再进行一一标注。

酸不拉叽，甜不拉叽　黑不拉叽

憨不拉叽　木不拉叽　逊不拉叽

（3）不溜秋［pu⁵¹ liu⁴⁴ tɕhiu⁴⁴］：作为后缀，没有词汇意义，只有语法意义，并且和"不拉叽"不同的是，"不溜秋"没有语体色彩，其作用只是使语气显得更加生动活泼。"黑"和"光"与普通话读音相似，在这里就不加标明。

黑不溜秋　　光不溜秋

3. 重叠式：由两个相同的词根重叠而成，其中包括三音节重叠式和四音节重叠式。

1）ABB式：

西嘟嘟［ɕi³³ tu⁵¹ tu⁵¹］：光着身子的样子

圪出出［kɤ⁴⁴ tʂhu⁵¹ tʂhu⁵¹］：皱巴巴的样子

搁颤颤［kɤ⁵¹ tʂhan²⁴ tʂhan²⁴］：颤抖的样子，多形容老人因年老而走路颤抖摇晃状

2）AA 式：

后面加上形容词，表示程度的加深，并且起到进一步强调的作用。后面的形容词，方言的声韵调与普通话类似，故而不进行一一标注。

老疼疼：很疼

老冷冷：很冷

老热热：很热

老赛赛：很厉害

3）ABCC 式：

包到呖呖 [pɔ⁵¹ tɔ²⁴ li⁵¹ li⁵¹]：别慌

脆个崩崩 [tshui⁵¹ kɤ⁴³ peŋ⁴⁴ peŋ⁴⁴]：脆，后面的"崩崩"是拟声词

糊个道道 [xu⁵¹ kɤ⁴³ tɔ⁵¹ tɔ⁵¹]：形容特别汤或着汤状物很粘稠的样子

清不来来 [tɕhin⁴⁴ pu⁵¹ lɛ⁴³ lɛ⁴³]：形容水特别清的样子

脏不糊糊 [tsaŋ⁴⁴ pu⁵¹ xu⁴³ xu⁴³]：形容脏的程度

光不蔫蔫 [kuaŋ⁴⁴ pu⁵¹ nie⁴⁴ nie³³]：形态光的程度

4）ABAB 式：

捏圪捏圪 [nie⁴⁴ kɤ⁵¹ nie⁴⁴ kɤ⁵¹]：节省一点

吸溜吸溜 [ɕɿ⁴⁴ liu⁵¹ ɕɿ⁴⁴ liu⁵¹]：吮吸

刺啦刺啦 [tshɿ⁴⁴ la⁵¹ tshɿ⁴⁴ la⁵¹]：拟声词

拾翻拾翻 [ʂɿ⁴⁴ fan⁵¹ ʂɿ⁴⁴ fan⁵¹]：找东西的状态

5）AABB 式：

扎扎实实 [tsa⁴⁴ tsa⁴⁴ ʂɿ⁴³ ʂɿ⁴³]：和普通话义项相同

和和气气 [xɤ⁵¹ xɤ⁵¹ tɕhɿ²⁴ tɕhɿ²⁴]：和普通话义项相同

圪圪擦擦 [kɤ⁴⁴ kɤ⁴³ tshɔ⁵¹ tshɔ⁵¹]：形容人小气或是拘谨状

平平摇摇 [xu⁴⁴ xu⁴⁴ ʐɔ⁵¹ ʐɔ⁵¹]：摇摆状

吭吭吃吃 [kheŋ⁴⁴ keŋ⁴³ tʂhɿ⁴⁴ tʂhɿ⁴³]：结巴的样子

咕咕出出 [ku⁴⁴ ku⁵¹ tʂhu⁴⁴ tʂhu⁴³]：皱皱巴巴的样子

6）ABAC 式：

圪摇圪摆 [kɤ⁴⁴ ʐɔ⁵¹ kɤ⁴⁴ pɛ⁵¹]：大摇大摆

三、结 语

综上所述，在简略分析了济源方言构词的基本形式后，发现济源方言的前缀是特别丰富的，同样的词根附加上不同的词缀，其语义色彩和语体色彩也

会发生相应的变化。在济源方言中，单音节词占多数，并且在声韵调方面和普通话有着本质的区别。总之，济源方言的词类变化丰富，土语方音极具地方特色，十分具有研究价值。希望通过其构词法的研究，可以使得济源方音土语可以得到进一步的发展。

但是由于本人学识和能力有限，目前所构拟出的济源方言构词法还存在着许多的不足，需要进行更加深入的田野调查，从而进行进一步的完善和补充。

参考文献：

［1］王森．济源方言形容词的级［J］．《语言研究》1996年第二期

［2］贺巍．济源方言记略［J］．《方言》，1984，1期5-26页

［3］卢海．济源方言入声调查．《现代语文》，2014年6月

［4］李丽娟、刘志富．河南济源方言中的"老AA"形式．《科技文汇》，2008年4月

［5］朱德熙．现代汉语形容词研究［J］．语言研究，1956年1月

［6］吕叔湘．汉语语法分析问题［M］．北京：商务印书馆，2005年

［7］王力．中国现代语法［M］．北京：商务印书馆，1943年

［8］黄伯荣、廖序东．现代汉语［M］．高等教育出版社，2012年6月

（指导老师：刘劲荣）

马关蚌卡壮语音系

侬道敏[①]

（云南民族大学）

[摘　要] 本文以云南省马关县木厂镇蚌卡中寨壮语为调查对象，立足于母语背景，运用田野调查、实验语音学的研究方法，以结构主义语言学为理论指导，对蚌卡中寨壮语音系进行描写，并分析其声、韵、调特点，从而揭示蚌卡中寨壮语音系的基本面貌，为学界提供一份新的砚广土语素材。

[关键词] 蚌卡壮语　声母　韵母　声调

蚌卡是云南省文山壮族苗族自治州马关县木厂镇下辖的一个自然村，分为上寨组、中寨组和下寨组，上寨组为壮族和傣族，中寨和下寨都为壮族。本文主要以蚌卡中寨为调查对象。蚌卡中寨村民小组位于文山壮族苗族自治州马关县西南部，距县城约28公里。目前全村共20余户，人口97人（2013）。共有侬、陆、李二姓，自称濮侬 [phu¹noŋ²]，汉语旧称龙族，他称"龙人"、"侬人"，与壮、汉通婚。通常情况下，汉语使用西南官话，村民之间使用壮语进行交际，个别汉族村民也能流利地使用壮语进行交流。

一、研究现状

张均如、梁敏、欧阳觉亚、郑贻青、李旭练、谢建猷《壮语方言研究》（1999）指出："砚广土语分布在云南省文山壮族苗族自治州的广南、砚山、马

[①] 侬道敏，女（壮族），云南马关县人，云南民族大学民族文化学院中国少数民族语言文学专业硕士研究生。

关、文山、西畴、麻栗坡等县[1]。"操砚广土语的人自称[phu¹noŋ²]"濮侬"。蚌卡的壮族属于侬支系，他们称自己说的壮语方言为[kha:u⁵noŋ²]，划入壮语南部方言砚广土语，和周边村寨及本土语中广南、砚山、西畴等县均可交流，但依旧客观存在着细微的差别。砚广土语是壮语方言中最薄弱的环节之一，目前公布的材料大多是砚山调查点的语料，后面才出现了一些砚广土语语音方面的论文，侬常生的《云南省那安壮语音系及其音韵变异》（2013）介绍了云南省那安壮语音系的概况，参考原始中部台语，结合学界较熟悉的中部台语龙州壮语对比说明其韵母、声调的变异特点。王碧玉的《西畴摩所壮语音系》（2013）运用结构主义语言学方法介绍了云南省西畴摩所壮语音系，并分析其声、韵、调的特点，揭示出其语音面貌。贾淑凤、彭婷婷的《云南壮语概况》（2016）从语音方面对云南壮语研究概况进行梳理与总结，阐述了研究的发展历程。

二、声　母

共有声母 23 个，详见下表。

发音方法		发音部位	双唇	齿唇	舌尖前	舌面前	舌根	喉门
塞音	清	不送气	p		t		k	ʔ
		送气	ph		th		kh	
	浊	不送气	ʔb		ʔd			
塞擦音	清	不送气			ts			
		送气			tsh			
鼻音	浊		m		n	ȵ	ŋ	
边音	浊				l			
擦音	清			f	s	ɕ	x	
	浊			v	z	j		

说明：

1. 蚌卡壮语记有声母 23 个，没有复辅音和唇化音声母。

---

[1] 张均如，梁敏，欧阳觉亚等.壮语方言研究[M].成都：四川民族出版社，1999：12~13.

2. 有一套完整的送气音声母 ph、th、kh、tsh。

3. 有两个浊塞音声母 ʔb、ʔd，前喉塞成分不明显。

4. 有一套塞擦音声母 ts、tsh、s，他们与开口度较小的细音 i、e 相拼时实际发音部位为舌面音 tɕ、tɕh、ɕ。

5. 擦音声母 s 和 ɕ 形成对立，如 sa¹ "纸"，ɕa¹ "痧"，[sa:n⁵] "散去"，[ɕa:n⁵] "阉牛"。

6. s 与其他土语的 ɬ 或 θ 相对应。

7. 舌面音 j 发音比较靠前。

8. 有大量的送气音声母分布于汉借词，也分布于固有词，送气与不送气形成严格的音位对立。

p	pa⁵ 野外	pan¹ 分	pa:ŋ¹ 一种宗教仪式	pak⁷ 插，烧（开水）
ph	pha⁵ 劈，破西瓜	phan¹ 雨	phaŋ¹ 布	phak⁷ 菜，鞘，豆壳
ʔb	ʔba⁵ 肩	ʔban¹ 飞	ʔba:ŋ¹ 薄	ʔbak⁷ 台阶，捞兜
m	ma¹ 狗	man² 圆，薯类	maŋ¹ 对伙子的称呼	mat⁷ 捆，跳蚤
f	fa² 被子	fan² 牙齿	fa:ŋ¹ 指方向	fat⁸ 鞭打
v	va¹ 花，绣	van² 天	vaŋ¹ 稗子	vat⁷ 钩住
t	ta¹ 块（地）	tan¹ 灯	ta:ŋ¹ 当	tak⁷ 舀，断，盛
th	tha¹ 眼睛	than¹ 见	tha:ŋ¹ 尾	thak⁷ 雄性牲畜
ʔd	ʔda¹ 背带	ʔdan¹ 月	ʔda:ŋ¹ 身体	ʔdak⁷ 深
ts	tsa¹ 停（唤午）	tsau⁴ 早	tsa:ŋ¹ 建设	tsak⁷ 划分
tsh	tsha¹ 找	tshau⁴ 推	tsha:ŋ¹ 竹编器具	tshak⁷ 勤快
n	na¹ 厚	nau⁴ 比较	naŋ¹ 皮	nak⁷ 重
l	la² 锣	lau⁴ （猪）圈	laŋ¹ 后面	lak⁷ 木桩
s	sa¹ 纸	sa:n⁵ 散去	sa:ŋ¹ 可（怜）	sok⁸ 撞
z	za⁶ 瘟疫	zau⁴ 酉	zaŋ¹ 什么	zak⁸ 漆
ɲ	ɲa¹ 唤牛	ɲau⁵ 东瓜树	ɲa:ŋ⁵ 渣	ɲap⁷ 插
ɕ	ɕa¹ 痧	ɕa:n⁵ 阉牛	ɕa:ŋ¹ 伤	ɕok⁷ 怂恿
j	ja¹ 药，医	jan² 筋	ja:ŋ⁵ 让	jak⁷ 掐

续 表：

k	ka¹ 掀	kan¹ 斤	ka:ŋ¹ 钢	kat⁷ 啃
kh	kha¹ 脚	khan¹ （鸡）鸣	kha:ŋ¹ 撑	khat⁷ 关（门）
ŋ	ŋa¹ 到处张望	ŋan² 银子	ŋa:ŋ⁵ 看	ŋak⁷ 点（头）
x	xa¹ 很配	xan²（半）夜	xa:ŋ⁵ 疏	xɔk⁷ 做
ʔ	ʔa³ 傻, 开	ʔan¹ 个	ʔa:ŋ³ 炫耀	pak⁹ ʔak⁷ 胸膛

三、韵 母

韵母 57 个，其中共有单元音 7 个，复元音 50 个。

a	e	i	o	u	ɯ	ə
a:i	ai			o:i		ui	
a:u	au	e:u	iu	iau			
	aɯ						
a:m	am	e:m	im	o:m		um	
a:n	an	e:n	in	o:n	ɔn	un	
a:ŋ	aŋ	e:ŋ	iŋ	iaŋ	o:ŋ	ɔŋ	uŋ	ɯŋ
	ap		ip	iap	ɔp	up	
	at		it	iat	ɔt	ut	ət
	ak		ik	iak	ɔk	uk	ɯk	ək

说明：

1. 舒声韵母中以 a- 各韵保留长短对立，但趋于消失被元音开口度取代。
2. 促声韵的元音不分长短，逐渐被元音的开口取代，其声调调值仍保留不同，如下图：

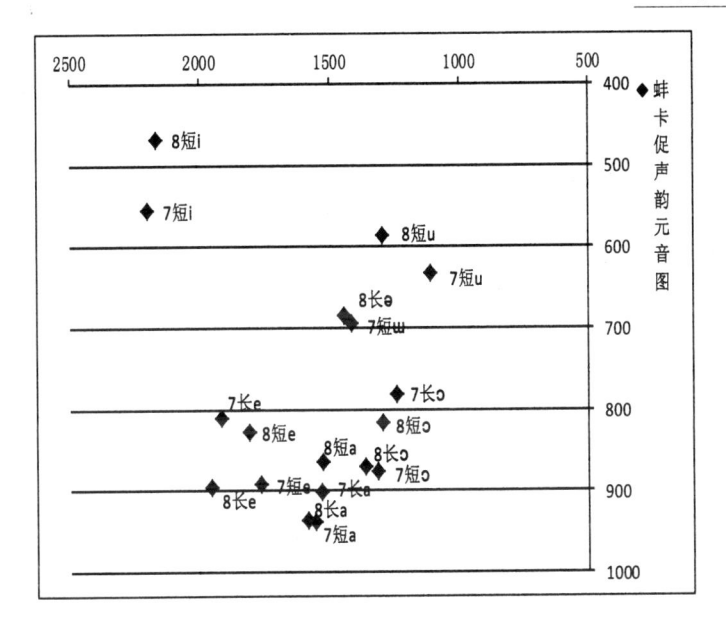

图1 蚌卡促声韵元音舌位图

3. 元音 e、ɔ 之前分别带有一个轻微的 i、u。

4. 韵母 iau 和 iaŋ 的 a 表示过渡音，例词较少。

5. ɔ 各韵都有唇化现象，其实际音值为〔uɔ〕。

6. -uŋ、-uk 中元音 u 舌位稍低，接近于〔ʊ〕。

7. 元音 i 和 ts、ɕ、s、z 声母相拼时读舌尖元音〔ɿ〕，主要出现在汉借词，故未列入音系中。

8. 央元音 ə 多用在汉借词上，民族固有词较稀少，如：〔tshə⁴〕"车"、〔sə²〕"舍"、〔kə⁶〕"革"。

a	kha¹ 脚	ka¹ 掀，抓	la³ 迟	la⁵ 游玩
aːi	khaːi¹ 卖	kaːi¹ 乖	laːi⁴ 舔	laːi⁵（田）口，
ai	khai¹ 开车	kai¹ 远	lai⁴ 滚	lai⁵ 剩
aːu	khaːu¹ 白	kaːu¹ 时候	laːu⁴对男子的称呼	laːu⁶ 用刀除草
au	khau¹山坡，兽角	kau¹ 抓痒	lau⁴ 搓（圆）	lau⁶ 熏，楼
aɯ	khaɯ⁵ 干燥	kaɯ² 谁	laɯ⁴ 快	laɯ⁵ 梦
aːm	khaːm³ 跨	kaːm¹ 橘子	laːm⁵ 丢失	laːm⁶ 拴牛
am	kham³ 倒置	kam¹ 握，拿	lam⁵ 塌陷	lam⁶ 遮盖，鹰
aːn	khaːn¹ 斧	kaːn² 扁担	ʔdaːn⁵ 山岩	laːn¹ 孙

民族语言与文化

续　表：

an	khan¹ 鸣	kan⁴ 按住	ʔdan⁵ 醒	lan¹ 曾孙
a:ŋ	tha:ŋ¹ 尾	ka:ŋ¹ 钢	ʔda:ŋ¹ 身体	za:ŋ⁶ 相连
aŋ	thaŋ¹ 到	kaŋ¹ 什么	ʔdaŋ¹ 鼻子	zaŋ⁶ 热闹
ap	khap⁷ 咬，痒	lap⁷ 闭（眼）	lap¹⁰ 腊	thap⁹ 挑
at	phat⁷ 辣，簸	pat⁷ 鸭，祭	lat¹⁰ 粉刷	khat⁹ 断
ak	thak⁷ 雄性牲畜	pak⁷ 插，烧（开水）	lak¹⁰ 根，拉	khak⁹ 陡
e	the¹ 跑	ʔbe³ 羊	le¹ 换	xe⁶ 割
e:u	the:u¹ 味道	ʔbe:u⁴ 歪	ʔde:u¹ 一	ze:u² 裂痕，菜台
e:m	the:m¹ 再，又	te:m³ 点（火）	le:m¹ 尖	xe:m⁵ 刚刚
e:n	the:n¹ 蝗虫	ʔbe:n⁵ 楼（板），张	ʔde:n¹ 界限	xe:n⁵ （门）闩
e:ŋ	the:ŋ¹ 黄瓜	ʔbe:ŋ³ 方向	ʔde:ŋ¹ 红	le:ŋ² 午饭
i	thi⁵ 密	ti² 代替	ȵi¹ 逃走，让开	si⁵ 四
iu	thiu³ 提	tiu² 跳	ȵiu⁶ 尿	siu⁵ 凿
iau	phiau¹ 不会生子	piau¹ 直	miau⁵ 猫	liau¹ （粥）清
im	tsim¹ 金	tim² 填、添加	ȵim⁶ 甜	lim⁶ 面，方向
in	tsin¹ 吃	tin¹ 脚	ȵin² 听、二胡	sin³ 裙子
iŋ	tsiŋ¹ 正（月）	tiŋ¹ 鼻子堵	ȵiŋ² 女子	siŋ³ 清楚
iaŋ	thiaŋ¹ 千	tiaŋ² 顶	ȵiaŋ⁴ 娘娘	xiaŋ¹ 声音
ip	tsip⁷ 片，折	tip⁸ 抵门	ʔdip⁷ 生的	lip¹⁰ 空谷壳
it	tsit⁷ 喷（水）	tit⁸ 擦（火）	ʔdit⁷ 饭豆，喝（水）	lit¹⁰ 拆（房）
ik	tsik⁷ 瓦	tik⁸ 塞紧	ȵik⁷ 太阳穴	lik⁷ 份
iap	tsiap⁷ 拾，捡	jiap⁷ 眨	ȵiap⁹ 硬	xiap⁹ 沙哑
iat	tsiat⁷ 七	thiat⁷ 滴	ȵiat⁹ 紧	xiat¹⁰ 狡猾
iak	liak⁷ 铁	ʔdiak⁷ 瘸	thiak⁹ 裂	ziak¹⁰ 撕
o	tho⁵ 包（起来）	xo² 颈脖	ʔdo⁵ 光	ko¹ 棵
o:i	pho:i⁵ 脆	xo:i¹ 石灰，螺蛳	ʔdo:i⁵ 打	ko:i⁶ 慢
o:m	pho:m¹ 瘦	xo:m¹ 香	tho:m¹ 围拢	ȵo:m⁴ 染

续　表：

o:n	no:n¹ 虫	xo:n¹ 喜欢	ʔbo:n¹ 抠	ko:n² 叼走
ɔn	khɔn¹ 毛，绒毛	xɔn¹ 收割	khɔn³ 凝结	kɔn² 人
o:ŋ	kho:ŋ¹ 绸缎	lo:ŋ¹ 翻，掏	ʔdo:ŋ¹ 亲家	ko:ŋ² 呻吟
ɔŋ	thɔŋ¹ 袋，包包	lɔŋ¹ 错	ʔdɔŋ¹ 森林	kɔŋ³ 冷
ɔp	kɔp⁹ 捧	xɔp¹⁰ 盒子	ʔbɔp⁹ 耙（田）	pɔp⁹ 血泡
ɔt	ʔɔt⁷ 塞	xɔt⁷ 缩	ʔbɔt⁹ 瞎	pɔt⁹ 肺
ɔk	ʔɔk⁹ 出去	xɔk⁷ 做	ʔbɔk⁹ 起（名）	pɔk⁹ 剥
u	khu¹ 笑	xu⁴ 磨	ku⁴ 我	mu¹ 猪
ui	khui¹ 女婿	xui⁵ 核	kui³ 芭蕉	mui¹ 雪，熊
um	khum¹ 潭	lum² 忘记	thum³ 淹	mum⁶ 胡子
un	khun¹ 喂	xun² 柴	kun⁵ 罐子	ʔun⁵ 暖和
uŋ	thuŋ¹ 煮	luŋ¹ 大	kuŋ⁵ 虾	muŋ² 手
up	ʔbup⁷ 瘪，凹	sup⁷ 连接	tup⁸ 捶打	lup⁸ 抚摸，抹
ut	ʔbut⁷（用手）挖	xut⁷ 烟草	kut⁸ 卷（曲）	kut⁷ 蕨菜
uk	ʔbuk⁹ 筒	suk⁷ 熟	tuk¹⁰ 杆	muk¹⁰ 凶狠
ɯ	mɯ² 荒	nɯ⁴ 肉	lɯ⁶ 交换	tɯ⁴ 大
ɯŋ	mɯŋ² 地方	ʔɯŋ³ 油腻	lɯŋ³ 伞	tɯŋ² 全都
ɯk	suk⁷ɯk⁷ 打嗝	nɯk⁷ 涩（不滑）	ŋɯk⁹ 齿龈	kɯk⁸ 稠
ə	ʔə⁵ 背（小孩）	xə⁶ 恐吓	lə⁶ 勒	sə¹ 赊
ət	ʔət⁹ 辣椒	fət¹⁰ 溢	lət¹⁰ 血	phət⁹ （酒）醒
ək	ŋək¹⁰ 河怪	nək¹⁰ 碎	lək¹⁰ 挑选	pək¹⁰ 明天

四、声　调

蚌卡壮语声调记有 6 个调值，分属 10 个调类。其中 6 个舒声调各一个调值，促声调长短对立消失。

（一）声调表

调类	调值	例词			
第1调	13	ta¹（地）块	kam¹ 握	pau¹ 臃肿	tsham¹ 针
第2调	33	ta² 涂抹	kam² 句	pau² 衣服口袋	phi² 训斥
第3调	22	ta³ 和	kam³ 弯，低头	pau³ 涌出	khan³ 上
第4调	35	ta⁴ 比赛	kam⁴ 压	pau⁴ 半袋	tshi⁴ 尺
第5调	21	ta⁵ 姨父	kam⁵ 罩	pau⁵ 吹	tho⁵ 包
第6调	31	ta⁶ 河	kam⁶ 刺绣	pau⁶ 忙	pho⁶ 婆
第7调	55	tɔk⁷ 掉，落	kat⁷ 啃	pak⁷ 插	tap⁷ 拍，关
第9调	21	tɔk⁹ 钉	kat⁹ 扫	pak⁹ 嘴	tap⁹ 煎
第8调	33	tɔk⁸（向前）拉	kat⁸ 紧	pak⁸ 萝卜	tap⁸ 搭，砌
第10调	31	tɔk¹⁰ 读，独自	lat¹⁰ 粉刷	pak¹⁰ 疯	lap¹⁰ 腊（月）

（二）声调图

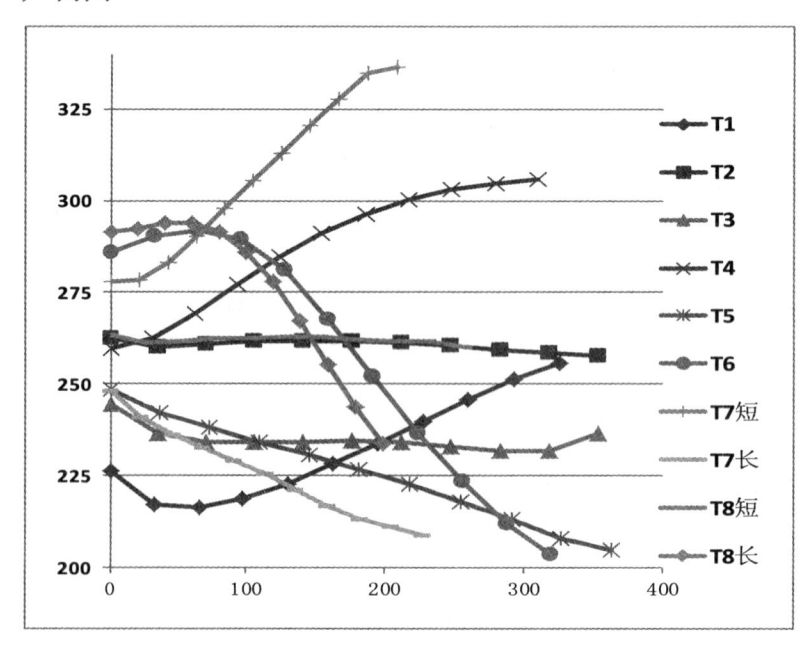

图2 蚌卡壮语声调基频均线图

（三）声调说明

1. 声调共 10 个，1 至 6 为舒声调，每个调类一个调值，7 至 10 为促声调。

2. 通过实验语音学的方法得出声调图，与传统的口说耳听的记音方式相比，调值有所变化，第 1 调调值由 24 变 13，第 4 调调值由 55 变 35，第 5 调和第 9 调调值由 11 变为 21。

3. 舒声调没有分化、派生，没有曲折调，平调多。

4. 促声调的长短元音对立趋于消失，声调有分化现象，同声韵同调类用调值高低来区分词义，有学者指出"促声调 7、8 调的分化是由于促声韵中元音不分长短而造成的。"①

汉义	蚌卡	标准音
田鸡	kɔp⁷（55）	kop⁷（55）
捧（物）	kɔp⁹（21）	koːp⁷（35）
墨	mak⁸（33）	mak⁸（33）
把（刀）	mak¹⁰（31）	faːk⁸（33）

5. 促声调第 9 调与舒声调第 5 调调值相同，促声调第 8 调、第 10 调分别与舒声调第 2 调、第 6 调调值相同。

6. 送气声母一般只出现在奇数调（汉借词例外），早期壮侗语的不送气塞音声母在蚌卡壮语中如果变为送气，则有 6 调变 5 调，2 调变 1 调的现象，如"筷子" dauɯ⁶→thu⁵，"到" daŋ²→thaŋ¹。

五、结　语

通过田野调查、实地调查、访问老人等渠道，本文归纳了马关县蚌卡中寨壮语方言土语音系。蚌卡壮语音系共有 23 个声母、57 个韵母和 10 个声调。无复辅音、腭化音和唇化音声母，有完整的送气音声母 ph、th、kh、tsh；舒声韵有合并现象，元音长短对立趋于消失；促声韵元音不分长短，以调值的高低来区别意义。总体而言，蚌卡壮语保留了壮语南部方言较多的语音特点，如有一套送气清塞音声母 ph、th、kh、tsh，有塞擦音 ts 和 tsh 的对立。

有学者指出促声调的分化是由于促声韵中元音不分长短而造成的，我认为

---

① 王均等．壮侗语族语言简志［M］．民族出版社，1983：34 页。

元音不分长短和元音舌位的高低都有可能影响促声调的分化，实际上汉借词、声母、韵母都有可能影响声调的分化，影响促声调分化的原因还有很多，促声调的详细分化规律还有进一步研究的必要。传统的记音方式主要是通过口说耳听，尤其是声调的调值或多或少有些差别，现在在口说耳听的基础上，录音并结合实验语音学的方法去分析其声调，更能直观的描写其调值，有助于壮语教学。

云南壮语方案基本能够适用描绘出语音特点。此次语言调查研究，我认识到语音的变化是有规律的，让我进一步了解云南壮语结构的独特性、类型的差异性和复杂性。云南壮语在研究方面是薄弱环节之一，通过学习，使我们对自己的专业有更深的了解并激发我们的学习热情，加强了对理论知识的进一步学习和理解，并将理论付诸于实践。本文因个人才疏学浅、知识水平有限，看法还不很成熟，在描写其声、韵、调时必定存在不足之处，在此敬请谅解，所以敬请各位读者及专家学者批评指正。

参考文献：

[1] 张均如,梁敏,欧阳觉亚等.壮语方言研究[M].四川民族出版社,1999.

[2] 王均等.壮侗语族语言简志[M].民族出版社,1984:34.

[3] 广西区语委研究室编.壮语方言土语音系[M].广西民族出版社,1994.

[4] 陆保成,韦名应.壮语基础教程[M].云南大学出版社,2014.

[5] 侬常生.云南省那安壮语音系及其音韵变异[J].百色学院学报,2013,26(6).

[6] 韦景云,覃晓航.壮语通论[M].中央民族大学出版社,2006.

[7] 韦名应.桂东（林岩）壮语方言岛语音研究：范式综合[D].中央民族大学,2011.

[8] 韦庆稳,覃国生.壮语简志[M].民族出版社,1980.

[9] 王碧玉.西畴摩所壮语音系[J].文山学院学报,2013,26(4):76~79.

[10] 朱晓农.语音学[M].商务印书馆,2010.

（指导老师：韦名应）

四川达州方言"毛"字及"毛"字词组浅析

邱 双[①]

(云南民族大学)

[**摘 要**] 达州方言属于西南官话成渝片。达州方言中的"毛"字有阴平、阳平、上声三个调,且"毛"及"毛"字相关词组不仅可以作名词,还可以作动词、形容词、量词、副词,在句中有较灵活地运用。

[**关键词**] 达州 方言 毛

在达州方言中,"毛"[②]字及相关词组可以表现不同的意义,同时还可以有多种用法。本文通过查阅《现代汉语词典》、《汉语方言大词典》、《四川方言词典》等资料,针对于达州市区以及本人家乡通川区青宁乡天断村方言中的"毛"字及相关词组进行分析和探讨。"毛"字一共有三个声调,即阴平"毛"[mau^{55}]、阳平"毛"[mau^{21}]、上声"毛"[mau^{214}]。

一、读作阴平的"毛"[mau^{55}]

读作阴平的"毛"与普通话或其他方言地区的会有较大的差别,虽与成都地区有相似之处,但也有区别。

(一)"毛"[mau^{55}]作形容词

1. "毛₁"字及毛字词语,作形容词,表示"厉害"。

达州地区,尤其是在本人家乡,"毛煞"这个词也可以读作"猫煞",都表示"厉害"的意思。

[①] 邱双,女(汉族),云南民族大学在读研究生,主要研究语言学及应用语言学。
[②] 以下所有关于"毛"字的例句皆来自于本人家乡人口语和《四川方言词典》。

①你也太毛煞了，几哈就把列个疯狗撵走了。

②今天太阳才毛煞哦，石板都发烫。

虽然两个例子都表示"厉害"的意思，但例①与例②不同的是，前两者表示人很"厉害"，而后者则表示的是太阳光照强，太阳光很"毒辣"，表明温度高，天气热。

2."毛$_2$"字及毛字词语，用作形容词，表示"鲁莽、粗暴"。

①他做事太毛煞了，差点闯了大祸。

②你开车太毛了。

此处①里的"毛煞"与"毛$_1$"的"毛煞"虽然同音同字，但是此处属一种贬义的说法，表示行为"莽撞"。②里的"毛"是"开车太快了"，通常就是一种贬义的说法，表示开车很"鲁莽"，没有安全意识。

（二）"毛"[mau^{55}]作动词

1."毛$_3$"，用作动词，表示"藏"。

A：你的动作还快耶，又毛在哪哈去了？

B：我在小王家里看电视。

这里的"毛"一般用于疑问句中，其后要接表示地点的普通名词或疑问词。且通常会加"又"等进行修饰，表强调语气。

2."毛$_4$"，用作动词，一种警告语气，表示生气。

①我要发毛了，你还不走？马上要迟到了！

这里的"发毛"就是指发火了。

3."毛$_5$"，用作动词，表示人之间词的关系变坏了，甚至断交。例如：

我们两个的关系搞毛了，就是因为一个女的！

4."毛$_6$"，"毛$_6$病"，用作名词，表示一个人不听某人的话，致使某人主观地认为另一个人脑子有问题。例如：

嘿，你有毛病哟，叫你莫摸，你还去摸！

这里的阴平的"毛病"同阳平的"毛病"意思一样。

二、读作阳平的"毛"[mau^{21}]

读作阳平的"毛"一般可以做名词，可以做动词、可以做形容词，还可以做量词。

（一）"毛"[mau^{21}]作名词

1."毛$_7$"，作名词，表示附着在动植物或者人皮上的丝状物。

（1）毛/毛毛

①你身上长了好多毛/毛毛哦!

②狗的毛/毛毛长长了，要给它剪了。

③你身上好多毛毛哦!

④那桃儿还是青的，长满了绒毛/毛毛。

⑤这支毛笔挺好写的。

这里的"毛"指动物身上和植物身上的毛毛。也有指人身上的毛，但是会具体指明是人身上长的"毛"如例①。例③中的"毛毛"指人身上附着了一些动物的毛。例④表示桃子还未成熟，桃子上还有很多的"细小的绒毛"。例⑤是指用动物的毛做的笔，古代常用，今主要用于软笔书法练习。

（2）毛发/毛根子

①他的毛发太旺盛了!（指人身体上的所有毛发，包括手上、脚上、头上、眉毛等）

②他昨晚讲的鬼故事好吓人，吓得我毛根子都竖起来了!（指头发根）

在这里，人们可以将"毛根子"可以说成"头发根"，人的"毛发"也可以说成"汗毛"等，而不能粗略地称为"毛"，因为"毛"很易指动物等的毛，方言地区的人在表达时，还是在很努力地区分人身上的毛发和动物的毛。

2. "毛$_8$"，做名词，表示东西发霉了。

①前几天的剩饭我忘记倒了，现在都长毛了。

②苹果长毛了，不能吃了，赶快扔掉!

3. "毛$_9$"，表示某一类人或事物，属于一种专称。

这里的"毛"不单独使用，而是要与其他词结合，形成要表达该类人的名词和形容词，主要表示某一类人，偏贬义。

（1）"毛"字词语作名词，对人的称法和对事物的称法，属于一种专称。

对人的称法，如下：

①你个毛崽儿，屁丁儿大，就啥子都晓得完了。

②那个毛贼昨天晚上偷了老李的米。

③毛驴子，你脑壳机灵点儿嘛!

对事物的称法，如下：

④列只毛毛虫好吓人咯，我们快走远点。

⑤毛桃大概要比其他桃子要晚熟一些。

⑥你家那毛梨儿吃起来很不错，有很多水分。

⑦这个毛竹可以砍下来做扁担了。

⑧天黑了，再不回来，毛狗要把你拖起跑。

例①中的"毛崽儿"表示小孩子，尤其是指未经世事的男孩子。例②中的"毛贼"指"小偷"，例③"毛驴子"这一说法，主要是本人家乡对一些傻乎乎的人的称呼。例④中的"毛毛虫"就是大家所熟知的一种虫类。例⑤、⑥中的"毛桃"、"毛梨"都是桃子、梨子中的体型偏小的一种。例⑦中的"毛竹"在达州地区又称"南竹"，比较粗壮，高大，一般用来做扁担。例⑧中的"毛狗"在成都一些地区主要指"狐狸"，但是在达州市地区主要指"野狗"和"狼"。在本人家乡主要是指"狼"，主要是大人常用来吓唬还未归家的小孩子一种说法。

4. "毛$_{10}$"，表示未进行加工或简单加工的东西，作名词。

这里的"毛"不单独使用，与其他成分结合，表示一种还未进行加工或进行简单加工的东西，主要用作名词。

（1）表示未经加工的东西

①我好喜欢吃炒的毛洋芋片。

②哇，毛萝卜好甜啦！

③我今年还剩些毛谷子。

④你列些毛菜就便宜卖给我嘛。

⑤你好生拿这些毛栗子，不然会扎你手。

⑥我那里还堆了好多毛料，你要的话，个人去抬。

⑦毛铁越打越光生。

⑧这条还是条毛边布，你拿去给别人了，不太好。

例①中的"毛洋芋"指未经过削皮的洋芋、土豆。在达州市区，尤其是本人家乡，许多时候都会有"炒毛洋芋片"这一说法。例②中"毛萝卜"在四川其他地区指"蒲公英"，但在达州市区以及本人家乡则指刚从土里挖出来，未洗、未经削皮的萝卜。例③、例④的"毛谷子"、"毛菜"指未经加工的谷子、未经清洗的菜，也指不值钱的菜。例⑤的"毛栗子"指未经剥壳的例子，易扎手。例⑥的"毛料"指未经处理的木材。例⑦的"毛铁"就是指生铁，未经铁匠捶打的铁。例⑧的"毛边"是指经过裁剪但是还未进行锁边的布边儿。

（2）表示经过简单加工的东西。

①喝一碗道士卖给你的毛茶。

②把这些毛坯房进行精装修后，估计还能卖个好价钱。

例①的"毛茶"是指经过简单加工的茶叶。例②的"毛坯"是指已具有初步形体，但是还要进行加工的半成品。

5."毛₁₁",表示毛制品或纤维制品,作名词。

①你这个毛线的颜色还很好看。

②你打的毛衣刚好合我的身呢!

③给我拿个毛巾擦擦脸。

④你要是怕冷的话,就把这个毛毯盖在上边。

这里的"毛线"、"毛衣"、"毛巾"、"毛毯"与通行普通话及其他方言区的意思基本一致。通常情况下,指纤维制品。

6."毛₁₂",表示身上的孔状结构,作名词。

①我脸上的毛孔好大了。

②听说他得了毛囊炎。

以上两个例子都是表示,与《现代汉语词典》中的意思没有差别。

7."毛₁₃","毛病",表示一个人的坏习惯,作名词。

①你怎么老是改不掉你不爱干净的毛病?

②你这不喜欢打招呼的毛病得改!

8."毛₁₄","毛病",表示不听话,致使某人主观认为此人脑子不灵光,用作名词。

①你简直是脑壳有毛病,不听话。

②你有毛病吗?你总是做错了!

9."毛₁₅","毛病",表示生病。用作名词。

①我的娃儿老毛病又犯了,我到医院去买点药。

(二)"毛"[mau²¹]作形容词

1."毛₁₆",表示做事时粗鲁、不细心的脾性,作形容词。

①你做事好毛啊!

②你一天咯,叫你做个事情你就毛手毛脚的。

③他咋老是毛头毛脑的,一点都不靠谱。

④你这个人其他都好,就是做事太毛糙了。

⑤脾气越来越毛了。

以上的几个例子都表示在做事时粗鲁、粗心大意。例①具体表示一个人做事很粗鲁。例②具体示做事细致。例③具体表示一个人做事不经过大脑。例④具体表示一个人不沉着。例⑤具体指一个人暴躁、粗暴。

2."毛₁₇"表示某种不舒服、害怕及烦躁心情状态,有作动词的,有作形容词的。

(1)表示心里不舒服,不对劲,作动词。

民族语言与文化

①最近我头里老是发毛,老觉得有啥子事情要发生。

(2)表害怕或烦躁,作动词。

①你莫再说了这个诡异的事情了,说得我发毛了。

②你莫再说这件麻烦的事了,说得我都毛了。

例①表示心里恐惧、害怕。例②表示心里烦躁。

(3)表示害怕或烦躁,作形容词。

①你莫在讲鬼故事了,讲得我心头毛得很。

②我心头毛得很,你就莫在那里唠唠叨叨的了。

③李春山眉头一皱,做出一副毛焦火辣的样子。

④为什么她还没来?等得我毛躁得很。

例①表示心里头害怕。例②、例③、例④都是表示一个人的心情十分地烦躁、焦躁。

3."毛$_{18}$",表示细小的、微小的,作形容词。

①你不要再抖棉絮了,搞得到处都是毛飞飞。

②天下起毛毛雨了。

③有点闷热,今天,我出毛毛汗了。

例①指细小的毛屑或者细小的杂尘等。例②指小雨。例③指人皮肤毛孔所出现的微小的汗水。这里的"毛"字不会单独用,不具体表示动物等毛发,一般会在名词前,表示该事物微小、细小。

4."毛$_{19}$",商业用词,表示不纯净的,粗略的,作形容词。

①老板儿,你就说这头猪的毛重是好多。

②这次,我们卖的哇哈哈的毛利是三万块钱。

这里的"毛"一般也要附着在名词前,表示其不纯净的意思。例①表示货物连同包装的东西或牲畜家禽连同皮毛在内的重量。例②结算中,总收入除去成本而没除去其他费用。

5."毛$_{20}$",表示毛多而密,作形容词。

①他的胸膛看起来毛毛乎乎的,太多胸毛了。

②穆三爸的脑壳毛乎乎,不禁连点三下头。

例②的"毛毛乎",也可以说成"毛虎虎"。

6."毛$_{21}$",表示表面不光滑,作形容词。

①这个布摸起好毛哦,一点都不舒服。

②你这衣服摸起来太毛糙了,你怎么穿啊?

（三）"毛"[mau²¹]作动词

1. "毛₂₂"，一种警告语气，表示生气、发火，作动词。

①你再说我就要跟你毛了。

②你再惹我，我就要跟你毛起了。

③龟儿子，我要毛脸了哈！

④我都想发毛了，你几个还杵在那里一动也不动。

这里的"毛"、"毛起"、"毛脸"、"发毛"都表示生气了的意思。只是"毛起"的程度要深些，有"打架"的意思。

2. "毛₂₃"，表示拿了、偷了，用作动词。

①他把我店里卖的凉鞋毛了。

②老师，他把我的橡皮擦毛了。

3. "毛₂₄"，表示藏，用作动词。

①你有本事莫毛到妈家里去。

②你毛在哪哈去了？我们都要走了哦！

（四）"毛"[mau⁵⁵]作量词

1. "毛₂₅"，作为量词，表示钱的数量。

①我就差这一毛钱凑成一块。

②两毛钱的版面现在基本都没得了。

作量词的"毛₂₅"则与普通话和其他方言区的"毛"并无差异。

三、读作上声的"毛"，即毛[mau²¹⁴]

（一）"毛"[mau²¹⁴]作动词

1. "毛₂₆"，是一种鼓励的语气，表勇敢，用作动词。

①你莫怕嘛，毛起胆子去！

②给我毛起，我们又没做亏心事。

这里的"毛起"也作"麻起"的意思，表示对一个人的鼓励。

（二）"毛"[mau²¹⁴]作副词

1. "毛₂₇"，表示不停地，用作副词。

①它就在那里毛起说，停都不停一哈。

②你就在那里毛起吃，也不怕撑破肚皮。

2. "毛₂₈"，表示按最大值，粗略地，用作副词。

①你毛起算看看，我们还要花好多钱。

②我们来毛起算嘛，绝对没超过我们的预想。

这里的"毛起"主要用于计算中。

四、结　语

本文中的"毛"有阴平、阳平、上声三个调，而阳平调使用居多。且在句中，"毛"有多种用法，不仅可作名词、动词，还可作形容词、副词，从这些不同用法中即可以了解到汉语的丰富，更能了解到方言所具的趣味性。这些"毛"字及"毛"字词组所表达的意思虽然与普通话及《现代汉语词典》中的意思有相同之处，但是也具有自身的特点。了解这些既可以了解达州人的语言习惯，也对达州人学好普通话有积极的作用。

参考文献：

［1］许宝华，宫田一郎，汉语方言大词典［C］．中华书局出版社，1999.

［2］王文虎，张一舟，周家筠，四川方言词典［C］．成都：四川人民出版社，1986.

［3］中国社会科学院语言研究所词典编辑室，现代汉语词典（第五版）［C］．商务印书馆，2005.

［4］詹伯慧，汉语方言及方言调查［M］．武汉：湖北教育出版社，1991.

［5］王红羽，四川达州方言"哈"字浅析［J］．达州：四川文理学院学报，2011.

（指导老师：刀　洁）

云南文山壮语（沙系）的构词方式浅析

陶梦思[①]

（云南民族大学）

[摘　要] 云南壮族主要分布在文山壮族苗族自治州，文山壮语分为侬系、沙系、土系三个支系。本文主要是以文山州马关县八寨镇壮族的沙支系语言词汇作为参照并进行简单研究。壮语属汉藏语系壮侗语族中的壮傣语支，在构词方式上与汉语多有相似但也存在差别，本文将通过与汉语构词法的对比来进行分析和研究。

[关键词] 文山壮语　壮语构词法　构词法比较　少数民族语言研究

一、壮语构词法研究概况

到目前为止，壮语的词汇研究主要是以广西壮语为研究对象。1984年，王均主编的《壮侗语族语言简志》中壮语词汇部分对壮语构词法做了初步的描写。2006年中央民族大学出版的《壮语通论》（韦景云，覃晓航）是第一部获得此殊荣的高校壮语教科书。描写主体是壮语标准音（壮语以北方方言为基础，以广西武鸣话为标准音）。2010年由班弨编写的《壮语描写词汇学》在民族出版社出版，这本书主要从词汇学的角度来研究了壮语。其中第二章造词法，就描写了壮语构词法。

以云南壮语为研究对象的是在2014年由云南大学出版社出版的《壮语教程》（陆保成，韦名应）属于云南民族大学民族文化学院的壮语专业教材，描写主体是云南壮语方言。但此教程比较侧重于描写壮族语音描写，词汇部分只占最后一章。

---

① 陶梦思，女（壮族），云南民族大学在读研究生，主要研究中国少数民族语言文学。

在中国知网上以壮语构词法为主要研究对象的是 2016 年上传的温州大学硕士陈雪妮的硕士论文《壮语构词法研究》。

在《云南少数民族语言文字概论》壮侗语族部分认为壮语的构词法具有以下几种特点[①]：

1. 用附加式，即词头或词尾同词根结合的方式。
2. "词根同词根"结合的复合词构词方式。
3. "通称＋专称"式的构词法。

而在《壮侗语族简志》中认为本语族构词法特点[②]是：本语族诸语言都属于分析型语言，因此，在构词方式上，首先是单音节词占优势；其次，在合成词中又以复合式的合成词占优势，附加式的合成词有限。

文山壮语和广西壮语同属于同一语言，在构词方面不会存在太大差异，小差异也只是存在在语音方面。以下通过与汉语构词法对比更能体现壮语构词法的特点。

二、文山壮语构词法

壮语词从结构上可以分为单纯词和合成词两大类[③]。

（一）单纯词

由一个语素构成的词叫做单纯词[④]。壮语的单纯词可分为单音节词和多音节词两种。

1. 单音节词

壮侗语族各语言中的词都以单音节为主，所以，它是壮语语言的基础。例如：

天 veanz [van^{35}]	有 miz [mi^{35}]	鸡 gaeq [kai^{31}]
书 sw [θɯ^{24}]	三 sam [θa:m^{24}]	盆 baenx [pan^{55}]
在 yaeuq [ʑau^{31}]	饭 haeux [xau^{55}]	重 nak [nak^{33}]
买 cwx [ɕɯ^{55}]	我 gu [ku^{24}]	这 naeh [nai^{53}]

2. 多音节词

多音节词单纯在壮语中也十分多见，在《壮语教程》中认为多音节词分为

---

① 杨光远，赵岩社.云南少数民族语言概论[M].昆明：云南民族出版社，2002.8：201~202.
② 王均.壮侗语族语言简志[M].北京.民族出版社，1984.1：3~4.
③ 王均.壮侗语族语言简志[M].北京.民族出版社，1984.1：47.
④ 黄伯荣，廖序东.现代汉语[M].增订四版.北京：高等教育出版社，2007.8：222.

两种情况：

一种是由两个以上没有意义的音节构成的，例如：青苔 daeuxgaex [tau⁵⁵ gai⁵⁵]

另一种是由一个有意义和一个无意义和一个无意义的音节构成的，例如：渣渣 nyongxnyap [ȵoːŋ⁵⁵ȵap³¹]

与此分类不同，《云南少数民族语言文字概论》中将多音节词跟汉语一样可以根据规律分为以下几类：

①双声多音节

即声母相同的双音节词。例如：

蝴蝶 mbaj mbix [ba¹¹bi⁵⁵]

知了 vangx veh [vaːŋ⁵⁵ve⁵³]

②叠韵多音节

即韵母相同的多音节词。例如：

十分 raix caij [raːi⁵⁵çaːi¹¹]

③叠音多音节

即声母、韵母全同的双音节词，这类词以副词和形容词居多。例如：

刚刚 jiangjiang [tçiaːŋ²⁴tçaːŋ²⁴]

除此外存在大量没有以上特征的多音节词，并没有被归类。例如：

星星 ndauj ndiq [ʔdaːu¹¹ʔdi³¹]

太阳 dang vaenz [taːŋ²⁴van³⁵]

扫把 mbaeg nyongx [ʔbak³³ȵoːŋ²⁴]

在汉语里，这类词被归在单纯词的其他类里。

壮语中两个音节词较多，但也存在三个或三个以上的多音节单纯词，比较特殊。例如：

蜘蛛 maeh jongq jau [me³⁵tçoːŋ³¹tçaːu²⁴]

蚁狮 maeh baenq buq [me³⁵pan³¹pu³¹]

（二）合成词

由两个或两个以上的语素构成的词叫做合成词①。合成词分为两类：一类是附加式；另一类是词根同词根相结合而成的复合词。复合词的一个主要特点就是：两个音节的结合产生的新义而不是单个词意义的简单相加。

1.附加式

由一个表示具体词汇意义的词根和一个表示某种附加意义的词头或词尾构

---

① 黄伯荣，廖序东.现代汉语[M].增订四版.北京：高等教育出版社，2007.8：222.

成。例如：

①带词头的附加式

a.带名词性词头

lik-lik fongz［lik⁵⁵fo：ŋ²⁴］手指

lik din［lik⁵⁵tin²⁴］脚趾

jang-jang haek［tɕa：ŋ²⁴xak⁵⁵］早上

jang hamh［tɕa：ŋ²⁴xa：m⁵³］晚上

b.带动词性词头

ndong-ndongz ndi［ʔdo：ŋ³⁵ʔdi²⁴］相好、情人

ndongz saeh［ʔdo：ŋ³⁵θai⁵³］相帮

ndongz ndoiq［ʔdo：ŋ³⁵ʔdo：i³¹］打架

②带词尾的附加式

iz-byak iz［pja：k³⁵i³⁵］小菜秧

mu iz［mu²⁴i³⁵］小猪仔

rin iz［rin²⁴i³⁵］小石子

壮语的词尾合成词还包括叠音词，它出现在谓词性词素后面，例如：

byaj lawx［pja¹¹laɯ⁵⁵］快走→byaj lawx lawx［pja¹¹laɯ⁵⁵laɯ⁵⁵］快快走

rueu hah hah［rø：u²⁴xa⁵³xa⁵³］笑哈哈（后面的"hah hah［xa⁵³］"是拟声词）

在壮语里，附加式的构词方式具有决定词性的重要作用，例如：

表示植物的词头：

go［ko²⁴］（棵）

go maex［ko²⁴mai⁵⁵］树木

go nya［ko²⁴ɲa²⁴］草

go maeg zoij［ko²⁴mak³³tʂoi¹¹］香蕉树

caeu- 是表示序数词的词头。如：

caeu sam［ɕau²⁴θa：m²⁴］初三

caeu siq［ɕau²⁴θi³¹］初四

caeu haj［ɕau²⁴xa¹¹］初五

表示果实的词头：

maeg［mak³³］（果）

maeg daux［mak³³ta：u⁵⁵］桃子

maeg zoij［mak³³tʂoi¹¹］香蕉

maeg liz san〔mak³³li³⁵θa:n²⁴〕石榴

表示动物的词头：

di- di ma〔di²⁴ma²⁴〕狗

di mu〔di²⁴mu²⁴〕猪

di vaiz〔di²⁴va：i³⁵〕牛

di gaeq〔di²⁴kai³¹〕鸡

bux（个）可以表示量词，如 bux hunz〔pu⁵⁵xun³⁵〕一个人 bux dianh〔pu⁵⁵tian⁵³〕那个人；还可以表示民族的词头：

bux yaex〔pu⁵⁵ʑai⁵⁵〕壮族（沙系）

bux muang〔pu⁵⁵mua:ŋ²⁴〕汉族

bux miauz〔pu⁵⁵mia:u³⁵〕苗族

2. 复合词

由两个词根构成，构成后的词所表示的意思不是两个词根意义的简单相加。

①联合式

由两个意义相同、相近、相关或相反的词根并列组合而成。例如：

名词素 + 名词素→名词

da naj〔ta²⁴na¹¹〕面子
眼　脸

gaen daenj〔kan²⁴tan¹¹〕生活
吃　穿

din fongz〔tin²⁴fo:ŋ³⁵〕手艺
脚　寸

动词素 + 动词素→动词

rongx haenj〔ro:ŋ⁵⁵xan¹¹〕来往
下　上

形容词素 + 形容词素→形容词

lai noih〔la:i²⁴noi⁵³〕多少
多　少

②修饰式

后一个词根修饰、限制前一个词根，以前一词根的意义为主。例如：

gaeq boh〔kai³¹po⁵³〕公鸡
　鸡公

ndwn haj［ʔdɯn²⁴xa¹¹］五月
月　五
laeuj ngawh［lau¹¹ŋaɯ⁵³］甜酒
酒　甜

也有修饰词素在前、中心词在后的，这种比较少。例如：
mbaw paq［ʔbaɯ²⁴pʰa³¹］头帕
片　帕

③主谓式

前一词根表示被陈述的事物（多是指人体器官的名称），后一词根是陈述前一词根的。例如：

名词素 + 形容词素→形容词
bak lai［paːk³⁵laːi²⁴］啰嗦
嘴　多

名词素 + 形容词素→动词
da nding［ta²⁴ʔdiŋ²⁴］嫉妒
眼　红

不同于侬系壮语，在沙系壮语中存在：名词素 + 名词素→动词。例如：
hoz fiz［xo³⁵fi³⁵］气愤
脖　火

④动宾式

前一词根表示动作行为，后一个词根表示动作行为所支配的对象。

动词素 + 名词素→名词
bax ndang［pa⁵⁵ʔdaːŋ²⁴］怀孕
背　身体

动词素 + 名词素→动词
gaen cang［kan²⁴ɕaːŋ²⁴］过年
吃　年

rux naj［ru⁵⁵na¹¹］认识
会　脸

⑤补充式

后一词根补充说明前一词根，以前一词根的意义为主。例如：
rongh saw［roːŋ⁵³θaɯ²⁴］天大亮　　rongz bae［roːŋ³⁵pai²⁴］往后
亮　干净　　　　　　　　　　　　下　走

除了常规的构词方式，还存在比较特殊的构词方式：用句子来表示名词。

例如：汉语中的名词"彩虹"，在壮语中用"roeg va gaen raemx qiaq［rok^{33}va^{24}kan^{24}ram^{55}tɕ^{h}ia^{31}］"来表示，直译过来是"花鸟喝露水"。

三、壮语构词与汉语构词的比较

壮语——汉语构词方式一览表

构词方式	壮语			汉语	
单纯词	单音节词：			联绵词	
	多音节词			叠音词	
				音译外来词	
合成词	复合式	联合式		复合词	联合型
		修饰式			偏正型
		补充式			补充型
		动宾式			动宾型
		主谓式			主谓型
	附加式	带词头	名词词头	附加式	重叠式
			动词词头		前加式
		带词尾			后加式

（一）相同点

1.壮语和汉语同属于汉藏语系，有相同的词汇特点。

在词汇方面，壮语和汉语的词主要由单音节的单纯词和多音节的复合词组成的，在语音上也同样存在双声、叠韵现象。构词方式上，壮语和汉语从结构上都分为单纯词、合成词两大类。

2.壮语和汉语的合成词中复合式的构词方式相同。

在合成词分类的复合词中都有以下四个构词类型：联合型、补充型、动宾型、主谓型。

3.壮语中有着和汉语相同的附加式构词法。

附加式构词法无论是在壮语中还是在汉语中都有很明显的体现，这也是壮语和汉语一个重要的构词方式相同点。

民族语言与文化

4.壮语和汉语中同样存在音译外来词。

在本文中，没有着重说明壮语的外来借词。但实际上壮语存在很多的汉语借词，并且数量庞大，已经成为壮语词汇中不可缺少的重要组成部分。

（二）不同点

1.壮语构词法是词根在前，汉语构词法是词根在后。

壮语的修饰式和汉语的偏正式是体现两种语言构词方式最大区别的地方。在壮语中的修饰式构词方式中中心词在前，修饰语在后；汉语的偏正型构词方式是修饰语在前，中心词在后。例如：汉语中的"糯米"，在壮语中是：haeux ciz［xau^{55}ɕi^{35}］，词根是"haeux［xau^{55}］（米）"在前，限定语"ciz［ɕi^{35}］（糯）"在后。

在主谓型的构词方式上也存在同样的词根位置在前，陈述语在后。主谓型在壮语中词根多是指人体器官，这类词汇数量远远不及汉语的主谓型词汇丰富。

2.壮语单纯词中分类依据是音节数量。

汉语单纯词结构清晰，数量丰富，能同一分类，壮语是参照汉语来进行分类的，但这样的分类方式尚未形成正式同一的分类方式，所以在很多书籍中仍只分成两大类，即单音节单纯词和多音节单纯词。

3.相同的词汇意义，在壮语中和汉语中的构词方式不一定相同。

例如：在汉语中"的"的用法是非常复杂的，但在壮语中并没有多大体现，因为在不同语义中，壮语"的"用不同的词。

例如：在汉语中的单纯词"马"、"牛"等动物名称，在壮语中为了表示事物分类，会在原本的单纯词根上附加前缀"di-"，变成合成词中的附加式："di max［di^{24}ma^{55}］"（马）、"di vaiz［di^{24}va：i^{35}］"（牛）。

在我看来，相同点产生的原因在于两个方面：1.壮语同汉语同属于一个语系，即汉藏语系，在一定的程度上有相似特征。2.壮语和汉语都产生于中国，在文化和世界观上享有共同的历史发展，因而壮语和汉语在构词方式上存在一定的相似性。

不同点的产生也同样在于两个方面：1.汉语的使用范围和程度远远的超过壮语，按照生物进化论"用进废退"里的"用进"来解释，就是说汉语得到了最大化的发展，无论是词汇还是语法都达到了极大的发展。2.汉语和壮语，一个是汉族使用的语言，另一个是壮语使用的语言，不同的族群有不同的生产方式、历史文化、价值观、世界观、宗教、社会层次等，在一定程度上直接影响到语言的使用和发展，无论从以上哪个角度出发，汉民族和壮族有存在巨大的差异性，所以在语言构词方面，壮族稍显贫乏。

四、结　语

　　构词法是语言词汇这部分的重要内容之一，少数民族的构词法是研究少数民族语言必要内容，也是民族文化独特性的一个重要体现。本文对文山壮语构词方式的进行了研究分析，主要是通过这样的方式更深入地了解本民族的语言，也是为了将文山壮语的特点展现给大家。要知道语言不只是包含语音，还有词汇和语法，而人们对词汇和语法的了解远远不及语音，所以应该在研究少数民族语言时语言的词汇和语法应加大研究力度，语言才能完整的被呈现。本文也存在不足，内容比较浅显，在基础方面存在很多不足，田野调查做的不够深入，文章特色不明显。但在结构上紧实明了，并与汉语做了对比，突出壮语构词方式的主要特点，本文基于这样不同于汉语构词方式的特点进行研究探析，更能清楚地分析壮语。

　　壮语是壮民族所使用的语言，是壮民族独特的文化系统，是发展和弘扬壮民族文化的重要基础。身为壮族，应当为自己的民族发展做贡献，传承本民族文化。同时，壮民族文化是中国少数民族文化的一部分，语言上的研究发展充实了中国少数民族语言文学这个庞大的资源宝库。

参考文献：

　　[1] 王均. 壮侗语族语言简志 [M]. 北京. 民族出版社，1984.1：47~51.

　　[2] 杨光远，赵岩社. 云南少数民族语言概论 [M]. 昆明：云南民族出版社，2002.8：203~219.

　　[3] 韦景云，覃晓航. 壮语通论 [M]. 中央民族大学，2006.5：134~136.

　　[4] 黄伯荣，廖序东. 现代汉语 [M]. 增订四版. 北京：高等教育出版社，2007.8：222~224.

　　[5] 陆保成，韦名应. 壮语教程 [M]. 昆明：云南大学出版社，2014.9：119~122.

（指导老师：王淑英）

藏缅语重叠式结构初探

——兼与汉语对比

王战领[①]

（云南民族大学）

[摘　要]"重叠"是藏缅语族中普遍存在的现象。本文就藏缅语语言中某些词类比较普遍存在的重叠式结构，进行语音形式、语义特征和句法功能分析，并将其与汉语进行比较。意在观察藏缅语重叠式结构的共性和个性，也从此反观汉语的某些特点。本文所涉及的藏缅语族语言有道孚语、却域语、扎坝语、木雅语、吕苏语、纳木兹语、史兴语、独龙语、怒语、嘎卓语、速浪语、勒期语、波拉语和克伦语[①]等。

[关键词]藏缅语　重叠式结构　汉语　比较研究

一、重叠的类型学背景

作为最普遍的语言学形态变化之一，重叠在世界许上多语言当中都存在。目前各学者有关重叠类型学特征的研究结果，总共有以下几条规律（阿利耶夫，2013）：

1. 如果语言中的重叠（完全或不完全）是以一种造词或构形的能产性语法手段方式而存在的话，并包括在重叠手段所表达的意义之中，我们就能发现意义的"级和量"的变化。

2. 若重叠可在语言中表示量和级减少，那么重叠在该语言中亦能表示量和级的增加。

---

① 作者简介：云南民族大学民族文化学院语言学及应用语言学专业在读硕士研究生。

3. 所有语言中，重叠都可作一种造词和构形的能产形语法手段。

4. 若重叠在某一语言中可将普遍量词混合成新词，那么它亦能形成分配数量词。

5. 重叠形式里重复的基式成分（constituent）不可能从包括在内的次成分（subconstituent）里自由选择。

6. 重叠形式里重复的数量不可能的从所有的数集里自由的选择。

7. 所有的重叠形式都涉及对词汇特征的参考。

8. 所有的重叠形式既会参考语音属性，也有参考音节数量，元辅音特[a]征和绝对线性位置。

9. 所有的语言社区都有针对小孩用的一套词汇量。这套词汇量只涉及到一些语义场（比如身体器官、身体动作、亲属关系、食物、动物、游戏等），它们包含大量使用爱称词缀（hypocoristic affixes），它们的词类功能与成人词汇相比更加自由（比如复合动词、助动词），从语音角度看它们更加简化（比如典范模式、特殊声音和音调，复印和元音的协调、重叠等）。

二、藏缅语中的重叠形式

（一）名词的重叠

在名词重叠方面，一些藏缅语存在像汉语中"蝈蝈"、"蛐蛐"等叠音方式构成的单纯词，如嘎卓语的 $ʂʅ^{31}ʂʅ^{33}$ "牙齿"、$khɯ^{31}khɯ^{31}$ "坑"。

另外的一些较常见的语义表达方式，有用重叠方位名词的方式表示说话人离所描述对象距离很远。例如：

扎坝语：$ʂte^{55}ʂte^{55}$ 上上面　　　　$tɕhi^{55}wu^{55}tɕhi^{55}wu^{55}$ 下下面

木雅语：$khæ^{24}khæ^{33}$ 上上面　　　　$pə^{33}na^{24}pə^{33}na^{24}$ 后后面

有用重叠时间名词的方式表示时间的重复。例如，

速浪语：pa^{31} 天——$pa^{31}pa^{31}$ 天天　　$tsaŋ^{31}$ 年——$tsaŋ^{31}tsaŋ^{31}$ 年年

勒期语用时间名词的重叠表示"每"的意思。在重叠词中还能加 $khaŋ^{55}$。例如：

$ŋjei^{55}ŋjei^{55}$ 每天　　　$mjen^{31}mjen^{31}$ 每个晚上
天　天　　　　　　　　晚上　晚上

$tsan^{31}tsan^{31}$ 年年　　　$ŋjei^{55}khaŋ^{55}ŋjei^{55}$ 每天
年　年　　　　　　　　天　　天

---

① 本文所使用藏缅语语料均来在戴庆厦、黄布凡等《藏缅语十五种》（1991）

怒语通过"kha^{31}+名词+ma^{55}+名词"的形式重叠，表示周遍性。少数几个时间名词重叠式可以省略 kha^{31}。如：

kha^{31}khua^{55}ma^{55}khua^{55} "每道山梁"　　kha^{31}su^{33}ma^{55}su^{33} "每人"

总的来说，藏缅语中名词重叠表示所指目标距离说话人远、时间名词重叠表示时量的重复，以及事物名词重叠表示周边性指称，这些都是比较常见的现象。值得思考的是，上古汉语也有这种名词重叠现象来表示"每"或者周边性范围的用法，并且一直延续至今。我们可以把汉语中"天天、月月、年年、夜夜、家家、字字"等AA式重叠分为"逐指型"和"泛指型"，逐指型可分为"时序逐指"与"物序逐指"。时序逐指指的是时间上的向前推进，体现了时间的线性特点。我们可以看到上古的一些例子：

汤之盘铭曰："苟日新，日日新，又日新"。(《礼记。大学》转引商汤之盘铭文，引自《十三经注疏》下册，1673面，清，阮元刻本，中国书局影印本，1980年版)

国人望君如望岁焉，日日以几。(《左传，哀公十六年》)

而逐物指指的是每一物皆如此，含有"遍及"的意思。如：

欲贵者，人之同心也。人人有贵于己者，弗思耳矣。(《孟子。告子上》)

匈奴使持单于一信，则国国使途食，不敢苦留。(《史记。赵广汉传》)

我们可以想象，在原始藏缅语和上古汉语阶段，名词重叠的"逐指"和"泛指"是其两者共有的语法现象，在其后语言演变过程中，一些藏缅语语言中的用法有所改变，比如在重叠式中间加上其他成分等等。

（二）动词的重叠

藏缅语动词普遍以单音节居多，但也有少量叠音词（包括双声异韵词或部分叠声词），叠音动词大多表示反复性、持续性或相互性动作行为。例如：

纳木兹语：ʥu^{33}ʥu^{53} 弄歪　　suo^{33}suo^{53} 摸

史兴语：ʥõ^{33}ʥõ^{55} 跑　　çy3^{55}çy3^{33} 搅　　tu^{53}tu^{33} 吮（奶）

除这一语法功能外，藏缅语动词的重叠有其他表达习惯。如：道孚语动词作谓语时，有用重叠、附加词缀、内部屈折等手段综合表现主语和宾语的人称和数。如由单向动词词根的变化表示主语数的变化：

çe 去　　ço-ŋ（我）去　　çəço-ŋ（我们）去
çi-n（你）去　　çəçi-ŋ（你们）去
çə（他）去　　çəçə（他们）去

木雅语中两个词根相同、方向前缀对立的动词组成的并列关系词组，除含动词词根原义外，还含有动作频繁、无一定方向意义，这同样构成了动词的重叠。例如：

tə³³ri⁵³nɛ³³ri⁵³　乱画　　　　　ŋgə⁵⁵xə³³thɤ³³xə³³　进进出出

史兴语动词的互动态有特定表示方式，即重叠词根（也可不重叠），并用相同的声母加元音 ʒ 组成的音节加在前面，做谓语时还要在词根后加 dʒ³³。如：

n̪o⁵³ 推　n̪ʒ³³n̪o³³n̪o⁵³ 互相推

thi⁵⁵rɛ⁵⁵ n̪ʒ³³n̪o³³ dʒ³³-ji⁵⁵。　他们互相推。

thi⁵⁵rɛ⁵⁵ qʒ³³qʒ³³læ⁵⁵ dʒ³³。　他们互相换（衣服）。

不难看出，上述藏缅语中，动作重叠所表示的语法功能具有多样性，除为说明动作本性性征外，还有像道孚语中表现主语和宾语人称和数的范畴、嘎卓语中表示疑问的句法功能。然而，就动词重叠表现动作本身特性方面，藏缅语似乎与汉语稍有不同。汉语的动词重叠日常生活中较为常见，比如："听听音乐、看看电视、打打太极"等，王还（1963）说过，（汉语中）一次非尝试性行为的动词重叠，表示动作的片段，是少量的，非永久性的，但又必须是持续一段时间的。李人鉴（1964）认为，动词重叠表示不定量的。对于尚未实现的动作行为来说，就是可以持续或者可以重复；对于已经实现的动作来说，就是曾经持续或者曾经重复。后来，一个被广泛接受的观点是动词重叠表示一个动作持续的时间短或进行的次数少。（朱德熙 1982，朱月华 1983）那么，无论动作的重复还是持续，汉语与藏缅语中动词重叠的语义表达都是相契合的，这种动作的持续，总是少量的，并且动作是由主体发出的，动作的完成有一个过程。然而在藏缅语中动词重叠表相互态是汉语所没有的，至丁嘎卓语中动词重叠表示疑问的语法功能，在汉语中更是极为少见的。这也从侧面反映了汉语的特点，即汉语是超分析性的语言，语序灵活和虚词较多，表意充分时不会只用简单的动词重叠。

（三）形容词的重叠

藏缅语形容词重叠最为普遍，如在扎坝语形容词中，叠音词特别丰富，在 146 个常用形容词中，叠音形容词有 98 个，占 60%。几乎所有藏缅语语言都有形容词重叠现象，具体如下。

扎坝语：tɕi⁵⁵tɕi⁵⁵ 大　　jr³³jr⁵⁵ 小　　ndzo⁵⁵ndzo⁵⁵ 高

重叠后表程度加大，重叠后可再加前缀或后缀表级范畴，不过词根只保留一个音节。如：

普通级	次高级	最高级	过量级
n̪i⁵⁵n̪i³³ 红	xʊ⁵⁵-n̪i⁵⁵ 较红	xti⁵⁵-n̪i⁵⁵ 最红	n̪i⁵⁵-ʂtɕi¹³ 太红
tɕi⁵⁵tɕi⁵⁵ 大	xʊ⁵⁵-tɕi³³ 较大	xti⁵⁵-tɕi³³ 最大	tɕi⁵⁵-ʂtɕi¹³ 太大

木雅语：ɣui³³ɣui⁵³ 厚　　　　mbɐ³³mbɐ⁵³ 低　　　　ki³³kɐ⁵³ 大

有一部分带叠音词尾的三音节形容词，除表示颜色或性状外，还有某些附加意义。例如：

nə⁵³phæ³³phæ³³　黄蜡蜡（指病态脸色）

nə⁵³zə̣³³zə̣³³　黄灿灿（指太阳、金子、绸缎等的颜色）

ni⁵³zə̣³³zə̣³³　红艳艳（指火、花朵）

一部分双音节形容词可以重叠表示程度加强。重叠时第二音节声调变为15调，或变55调再加上后缀 ɦu⁵⁵。重叠部分一律读33调。如：

kæ³³ji⁵³ 多　　　　　　　　kæ³³ji¹⁵ kæ³³ji³³ 多多的

nɐ³³nɐ⁵³ 早　　　　　　　　nɐ33nɐ53ɦu55nɐ³³nɐ33 早早的

怒语绝大多数形容词都能重叠，重叠后表示程度加深，并可附加 a³³、xa³³。如：

ba³¹ba³¹a³³（xa³³）白白的　　　　n̪a⁵³n̪a⁵³a³³（xa³³）脆脆的

但是，重叠之后还可加词头 a³¹、mɯ⁵⁵，表示程度减弱，即"有点儿、不太"的意思。

如：mɯ⁵⁵ba³¹ba³¹a³³ 有点儿白　　　mɯ⁵⁵kɹə̣⁵³kɹə̣⁵³a³³ 有点儿瘦

a³¹baʂ⁵⁵baʂ⁵⁵a³³ 有点儿薄　　　a³¹tʂɔ³³tʂɔ³³a³³ 有点儿窄

怒语形容词重叠后还可前加 kha³³，表示程度最深。

如：kha³³m̪ɹɐ³³m̪ɹɐ³³a³³ 最高的　　　kha³³uɐ⁵⁵uɐ⁵⁵a³³ 最远的

重叠后如前加 dzi31，则表示两者一样。

如：dzi³¹ɣɹi⁵⁵ɣɹi³³a³³ 一样大　　　dzi³¹m̪ɹɐ³³m̪ɹɐ³³a³³ 一样高

上述藏缅语形容词的重叠有以下几个特征：

Ⅰ 一般都表示形容词所描述事物的特征程度加深，个别情况下表示程度减弱（如怒语和景颇语），在句中作谓语、定语或状语；

Ⅱ 有些语言在叠词前后再加词缀表示程度的进一步加深，或者表示形容词的等级范畴（比较级、最高级或者同等级）；

Ⅲ 重叠形式多以单音节语素重叠，但也有ABB、AAB和各种四音格形式（见后面专节）。重叠后的双音节、三音节或四音节词中有些会发生变调或元音和谐现象；双音节词重叠后一音节，也可以重叠词根，如独龙语。

Ⅳ 一些形容词重叠后，除表示颜色或性状外，还有某些附加意义，即表示特定的某一类事物的特点。

朱德熙先生认为，汉语重叠式状态形容词的语法意义里都包含着一种量的观念在里面（2014）。这种量也就是我们所说的程度，而且这个程度是一种具有伸缩性的模糊量,这一点在藏缅语族怒语和景颇语中我们可以观察得到,即通过不同的前后缀,形容词重叠所表现的程度有加深或减少两种不同的趋势;而汉语中重叠状态形容词所表示的程度深浅则跟它们在句子里的位置有关系。大致来说,在定语和谓语两种位置上表示轻微程度,在状语和补语两个位置上则带着加重或者强调的意味。

藏缅语形容词重叠式中,有的是完全重叠法即整个词的重叠;有的是部分重叠法即词的一部分重叠;还有重叠法加变异法的混合式,即重叠式中嵌入其他成分来表示新的语法意义。总之,藏缅语形容词重叠式虽然主要表示的是程度的语法意义,但不论在语义和形式两个方面都呈现出多元化的情况(丁崇明,2001)。

(四)量词的重叠

量词包括名量词和动量词。藏缅语语言中,量词的使用大多同数词结合起来,如若重叠,有的重叠整个数量短语,有的只重叠量词。其所表示的语法意义一般有事物的"周遍"意义、动作的"连续"意义和数量上的"多"或约数。如:

速浪语名量词可以重叠,重叠后表示"每"的意思。例如:

jauk^{31}jauk^{31}jɛ^{35} 每个人都去　　tau^{35}tau^{35}kai^{31} 每条都好
个　个　去　　　　　　　　条　条　好

而动量词单独不能重叠,同数词结合后才能重叠,重叠后表示"各"的意思,位于动词前作状语。例如:

sam^{31}tɛ^{31}tɛ^{31}vɔʔ^{31} 各抬三次　　ʃik^{55}laŋ^{31}laŋ^{31}li^{55} 各来两回
三　次　次　抬　　　　　　二　回　回　来

波拉语量词和数词组成的数量词组,在句中可以重叠。如果数量词组整个重叠,表示动作依次进行或重复进行的意思;如果只重叠量词,则表示"每"的意思,都在句中作状语。如:

tǎ^{31}tɛ^{55} tǎ^{31}tɛ^{55} ʒɛ$^{31/55}$pɔ^{35}　　一趟一趟的帮助
一　趟　一　趟(助)帮助

tǎ^{31}juaʔ^{31}sãm^{55}laŋ^{55}laŋ^{55}vaʔ^{51}　　每人抬三次
一　人　三　次　次　抬

部分量词前面加上 tǎ^{31} "一"重叠后表示多数。如:

tǎ^{31}tʃɛʔ^{55}tʃɛʔ^{55}　一瓣瓣　　　tǎ^{31}taŋ^{31} taŋ^{31}　一捆捆
一　瓣　瓣　　　　　　　　一　捆　捆

在重叠形式上,有些语言数词可放在重叠量词中间,量词重叠后还可再加数量结构，如嘎卓语。嘎卓语有一些量词重叠后，位于名词后起到补充名词的作用，然而若带数词，则加在重叠的量词之间。例：

jɛ^{33}tɕha^{31} 烟叶　　　　　jɛ^{33}tɕha^{31}tɕha^{31} 烟叶

jɛ^{33}tɕha^{31}tɛ^{31}tɕha^{31}　　　一片烟叶

有一部分带重叠量词的名词还可再加数量词组，例：

ni^{31}tʂʅ^{33}pv^{31}pv^{31}　　　胡子

ni^{31}tʂʅ^{33}pv^{31}pv^{31}tɛ^{31}kɤ^{24} 一根胡子

藏缅语量词重叠所表达的语法意义，在汉语中也经常见到（郭继懋，1999）：

当量词重叠在句子中作主语、主语里的定语和部分由动量词充当的状语时，表示周遍性意义（也即"每一"意义）。如：

他一共学五门课，门门都得优秀。

条条标语都是对的。

当量词重叠作状语，后面的谓语里没有范围副词"都"，也不可能加上范围副词"都"，在此条件下，其语法意义表现为"连续（逐一）"。如：

领导者要有自我批评精神，不是层层对下批评。

光荣传统代代传。

郭继懋先生认为，上述两种语义表达可以一语概之，那就是量词的重叠，表达一种主观感受到的物体（对名量词而言）或事件（对动量词而言）重复存在的状态，简单地说，即表达物体或事件重复存在，其具体的表现形式是在不同环境下的不同体现。

（五）代词的重叠

藏缅语代词重叠最普遍的现象是疑问代词重叠表多数。如：

扎坝语：ji^{33}nɿ^{55}（昨天）shə^{55}（谁）shə^{55}（谁）va^{33}（来）？

昨天都来了些谁？

nv^{55}（你）ke^{55}（哪里）ke^{55}（哪里）tʌ^{33}-ji^{33}-na^{55}（去过）？

你都去哪些地方？

有些语言中双音节只重叠后一音节，如

速浪语：khak^{55} 谁——khak^{55}khak^{55} 哪些（人）

pɛ^{55} 什么——pɛ^{55}pɛ^{55} 一些什么

kɤ̃^{31}jauk^{55} 哪个（人）——kɤ̃^{31}jauk^{55}jauk^{55} 哪些（人）

khɤ̃^{31}tʃuŋ^{31} 哪种——khɤ̃^{31}tʃuŋ^{31}tʃuŋ^{31} 哪些种

现代汉语中可以重叠的代词有：疑问代词"谁、"什么""如何"、"怎么"、

"怎样"、"哪里"、"多少"等，只是代词"这么""这样""那么""那样""一切""各""彼此""某"等，共15个，约占代词总数的30%。与藏缅语不同，汉语中的疑问代词不表疑问，一般都表示说话人对重叠式所指代的事物或现象的主观量化，含有"多"义，并附有描写意味。如：

先生像和谁谁赌气似的，常常捣鼓好一阵子，拿他还真没办法。《注定独身》

韩超问丫儿，怎么不见谁谁谁呀。《女儿·妻子·情人》

由此可见，在代词重叠方面，不管是代词的类型还是数量，亦或是语义表达上，藏缅语和汉语都有较大的差别。

三、总　论

藏缅语族语言中，重叠式结构是一个普遍的且值得我们注意的语法现象。上文中，我们对藏缅语中名词、动词、形容词、量词、代词中的重叠结构进行了简单的分析。其中，名词的时间名词重叠多表示所指目标距离说话人远、时间名词重叠表示时量的重复，以及事物名词重叠表示周边性指称；动词叠音动词大多表示反复性、持续性、相互性动作行为；形容词重叠一般表示形容词所描述的事物性状特征的程度的加深，个别情况下表示程度的减弱，或者表示形容词的等级范畴（比较级、最高级或者同等级）；量词中名量词重叠表示事物的"周遍"意义或数量上的"多"、动量词多表示动作的"连续"或"逐一"；代词中的疑问代词重叠表多数。

实际上我们不难察觉到，藏缅语名词、动词、形容词、量词、代词重叠式的语义特征，实际上所表达的是"量"的概念和"量"的范畴。不管是距离、程度、或是周遍性，都是与量或量的指称有关，并且这种表达方式是一种稳固的形态，已经属于构词形态范畴。

参考文献：

[1] 阿利耶夫. 现代汉语形容词重叠式的相关问题研究 [D]. 上海：华东师范大学，2013

[2] 刘雪梅. 现代汉语中的名词重叠现象研究 [D]. 四川：四川大学，2004

[3] 王还. 动词重叠 [J]. 中国语文，1963（1）

[4] 李人鉴. 关于动词重叠 [J]. 中国语文，1964（2）

［5］陈立民.论动词重叠的语法意义［J］.中国语文，2005（2）

［6］李宇明.双音节性质形容词的 ABAB 式重叠［J］.汉语学习，1996（4）：24~27

［7］朱德熙.语法讲义［M］.北京：商务印书馆，2014

［8］丁崇明.汉语、藏缅语形容词重叠式的特殊用法［J］.云南民族学院学报，2001（5）

［9］戴庆厦、黄布凡等.藏缅语十五种［M］.北京：燕山出版社，1991

［10］郭继懋.再谈量词重叠形式的语法意义［J］.汉语学习，1994（4）

［11］华玉明.代词的重叠用法及其表意特点［J］.湖南师范大学社会科学学报，2001（5）

［12］戴庆厦.汉语与少数民族语言语法比较研究［M］.北京：民族出版社，2006

［13］李云兵.苗语重叠式的构成形式、语义和句法结构特征［J］.语言科学，2006（2）

（指导老师：周德才）

以谐发铎 妙趣横生：
论沈起凤《谐铎》的美学追求

徐梦菲[①]
（云南民族大学）

[**摘　要**]《谐铎》是一部文言短篇小说集，其寓嬉笑于言谈之中。采用雅俗共美的手法使《谐铎》在语言上有很大的突破，既增添了文章的活力，同时又使文章别具新意。沈起凤善于运用诙谐幽默的故事来描写场面和人物，这样的叙事方式有张力，给人留下的印象也更为深刻。沈起凤注重刻画人物的各个侧面，兼顾人物形象的多样性，使读者仿佛身临其境，如见其人。同时他还善于运用巧妙的构思来展现不一样的传奇神话故事，故事结构巧夺天工，勾勒出了一个奇伟绚丽的艺术世界。《谐铎》在文学上的贡献不可小觑，在文学史上有着重要的地位。

[**关键词**]《谐铎》　沈起凤　美学追求

引　言

沈起凤（1741~1802），字桐威，自号红心词客，清代著名小说家。乾隆三十三年中举，此后屡试不第，仕途失意，便寄情词曲。沈起凤生平著述颇丰，著有《千金笑》、《泥金笑》、《黄金屋》、《谐铎》等多部脍炙人口的佳作。沈起凤的家庭环境及友人对他的文学创作产生了深远的影响：沈起凤出生于书香门第，从小就身处文学氛围较为浓厚的环境中，耳濡目染，日益熏陶，为他以后的文学创作打下了坚实的基础；沈起凤交游甚广，在他名满大江南北之时，

---

① 徐梦菲，女（汉族），云南民族大学民族文化学院在读研究生。

不少文人墨客都折交之。与其他文人才子的交流使沈起凤拓展了视野，丰富了见闻，使其文笔更为斐然，真可谓"笔翰如流"①。

沈起凤的《谐铎》成书于乾隆五十六年（1791），全书共12卷，122篇，书名《谐铎》意思就是寓劝诫于嬉笑言谈之中。这一百二十篇文言短作以诙谐幽默、寓庄于谐、寓教于乐、讽谏劝善的方式描绘了人间百态，把社会的腐败、人世的险恶展现地淋漓尽致。最早对《谐铎》进行研究的是沈起凤的好友吴起凤，近年来对《谐铎》的研究迈上了一个新的台阶，越来越多的人注意到了《谐铎》的美学价值，《青灯轩快谭》里曾这样评说《谐铎》："《谐铎》一书，聊斋以外，罕有匹者。"虽然有些夸张，但也可看出《谐铎》成就非同一般。

一、《谐铎》雅俗兼美的语言

语言是文学的艺术，是文学的第一要素，对一部作品的好坏来说语言起到很大作用。每位文学大师都可堪称语言巨匠，他们将生活转化成语言，将自己对世事的看法展现地淋漓尽致，勾勒出他们最真诚的内心世界。《谐铎》的语言优美生动，形象精炼深刻，王渔洋曾评价《聊斋志异》的语言"或探原左、国，或脱胎韩、柳，奄有众长，不名一格"②，用此来评价《谐铎》的语言艺术也不算溢美之词。《谐铎》的语言兼顾雅与俗，体现出古典诗意之美，富含生活气息，全书随处可见的口语，读起来可谓妙句连珠。

（一）古典诗意之美

《谐铎》是一部充满诗意美的文言小说，它的诗意美是我们不可忽视的重要部分。《谐铎》的语汇，就浅熟，避冷僻，借用了较多的《诗经》和《楚辞》用语，如青衿、鸠占、袅袅、迢迢、兮、呜呼、矣。《屏角相郎》里便含有"伤心之谶，见乎词矣"这样的词。这样的词使小说更富含生命力，生动形象，略懂文墨的人一看便知其意义。

《谐铎》的诗意美不仅体现在其语汇的使用上，还体现在它的格式中。《谐铎》中有大量的唐诗般对仗的结构，如《穷士扶乩》中的一段："误驾慈航海上回，风波涌断讲经台。年来说法成空相，愿咒莲池化酒杯。菩提露滴酒家缸，醉倒禅床气未降。"看起来与七言诗的格式极为相似，读起来朗朗上口。这种结构在描写人物、情节、环境的时候都有大量的运用，为整个小说的诗意之美

---

① 朱捷.论《谐铎》的美学贡献［J］.汉中：汉中师院学报，1986，（3）
② 张建利.清代小说《谐铎》研究历史及现状［J］.鸡西：鸡西大学学报，2011，（5）：110~11

大大加分。

　　《谐铎》中不仅有类似于诗体的结构，在叙述故事时还夹杂着不少诗歌，使《谐铎》的诗意之美更加突出。《谐铎》中的诗借人物之口来述说，在阅读的时候仿佛身临其境，如在《北里》中便存在这样两首诗：

　　偶于商家林，见旅店壁上，有赠妓地栗儿一诗曰：

　　芳名未许近花丛，家住莲塘东复东。

　　应是前身郑家婢，至今犹自辱泥中。

　　赠妓黑丫鬟一诗曰：

　　几度妆成照墨池，乌衣巷口弄娇姿。

　　梨花深处浑难觅，立到黄昏月上时。

（二）富含口语色彩

　　《谐铎》的语言不仅文采缤纷，且富含大量的口语。就如黄侃在评价曹植的诗时说："文彩缤纷，而不离闾里之质"，把这句评价用于《谐铎》也并不为过，《谐铎》语言的精彩缤纷自然不用言说，但同时《谐铎》中所蕴含的口语也非常丰富。《谐铎》和《聊斋志异》一样，它们都是文言小说，然而它们所面对的群体是广大的老百姓，作为一个消遣性的读物它不可能满篇的"之乎者也"。文言能够提高文章的典雅性，但全是文言便不能激起读者的阅读兴趣。有的人认为口语是俗语，不能登大雅之堂，但是在描写人物时运用口语能精确的将人物的性格和行状描绘出来，而文言却做不到这一点。且纵观历史长河，没有一位作家不是在向人民群众学习语言，从群众语言中汲取有营养的语料，从而丰富自己的语言，形成自己的语言风格，使自己的文章更有张力，同时能够接近群众生活，使群众阅读的时候更加简单易懂。蒲松龄是文学史上第一个将口语大量的应用于文言小说的作家，后来的作家纷纷效仿，《谐铎》就是运用口语较多的一部文言作品。

　　《村姬毒舌》中衣锦还乡的状元陈公，被村中老妪戏谑、揶揄的对话就是极为口语化的。陈公见老妪女儿貌美，便想上前提亲，于是开始自我炫耀，以自己是当朝状元引诱之，谁知老妪并不吃他这一套，老妪评曰："吾谓状元，是千古第一人，原来只三年一个！此等脚色，也向人喋喋不休，大是怪事！"陈公见此状脱囊中双南金予之，以金钱引诱之，老妪曰："吾家有桑百株，有田半顷，颇不忧冻馁，是物恐此间无用处，还留状元郎作用度。"最后老妪掷之地曰："可惜风魔儿，全无一点儿大雅相，徒以财势恐吓人耳！"老妪的回话句句噎人，使陈公不战自退。这样的语言来源于人们的口语而又被作者借来去巧妙地描写小说中的生活场景，真是无处不精彩。

二、《谐铎》诙谐幽默的叙事

《谐铎》顾名思义就是以"谐"发"铎",简单来说也就是用诙谐搞笑的故事来阐发深刻的道理,可以说诙谐幽默就是《谐铎》叙事风格的一个代名词,当然这与作者所讲的故事本来就好笑有关。作者对世事有着敏锐的观察力,他善于将生活中的丑恶现象和人性的弱点以讥讽搞笑的方式表现出来,把愤世嫉俗的作品在其冷峻的基调上添加一些喜剧性色彩。读《谐铎》可以明显感觉到其中的"谐趣",其叙事的幽默性也是全书谐趣产生的原因之一。

《谐铎》中有各式各样的人物,如侠肝义胆的方芷,刚正不阿的营卒,鬼妇,僧尼,才女,寒士,达官等等,但最引人注目的便是其中讥讽搞笑的人物形象,因为在这个人物形象之下反映着各类丑暗的世态人情。沈起凤善于将一些不登大雅之堂的人物进行艺术化处理,让这些人物在其搞笑的表面之下隐含着讽世的深意。

《兔孕》中,綮儿与韦生宠姬阿紫私通导致阿紫怀孕,因此欺骗韦生说他怀了韦生的孩子,由此而展开荒唐闹剧。男子后庭生育,天下可废妇人,这本身荒诞的事情却让韦生大喜不已道:"不入兔穴,焉得兔子?从此守株而待,不必更营三窟矣!"看到这句话不禁让人发笑,韦生不知道自己被戴绿帽子,竟还高兴的为他人做嫁衣裳,可笑可悲至极。土地庙的神像,本应为无知无感之物,竟然"遇郡守廉,则两手纳于抱袖;如贪黩者守是郡,则伸手作乞钱状",这样的形象当然不是只为了调侃,它反映人人都讨厌贪官,即使是本来并无知觉的事物。《怕婆县令》中以刻画人物的形态动作来表现出人物的丑态从而达到嘲讽的效果,文章开头便说"县令某,性猥鄙",作者用"膝行至堂上"、"匍匐不起"、"仰首启白"来表现其猥鄙之态,又用他对夫人的形态"叩首问安"、"膝行趋伏"、"据地扣头以百数"来表现其唯唯诺诺,无一点阳刚之气的丑态。若是夫人有半点不悦,便口呼:"求夫人训诲。"叱之,始战栗而出。这里对令某的行状进行描写,就是想要从其动作所引发出的笑料来达到讽刺的目的。

三、《谐铎》生动形象的人物刻画

《谐铎》中的人物刻画非常生动,极其传神。沈起凤重视小说中人物的身份、地位、经历、气质,它们决定着人物的性格,影响着人物的言行,沈起凤通过人物的外貌、语言、行径、心理活动展示人物的性格特征和思想感情,从而达到传神的目的。乾隆时期的诗人以一句"传神文笔足千秋"来推许曹雪芹及其作品《红楼梦》,这里来推许《谐铎》,是以为沈起凤的《谐铎》也是一部"传神文笔足千秋"的佳作[①]。在我国古代"传神"是文艺理论的重要主张,古典小说中也不乏传神的佳作名篇,《谐铎》可以算是短篇小说中的佼佼者,在人物刻画和塑造方面,可以与当时风行大江南北的《聊斋志异》相媲美。

(一)人各面目,其神不同

《谐铎》共122篇,其中一些属于志怪、传闻,有些属于奇闻轶事,集中描写的形象包括人、狐、鬼、怪、花妖、神仙等,其中许多形象性格突出,有些温婉贤淑,有些刚正不阿、高洁正直,有些猥琐鄙夷、贪得无厌,令人印象深刻。读过《谐铎》之后各类形象便映入脑中,如方芷、小苗儿、湘绾、线娘、邢氏、喜儿、霍小娪等一众女性形象,以及蒋生、陈公、韦生、穆翁、黄之骏等男性形象。

《谐铎》中沈起凤很少就人物的外貌进行描写,不论男女,沈起凤在刻画人物形象时多将重点放在人物的性情和身份上[②]。描写女性时,比如写李秋蓉是"吴江徐公子宠姬也,有慧性,妙解音律",写佩纕是"锦屏女子叶佩纕,有夙慧,七岁就傅读书,通妙解",写三娘子是"宜兴北乡有女祟,号菜花三娘子,俗传五圣第三郎之妇",写兰蕊是"邯郸挟瑟倡也",写小苗儿是"画微黑,眉目有姿致,随夫王五丐于淮"。沈起凤对于女性形象的刻画摒弃了常用的沉鱼落雁、闭月羞花的俗套,而是给予每一个女性以新的身份及性格,读起来清灵通透,错落有致。在仅有的几笔之中,就可以把这个人的神态描写得非常充实,让读者在阅读的时候可以真实地感觉到她们每个人不同的神采。描写男性时,比如写陈小梧是"负才傲物,多所凌折",写今某是"性猥鄙",写曹某是"有文名,而性气殊傲",写陈庶鹿是"素滑稽",描写男性同描写女性人物一样,很少对外貌着笔,即或着墨,也只是潦草勾勒几笔。

沈起凤的这种重视神态而不重视形态的传神写法,是对传统艺术写意手法的继承和发扬。作者不留意于"毛发耳目,无一不合",而着重刻画人物的神气,人的面貌各不相同,但其实人与人之间真正的不同在于人本身的精神世界。沈起凤抓住人物的性格,思想,神态,从而塑造了丰富饱满的人物形象。

---

① 詹颂.《谐铎》的艺术追求与创新[J].北京:北京大学学报,2003-3
② 张建利.论清代文言小说《谐铎》俳谐手法[J].呼和浩特:内蒙古电大学刊,2008,(1):43~44

四、《谐铎》巧妙灵活的构思

《谐铎》是继唐传奇之后我国文言小说的一个小高峰，它巧妙的艺术构思和丰富的精神世界是留给后人的一笔宝贵财富。《谐铎》作为一部叙事小说，在编撰故事和塑造人物的时候就已经加入审美情趣。到蒲松龄，在小说中加入审美情趣已经达到了一个较高的境界，再到沈起凤时更是青出于蓝而胜于蓝。沈起凤创作《谐铎》时，在小说的形式、表现手法等方面做了多种探究，将虚幻与现实相结合，创作出这一巧夺天工的短篇小说集。沈起凤在整个小说的构思上注入了大量的心血，特别是这两种手法的使用使小说内部篇与篇之间存在着某种自然的有机联系，体现出作者的创作意图，又彰显了整部小说结构上的美感。

（一）虚幻与现实的结合

《谐铎》中的很多故事都将虚幻的事物纳入人的生活世界中，从而去阐释一些道理，或者抒发作者的态度和看法。有人说《谐铎》是《聊斋志异》的后尘之作，这也不是完全没有凭据，《聊斋志异》含有大量的关于人和狐以及人和鬼之间的故事，《谐铎》中也有，这些故事的目的大多是抨击社会的黑暗以及世间的冷暖人情，但有一点不同的是蒲松龄主要通过人与狐和鬼之间的爱情来表达对人世的态度，而沈起凤则与之不同，并没有过多的去描写他们之间的爱情。这种"神"与"人"相结合的产物极大丰富了人们的视野，揭露现实的黑暗也比较彻底，创造出许多标新立异的形象。

如《狐媚》写宁生热爱读书，对色与财不屑一顾，于是不听朋友劝告住进了狐狸较多的范式废院，可谁知狐狸狡猾多变，不直接以貌与财引诱宁生，而是投其所好与宁生谈起了诗词书画，很快便获得了宁生的爱慕之情，并使宁生一步步沦陷。宁生"不半月，神疲气殆，渐不可支"，最终"病瘵死"，这篇文章揭示了一个道理：但凡是人，总会有自己的弱点，不能狂妄自大，以致让一些小人抓住自己的软肋不能动弹，谨慎行事才不至于让自己投入狡猾之人所设下的陷阱。《森罗殿点鬼》讲的是阎王已二三十年没有清点过鬼册，恐怕有所纰漏，便亲自检查，愕然发现八万四千催命鬼投身人世，为医为娼，在地府中饿了四千年的饿鬼投身之后作了县令，他们大都贪污腐败，为害百姓，百姓的生活可想而知。投胎为医的尽是庸医，庸医娼妓追逐财富，可见世风日下，道德沦丧。作者通过这些来抨击当时社会的黑暗，官场的腐朽，以及来表达对生活在水深火热之中的百姓的同情。

狐妖鬼怪本就不存在，它只是作者用来阐发事理的工具，或是抨击，或是表达作者自己的美好愿望。将虚幻与现实结合的艺术构想能够碰撞出让人眼前一亮的火花，就如《谐铎》中的鬼神故事一样，带来的不只是故事的新奇，而更多的是值得回味思考的东西。

五、结　语

上述分别从语言、叙事、人物刻画、构思四个方面对《谐铎》的美学追求进行了概括，但《谐铎》这部文言小说集的价值远远超脱人们的预想，它的美学价值更是值得探究。《谐铎》是一部值得玩味的志怪小说集，而且在志怪的某些方面沈起凤的文学功底并不逊于蒲松龄，沈起凤深受蒲松龄的影响，但是《谐铎》较于《聊斋志异》而言增加了很多进步意义。对《谐铎》美学追求的研究不仅让读者更加的理解《谐铎》，同时也有利于读者对沈起凤所在的那个时期的经济文化和社会文化的深入了解。

参考文献：
[1]曹远.浅析《聊斋志异》人物形象塑造艺术[J].北京：中国石油大学胜利学院学报，2013
[2]董建华.试论《谐铎》中的"铎"与"谐"[J].南宁：广西教育学院院报，2007，(87)：129~132
[3]都媛.浅析《聊斋志异》中人物的语言特点[J].长春：吉林省教育学院学报，2014，(4)：5~6
[4]胡丽娜.文心与佛心—沈起凤《谐铎》的中枢[J].武汉：湖北大学学报，2003，(6)：680~683
[5]侯敏.论《谐铎》的性灵形象与意蕴[J].中国文言小说研究，2010，(4)：130~137
[6]刘水云.从《谐铎》对《乐府传声》作者的曲解看其谐虐风格[J].明清小说研究，2003，(67)：213~217
[8]欧阳健.沈起凤与《谐铎》[J].中国文言小说研究.2003，(2)：129~145
[9]沈起凤.谐铎[M].北京：北京人民文学出版社，1988

（指导老师：刘　青）

民族语言与文化

"动词'闹'+X"的语义研究

徐 蓉[①]
（云南民族大学）

[摘 要] "闹"在现代书面语和口语中都是使用得比较多的一个字，除了《现代汉语词典》所给出的义项外，还有其他的一些义项，语义比较丰富。笔者以"动词'闹'+X"为基础，以语料库中的资源为主，对"闹"的义项及"X"的语义范畴进行分析。

[关键词] "动词'闹'+X" "闹"的义项 "X"的语义范畴

"闹"在现代书面语和口语中使用的比较多，前人的研究也比较多，因此，笔者就在前人研究的基础上，从现代语义学的角度出发，对"闹"字进行再研究。

一、"动词'闹'+X"中"闹"的义项研究

（一）词典中"闹"的义项小结

"动词'闹'+X"中"闹"的语义包括两个方面：

1. "闹"的本义。在《新华字典》中，"闹"作为动词的第一个义项是"喧哗；搅扰"。例如：不要闹了。而在《现代汉语词典》中，"闹"作为动词的第一个义项则是"吵；争吵"。例如：①又哭又闹。②两个人又闹翻了。根据前人的研究，我在这里将取《现代汉语词典》里的"吵；争吵"这一义项为本义。

2. "闹"的其他义项。《新华字典》中的释义:（1）"戏耍；耍笑"。例如：

---

① 徐蓉，女（汉族），云南民族大学民族文化学院在读硕士，主要研究语言学及应用语言学。

闹着玩儿。(2)"发生(灾害或不好的事)"。例如:①闹肚子。②闹笑话。(3)"发泄,发作"。例如:①闹情绪。②闹脾气。(4)"干;弄;搞"。例如:①闹革命。②闹生产。

《现代汉语词典》中的释义:(1)"扰乱,搅扰"。例如:①闹公堂。②大闹天宫。(2)"发泄(感情)"。例如:①闹情绪。②闹脾气。(3)"害(病);发生(灾害或不好的事)"。例如:①闹病。②闹水灾。③闹矛盾。(4)"干;弄;搞"。例如:①闹革命。②把问题闹清楚。(5)"开玩笑;逗"。例如:①打闹。②闹洞房。

以上部分只是"闹"的一些基本含义。事实上,围绕着这些基本含义,通过结构变换,"闹"字还有很多其它的意义。以下为具体例子及说明:

(1)多少妖言闹不清。(分辨)

(2)闹辞职、闹离婚。(想要)

(3)一双眼睛也闹得歪不歪正不正然失了从前部位。(折腾)

(4)晒一季槐米能闹个百儿八十的。(挣,赚)

(5)闹了半夜不曾写出一个字来。(想,思考)

(6)万一闹到日本人耳朵里去。(捅,传)

(7)闹耗子。(毒)

(8)王一瓶接过来,在桌子角上磕掉铁皮盖,仰脖咕嘟闹了一大口。(华北俚语,吃喝)

(9)自从弃暗投明他们蒙古人都闹我是个饱学老夫子。(说,夸赞)

(二)"动词'闹'+X"的组合

"动词'闹'+X"的组合,简而言之,就是"闹"与其他字、词、短语等组成的整体,表达某种含义的结构。具体说来,可按照动宾式,动补式展开分析,而区分它们的依据是"闹"和"X"的关系。如果二者是支配关系或能用"闹什么"提问或能转化成"把什么闹了",则是动宾结构;若是补充关系或能用"闹得怎么样了"提问,则是动补结构。下面的例子都是基于语料库选择的。

1."动词'闹'+X"结构的动宾式分析

(1)根据对"闹"字的结构分析,还可以将动宾式分为如下几类:

①你别叫我闹笑话吧。

　　但是有一年闹饥荒了。

　　就要来闹洞房了。

　　(此处"笑话"、"饥荒"、"洞房"为名词,作宾语)

②阔京官来闹窑姐的不计其数。

（此处"窑姐"是妓女的代词，作宾语）

③当时马俊仁正在闹辞职。

　　既和家庭闹革命。

　　（此处"辞职"、"革命"为动词，作宾语）

④闹了个手脚酸痛。

　　闹得我天昏地暗。

　　（此处"手脚酸痛"、"天昏地暗"为主谓短语，作宾语）

⑤闹了一次锣鼓，放了一次鞭炮，又一样高兴的闹回来。

　　甭提啦，又跟那个老东西闹了一肚子气！

　　（此处"一次锣鼓"、"一肚子气"为数量短语，作宾语）

⑥也有闹捉奸闹人命。

　　闹害喜。

　　（此处"捉奸"、"害喜"为动宾结构，作宾语）

⑦你闹资产阶级自由化。

　　老舍《四世同堂》告诉你，外边闹日本鬼子哪！

　　（此处"资产阶级自由化"、"日本鬼子"均为偏正短语，作宾语）

2. "动词'闹'+X"结构的动补式分析

根据动词"闹"和其补语的关系，我们可以将动补式结构分为粘着式动补和组合式动补。

（1）粘着式动补是指动词"闹"与动态助词"着、了、过"以及一些补充说明的词结合形成的结构。

①你莫非是闹着失恋的一类事吧？

　　（此处动态助词"着"作补语）

②闹了事吃了亏。

　　（此处动态助词"了"作补语）

③几乎没有闹过贼。

　　（此处动态助词"过"作补语）

④天明时闹起来是要不得了的。

　　（此处趋向动词"起来"作补语）

⑤我何至今夜闹到这般狼狈。

　　（此处介词"到"作补语）

⑥这么冷的天谁高兴闹一夜。

　　（此处数量词"一夜"作补语）

（2）组合式动补是指动词"闹"与某些词组合在一起，形成了一个固定的新结构。

①地方告警闹纷纷。

旗锣伞扇闹鲜鲜。

竹州城里闹盈盈

（此处为"闹+叠音词"的结构）

②曾老伯，您不要闹糊涂。

我看这证据是闹错的罢了。

（此处为"闹+形容词的结构"）

③你是为了我们才和他闹翻了的？

有一天事情闹穿了。

（此处为"闹+动词"的结构）

④吃饱了撑的闹他爷爷的民主。

（此处为"闹+偏正短语"的结构）

⑤闹得落花流水。

近来外面闹绞肠痧闹得利害呢。

（此处为"闹+得+X"的结构）

⑥后来假意闹散场子。

（此处为"闹+散"的结构）

（3）"闹了个 X"结构：此类结构可换为其他动补形式。例如：

①闹了个七尸八命。

（名词做宾语，可改为"闹出了七、八条人命"。）

②闹了个哄堂大笑。

（偏正短语作宾语，可改为"闹得哄堂大笑"。）

③我先父做了一世的清官到后来只叫贾似道一个参本就闹了个家散人亡。

（主谓短语作宾语，可改为"闹得家散人亡了"）

以上例子主要说明了"动词'闹'+X"的几种不同的组合，主要是动宾式和动补式这两种结构，另外就是一种特殊的"闹了个X"结构，说明了"闹"的能产性是非常强的。

（三）确定动词"闹"的义项

由于每一个义项所对应的语料库中的例子比较多，完全列举出来是有一定困难的，所以在这里，每一个义项选择一至两个例子予以说明。

序号	义项	"动词'闹'+X"
1	吵；争吵	他们俩又闹翻了。
2	扰乱；搅乱	孙悟空大闹天宫。
3	发泄（感情）	①闹脾气 ②闹情绪
4	害病；发生（灾害或不好的事）	①闹事 ②闹洪水
5	干；弄；搞	①闹元宵 ②闹革命
6	开玩笑；戏耍	①闹洞房 ②闹着玩儿
7	分辨	多少妖言闹不清。
8	想要	①闹辞职 ②闹离婚
9	折腾	一双眼睛也闹得歪不歪正不正全然失了从前部位。
10	挣；赚	晒一季槐米能闹个百儿八十的。
11	想；思考	闹了半夜不曾写出一个字来。
12	捅；传	万一闹到日本人耳朵里去。
13	毒	闹耗子。
14	说；夸赞	自从弃暗投明他们蒙古人都闹我是个饱学老夫子。
15	华北俚语，吃喝	王一瓶接过来，在桌子角上磕掉铁皮盖，仰脖咕嘟闹了一大口。
16	拿，用于口语	又带凉，又加玫瑰，又加糖，不信你就闹碗尝一尝。

二、"动词'闹'+X"的语义范畴研究

（一）确定"动词'闹'+X"中"X"的语义范畴

"语义场就是通过不同词之间的对比，根据它们词义的共同特点或关系划分出来的类。属于同一语义场的各词义有共同的义素，表明它们同属一个语义场；又有一些不同的义素，表明词义彼此之间的区别。"[1]

"句法成分语义场又可以称为结构成分语义场，一定的句法成分也就是一定的句法结构成分，他们在一定的句法结构中占据一定的地位，体现着一定的

---

[1] 黄伯荣、廖序东. 现代汉语（增订四版）（上册）[M]. 北京：高等教育出版社，2007.6（2011.5重印）

语义关系。"① 所以，我们可以理解为这种被体现出来的语义关系并不是单一的，而是一个语义系统，在这其中蕴含着不同的语义内容。

对"动词'闹'+X"中"闹"的义项进行分类，是为了更好的分析"闹"的义项。"动词'闹'+X"不仅有动宾关系，还有动补关系，所以我们从"X"的语义场入手进行分析，对"闹"后面所搭配对象进行分类，这样便于我们理解"闹"的各个义项。因此，下面重点分析"X"的语义类型，即分析"闹"后的宾语、补语的语义类型。

1. 动宾式的"闹 X"结构的语义类型：

（1）X 为受事宾语：

①是时我家与克德伯争论领地的境界差不多要闹官司。

②闹革命。

（此处"官司"和"革命"只能是受事）

（2）X 为施事宾语：

①他根本没往闹贼上想。

②到处闹日本鬼子哪。

③庚子年闹团匪的时候立了大阿哥

（此处"贼"、"日本鬼子"和"团匪"是施事）

（3）X 为结果宾语：

①你别叫我闹笑话吧；

②又说巴尔逊村闹火。

（此处"火"和"笑话"是闹的结果）

（4）X 为处所宾语：

①经常都把闹龙舟作主题。

②怕只怕闹天宫惹出是非。

③子忠夜闹河北路

（"龙舟"、"天宫"和"河北路"是闹的地点，不是闹的东西）

（5）X 为原因宾语：

①后来我家又与伯爵闹意见。

②虽然孙七平日好和小崔闹别扭。

（此处"意见"和"别扭"是"闹"的原因）

（6）X 为方式宾语：

---

① 卢艳艳."动词'打'+N"中"打"的义项及"N"的语义范畴研究［J］.通化师范学院学报，2011.11（11）

①瑞宣顶怕一家人没事儿拌嘴闹口舌。
②你闹资产阶级自由化。
（此处"口舌"和"自由化"是"闹"的一个方式）
（7）X为工具宾语：
又带凉，又加玫瑰，又加糖，不信你就闹碗尝一尝。
（"闹碗"，同"拿碗"，口语化，表工具用）
2.动补式的"闹X"结构的语义类型：
（1）结果补语：
①闹得我心惊肉跳。
②闹得个鸡飞狗跳。
（此处"心惊肉跳"、"鸡飞狗跳"是"闹"的结果）
（2）可能补语：
①凤美被他两个人闹得厌烦极了。
②闹得不好你的性命就难保了。
③闹一点动静就睡不好。
（与结果不同，此处的"厌烦极了"，"性命就难保"，"睡不好"是一种可能性）
（3）趋向补语：
①恐怕法国不过数年还有比我们还大的事业闹出来也不定的。
②天明时闹起来是要不得了的。
（此处"出来"、"起来"是对哪里去闹的补充说明）
（4）程度补语：
①闹得厉害呢。
②娃娃欢喜闹，闹翻了天我也不怕。
（闹到什么程度，需要由程度补语说明，此处"厉害"、"翻了"即为程度补语）
（5）数量补语：
①他们这种花样也闹得不止一次了。
②大闹了好多次。
③或者甚至闹一回；闹完了
（"一次"、"好多次"和"一回"作为数量补语，对"闹"作说明）
（6）时地补语：
①闹到十一点钟方才到家，人也乏了。

②一直闹到三更多天。
③这么冷的天气谁高兴闹一夜。
④我其实不应该闹到这时候回去。

（"十一点钟"、"半夜"、"三更多天"、"一夜"和"这时候"是其时地，作补语）

（二）"动词'闹'+X"中"X"对应的语义特征

"X"语义场	"闹"的义项	"动词'闹'+X"	共有语义特征
受事宾语	干；弄；搞	闹革命	[+动作] [+受事] [+事件] [+人]
	说；夸赞	自从弃暗投明他们蒙古人都闹我是个饱学老夫子。	
	毒	闹耗子	
	想要	闹辞职	
		闹离婚	
施事宾语	害病；发生（灾害或不好的事）	闹贼	[+动作] [+人] [+团体]
	害病；发生（灾害或不好的事）	闹义和拳的时候，你顶好去练拳	
结果宾语	害病；发生（灾害或不好的事）	闹笑话	[+使产生] [+结果]
处所宾语	干；弄；搞	闹龙舟	[+在处所] [+环境]
	开玩笑；戏耍	闹洞房	
	扰乱；搅乱	大闹大宫	
原因宾语	发泄（感情）	闹别扭	[+原因]
方式宾语	干；弄；搞	闹资产阶级自由化	[+方式]
	争；争吵	瑞宣顶怕一家人没事儿拌嘴闹口舌	
工具宾语	拿，用于口语	你就闹碗尝一尝	[+使用工具] [+动作]
结果补语	干；弄；搞	闹得我心惊肉跳	[+使产生] [+结果]
	分辨	多少妖言闹不清	
	挣；赚	晒一季槐米能闹个百儿八十的。	

199

续 表：

可能补语	干；弄；搞	闹得不好你的性命就难保了	[+使产生] [+结果]
	干；弄；搞	闹一点动静就睡不好	[+可能性]
趋向补语	干；弄；搞	全闹起活儿来	[+动作][+方向]
程度补语	吵；争吵	闹翻了天我也不怕	[+动作] [+结果] [+程度]
	折腾	一双眼睛也闹得歪不歪正不正全然失了从前部位。	
"X"语义场	"闹"的义项	"动词'闹'+X"	共有语义特征
数量补语	干；弄；搞	闹过一次	[+动作] [+结果] [+数量]
	华北俚语，吃喝	王一瓶接过来，在桌子角上磕掉铁皮盖，仰脖咕嘟闹了一大口。	
时地补语	折腾	闹到十一点钟方才到家，人也乏了	[+动作] [+结果] [+时间] [+地点]
	想；思考	闹了半夜不曾写出一个字来	
	捅；传	万一闹到日本人耳朵里去	

以上表格从 13 个方面分析论证了"动词'闹'+X"中"X"所对应的语义特征，让人更易于理解"闹"的各个义项。

参考文献：

[1] 现代汉语词典（第 6 版）[M]. 北京：商务印书馆，2012.

[2] 朱德熙. 语法讲义[M]. 北京：商务印书馆，2011.

[3] 黄伯荣、廖序东. 现代汉语（增订四版）（上册）[M]. 北京：高等教育出版社，2007.6（2011.5 重印）.

[4] 卢艳艳. "动词'打'+N"中"打"的义项及"N"的语义范畴研究[J]. 通化师范学院学报，2011.11（11）.

（指导老师：张雨江）

维西傈僳族竹书文字及其使用情况的研究

蔡秀花[①]

（云南民族大学）

[摘 要] 竹书文字，即音节文字，是傈僳族智慧的结晶，是傈僳族古老传统文化的重要书面载体。本文从竹书文字的起源、形成、文字特点、其使用情况等方面进行介绍和探索。

[关键词] 傈僳族 竹书文字 文字特点 使用情况 困境与挑战

傈僳族是一个只有语言没有自己文字的民族，是一个刻木、结绳记事的民族，直到 1915 年传教士富能仁发明了人工字母富氏文字，即傈僳族老文字。由于维西地形多样复杂，阻碍了与外界的交流，短短几年内老傈僳文无法普及到维西，因此维西傈僳族人民仍处以刻木、结绳记事。汪忍波于 20 世纪 20 年代为了解除刻木、结绳记事带来的不便而创制了竹书文字。

一、维西傈僳族竹书文字的起源与形成

据神话讲述，傈僳族是一个狩猎民族，在远古时期就有自己的文字，他们把文字记录在獐皮上，后来不小心被狗偷吃了，于是傈僳族成为一个没有文字的民族。这说明傈僳族早就有创字的心愿，只是还没有丰富的灵感。经过多年的刻苦努力，20 世纪初出现一位智慧人物，为实现人民的愿望而率先做出了努力，此人便是汪忍波。汪忍波 1900 年出生在维西县叶枝镇米俄巴村的一户贫困农民家庭，他从小就热爱自己的民族，为民族的前途堪忧。勤劳而朴实的他，不仅掌握了做各种农活的技巧，还学到了各种木匠、石匠、编织竹器等技

---

① 蔡秀花，女（傈僳族），云南民族大学，在读研究生，主要研究云南少数民族语言。

能，常常受到村民们的称赞。

随着年龄和阅历的增长，汪忍波对社会及文化等方面做了近一步的深思，深切的感受到一个民族没有文字的痛苦，并开始思考民族的发展以及民族文化发展的一些问题。经过反复的思考酝酿，在他内心深处萌生出一个念头：自己来创造一套本民族的文字。

民国十二年（1923年）十月十七日（阴历九月初八），汪忍波开始苦思文字创作，每天都集中心思，着手按音节设计文字符号，埋头苦作于刻画文字中，体验着刻字过程中的艰难困苦。经过长年积累、锲而不舍的努力，总共编写出了12个本子，不断分析比较，归纳整理，调整字形结构，最后确定了900多个字形，用来标示当地傈僳语的全部音节。

从开始创造文字到确定字形符号，大概经过了十年左右，竹书文字终于问世。他用竹书文字以歌诀的形式编写了一本《识字读本》，以便于后人的学习和掌握，还写了一本7000多字的《汪忍波自传》。

二、竹书文字的特点

（一）称谓的由来

自汪忍波创字以来，竹书文字还没有独有的称谓，他用竹书文字编写的著作，有的记录在獐皮上称为"腊肌同俄"，意为"獐皮书"；有的记录在竹片上称谓"玛当同俄"，意为"竹书"。直到新中国建立之初，我国闻名的语言学家罗常培、傅懋绩著的《国内少数民族语言概说》一书，才对汪忍波创制的文字做了科学的定义：这是一种音节文字，没有字母，一个字体代表一个音节。之后，汪忍波所制作的字称为"傈僳族音节文字"或"汪忍波音节文字"。

（二）音节文字字符结构

竹书文字与汉字一样，同样是由字符结构勾画出字形。有点、横、竖、撇、捺、折、勾、弧线、曲线和圆圈十种笔画。例如：

| （1） | （2） | （3） | （4） |
| （5） | （6） | （7） | （8） |

以上几个字中，（1）o^{55}，前缀，没有实在意义，相当于汉语中的虚词。有圆圈和曲线两种笔画；（2）dʑɛ^{44}，水，冷。只有一种笔画竖；（3）pe^{35}，踢。是弧线、圆圈、竖三种；（4）ŋua^{44}，我。横、折两种；（5）mo^{42}，草。竖、折、横、点、撇、捺六种；（6）ɣa^{44}，鸡。横、折、竖三种；（7）ʃua^{55}，穷。横、折、撇、勾、弧线五种。在竹书文字中最简单的是只有一画，最复杂的有十七画（8）mɛ^{55}，尾巴。

（三）造字方法

竹书文字的造字方法有自造文字和借源文字两种。

1. 自造文字

自造文字即自源文字。洼忍波在傈僳语言基础上，对事物的特殊属性、特征、形状分析描绘，创造出了与之相对应的字形，有象形、指事、会意三种特点。在创字过程中，是对事物的细心观察来创制，并非受汉文中象形、指事、会意的影响。

（1）象形

象形就是描绘事物形状来表示字义的造字法，用这种方法创造的字就是象形字。例如：

（1）　　　　　　　　　（2）　　　　　　　　　（3）

以上几个字为象形字，（1）pu^{44}，黄瓜。以黄瓜结在藤上的样子指代"黄瓜"。（2）ʃua^{44}，麦子。像麦子的形状。（3）hi^{33}，房子。像傈僳族的木楼房的一个侧面或者是土墙。

（2）指事

指事就是用象征性符号或在象形字上加提表示符号来表示字义的造字法。用这种方法创造的字就是指事字。例如：

（1）　　　　　　　　　（2）　　　　　　　　　（3）

以上几个字为指事字，（1）ʐo^{31}，我们，咱们。用上下三竖表示你、我、他，中间一横来连接，合并为"咱们"。（2）so^{44}，锁、扣。左右两撇表示衣服的两襟，中间两横连接，表示"扣（衣服）"之意。（3）dʑɛ^{44}，水、冷。山中间有两个根木头，寓意"水"（民间谚语）。屋檐结的冰竖直成条状，寓意"冷"。

民族语言与文化

（3）会意

用两个或几个部件合成的一个字，把这些部件的意义合成新字的意义，这种造字法叫做会意。用这种方法创造的字叫做会意字。例如：

（1）　　　　　　　　　（2）　　　　　　　　　（3）

以上几个字为会意字，（1）dø^{42}，戴、穿、挂、结。左边的横撇代表树枝，右边类似圆的表示果子，以树枝上有果子表示"结"。（2）k^{h}o^{35}，件、干裂、折断、掰断。用左边不相连的口表示右边口已断。（3）zɛ^{44}，下、雨。点横表示天上有乌云，从天而降的水表"雨"。

2. 借源文字

借源文字即他源文字，文字的借用并不等于语言的借用，是模仿其他文字的字形，用傈僳族的语言特点加以分析改造而形成。例如：

（1）　　　　　　　　　（2）　　　　　　　　　（3）

以上几个字属于借源字，其中，（1）ha^{33}，雨、月亮、灵魂。借用汉字"天"表"升天"之意。（2）ni^{31}，鬼。借用纳西哥巴文（害人），用不能开口说话的人表示"鬼"。（3）ts^{h}o^{31}，楼房。音、义都借用纳西东巴文，源于纳西族楼房的建筑外形。

高慧宜在他的博士论文《傈僳族竹书文字研究》里，对 243 个竹书字形做了考释，发现有 205 个是自造文字，其中 42 个是象形字，113 个是指事字，50 个是会意字。有 38 个是借源文字，其中 17 个是借用汉字字形，19 个是借用哥巴文字形，2 个是借用东巴文字形。得出了以下的结构图：

	考释出来的竹书字形	总字形数	所占总字形数（243）比例
自造文字	象形字	42	17.3%
	指事字	113	46.5%
	会意字	50	20.6%
借源文字	汉字	17	7%
	东巴文	2	1%
	哥巴文	19	7.8%

（四）书写规则

竹书文字的书写规则和汉字基本相同，自上而下，由里到外，从左到右，竖排，没有标点符号或间隔符号，也不用分题行，阅读时按照文章语义特点停顿，词之间不连写，音节之间有空格。在《傈僳族历史文化幽探》讲述，20世纪80年代，语言工作者在整理音节文字典籍时，为了便于书写和印刷才把字竖行顺序改为横排，现在其书写方法有的也遵循横排书写规则。

三、竹书文字的使用情况

维西傈僳族竹书文字主要应用于宗教记事，是傈僳族历史文化的重要书面载体。但是文字本身构造比较复杂，文字的推广与普及并不是一件容易之事，详细的说只是在文字造源地及周围地区流传。现在人们对民族文化的保护意识得到提升，为了传承傈僳族的历史文化、宗教文化、民间文学等，对竹书文字注重程度也有了一定程度的提高，维西傈僳族人民、政府、文化局等也正在实施挽救措施。

（一）使用人群

一个国家，一个民族，其内部成员还要分为不同的群体，不同的群体语言文字的使用上存在着不同程度的差异。竹书文字的形成有一定的历史，但是使用的人群相对较少，新中国成立后学习的人数有一千多人，如今却寥寥无几。

不同年龄阶段的傈僳族人民对竹书文字的认识和使用的程度存在着一定的差异。语言和文字都会随着社会需求的变化而产生一定的变化，不同年龄段的人恰恰充当了不同时代的代言人。青少年、中年、老年三个年龄段的人对竹书文字的认识和使用程度不同。随着时间的推移，认识和使用竹书文字的人也逐渐减少。

不同地位不同文化程度的人，对竹书文字的认识和使用程度也不同。专门研究民族语言的工作者，他们对文字的接触率和了解程度相对高，当地报社编辑员、农民、其他工作者等使用率相对较低。

（二）使用范围

在20世纪中后期，竹书文字在生活中得以发展和应用，主要用于宗教祭祀活动中。21世纪开始已广泛推广竹书文字，在报纸中频繁出现，在维西每个街道随处可见，为维西县城增添了一道靓丽的风景线，展现出了独特的维西傈僳族文化。如今，竹书文字作为一种商品的形式存在，在维西县文化广场石壁上也刻有竹书文字，当地政府为了保护和传承傈僳族文化，特地在县文化广场几十米的墙壁上刻写了近千个音节文字,吸引了不少的当地群众和中外游客,游客们在欣赏自然风景的同时,可以感受傈僳族的风俗文化,还展现出文字的艺术魅力。

(三)使用功能

竹书文字是一种傈僳族语言文字的书写符号系统,更是傈僳族古老传统文化的载体。创字以来维西傈僳族人民用竹书文字记录傈僳族的历史、天文、历法、政治、经济、文化、契约、药方、记账等,因此竹书文字的主要存在形式有宗教经书、占卜经书、编写民间故事和天气预测。

1. 宗教经书

《祭天古歌》是用竹书文字编写的,并且是在傈僳族地区很有声誉的一本书,记录着傈僳族最重要的宗教仪式。其内容包括傈僳族古老的神话传说、历史、自然景象、气候等,是一部从各方面反映傈僳族历史、文化、发展等的"百科全书"。

2. 占卜经书

《占卜书》中用竹书文字记载里傈僳族的各种占卜方法,书中还绘制了傈僳族的太极图。傈僳族的太极图与汉族的太极图大致一样,只是运行方向相反。傈僳族的占卜中只有年占和日占,没有月占,这有可能是是傈僳族占卜术鉴别于其他彝语支民族的一个重要特点。学术界认为,傈僳族太极图的存在,对探讨八卦在表示方位及其太极图在天文学上的意义是很有价值的。傈僳族人民从古至今都会用占卜术治病,尽管社会经济和人民生活水平提高,社会医疗条件也越来越发展,占卜术也一直流传于傈僳族民间。

3. 编写民间故事

《创世纪》是在傈僳族地区普遍流传的民间故事,用竹书文字记录了民间故事、民间传说、古老歌谣、哲学和宗教思想,是傈僳族精神生活的宝典与行为准则的律法。会说话就会唱歌,会走路就会跳舞,这是别人对傈僳族的看法。盐可以不吃,歌不得不唱,这是傈僳族自己的感受。在文字还没有出现之前,《创世纪》是代代口耳相传,并且以吟唱形式传播,因此,《创世纪》看作是一部浓缩民族音乐特色的古韵总集和傈僳族文学艺术的基础。

4. 天气预测

傈僳族人民勤劳勇敢,日常生活是日出而作,日落而归,所以傈僳族人民有个惯例就是夜观天象。《一年大气情况测算结果》用竹书文字记录了一年十二个月每天的天气预测,以鼠月为岁首记月的方法,与中国古代夏、商、周三代使用的周代历法"周历"相同。

四、推广与普及的困境和挑战

维西傈僳族竹书文字在民间也有一定的群众基础，仍然有一定的生命力，靠民间力量推行，在民间扎根成长。即使在现代文化的冲击下，竹书文字并没有消失，而且按目前情况来看，人们对文字的认知率不断在提高。但是，文字的推广工作还是不容乐观。

1. 竹书文字的自身不足。竹书文字的字体结构比较复杂，笔画比较多，没有声韵调，属于一个音节一个字，所以学习起来比较困难，很难让人接受。

2. 人们对文字的认知度低。维西傈僳族人民对文字的认识程度并不高，尽管政府已开始推广行动，但是仍然有人还不知道维西县城突然出现的那些文字是什么，代表着什么。

3. 教学政策的缺陷。目前在迪庆州实施集中办学政策，小学开始就在乡或镇上学，傈僳族孩子与汉族孩子一起上学，学习汉语、汉字及文化知识，同时全国大力推广普通话，在这样的一个社会背景下，想要推广竹书文字更是难上加难。

4. 时代需求不同。随着社会经济的快速发展，在汉字和普通话得以普及的大环境下，维西傈僳族人民为了更好地与外界交流，谋求更好的发展，积极主动的学习汉语和汉字，甚至放弃本民族的语言，家长从小教孩子汉语和汉字，家长对孩子学好语文的愿望已经大大超出了学本民族语言，现在很多的维西傈僳族孩子连本民族的语言都不会讲，更不用说是对文字的认识与使用。

维西傈僳族人杂居小聚居，与其他民族接触比较频繁，如果民族之间语言不通，中间的媒介就是汉语，村落里几乎都熟悉并接受汉字。而傈僳族人民对于竹书文字的认识程度并不高，学习热情并不强烈，经济基础比较落后，宣传不到位，相关政策不完善等一系列问题对文字的推广与普及带来各种难度。

五、未来发展趋向

维西傈僳族竹书文字作为记录傈僳族语言的文字之一，对傈僳族文化的传承和保留起着极为重要的作用。竹书文字是智慧的象征，是20世纪傈僳族人民智慧的结晶。至今，竹书文字仍在维西傈僳族民间流传，即使受到其他文字的冲击，也没有消亡，仍然在一定范围内使用，它在汉字、新傈僳文、老傈僳文的夹缝中生存，仍然有着自己的一席之地。作为一种仍然在流传和使用的文字，对它的研究固然重要，对它的学习、推广与普及也是很有必要。

人不忘本，民族不忘历史。竹书文字记载了很多古籍名著，这些古籍是傈僳族族的历史，是傈僳族的灵魂。竹书文字为傈僳族创造不可估量的价值，值得作为被研究对象。傈僳族拥有自己独特的文字而自豪，文字就是智慧的象征，对竹书文字的学习和研究并不能马虎，保护和继承维西傈僳族文化是每个傈僳族人民的职责。

竹书文字属于傈僳族最后创作的文字，历经艰辛困苦，最终被学术界的人鉴定为"音节文字"。即使处于一个快灭绝的环境，但是，它对维西傈僳族做了很大的贡献，也不能就此销声匿迹，它存在着一定的前景性。从政治经济角度来说，文字作为一种商品的形式存在。维西的政府不曾忘记傈僳族有竹书文字，为了这种文化能够延续下去，不仅在维西文化广场刻了近一千个字的竹书文字，在森林公园和同乐村也能看到竹书文字的创始人洼忍波慈祥的塑像，在维西县大街小巷都可以看得到竹书文字，比如路牌、商铺牌匾；从文学的角度来说，竹书文字是学者的研究对象，傈僳族有四种文字，唯独竹书文字是傈僳族自创的产物；从报刊书籍的存在方面来说，竹书文字是作为一种了解和学习的对象。这些都是传播和弘扬竹书文字的方式，但是部分的力量是有限的，还需要有更多的人认识到竹书文字的重要性，并且将它更广泛的传播。

于 2017 年 8 月，维西傈僳族竹书文字被中国社会科学院民族研究所认定为中国少数民族古文字，准许录入"中华字库"。计划于 2017 年 12 月以前完成竹书文字的完善和录入，为推进傈僳族文字"国际标准化"工作奠定基础。

六、结　语

洼忍波创制文字历经十年左右，文字创造方法有自源文字和他源文字两种。在文字的推广与普及过程中经历了应用——快消亡——发展三个阶段，在 20 世纪末 21 世纪初，竹书文字几乎处于消亡状态，直到 2017 年开始傈僳族传统文化的大挖掘，使文字再次被人认知。不管竹书文字是作为一种文字或传统文化的存在，还是作为一种商品形式的存在，都有望再发展，而且前景不可估量。

参考文献：

[1] 候兴华. 傈僳族历史文化幽探 [M]. 昆明：云南大学出版社、2010

[2] 高慧宜. 傈僳族竹书文字研究 [D] 上海：华东师范大学出版社、2006/9

[3] 黄伯荣、谬序东主编. 现汉（增订本、上册/5 版）[M]. 北京：高等教育出版社，2011/6（2013/9 重印）

（指导老师：赵金灿）

副词"充其量"的语法特征探究

柴 畅[①]　刘劲荣[②]

（1 云南民族大学；2 云南民族大学）

[摘　要]"充其量"最早以动宾短语的形式出现在六朝《全梁文》中，译为"填满它的量度"。然而随着词义的发展演化，"充其量"逐渐词汇化为现代汉语中的一个三音节副词结构的惯用语。本文将以"充其量"的现代汉语语法角度，分别从语法功能与分布、语义与语用分析、实词虚化三个方面进行讨论，研究与考察其语法特征的动态演变规律。

[关键词] 充其量　副词　实词虚化

一、引　言

近年来，语法学界对于"充其量"的词汇化语法特征进行了详细而又系统的分析。比如"充其量"的词汇化与主观量（2005 罗荣华、刘英），"充其量"的句法语义功能及其演化（2016 陈琳）等等。虽然"充其量"的词汇化与句法功能已经受到了学界的广泛关注，但仍有一些细节值得我们进一步研究，比如：1)"充其量"作为限制、修饰动词性或形容词性词语的副词，除了表示语气外，还有哪些作用？ 2)"充其量"在句中除了充当定语、状语外，还可以充当什么成分？ 3)"充其量"作为实词可以放在句首或者句中，那么它能否置于句末呢？针对以上问题，本文将从三个方面进行详细的阐述，并尝试归纳出一般规律。[③]

---

① 柴畅，女（汉族），云南民族大学民族文化学院在读硕士，主要研究语言学及应用语言学。
② 刘劲荣，男（拉祜族），云南民族大学民族文化学院院长、教授、博士生导师，主要研究语言学及中国南方少数民族语言。
③ 本文例句标注出处均来自于北京大学汉语语言学研究中心语料库（CCL）。

二、词义功能与分布

（一）词　类

一般来说，学界认为"充其量"的用法演变前后分为两个时期。从魏晋南北朝时期到宋朝，"充其量"作为一个动宾短语常用于书面语中。宋元之后，受到汉语词汇双音节化和词汇化的影响，"充其量"用法产生分流。一方面在书面语中形成"充满其量"的动宾词组；另一方面随着日常口语化演变，结构逐步凝固成为一个惯用语。两种用法逐渐分离，以后一种用法居多，表示"最大限度的估量"义，也就是我们现代汉语中的语气副词。

"充其量"作为副词，可以表示语气、范围和程度。

1. 语气副词

"充其量"是语气副词，"充其量+VP"结构是一个具有让步意味的紧缩结构，通常用来作全句的修饰语，用来表示"顶多，至多，最大限量"的意思。例如：

（1）杨州盐商抬起的画价［充其量］也只是昙花一现。（1994年《报刊精选》）

（2）国有企业［充其量］是个运转缓慢的就业发动机。（1994年《报刊精选》）

"充其量"这种语气副词的用法是被人们所熟知的，一般用在谓词前起到修饰、限制的作用。

2. 范围副词

"充其量"既可以用来作状语修饰谓词，也可以用来作定语修饰名词性成分，表示限制人或事物的范围。例句分别如下：

（3）盒子上写明净重五十克，实际只有两粒糖，［充其量］十克而已；洋参丸盒子上写十二粒，实际上只有十粒。（1995年《人民日报》）

（4）该园日接待游客最高纪录是3万人次，而如今每天［充其量］仅三四千人次而已。（1996年《人民日报》）

在例（3）、（4）句中，"充其量"分别修饰数量短语"十克"、"三四千人次"，表示"最多不超过"的含义，对重量、游客接待量起到限制、制约作用。

由此可见，"充其量"除了作语气副词，同时也可以作范围副词。

3. 程度副词

程度副词是对一个形容词或者副词在程度上加以限定或修饰的副词。一般位置在被修饰的形容词或者副词之前。王力先生将程度副词分为相对程度副词和绝对程度副词。凡有所比较者为相对程度副词；凡无所比较者，但泛言程度者，叫做绝对程度副词。[1]在这里"充其量"应为绝对程度副词，表示"顶多，至多，最大限量"。

（5）尤其是读古书，除非你能读得很活，能够驾御它们，否则的话，［充其量］只是个老学究，什么都没有。(《李敖对话录》)

（6）然而，宋查理的上司林乐知博士认为，宋查理［充其量］不过是一个有抱负的农民，决不能让他以假充洋。(《宋氏家族全传》)

综上，"充其量"在副词化道路发展中，不仅可以作语气副词，还可以作范围副词和程度副词。

（二）句法功能

1. 作状语

"充其量"作副词修饰谓语及谓语中心语，在句中充当状语表示动作的状态、方式、时间、处所或程度等，该用法较为常见。

（7）李富荣对举重队说：你们［充其量］穿的是一双草鞋。(1995年《人民日报》)

（8）按当时中国的航海水平，距中国仅千余海里、［充其量］航行１０余天即可到达的爪哇或加里曼丹。(1994年《报刊精选》)

例（7）中"充其量"作状语，修饰谓语动词"穿"，表示穿草鞋的状态，例（8）中"充其量"修饰动词"航行"，意在强调航海所需的时间。这类词一般放在谓语中心语前。

2. 作定语

"充其量"在句中也可以充当定语，不过这种用法不常用，比较少见。比如：

（9）一切种种新体白话书，至多的［充其量］的销路只有两万。(瞿秋白《乱弹 吉诃德的时代》)[2]

这种作定语的用法不具有普遍性，是白话文运动及其相关年代的产物。

3. 作独立语

"充其量"还可以在句中充当独立语。所谓独立，也就是说其不与句内的其他成分发生结构关系，由于语义表达的特定效果而存在于句中。当"充其量"表示对情况的推测和估计，口气比较委婉，对所说事情的真实性个作完全的肯定，留有重新考虑的余地时，通常理解为插入语。

（10）有很多艺术家有很好的想象力，但他没有能力把它转化为切实可行的行动，［充其量］，他只是过过嘴瘾。(《中国当代电影史》)

（11）比如面子事，本属虚幻不实，[充其量]，不过失去一虚幻面子耳！（《佛法修正心要》）

综上，"充其量"在语法功能中，大多数情况下作状语修饰、限定谓语中心。但除了作状语之外，它同时还可以充当定语和独立语成分。

（三）分布特点

"充其量"句法位置具有一定灵活性，可以放在句中、句首充当一定的语法成分，同时也可以省略而不改变句子原意。

1. 主语/连词+"充其量"结构

在这种结构中，当"充其量"出现在主语之后时，那么主语可以由名词或名词性短语、代词充当。例如：

（12）一味模仿，产品[充其量]只是二三流的，在国内外市场上缺乏竞争力。（1993年《人民日报》）

（13）从文学的角度上看，它[充其量]不过是诸多文学形式的侧枝，它的繁荣使文学之树有些枝大于本。（1993年《人民日报》）

（14）以前我只崇拜自己，现在我崇拜知识。没有知识，我[充其量]算个暴发户。（1995年《人民日报》）

除了出现在主语前，"充其量"还可以在连词前面。此时，连词作为复句中几个分句的连接词起到连接作用。通常分句中省略了句子主语，而是在连词后面直接加"充其量"，其主语与主句中的主语一致。例如：

（15）全国1/3的煤炭要由我们这里运往国计民生最急需的地方，但是[充其量]只能满足一半多点的需要。（1993年《人民日报》）

（16）过去人们总讲武术是中国的事，后来[充其量]讲是东方的事，现在西方人争办比赛。（1993年《人民日报》）

2. "充其量"+谓词性或体词性短语

前面提到，"充其量"的句法位置比较灵活。同样是放在句中，"充其量"既可以在主语、连词后，也可以在动词或数词词语之前。例如：

（17）危机解决了，没有对簿公堂，[充其量]是个"协议离婚"。（1994年《报刊精选》）

（18）其实这电费摊到各户头上，每月[充其量]五六角钱罢了。（《1998年人民日报》）

3. 放在句首

"充其量"除了可以放在句中，同时也可以放在句首。

（19）[充其量]她只是在盖章的肉皮上瞥了一眼，敢情"肉检"如此便

当！（1994年《报刊精选》）

（20）［充其量］"豆腐"中掺了点"荤油"！（1994年《报刊精选》）

4."充其量"位于省略句中

"充其量"可放在省略句中，一般省略主语的情况比较常见。

（21）［充其量］是"大锅饭变成了中锅饭"。（1994年《报刊精选》）

除了省略主语，还可以省略谓语。

（22）［充其量］一个外人。对一外人我不没心没肺难道你还指望我对你掏心掏肺吗？

5.省略"充其量"

一般来说，句中可以"充其量"作为独立的插入语成分，可以省略且句子结构没有发生改变，也不会影响句子的语义表达。

（23）由此看来，基金没有热起来，［充其量］只能说是不温不火。（1994年《报刊精选》）

（23'）由此看来，基金没有热起来，只能说是不温不火。

综上所述，"充其量"句法位置较为灵活，可出现在句首、句中以及省略句中，多充当状语，后接谓词性成分；少数情况下，后面接连词性成分。同时"充其量"也可被省略，而不改变语法结构和句子语义。

三、语义分布

（一）词义分析

1.理性义

查阅了《现代汉语词典》后，在没有上下文的语境的情况下，给出"充其量"的定义是这样的：表示做最大限度的估计；至多；最多[3]。其概念义（基本义）有效地给定了与该词相联系的事物的范围，在主要意义的基础上对不同的引申意义进行比较。

2.色彩义

色彩义是附着在概念义上的一种附加意义，它通常根据具体的语境来表达一些特殊的含义。在这里，主要从感情色彩和语体色彩两个方面来进行论述。

（1）感情色彩

"充其量"后面的句子是对前面句子的一个接近真实的假设性证明，同时也是对上一句的补充说明，语义表达中往往透露一种并非想象中的、不尽如人意的"心酸"。例如：

（24）刘侦锋，个子不高，［充其量］只有一米六几，身体也很单薄，真是貌不惊人。（1994年《报刊精选》）

（25）其作品只能是空中楼阁，［充其量］不过昙花一现。（1996年《人民日报》）

句（24）中为说明刘侦锋个子不高，作者根据自己的实际经验和观察结果，得出"充其量只有一米六几"的假设性结论，可能与现实有差距，不过是一种接近真实的假设性推论。虽然这种结论一般都高于真实值，但是话语中却表达出说话者对有关事物的少许贬斥感情，词义中有一定"贬义色彩"。（25）句中，"不过昙花一现"是对前一句"只能是空中楼阁"的同义替换或者是补充呈现，体现了其文学作品的华而不实，实用性不强的特点，这样的表现手法显得更加生动形象。

（2）语体色彩

语体色彩又叫文体色彩，有些词语由于经常用在某种语体中，便带上了该语体所特有的色彩。[4]

"充其量"具有书面语色彩常用于书面语中。然而随着人们的话语交流、语音的分化演变，在日常生活中，"到头了"逐渐成为人们交际中的常用语。因此，民间用语"到头了"便具有了口语色彩。例如：

（26）［充其量］也就是一个二线领导，马上要被安置到人大或者政协的一个下台干部。（张平《十面埋伏》）

（26'）［到头了］也就是一个二线领导，马上要被安置到人大或者政协的一个下台干部。（张平《十面埋伏》）

3. 主观性

陈琳认为，"充其量"在不同语境下的附加义，按语义功能可以分为描述性的客观陈述和推测性的主观评注。然而罗荣华与刘英则认为，"充其量"根据词汇意义可以分为客观义和主观义（主观小量评价义）。[4]

陈述者在描述客观事件或事物时，往往或多或少的会掺杂自己的主观感受与想法。其表达目的不在于客观实在，而在于主观态度。于是，"充其量"由客观义的"从大的方面讲"逐步向表示"数量小、程度浅、范围小"的主观义转变。

（27）然而，时过境迁，物换星移，它早已完成了历史任务，［充其量］只能作为枯黄的史料一页。（1998年《人民日报》）

（28）那时的张还很平常，［充其量］有点儿官气罢了。（"方海珍"与《杜鹃山》的缘分南地）

实际上，"充其量"的主观小量义主要表现在陈述者心中的量级比较与感情褒贬中。例（27）中，"充其量只能作为枯黄的史料的一页"，是与该作品产生的历史影响作比较所得出的结果。例（28）中，"充其量有点官气儿"，是作者对张春桥的不以为然，话语中带着些许的讽刺意味。

从语料库中可以看出，"充其量"在表示主观性用法时，前面常加"只、还、不过、亦、也、只能"等词，后面一般为"而已、罢了"等词，帮助"充其量"表达其主观小量的表达方式。

综上，在语义表达中，"充其量"除了具有理性义、色彩义之外，还具有主观性意义。

（二）句义分析

1. 话语标记

何自然、冉永平（2006）论述："话语标记是指书面交际和口语交际中表示话语结构以及连贯关系、语用关系等的所有表达式。"[4] 简单来说，话语标记是处于句法结构之外并且不影响句子真值的话语片段。在人际交往中，往往能够反映说话者的心理状态、所持态度以及主观评价的语言表达形式。

"充其量"作状语时，通常修饰、限定谓语或者谓语中心，因此具有限定性话语标记的作用。

（29）"放权让利"对调整传统政企关系［充其量］只具有"修补"的作用，它所实现的放权只能是一种有限度的放权。（1995年《人民日报》）

例（29）中，"只能具有'修补'的作用"只是对"调整传统政企关系"的一种限定，缩小了"放权让利"的作用范围。

"充其量"多用作状语，随着现代汉语的发展演变，后来也有少部分充当独立语成分。在现代汉语中传统意义上的插入语也可归为话语标记的研究范畴。当"充其量"作为插入语时，表示对情况的推测和估计，口气比较委婉，对所说事情的真实性不作完全的肯定，话语中带有估测的意味。因此，可以理解为一种估测性话语标记。

（30）如果继续按照传统方式去经营常规农业，［充其量］只能让农民达到温饱以求生存，而决不可能做到在市场经济的天地里求发展。（1995年《人民日报》）

例（30）中，对能否"让农民达到温饱以求生存"这件事情上具有不确定性与未知性，这只是作者在对前者否定基础上的一种假设性猜测。

前文提到，"充其量"具有主观小量义，在其获得主观评注义后，逐步向主观性话语标记的方向发展。根据陈琳的研究，她认为"充其量"的主观性话语标记可分为表修正性让步和表推论性因果功能。[5]

（31）郑国良不是富有者，他家的生活在村里［充其量］也只是个中下水平。（1996年《人民日报》）

充其量带有一定的主观倾向，在前一句否定的基础上进行了降级的肯定，也就是修正性的让步。作者在肯定郑国良不是富有者的基础上，也不否定他完全没有经济能力，而是退一步讲说"充其量只是中下水平"的补充。

综上可见，"充其量"由限定性话语标记逐步向推测性话语标记与主观性话语标记方向发展。

（三）句类范畴

句类是从语义的角度对句子进行的分类。句子都是有语气和语调的。根据语气可以分为四种句类：陈述句、疑问句、祈使句、感叹句。

在语料库检索中可知，"充其量"大多数出现在陈述句中，通常与"只是、不过是、只能是、只会、只有"等副词连用，表达作最大限度估计的意义，表示判断含义。例如：

（29）它们对于文学作品通常只是一种背景，［充其量］不过是一种条件，而不存在角色作用。（1993年《人民日报》）

除了在陈述句中，"充其量"在感叹句和疑问句也有出现，但频率不高。

（30）我们说，小说家重新叙述你我每天生活在其中也多少看在眼里、已无法怀抱希望、［充其量］不过是避免更坏事情发生的现实世界是什么意思？（朱天文《巫言》）

（31）谁跟你'我们'？什么叫做'我们之间的一切'？你竟敢对我说了这样匪夷所思的话来！我的女儿［充其量］只听说过你的名字，而你居然说什么彼此有情！（琼瑶《鬼丈夫》）

四、语用分析

（一）焦　点

从信息的角度看，句子中的新信息是说话者所传递信息的重点所在，是说话者认为受话者不知道，因此希望受话者特别关注的部分。这就是句子的"焦点"。[6]

从语言运用的角度来分析含有"充其量"的句子，我们不难发现"充其量"后面的内容往往是有别于受话者已知信息并且说话者想要突出表达的新信息。例如：

（32）恩雅、Ｕ２、"全红"、莫里西等，虽能成为一时热点人物，但［充其量］能算个配角。（1993年《人民日报》）

其中"恩雅、Ｕ２、"全红"、莫里西等，虽能成为一时热点人物"是预设，即读者通过上下文已知的信息。而"但能算个配角"则是焦点，是这个句子中作者重点强调的部分。即使成为明星人物又能怎么样？终究还是为别人作嫁衣裳，成为不折不扣的"绿叶"。

五、语法化演变

"语法化"通常指语言中意义实在的词转化为无实在意义，表语法功能的成分这样一种过程或现象。[7]

（一）历时角度

1. 结构形式

在古汉语中，最早"充其量"是以动宾词组的形式出现的，表示"充满其的量"。随着语言使用演进过程的发展，"充其量"逐步从词组凝固为惯用语，后来经过词汇化转变为一个语气副词。

（33）若夫居敬行简，喜愠不形于色，知人善诱，甄藻罔遗于时，临财廉，取予义，明允方大，处变不渝，汪汪焉，堂堂焉，渤碣河华，不能［充其量］。（六朝《全梁文》）

（34）不过，注册商标并不是一注册就产生价值，注册商标［充其量］只有成本价格，而其价值还是未知数。（新华社2001年12月份新闻报道）

通过例（34）与（35）的比较，可以发现古代汉语"充其量"为动宾词组，现代汉语的"充其量"为副词，他们的语法结构发生了很大的变化。

2. 语义变化

例句（34）中，"充其量"译为"充满它的量度"，而例（35）中"充其量"译为"最大的限度"。由此可见，"充其量"在句子中的语义逐渐弱化，由之前表达实际意义的动宾结构作谓语中心，变为需要依靠句中的实义动词来表达意义。

相应地，与之搭配的成分也有所改变。古语中，"充其量"充当了谓语中心，句中成分完整，无需添加其他成分。而在现代汉语中，"充其量"作为副词，在句中必须依附谓语或谓语中心，否则句法成分将会残缺不全，造成词不达意的现象。

3. 认知心理

随着人们对社会、自然的认识一步步加深，人类的主观认知心理也会产生变化。在古代，人们往往是通过具体简单的事物来概括出其中的含义，总结成语言的形式进入到日常话语交际中。然而在现代，人们的经验积累不断增加、生活阅历不断丰富，对于不同的事物理解也会发生改变。这种变化常常表现在人类的认知能力由具体向抽象的发展。

就比如例（34）中"充其量"的释义是一个客观实在的动宾词组。而在例（35）中，"充其量"就从具体实义中抽象出一种表示"顶多、至多"的意义进入现代汉语的词义中去。可见，通过古今人们认知心理的变化也同样反映了词义的变化。

（二）共时角度

在现代，虽然"充其量"作为副词，其发展变化规律相对稳定，没有太大的变化，但是语言发展的脚步并未就此停下。在历经多年的实际运用之后，"充其量"正在逐渐走向语法化，也就是我国传统语言学所说的"实词虚化"。例如：

（35）［充其量］，深圳大学只是个未满１０岁的孩子，在前进中摔过跟头，出现某些失误是不足为奇的（1994年《报刊精选》）

（36）看得出王爷绝不屑于光顾此地，［充其量］只不过手下人处理日常事务的打杂屋。（冯苓植《雪驹》）

（37）我想，千百年来，女人总是男人的附属品或玩物，［充其量］作个贤内助。（《宋氏家族全传》）

（38）其价值［充其量］才三角钱。（1994年《报刊精选》）

从上面４个例句中，可以看出，在现代汉语中"充其量"的句法位置的变化。例（35）"充其量"位于句首，充当独立语。例（36）"充其量"在谓语动词前，句中的主语被省略，充当状语成分。例（37）中，"充其量"后谓语中心的成分"作个贤内助"就大大短于例（36）的"只不过手下人处理日常事务的打杂屋"。例（38）中"充其量"后面直接加了名词"三角钱"。值得注意的是，"充其量"的语法位置一直在不断后移，语法意义也在不断虚化，这就是语法化的一个过程。

沈家煊认为"语法格的各种表现形式也可以排列成一个等级，语法化的程度越高越倾向于采用形尾和零形式：词汇形式＞副词＞介词＞词缀／形尾＞零形式。"[8]

根据语言学的发展历程，语言的研究同样离不开历时和共时探究的结合。从沈家煊的观点观察"充其量"在现代汉语语法发展演进趋势，笔者可以得出这样的结论："充其量"会继续语法化发展，其语法虚化程度越高其语法位置将越靠后。当其脱去实在意义时，将会出现在句末。

五、结　语

根据"充其量"的语法现象可以归纳为表1：

句法分布	词类	语气副词、范围副词、程度副词
	句法特征	作定语、状语、独立语
	语法分布	句首、句中（充其量+VP）、省略句
语义		理性义、色彩义、主观量、话语标记、句类
语用		焦点
语法化		实词虚化

综上所说，我们可以看出：1）"充其量"除了可以作为语气副词限制、修饰动词、形容词性词语，还可作范围副词、程度副词，限制人或事物的范围。2）"充其量"在句中除了充当定语、状语外，还可以充当独立语、插入语和补语。3）"充其量"除了作为实词放在句首、句中外，还可以虚化放在句末。

参考文献：

[1] 陈琳."充其量"的句法语义功能及其演化[J].常熟理工学院学报，2016年第1期。

[2] 丁声树，吕叔湘.现代汉语词典[M].商务印书馆，2008年。

[3] 何自然，冉永平.认知语言学——言语交际的认知研究[M].上海外语教育出版社，2006年。

[4] 黄伯荣，廖旭东.现代汉语上册（增订5版）[M].高等教育出版社，2010年。

[5] 罗荣华、刘英."充其量"的词汇化与主观量[J].泰山学院学报，2005年第1期。

[6] 沈家煊."语法化"研究纵观[J].外语教学与研究，1994年第4期。

[7] 叶蜚声、徐通锵.语言学纲要（修订版）[M].北京大学出版社，2014年。

[8] 王力.中国现代语法[M].商务印书馆，1993年。

（指导老师：刘劲荣）

民族语言与文化

少数民族大学社团文化在双语建设中的作用探析
——以云南民族大学为例

郭亚杰[①]　黄玉婉[②]

（1 云南民族大学；2 云南民族大学）

[摘　要] 少数民族地区的语言文化在当代"双语""多语"的大背景下，已经越来越成为人们关注的焦点。当前，在双语研究的模式下，对少语建设的田野调查已经逐步完善并全面展开，然而，人们却往往忽视了大学校园内各种少数民族协会社团的传承作用。如何借助学生社团组织，探索其内部的组织规律，借势作出对双语教育的改革与摸索，让高素质的大学生双语人才投身于双语教育实践中，以此实现人尽其才的效果是值得尝试的。

[关键词] 少数民族社团　人才管理　双语　语言文化传承

国内每一所大学都会开办各种各样的社团协会，给学生提供锻炼平台与机会，丰富我们的大学生活，增强学生自我管理、自我组织的能力，从而实现自强自立的目的。然而在我国多所院校中，有许多民族类高校，他们有着这样一种特殊的情况。因为少数民族人群占一定比例，因此，民族类高校也会开办一些以少数民族习俗为特色的协会社团。

全国有 56 个民族，云南省就有 25 个民族（除汉族外），处在如此得天独厚的地理位置上，云南民族大学便举办了十分有民族特色的社团，例如：拉祜传习所、纳西文化研习会、壮族文化研究学会、藏族协会、傣族文化交流协会、佤族研习社、傈僳文化发展研究协会等。

---

① 郭亚杰（1994~　），汉，男，云南民族大学在读研究生，语言学及应用语言学专业。
② 黄玉婉（1992~　），汉，女，云南民族大学在读研究生，语言学及应用语言学专业。

一、上行下效的人才管理对语言传承的助力

新学期伊始，云南民族大学各大社团又开始招募纳新，借此契机，我得以在雨花校区芷苑、惠苑亲自进行田野调查，走近民族大学的民族社团，通过与学生会、团委、社团成员的亲切交流，大致得出概况：云南民族大学民族社团主要由校团委以及分管院团委来进行共同指导并相互扶持。其中，因为民族文化学院具有较为优越的各民族人才，而且囊括的民族种类较为齐全，因此，分管在民族文化学院之下的学生社团较多。得此安排，并非偶然，这也是学校进行民族人才培养的一种模式，民族文化学院有着各民族人才教师，大都均为博士，教师有着丰富渊博的知识经验、有着对本民族文化语言深刻的认同感和归属感，教师能够胜任对民族社团学员指导一职，他们可以在学术上包括文化传承上加以指导。这样一种亲切的师生情在民族节日或者传统祭祀活动中体现地淋漓尽致。

在各民族社团举办的独具本民族特色的活动中，能够广泛地以文化符号的形式进行传播，这就能够更大范围地进行民族文化的宣传，同时也增进了民族凝聚力。民族认同感主要体现在民族语言的一致性、民族习俗的归属感和民族传统的身份感。与此同时，我们学校内会举办各民族大家庭共聚一起，进行篝火晚会或者汇报演出，这样的文化举办能够给小社团提供更宽广的舞台去演绎本民族的文化元素。

此外，因高校大学城的聚集，给云南省高校联合会筹办活动也提供了便利。云南艺术学院、云南大学、云南师范大学等经常能够在本民族传统节日与云南民族大学联谊，这些形式多样、丰富多彩的校园文化、民族元素、青春气息能够紧密地结合在一起，弘扬和培育了更新一代的传承人，同时，有高校指导老师的加入，更能为民族社团的前瞻性发展提出宝贵的意见与可行性的建议。可谓薪火相传、生生不息。例如：藏族协会在老师指导下自己开创了一本杂志叫做"岗拉梅朵发刊"以一种花的名字来命名，显示其独特高洁的品质；纳西族的"三朵节"；佤族的"木鼓节"；傈僳族的"打跳节"；壮族的"三月三"；以及傣族的"比迈傣""泼水节"。与此同时，各民族社团也会积极参与校团委举办的元旦"篝火晚会"使各民族团结一家亲，得以文化的交流与学习。

在民族社团活动的一次次开展中，对民族语言的使用与传承起到了很好的传承与保护作用。高效的管理运行机制也为各民族语言的传承与发展提供了助力。但是，据调查，各社团普遍反映了这样一种现状，在举办较大型的活动时，从场地、设备、经费等筹备方面还是具有一定的困难，好多社团仅仅只能

依靠本社团成员出去拉赞助才能举办，因此她们渴望学校等相关教育部门可以在这个方面给予帮助和支持，而我们可以通过民族社团进入双语建设和双语教育来解决这个问题。

二、现状：双语建设如火如荼

"双语"既可以指向汉语与外语，也可以指向汉语与少数民族语言，也指"群体或个人使用两种语言的现象，也指一个地区兼用两种语言的状态。也译作"双语制"、"双语现象"[①]。广义的"双语"可指三种以上的多种语言。

从二十世纪初，中科院以及北京部分高校开始派遣大学生奔赴我国西北、西南进行了语言调查，之后对少数民族语言的研究开始兴起。涌现出了一批批德高望重、鞠躬尽瘁的学者和专家，做出了许多学术贡献，同时也对境内外双语开始调查研究。

北京语言大学的朱艳华教授《我国少数民族语言传承模式探析》[②]一文，给我们概括了目前主要的六大模式：家庭、社区、双语教学、宗教学习、媒体传播、培训班。境外研究例如戴庆厦老师以对景颇族研究为主，从各个方面角度进行了研究，构建了一套可以让别的学者仿效的研究体系。戴老师带领学生去缅甸、老挝等东南亚国家边境进行了双语比较研究，并在语言接触方面作出卓越的成绩。在第十三届国际双语会议上，有许多学者的论文提出了建设性意见，例如黄成龙教授的《埃塞俄比亚的语言规划与政策》、郭轩瑾老师的《台湾地区原住民族语言抢救运动的民族语教育启示》、戴庆厦教授的《论分析性语言》，他们分别从民族、语言分布与系属、民族政策、语言政策、语言教育方面给我们介绍了研究语言接触的方法，戴老师从分析性的角度指出可从"声韵调分析法""语义分析法"来揭示分析语的语法结构。

我们借助知识图谱与语义搜索可以概括，我国的双语研究建设主要经历了这几个阶段：双语——对比教学——语言态度与使用——双语教育。

从语言学发展态势以及研究趋势来看：双语研究建设如火如荼，正处于全面发展的成熟期，从事双语研究的队伍是一支影响力超大、实施力度强的研究队伍，是我们进行传承与保护少数民族语言与文化时不可或缺的借助力量。我们应该思考如何将这种力量实现转化，投身于双语教育实践中。

---

① 胡乔木. 中国大百科全书［M］. 中国大百科全书出版社
② 第13届国际双语会议发言. 2017.09

三、结合：民族社团文化在双语建设中的潜在作用

我们谈到双语建设的现在阶段已经开始全面双语教育，那么在我们少数民族地区，最关键的就是解决如何高效地开展双语普及、如何培养高素质的双语教师这两个问题。事实上，民族大学所培养的各民族高素质大学生恰好可以充当我们双语建设的后备军，因为他们有着与天俱来的民族文化底蕴，有着比师范类大学生更优异的母语优势，这一点就是我们恰恰所需要的人才汲取。我们假以思考：民族文化社团的社员经过统一的正规的培训，科学的教育思想引领下，可以开展许多下乡支教的双语教育活动，这样，可充分发挥少数民族优秀人才的教育引领作用。同时，大学生丰富了人生阅历，也能在双语教育与建设中筹得经费，将这笔钱完全可以运用在我们高校民族社团文化的弘扬、活动的举办、民族元素的传承中去。以此，来解决本文中提到的经费紧缺问题，来加快我国少数民族地区的双语教育建设，以此来扩大民族文化传播与继承的活动范围与频次。

四、民族社团成员开展双语教育的意义思考

经过统一培训之后，在校大学生、研究生可以以"暑期教育"支教的形式在寒暑假深入少数民族地区对初中、小学义务教育阶段的孩子进行教育，不仅可以给他们带来专业课知识上的答疑解惑，而且能够从本民语言文化的角度来给予专业的指导和帮助，尤其是研究生和大学生的外语水平较高，可以帮助学生提高口语水平，同时也能够教会她们如何珍视本民族语言。传承少数民族文化语言文化是我们不容推卸的责任。如果可以得到学校以及云南省相关教育部门的重视，那这项双语教育之路可以联合高校逐步推行，广而效之。这样可以更快速度地推进语言保护工程的建设，加快双语建设的进程、提高少数民族地区的整体文化水平，可以加快我们全面建成社会主义文明社会、全面建成小康社会。

五、结　语

少数民族大学的社团活动融入双语发展教育的潮流，并借此来传承与弘扬各民族语言文化。这样的摸索，是具有可实施性、现实的摸索。这样的思考是基于少数民族现状与双语建设发展的、光明的思考。这样的摸索和思考是可以阔步到我们整个教育行业中去的践行。

参考文献：

［1］杨玉．云南少数民族大学生民族认同与语言态度研究［D］．上海外国语，2013.05

［2］孙国友．民族院校学生社团建设研究［D］．中南民族大学，2009.04

［3］孙国友．民族院校学生社团建设的困境—以中南民族大学为例［J］．湖北省2012人文社科项目（2012G266）

［4］李宇明．语言战略研究［J］．商务印书馆，2017.05第2卷

［5］杨延芳．我国少数民族双语研究综述［D］安徽文学（下半年），2012.05

［6］戴庆厦、董艳．中国少数民族双语教育的历史沿革［D］．民族教育研究，1996.11

（指导老师：周德才）

民族语言与文化

山西太谷方言的语音特点

胡 蕊[①]

[摘 要] 由同一种语言分化出来，受不同地区的环境变化的影响，在不同地域上所体现出的特点即为地域方言。不同方言的字或词语书写出来可能没有较大的区别，但读起来就差异明显了。山西太谷方言有独特的语音特点，属于晋语并州片。本义在前人研究的基础上，通过对现有资料以及自我方言掌握情况的剖析，分别从声母、韵母、声调等三个方面对太谷方言的语音系统作了细致分析，从而促进山西太谷方言的进一步研究。

[关键词] 山西　太谷方言　声母　韵母　声调

山西省晋中市太谷县，在山西中间地带，位于晋中盆地。其历史发展悠久，始于西汉。文化政治与商业贸易高速发展。与周边的介休县，祁县，平遥县一起，共同成为全国各地知名的"晋商故里"。太谷县虽然是个山多川少的地区，但语言基本一致。总体来说，太谷语言体系属于晋语中并州片，县内各地虽有差异，但仍以城关话为代表[②]。全县语言语音特点有较多特点，例如：读书的"书"读为［fu²²］、如果的"如"读为［vu²²］、初一的"初"读为［tsuo²²］，祖国的"祖"读为［tsuo³²³］。

前人对太谷方言有过较多研究。比如杨述祖1983年在《太谷方言志》中就从语音、词汇、语法等方面对太谷方言进行了详细的分析。他还认为太谷方言中的儿韵字比普通话多，除"支脂之"韵日母字"儿、而、尔、二"等外，止组、章组字也读儿化韵，这在山西方言中是独一无二的特点。太谷方言的名词既有儿尾，也有儿化。儿化后的音节和前边的音节融为一体，失去了独立的

---

① 胡蕊，女（汉族），云南民族大学在读硕士，专业语言学及应用语言学。
② 太谷县内各个乡镇方言有所不同，本文以基本的城关话为研究对象.

声调。太谷方言名词读音儿化后，韵母也跟着发生变化，变化的结果形成七个儿化韵。① 乔全生 2012 年认为百年来太谷方言的入声韵的主要变化，一是入声韵类的减少，二是入声的舒化。②

在阅读大量文献后，利用笔者身为太谷人，熟知地道纯正的太谷方言的优势，本文主要从声母、韵母、声调三个方面详述太谷方言的语音特点。

一、声母特点③

（一）声　母

	双唇	唇齿	舌尖前	舌尖中	舌尖后	舌面前	舌面后
塞音	p			t			k
	p^h			t^h			k^h
塞擦音			ts			tɕ	
			ts^h			tɕ^h	
擦音		f	s			ɕ	x
		v	z				
鼻音	m			n			ŋ
边音				l			

（二）与普通话相比，太谷方言有其自身的特点。

1. 增加了 V、ŋ、Z 三个声母

v 声母字，唇齿接触不是很紧，在普通话里大都为零声母合口字。例如："梧［v^{55}］、娃［vau^{55}］、窝［ve^{55}］、歪［vai^{55}］、威［ve^{55}］、完［ven^{55}］、文［vən^{55}］、袜［va^{55}］"等。在学习这些字时只要将唇齿音 v 和双唇音 u 做改变和调整，在发音时上齿轻咬唇就可以发出 v 音。

ŋ 声母的字，其发音的感觉类似于软腭音 ŋ，普通话中是零声母开口字，例如："哀［ŋe^{22}］、欧［ŋo^{22}］、安［ŋan^{22}］、恩［ŋen^{22}］"等。普通话转成太谷方言时，只要在正常发音基础上舌面后部抬起，顶着软腭通过气流，嘴唇一般微张。

z 声母的字，普通话中都是舌尖后浊擦音 r［ʐ］声母开口字，与普通话相

---

① 杨述祖.《太谷方言的儿韵、儿尾和儿化》.《语文研究》1991 年第 3 期（总第 40 期）.
② 王为民，乔全生.《百年来山西太谷方言入声韵的演变》.《语文研究》2012 年第 1 期（总第 122 期）.
③ 以下所引用的语料均来自杨述祖. 太谷方言志［M］. 太谷县图书馆，1983；郭齐文. 太谷县志［M］. 太谷. 太谷县志编纂委员会，2010（9）：603~606.

比只是平舌与翘舌的区别。例如："人［zən²²］、任［zən⁴⁵］、让［zau⁴⁵］"等。

2. 无舌尖后音

舌尖后音 tʂ、tʂʰ、ʂ 声母在太谷方言中都读为舌尖前音 ts、tsʰ、s。例如："张［tsau⁵⁵］、竹［tsu⁵⁵］、柱［tsu⁵¹］、出［tsʰuo⁵⁵］"等。这就使得太谷人在学习普通话时产生平翘舌不分的问题，因为发音时舌头不会自然卷起，导致不会发翘舌音或发音的不完整的问题。

3. f、n 的特殊情况

（1）f 声母字的读音与普通话的唇齿音 f 声母相同，但也有特殊情况。

特例："书"读为［fu²²］，树［fu⁵¹］，谁［fu⁵⁵］，就是因为这个特点有了流行的一句话"谁［fu⁵⁵］把谁［fu⁵⁵］的书［fu²²］掉到水［fu²¹⁴］里了"，书、树、谁、水基本同音，只有声调的差异，如声调相差不大，在区分时就要依靠生活的用词习惯来区别，例如方言中"树"字一般以"树儿"代替树的单字的运用；"谁"一般以"谁了"更加生活化的词来交流。这句方言小句突出强调太谷方言中的特殊语的运用，也成为了外地人初次接触太谷方言时所感受的特别之处。

（2）太谷方言中的 n 声母，对应普通话也是舌尖中鼻音 n 声母。特例："牙［niɔ³⁵］、咬［niɔ³⁵］"。

（3）除了上述总结出来的基本规律，太谷方言中还有特殊的词的发音需要个别注意。如："热"［tsɑ⁵⁵］，"甜"［tian⁵⁵］、"爬"［bə³⁵］、"喝"［xia²²］、"肠"［tsau⁵⁵］

综上所述，太谷方言声母系统与普通话相比如下表所示：

表1 普通话与太谷方言声母对比表

太谷方言	普通话	例字	太谷方言	普通话	例字
p	p	布、币	x	x	合、很
pʰ	pʰ	破、啤	ts	ts	怎、总
m	m	美、门	ts	tʂ	震、证
f	f	风、放	tsʰ	tsʰ	参、曾
v		如、软	tsʰ	tʂʰ	晨、称
t	t	等、党	s	s	森、散
tʰ	tʰ	特、贴	s	ʂ	身、商

续 表：

太谷方言	普通话	例字	太谷方言	普通话	例字
n	n	奶、能	z	ʐ	让、任
l	l	愣、狼	tɕ	tɕ	机、借
k	k	盖、给	tɕʰ	tɕʰ	劝、区
kʰ	kʰ	口、哭	ɕ	ɕ	洗
ŋ		偶、哑	ø	ø	衣

二、韵母特点

（一）韵 母

太谷方言韵母系统与普通话相比也有很多不同之处，其中最大的特点就是有塞音韵尾ʔ。

表2　太谷方言韵母表

开口呼		齐齿呼		合口呼		撮口呼	
ɒ	打	iɒ	架	uai	槐	yəʔ	削
a	班	iai	街	uan	关	yaʔ	夺
aʔ	发	ian	严	uaʔ	桌	ye	靴
ai	败	iɑɯ	交	uɒ	夸	y	虑
ɑɯ	宝	iaʔ	百	uən	村	yu	裙
ei	背	iəɯ	牛	uəʔ	竹	ye	全
ɚ	耳	iə	彬	uo	多		
e	般	iə	鼻	uei	回		
ɣ	波	io	表	ue	官		
əɯ	豆	ie	姐	u	毋		
əʔ	则	i	避				
ə	身						
ʅ	思						

（二）w 与 u 的相互转化

凡是普通话中以 u 结尾的音一般为半元音 w，例如 au、iau、ou、iou 分别读为 ɑw、iɑw、əw、iəw。w 是一种特殊的音，发音短而轻巧快速，和入声的感觉有相似的地方，与 u 相比，没有 u 发音时的全面而完整。也有特例的存在：以"标"字为例，普通话发音韵母为 iau，太谷方言发音为 io，少了最后 u 的发音动作，以 o 结尾，嘴唇一直收拢呈小圆状。

（三）韵母 a、aŋ 的发音变化

如普通话中的 a 和 aŋ 在太谷话中发 ɒ，"打［tɒ³⁵］""党［tɒ³⁵］"发音差异很小；ia、iaŋ 发 iɒ，"假［tɕiɒ³⁵］""江［tɕiɒ⁵⁵］"；ua 和 uaŋ 发 uɒ，"跨［khuɒ⁵¹］""逛［kuɒ⁵¹］"。这个特点也有特例，an 韵在太谷方言中 a 或 e；而 uan 韵则为 ua 或 ue。首先以"班"和"搬"为代表的，太谷方言读"班"时口型较圆，较普通话读法唇部动作更大；发"搬"时嘴角像微笑一样向两侧延伸，唇形为扁平。第二组以"关"和"官"为例，太谷方言在这两个字的发音上都是先发 u 的音成 u 的口型，发"关"时唇形由撮口逐渐打开，幅度较大，而发"官"是口型幅度较小，在嘴唇聚合时，发出声音，舌头舒展即可。

具体差别如下表所示：

太谷方言	普通话	例字	太谷方言	普通话	例字
a	an	班扁	ua	uan	惯还
e		搬般	ue		专传

（四）入声韵

入声韵属于中古汉语的韵类之一，是在韵尾发出的短而急促的子音，一发即收。普通话中，入声韵已经消失，即我们常说的"入派三声"，入声被归入其他三个调类之中。如今只有在少数方言中还对入声有所保留，晋语就是其中之一。在下面的总结中，韵母结尾带 ʔ 的韵母表示的是入声韵。带？标识的为八组入声韵，一个方言韵母，普通话中都有好多种读法，具体内容还得分辨记忆。晋语中多数的入声韵读得短促，入声韵一般有四个，多者可达七八个甚至十个，特点为收喉塞尾，喉塞尾脱落后声调发生变化有舒促和相互转化的现象，接着就是与普通话相同的部分，分别派入其他三声中。

表 3 太谷方言韵母系统与普通话对比表

太谷方言	普通话	例字	太谷方言	普通话	例字
u	uən	昏屯	ye	yɛ	靴锁
	uŋ	红弄		ɤ	和禾
	uəŋ	翁		uo	朵躲
yaʔ	yɛ	决端	uəʔ	u	毒骨
	uo	活		uo	郭国
	ua	滑		ou	粥妯
aʔ	a	八发		au	着
	o	驳泼	uo	u	肚卤
	ɤ	设纳		uo	多拖
	uo	作刷		aŋ	帮榜
	u	扑		uaŋ	庄床
	au	雹		au	招朝
əʔ	u	不扑	iaʔ	ia	夹掐
	o	摸		iɛ	别接
	ɤ	则责		yɛ	觉虐
	uo	托脱		o	伯
	ʅ	吃失		ai	百白
	a	跋		ɤ	额合
	ai	窄	iəʔ	i	鼻匹
	ei	黑没		iɛ	别
yəʔ	y	蓄律		o	默墨
	yɛ	削		ɤ	得德
	u	宿足		ei	肋勒
	au	药钥			

在学习和研究入声韵时可以结合声调更好的理解与分析。入声韵有的分阴阳，就产生了阴入调和阳入调，之后对声调的分析中强调了太谷方言中的阴入调分别对应普通话中的阴平、阳平、上声、去声，四个声调中均有入声的归入，而方言中的阳入调却仅仅对应普通话中的阳平声调。

换个角度讲，太谷方言与普通话基本相同的韵母，共有十三个，分别是 io、i、u、y、ai、iai、uai、uei、ɑw、iɑw、əw、iəw、ie 等十三个韵，只需要注意念法改变口型和舌位就可以很好的感受到差别。这十三对韵母发音相差不多，在具体韵母的发音上只要调整就好。太谷方言中一个韵对应普通话中两个韵的有 ɒ、iɒ、uɒ、ɤ、ie、ʅ、ɚ、ei、ye、ə、iə、yu、ua 等十三个韵。

表4 太谷方言与普通话韵母基本相同对应表

太谷方言	普通话	例字	太谷方言	普通话	例字
ai	ai	白差	ian	ie	严年
ɑw	au	刀抱	u	u	布杜
əw	ou	兜头	uai	uai	拐快
io	iau	标叼	uei	uei	鬼贵
i	i	比底	y	y	女驴
iai	iɛ	街姐	iəw	iou	丢牛
iɑw	iau	咬交			

具体到每一个韵母，太谷方言中的某一个韵母在普通话中都有不只一种读法，其中的不同之处就要在读的过程中慢慢寻找规律和特点。例如 ɒ 韵，普通话中是 a、aŋ 两个韵母。我们分析可以得出，太谷方言的 ɒ 韵和帮组声母相拼时，普通话是 a 韵，如"巴、妈"；太谷方言的 ɒ 韵与见组声母相拼时，普通话读 aŋ 韵，如"康、刚、杭"；太谷方言的 ɒ 韵与端、精组声母相拼时，普通话 a、aŋ 两个韵母都有字对应，这种情况就要分别记忆。

三、声调特点

（一）声 调

平声	22	刚、升、婚、年等
上声	323	古、口、好、五等
去声	45	近、盖、汉、共等
阴入声	11	急、曲、歌、黑等
阳入声	434	舌、杂、合、读等

注：其中上声和阳入声会发生连读变调现象，上声调值变为32，阳入声变

为 43. 例如：老师［lau^{32}si^{22}］；舌头［sa^{43}tou^{22}］

（二）平声调

在太谷方言中，平声是一个调类，对应于普通话中的阴平和阳平两个调类。凡是声母是［p］、［t］、［k］、［tɕ］、［ts］时，普通话中都读阴平调，例如："玻、灯、瓜、江、忠"等；凡是声母为 m、n、l、z 时，普通话读为阳平调，例如："迷、泥、梨、人"等。

（三）高平去声调

太谷方言中的去声是高平调，在字尾结束时有升调，而普通话是高降调。比如"去"这个字，调值为 51，而在太谷方言中调值为 45，会有升调。

（四）入声调

阴入声调分别对应阴平、阳平、上声、去声四个声调。凡是声母为 m、n、l、z 的，普通话中读去声，例如："纳、灭、唎、墨、热、逆、律、日"。这个小规律只能分辨一部分字，其余的部分就无规律可寻。

阳入声调对应普通话中阳平调，例如："别、伐、夺、毒、舌、食"。

太谷方言中的上声只是念法有所不同，这里的念法通常指的是声母和韵母拼合的音节结构的差异，其他并没有很大的不同，只要在进行方言与普通话时的转化时改变念法就可以了。

表 5　太谷方言声调系统与普通话对比表

太谷方言	普通话	例字
平声 22	阴平 55	刚知专尊
	阳平 35	陈穷平唐
上声 323	上声 214	口古武好
去声 45	去声 51	菜饭帽近
阴入 11	阴平 55	秃出惜黑
	阳平 35	福竹责急
	上声 214	匹尺比铁
	去声 51	各肃却获
阳入 434	阳平 35	杂食服读

（五）轻声与变调

对于太谷方言中的轻声现象，与普通话相比范围并不大。方言中的轻声只出现在某些句尾、词尾的位置上，例如："桌子、椅子、我的、作甚嘞"等。

太谷方言中，只有在一些叠音名词后会有轻微变调，例如："馍馍 [məʔ¹¹mɤ²²]、爷爷[iə²²ie⁵⁵]"，变调的同时元音韵母也发生了相应的改变。

在普通话中两个上声连读，前一个上声要变成半上，即214变为323. 在太谷方言中，两个上声字相连也要发生变调，通常的规律是后一个字变为平声调。例如："姐姐[tɕiə³³tɕiə³³]、老虎[lɑw³²xu³³]"。两个去声字相连时也要发生变调，一般是后一个字变为上声调，例如："漂亮[phio⁵⁴liŋ³²³]、妹妹[mə³³mei³²³]"。

四、其他一些语音现象

太谷方言的语音还要有几点现象需要加以说明：

1. 前后鼻尾韵字与普通话的区别。太谷方言中ə韵字，凡是声母是t、tʰ、n、l的，普通话中都读əŋ韵，例如："登、腾、能、愣"等等；在口语中为ʅ韵的，普通话都读əŋ韵，例如："蒸馍馍、盛饭、白城"；太谷方言中的iə韵字，凡是声母为t、tʰ的普通话都为iŋ韵，例如："定、听"等等；在白话口语中读i韵的普通话中是iŋ韵，例如："病害、命要"。

2. 普通话韵母un和ŋ与太谷方言的对比。这两个是带鼻音韵母，un是带鼻音n的，一般叫做前鼻尾韵母，发音时先发元音，接着软腭逐渐降下来，加入鼻音色彩，舌尖移动向上齿龈，最后抵住上齿龈发n，整个发音除阻完毕；ŋ一般叫做后鼻尾韵母，发音时，先发元音接着舌根移动向软腭并抵住软腭发ng，整个韵母才算发音完毕除阻。在太谷方言中这两个韵母都读为u，所以较难分辨，由于发un音时太谷方言一律发为ŋ，例如：孙[zuŋ²²]。

五、结　语

文章通过太谷方言与普通话的对比，从声母、韵母和声调三方面，对太谷方言语音特点进行了系统研究和探讨。太谷方言中声母没有舌尖后音，但是比普通话多了v、ŋ、z三个声母；声调比普通话中多了入声调；韵母中较为突出的特点是方言中有入声韵的存在。对于入声的阐述，本文只是将太谷方言中的入声与普通话相对比，证明了入声韵的存在以及在历史发展过程中"入派三声"最后的演变结果进行了归纳，那么方言中入声韵自身的发展以及产生的原因都是值得进一步探讨和思考的。

参考文献：

［1］郭齐文.太谷县志［M］.太谷：太谷县志编纂委员会，2010（9）.

［2］杨述祖.太谷方言志［M］.太谷县图书馆，1983.

［3］王为民，乔全生.百年来山西太谷方言入声韵的演变［J］.语文研究，2012（1）.

［4］杨述祖.太谷方言的儿韵、儿尾和儿化［J］.语文研究，1991（3）.

（指导老师：周德才）

南段老寨拉祜西话的语法特征

李利行[①]

（云南民族大学）

[摘　要] 拉祜族是一个古老的民族，目前拉祜语分为拉祜纳和拉祜西两大方言。本文从词类、句子成分和句子类型三个方面对南段老寨拉祜西话的语法进行探索分析。

[关键词] 拉祜语　拉祜西　语法

拉祜西主要分布在澜沧拉祜族自治县内的糯福乡、谦六乡、糯扎渡镇等等，语言属汉藏语系藏缅语族语言，至今仍保留着浓厚的传统文化和语言特色。学术界对于拉祜西社会历史文化的研究始于20世纪50年代[②]。也有学者调查研究过拉祜西方言，但没有见到对南段老寨拉祜西方言进行深入研究的文章，因此，本文以前人研究的成果为参照，运用所学的理论知识对南段老寨拉祜西语言进行研究和分析，为本民族的语言文化保护和传承尽一份力，为以后全面系统的研究拉祜西方言提供一点资料。

一、南段老寨基本概况

南段村隶属澜沧拉祜族自治县糯福乡，地处乡政府的南边，距乡政府所在地51千米，全村国土面积30.11平方千米，而南段老寨是基层组织南段村民委员会所在地，海拔1800米，年平均气温17℃，年降水量1673毫米，适合种植粮食、茶叶等农作物，因此南段老寨的主要经济作物为茶叶。2007年底，南段

[①] 李利行，女（拉祜族），云南民族大学在读硕士。
[②] 费中正、王正华.南段拉祜西的页尼研究.思茅师范高等专科学校学报.2012：1

老寨有 62 户,250 人,其中男 130 人,女 120 人[①]。除了在街上做生意的汉族,其他居民大多为拉祜西,南段老寨的拉祜人用拉祜西方言进行交流外,大部分人能听懂并且会说拉祜纳方言。南段老寨拉祜西婚姻家庭、丧葬习俗、生产生活、服饰、村落民居、节日庆典、歌舞、宗教信仰等方面保留着浓厚的拉祜族传统文化特征[②]。

二、南段老寨拉祜西话的语法特征

语法是语音的组合法则,语法单位包括:语素、词、短语、句子。语素怎样组合成各种结构的词,词怎样构成词组,词组怎样构成句子,都有一定的规律。语法学是研究、描写、解释语法结构规律的科学,是对客观存在的语法体系的认识和说明[③]。

(一)词 类

词类是词的语法性质的分类。南段老寨拉祜西话的词类可以分为实词和虚词,实词能够单独充当句子成分,虚词则不能。

1. 实词

(1)名词,南段老寨拉祜西话中,可以把名词分为以下几类:

人物名词:tʃhɔ^{33} 人、ɔ^{31}tʃhɔ^{53} 朋友、mu^{31}tʃa^{53}pa^{11} 农民。

事物名词:mu^{53}ni^{33} 太阳、mɔ^{31}fe^{11} 云、ɔ^{31}tu^{33} 身体。

抽象名词:dɔ^{53}qha^{53} 思想

时间名词:a^{33}mi^{21} 昨天、tʃhe^{33}nɛ^{31} 现在、phiau^{31} 后天。

方所名词:tʃɯ^{33}kɔ^{21} 中国、mu^{53}ni^{33}tɔ^{54}fu^{4} 东方、le^{21}xe^{53}kɤ^{31} 学校、pha^{54} 上、la^{21}ʒɔ^{53}fu^{53} 右、la^{21}qa^{11}fu^{53} 左。

(2)动词,可以分为以下几类:

动作动词:ɤɔ^{33} 读、dɔ^{54} 打、ta^{54} 爬、ɤɔ^{31} 拉。

能愿动词:dɔ^{53} 想、tʃhɤ^{31} 能、phɛ^{21} 愿意。

趋向动词:tʃi^{31} 去、la^{31} 来、qɔ^{21} 回、lɯ^{21} 进。

心理活动动词:dɔ^{53}ve^{33} 以为、ɤa^{33}ga^{53} 喜欢、khi^{33} 担心。

存在、变化、消失动词:tʃɔ^{11} 在、tʃɔ^{31} 有、mɛ^{33}qɔ^{24} 消失。

(3)形容词,可以分为以下几类:

---

① 费中正、王正华. 南段拉祜西的页尼研究. 思茅师范高等专科学校学报 .2012:1
② 费中正、王正华. 南段拉祜西的页尼研究. 思茅师范高等专科学校学报 .2012:1
③ 扎拉. 拉祜语基础教程[M]昆明:云南大学出版社 2008:202.

性质形容词：da²¹ 好、tshi³³ 甜、xɔ³³ 热、bɔ³¹ 懒。
状态形容词：ni²⁴ 红、gɛ³¹ 快、mu³³ 高、tɛ²¹ 活。
数量形容词：mɛ⁵³ 多、qha³³pɤ³¹lɛ³⁵ 所有、a³³mɛ⁵³ 少。

（4）代词，可以分为以下几类：

人称代词：nɔ³¹ 你、nɔ³¹ni⁵³ɤa⁵³ 你俩、ɤ³¹ŋa³⁵ 咱们。
指示代词：tʃhi³³ 这、ɷ⁵³ 那、a³³ni³³tha⁵³ 从前。
疑问代词：qha⁵³tɛ⁵³ 哪个、qhɔ²¹lɛ³³ 哪里、qha³¹tha⁵³tha⁵³lɛ³³ 什么时候。

（5）数词，南段老寨拉祜西语可以分为基数词、序数词。

基数词：tɛ⁵³ 一、ʃɛ⁵⁴lɛ⁵⁴ 三、xa³³ 百、va¹¹ 万。
序数词：ti²⁴ʒi³¹ 第一、ti²⁴lu²¹ 第六、ɔ³¹mɤ⁵³lɛ³³tɛ⁵³ɤa⁵³ 最后一个、ɔ³¹mɤ⁵³lɛ³³tɛ⁵³qɔ²¹ 最后一次。

（6）量词，可以分为物量词和动量词。

物量词：pha²¹ 一片叶子、pɷ³¹ 一顿饭、qu³⁵ 一张纸、kɔ³³ 一瓶酒。
动量词：qhe³³ 打一下、pɤ³¹ 咬一口、qɔ²¹ 去一趟、pɤ³¹ 看一眼。

（7）副词，可以分为以下几类：

程度副词：dʒa⁵³ 很、a³³tʃi²⁴ 一点。
范围副词：mɛ⁵³tʃhɔ³³ 多数、a³³tʃi²⁴ 仅仅。
时间副词：a³³si³³tʃhɛ³³nɛ³¹ 刚刚、pɤ⁵³la³¹ 平时。
肯定副词：ʒau³¹ 是、ɔ³¹tʃi³¹ 的确。
否定副词：a⁵³xe⁵⁴ 不是、a⁵³ʒu³¹ 不要。
情态副词：va⁵³mɔ³³tɛ³³ 赶紧、a³¹lɔ²⁴lɔ²⁴ 悄悄、na³¹xa²⁴la²¹tsi³¹ 忽然。

2. 虚词

南段老寨拉祜西语的虚词分为介词、连词和助词。

（1）介词，可以分为以下几类：

①表示方法、根据的：lɛ²⁴ 按。例句如：

ʒɔ⁵³ u²⁴ a³¹ve³³ lɛ²⁴ tɛ³³. 按他说的做。
他 说 的   按 做

②表示原因、目的的：nɔ³¹xɔ²⁴ 因为。例句如：

mu⁵³ʒi³¹ la³¹ ve³³ a³¹nɔ³¹xɔ²⁴ ka²⁴ a⁵³tɛ³³. 因为下雨，所以不干活。
雨   下 的   原因   活 不干

③表示实施、受事的：nɔ³¹xɔ²⁴ 被、把、让。例句如：

a. ʒɔ⁵³ a³¹nɔ³¹xɔ²⁴ vuɯ³¹ thɔ⁵⁴ ve³³. 他被蛇咬了。
他   被   蛇   咬   了

b.ʑɔ⁵³ vɯ³¹ nɔ³¹xɔ²⁴ dɔ⁵⁴ pɛ³¹ qha³³. 他把蛇打死了。
　　他　蛇　把　　打死　了

c.ɣ³¹tɛ⁵³mu³¹ ʑɔ⁵³ nɔ³¹xɔ³³ thiau²⁴vu⁵³ te³³ tsi³³ve³³. 我们让他跳舞。
　　我们　　　他　让　　跳舞　　　做（使动）

（2）连词，主要有 lɛ³³ 和，qha³¹tʃɛ³³……kɛ³³ 不论、不管，ω⁵³lɛ²⁴tɛ³³lɛ³³ 于是，a³³xe⁵⁴ lɛ³³ 否则、不然。例句如：

① a³³tɛ³³ lɛ³³ a³³ma³³. 爸爸和妈妈。
　爸爸　和　妈妈

② qha³¹tʃɛ³³ khɯ²¹ kɛ³³ ɣa³³ tʃɔ³¹a³¹ ve³³. 不管多苦都要活着。
　不管怎样　苦　也　要　活着　句尾语气

③ lɛ²¹ a³³xe⁵³ω⁵³lɛ²⁴tɛ³³lɛ³³ ŋa³¹tɛ⁵³mu³¹ qɔ²¹ ve³³. 不上课，于是我们回家了。
　课　不上　　于是　　　　我们　　回家　了

mʃa³³vu⁵³ɔ¹¹ ɣa³³tʃa⁵³ ve³³ a³³xe⁵⁴ lɛ³³ mɣ²¹ la³³ ve³³. 要吃午饭，不然会饿的。
　午饭　　　要吃　的　不然　　　饿　会　的

（3）助词，依附在其他的词、词组、句子之上作为辅助之用的词。不能单独运用，不能充当句子成分，可以分为：

①结构助词：ve³³。例句如：
ʃi¹¹dʒa⁵³ ve³³ ʑa²¹qɔ³³. 熟悉的山路。
熟悉　　的　山路

②时态助词：tsi²⁴a³¹、tʃɔ³¹a³¹ 在；lɛ³³ 着；dʒɔ³³、kɔ²⁴ 过。例句如：
a.ʑɔ⁵³ lɛ²¹ qha³¹lɛ²⁴ ni³³ŋɔ²⁴ tsi²⁴a³¹ ve³³. 他在认真的看书。
　他　书　认真　　　看　　在　的（句尾语气）

b.ʑɔ⁵³ ɣɯ³¹ a³¹lɛ³³ u²⁴ ve³³. 他笑着说。
　他　笑　着　说　的（句尾语气）

c.ŋa³¹ pei²¹tʃi³³ tʃi³¹ dʒɔ³³ ve³³. 我去过北京。
　我　北京　　去　过　了

③语气助词：la¹¹ 吗、lɛ³³ 呢、a³³xe⁵⁴ la⁵³ 是吗。例句如：
a.ŋɔ⁵³ lɛ²¹xe⁵³ʑa⁵³ la¹¹. 你是学生吗？
　你　　学生　　吗

b.ʑɔ⁵³ qhɔ²¹ nɔ³¹xɔ²⁴ ve³³ tʃhɔ³³ lɛ³³. 他是哪里的人呢？
　他　哪里　助词　的　人　呢

c. ʃu³³u²⁴khɔ⁵³ka⁵³ve³³ nɔ³¹ ʒɔ⁵³ a³¹vi²⁴ qɯ⁵⁴ ve³³ a³³xe⁵⁴ la⁵³. 听说你是他姐姐是吗？

　　　听说　　　你　他　姐姐　　说的　　　是　　吗

④比况助词：ʃu³¹ʥa⁵³ 似的、像。例句如：

a. ɔ³¹mu³³a³¹ ʃu³¹ʥa⁵³ ve³³ mɔ²¹fe¹¹. 羽毛似的白云。

　　羽毛　　　似　的　　白云

b. ʒa³³ ve³³ na³¹pu³¹tʃhi³³ mu⁵³xɔ²⁴phɯ⁵³tu³¹ nɔ³¹xɔ²⁴ ʃu³¹ʥa⁵³. 大象的耳朵像风扇。

　　大象　的　　耳朵　　　　风扇　　　　助词　像

（二）句子成分

句子的组成成分叫做句子成分，南段拉祜西语的句子成分有主语、谓语、宾语、定语、状语和补语六类。

1. 主语，在南段拉祜西语中经常作主语的有：名词、代词、数量词组、主谓词组、宾动词组。

（1）名词作主语。例句如：

mu⁵³thɛ⁵⁴ ve³³ ɔ³¹khɔ⁵³ ʀ³¹ʥa⁵³. 雷声很响。

　打雷　　的　　声音　　很大

（2）代词作主语。例句如：

ʀ³¹te³³tʃu⁵³ te⁵³gɛ³³ ti²⁴ʒi⁵³ tʃa³³ ŋɔ²⁴. 咱们一起去看电影。

　咱们　　一起　　电影　去　看

（3）数量词组作主语。例句如：

te⁵³qhɔ²¹ ve³³ ʃɛ³⁴ xa³³khɔ²¹tʃhi³³ŋa⁵³ ni³³ tʃɔ³¹. 一年有二百六十五天。

　一年　　的　　　　365　　　　　　天　有

（4）主谓词组作主语。例句如：

ʒɔ⁵³ qa³³mɯ³¹ ve³³ ʀ³¹ na³³a¹¹. 他唱歌我们听着。

　他　唱歌　　的　我们　听着

（5）宾动词组作主语。例句如：

tʃhu³³tʃɯ⁵³ ve³³ gɛ³¹, ʒa²¹qɔ³³ʥu⁵³ ve³³ ʥu³³. 坐车快，走路慢。

　车　坐　的快，　　　走路　　的慢

（6）联合词组作主语。例句如：

ɔ³¹pa³¹ ɔ³¹ʒa⁵³ ka²⁴ te³³tsi²⁴a³¹. 父子在劳动。

父亲　儿子　活　在做

2. 谓语

南段拉祜西语中一般由实词或者词组充当谓语成分，常常出现在主语之后。分为以下几种类型：

（1）动词作谓语。例句如：

ȝɔ⁵³ le³¹ a³³xɛ¹¹pa¹¹. 他是汉族。
他　是　　汉族

（2）形容词作谓语。例句如：

la²⁴tʃha³³tʃia³³ a³³ka⁵⁴ ɤ¹¹ dʑa⁵³. 澜沧江水很大。
　澜沧江　　　水　大　很

（3）疑问代词作谓语。例句如：

ɯ³³ te⁵³ɤa⁵³ a³³ʃu¹¹ le³³. 那个人是谁？
那　一个　　谁　　呢

（4）主谓词组作谓语。例句如：

ȝa²¹ni³³ mu⁵³xɔ³³ ɤ³¹ dʑa⁵³. 今天风大。
今天　　　风　　大　很

（5）数量词组作谓语。例句如：

ŋa³¹ ʃɛ³¹qhɔ²¹ ʃɛ⁵⁴ tʃhi³³qhɔ²¹. 我今年30岁。
我　　今年　　　三十　　岁

3. 宾语

南段老寨拉祜西语分为以下几种宾语。

（1）名词作宾语。例句如：

① mu⁵³ȝi³¹ ʃɛ³¹ve³³ ʃɛ¹¹ni³³ʃɛ¹¹xa²⁴ la³¹ pou³¹. 这雨连下三天三夜。
　　雨　这　　三天三夜　　　下　了

② ȝɔ⁵³ te⁵³ɤa⁵³nɛ²⁴lɛ³⁵ ȝa⁵³ khu⁵³ ve³³. 她一个人带孩子。
　她　　一个人　　　孩子　带　的

（2）代词作宾语。例句如：

① a³¹ʃu³¹ qɯ⁵⁴ma³¹la⁵³ le³³ ni¹¹te⁵³mu³¹ nɔ³¹xɔ³³. 谁告诉你们的？
　谁　　告诉　　　的　你们　　　助词

② lɔ⁵³si³³ ŋa³¹ nɔ³¹xɔ³³ ga³³la⁵³ ve³³. 老师帮助我。
　老师　我　助词　　帮助　（句尾语气）

（3）形容词作宾语。例句如：

① a³³pɯ²¹ tʃhi³³te⁵³qhɔ⁵⁴ le³³ phu²⁴lɛ³⁵ve³³. 这件衣服是白色的。
　衣服　　这一件　　　是　白色的

4.定语，定语通常用实词充当。

（1）名词作定语。例句如：

（ɔ³¹si²⁴la³¹）ve³³ ʃɔ²⁴tʃa⁵³ ɔ⁵³tʃhi³³ qhɔ²¹ pha⁵⁴. 新来的校长四十多岁。
　　新　来　的　　校长　　四十　岁　多

（2）动词作定语。例句如：

① nɔ³³mɔ²¹ tʃha²⁴a³¹ ve³³ kɔ³³ na³³ʃa³³ ʥa⁵³. 娜莫唱的歌好听。
　　娜莫　　唱　　的　歌　好听　　很

② ŋa³¹（te³³）a³¹ve³³ ɔ¹¹ me³¹a⁵³me³¹ la³¹. 我做的饭好不好吃？
　　我　做　　的　饭　　好不好吃　　呢

（3）代词作定语。例句如：

① (ʐo⁵³）ve³³ a³³ma³³ lɛ³¹ lɔ⁵³si³³. 他的妈妈是老师。
　　他　的　妈妈　是　老师

② tʃhi¹¹ ve³³（a³³ʃu¹¹）ve³³ kɛ³¹ lɛ³³. 这是谁的鞋？
　　这　是　谁　　的　鞋　呢

（4）形容词作定语。例句如：

ŋa³³（ŋɤ²⁴lɛ³⁵）ve³³ a³³pɯ²¹ ʐa³³ga⁵³. 我喜欢蓝色的衣服。
我　　蓝色　　的　衣服　喜欢

5.状语

南段老寨拉祜西语中的状语有以下几类：

（1）时间副词作状语。例句如：

ŋa³¹ ka²⁴〔la²¹xa²⁴〕te³³pɤ³¹. 我马上完成工作。
我　工作　　马上　　完成

（2）程度副词作状语。例句如：

ŋa³¹〔a³¹tʃi²⁴〕kɛ³³ ʐɔ³³ a⁵³ʐa³³. 我一点都不会读。
我　　一点　　也　读　　不会

（3）范围副词作状语。例句如：

tʃhi¹¹ve³³ ka²⁴ ʐo⁵³ te⁵³ʐa⁵³〔nɛ²⁴lɛ²⁴〕ve³³ a³³xe⁵⁴. 这不单单是他一个人的事。
　　这个　事　他　一个人　　仅仅　　的　不是

（4）否定副词作状语。例句如：

ŋa³¹ ʐou²¹ʃi²⁴〔a⁵³〕qa³³gɤ⁵³〔ga⁵³〕. 我不想玩游戏。
我　游戏　　不　玩　　　想

（5）指示代词作状语。例句如：

nɔ³¹ ［ω⁵³ɛ³¹lɛ²⁴］ a⁵³u²⁴tʃɔ⁵³. 你不该那样说。
你　那样　　不该说

（6）能愿动词作状语。例句如：

ʑɔ⁵³ na⁵⁴ tshi⁵³gu³³ ［ʁa³³］. 他会看病。
他　药　治疗　会

6.补语，是述补结构中补充说明述语的结果、程度、趋向、可能、状态、数量等的成分。补语和述语是补充和被补充、说明与被说明关系①。南段老寨拉祜西话中由形容词、动词、数量词组和名词充当补语。分为以下几种：

（1）结果补语。例句如：

ŋa³¹ ta²⁴ʃɔ²¹ xe⁵³ ＜pʁ³¹＞. 我读完了大学。
我　大学　读　完

（2）程度补语。例句如：

ŋa³¹ a³³ka⁵⁴ ʃi²⁴ ＜dʑa⁵³＞. 我口渴极了。
我　口渴　极了

（3）状态补语。例句如：

ŋa³¹ le²¹ bu²¹ ve³³ ＜dʑu³³dʑa⁵³＞. 我写字很慢。
我　字　写　得　很慢

（4）趋向补语。例句如：

ʑɔ⁵³ gɛ³¹dʑa⁵³lɛ²⁴ te³³ tʃi¹¹ ＜gu¹¹ω³¹＞. 他很快地跑过去了。
他　　很快　地　跑　过去了

（5）数量补语。例句如：

ʑɔ⁵³ nu⁵³ʃa¹¹ ＜ŋa⁵³ki¹¹＞ ʑu³¹ a³¹ ve³³. 他买了五斤牛肉。
他　牛肉　　五斤　　买　了　的

（6）时间、处所补语。例句如：

ŋa³¹ ve³³ ti²⁴nɔ⁵³ ＜ʑe³¹qhɔ³³＞ tɛ³³xa²⁴pʁ³¹. 我的电脑留在家里。
我　的　电脑　家里　　留下　了

kω³³ve³³si²⁴tʃhi²¹ ＜ni⁵³tʃhi³³qhɔ²¹＞ ga³¹ ω³¹. 那件事过去20年了。
那件事　　　　二十年　　　到　了

（三）句子类型

句子类型：根据句子内部结构的不同，句子可以分为单句和复句两大类。

1.单句

单句根据不同的标准可以划分为句型和句类两种。

---

① 补语［OL］2016.10.15：［2016.10.30］http://baike.baidu.com

（1）句型。句型是句子的结构类型。

①主谓句，由主语和谓语两个成分构成。

a. 名词谓语句，是由名词性词语充当谓语的句子。例句如：

qhɔ³³pɤ³³ tha²¹‖ xa²⁴pɤ³³ʃi¹¹ dɛ³³dɛ³¹. 山上‖净石头。

 山上 助词 石头 都是

b. 动词谓语句，指动词性词语充当谓语的句子。例句如：

ʒɔ⁵³‖ tɛ⁵³ni³³ xɛ³¹ ɯ³¹. 他‖休息了一天。

他 一天 休息 了

c. 形容词谓语句，指形容词性词语充当谓语的句子。例句如：

ʒɔ⁵³ mɛ⁵⁴ fu⁵³‖ ɔ³¹ni³³ku⁵³nu²⁴ tɛ³³a¹¹ vɛ³³ 她的脸‖红通通的。

她 脸   红通通 做着 的

②非主谓句

分不出主语和谓语的单句叫非主谓句。它是由主谓短语以外的短语或单词加句调构成的，这类句子大都要在一定的语境里才能独立成句。

a. 动词性非主谓句，大都由宾述短语或其他动词性短语构成，单个动词用得比较少。这种句子并不是省略了主语，而是不需出现主语，或无法补出主语。例句如：

qɔ²¹ la³¹ ɯ³¹. 回来了。

ɯ³³ qa³³ ɯ³¹. 下雪了。

b. 形容词性非主谓句，由形容词或形容词性短语构成，往往用来表达说话人的态度和感情。例句如：

da²¹ʥa⁵³a³¹. 太美了！

xɔ³¹ɯ³¹. 对了

c. 名词性非主谓句，由一个名词或定中短语构成的句子叫做名词性非主谓句。例句如：

na³³mi⁵³！娜米！

vɯ³¹！蛇！

（2）常见句式。

南段老寨拉祜西话中常见的句式有：主谓谓语句、"把"字句、"被"字句、连谓句、兼语句、双宾句、存现句几种。

①主谓谓语句，由主谓短语充当谓语的句子叫主谓谓语句。例句如：

lɛ²¹ ʃi³³tɛ³³pɤ⁵³‖ ŋa³¹ ni³³ʃɛ⁵⁴ qɔ²¹ ŋɔ²⁴ʥɔ³³ pou³¹. 这本书‖我看过几遍了。

书 这本 我 两三次 看过 了

②"把"字句，是用"把"将动词的支配、关涉对象放在动词之前的一种句式。"把"用"nɔ³¹xɔ²⁴"表示。例句如：

phɯ⁵³ ‖ŋa³¹ nɔ³¹xɔ²⁴ tʃhe²¹ la⁵³. 狗‖把我咬了。
　狗　　我　　把　　　咬　了

③"被"字句，在动作动词作谓语的句子中，受事做主语的句子表示被动意义。南段拉祜西话中的用"nɔ³¹xɔ²⁴"来表示"被"。例句如：

ʒɔ⁵³ ‖ nɔ³¹xɔ²⁴ lɔ⁵³si³³ de⁵³ vi⁵³ ve³³. 他‖被老师批了一顿。
他　　　被　　　老师　　骂　给　的

④连谓句，其特点是连用的两个或两个以上的动词，在意义上每个动词都能与主语发生关系，动词与动词之间没有语音停顿，也没有联合关系，但谓词性短语之间有动作的先后关系。例句如：

ʒɔ⁵³ ‖tsi³³qhɔ³³ ɔ³¹tʃhi⁵³ tʃa³³ ʒu⁵³ ve³³. 他‖上街买菜。
他　　街上　　　菜　　　去　买　的（句尾语气）

⑤双宾句，谓语中心语之前先后出现指人和指物两个宾语的句子叫双宾句。例句如：

lɔ⁵³si³³‖ ɤ³¹te³¹mu³¹ nɔ³¹xɔ²⁴ khɔ³¹ʃɔ²¹vɤ²¹xua²⁴ ma¹¹la⁵³. 老师‖教我们科学文化知识。
老师　　　我们　　助词　　　科学文化　　　　教给

⑥存现句，表示什么地方存在、出现或消失了什么人或物的一种句型。例句如：

ɤɛ³¹ te⁵³khe³³ ‖ si⁵⁴ tshi³³qhɔ³³ tʃa³³tʃi³³pu⁵³ la²¹. 一头熊‖在树林里奔跑。
熊　　一头　　　树林里　　　　奔跑　　　在

（3）句类

句类是根据句子的语气对句子所作的分类。南段老寨拉祜西语可划分为陈述句、疑问句、祈使句、感叹句四类。

①陈述句

说明一件事情，有一个表示陈述语气、语调，句末使用句号的句子叫陈述句[①]。例句如：

ŋa³³ʒɛ⁵³nɛ²⁴ si⁵⁴ tshi³³qhɔ³³ qa³³mɯ³¹ tsi²⁴ a¹¹. 鸟儿在树林里欢歌。
小鸟　　　　树林里　　　　唱歌　　在（句尾语气）

[①] 扎拉.拉祜语基础教程[M]昆明：云南大学出版社.2008：312.

②疑问句

提出一个问题，有个表示疑问的语调，这种句子叫疑问句。

a. 是非问，用语气词作为句调。例句如：

nɔ³¹ qo³¹ʑu³¹ʃe³¹ la¹¹. 你还要吗？
　你　　还要　　吗

b. 特指问，疑问代词替代未知部分的疑问句。例句如：

tʃhɛ³³ne³¹ qha³¹te⁵³ na¹¹le²¹ ga³¹ɯ³¹ le³³. 现在几点钟了？
　现在　　多少　　时间　　到　　了

c. 选择问，给出几个选项，让对方选择的句子。例句如：

nɔ³¹ tʃa³³ʑu³¹la³³ la¹¹, a³³xe⁵⁴ ke³³ ŋa³¹ ʃi³³vɤ³³la⁵³ la¹¹. 你来拿还是我送去。
　你　来拿　呢　　还是　我　　带去　　呢

d. 正反问，例句如：

ʑo⁵³ qo²¹la¹¹ la³¹ a⁵³ qo²¹la¹¹ la³¹. 他回不回来？
　他　回来　　吗　不　回来　　吗

③祈使句

表示命令或请求对方做某事，有个表示祈使语气语调的句子叫做祈使句。例句如：

a⁵³da²¹ve³³ ka²⁴ ta⁵³ te³³. 不要做坏事！
　不好的　　事情 不要　做

④感叹句

感叹句是表示喜、怒、哀、乐并带有感情和感叹语气，句末都有感叹号的句子。例句如：

a³¹. qha³¹tʃe³³ mu³³ve³³ te⁵³ʃɛ³¹ si⁵⁴ le³³. 啊！多么高的一棵树啊！
　啊　多么　　高的　　棵　树　啊

2. 复句

（1）含义：复句的各分句在结构上有相对独立性，在意义上有紧密联系性。复句中的各分句之间一般有停顿，书面上用逗号或分号、冒号来表示。

（2）复句的种类

根据分句间的意义关系是否平等划分，复句可以分为联合复句和偏正复句两大类。

①联合复句，联合复句内各分句间意义上平等，无主从之分。例句如：

ʑo⁵³ le²¹ kɛ³³ xe⁵³, ka²⁴ kɛ³³ te³³. 她一边读书，一边工作。
　她　书　也　读　　工作　也　做

②偏正复句，偏正复句的正句是句子的正意所在，偏句的意义从属于正句。例句如：

ɜɔ^{53} ɔ^{31}kha ^{54} a^{53}mu^{33} ve^{33}kɛ^{33}, tɯ^{33}tʃi^{33} ve^{33} gɛ^{31}ʥa^{53}. 他虽然个子不高，但是跑起来很快。

他　个子　　不高　　也　　跑　的　很快

三、结　语

通过对南段老寨拉祜西话的初步分析探究，可以的得出以下结论：

1. 词类可以分为实词和虚词，实词包括名词、动词、形容词、代词、数词、量词、副词等，虚词包括介词、连词、助词。

2. 在句子成分中，发现名词、代词、数量词组、主谓词组、宾动词组、联合词组都可以充当主语。而谓语成分中，除了动词和形容词之外，还有疑问代词、主谓词组和数量词组也充当谓语。做宾语成分的是名词、代词和形容词。定语成分包括名词、动词、代词和形容词。状语成分可以由时间副词、程度副词、范围副词、否定副词等四类副词和指示代词、能愿动词来充当。补语成分包括结果补语、程度补语、状态补语、趋向补语、数量补语和时间、处所补语等六类补语。

3. 南段拉祜西话的句子类型可以分为单句和复句，其中单句的句型主要包括主谓句和非主谓句，常见的单句有主谓谓语句、"把"字句、"被"字句、连谓句、双宾句、存现句。南段老寨拉祜西话可划分为陈述句、疑问句、祈使句、感叹句四类。复句主要包括联合型复句和偏正型复句。

参考文献：

［1］扎拉. 拉祜语基础教程［M］. 昆明：云南大学出版社 .2008.

［2］曹梦娇. 三戈庄上寨拉祜西语言概况［D］. 云南民族大学本科毕业论文 .2014.

［3］黄伯荣、廖序东. 现代汉语下册［M］. 北京：高等教育出版社 .2011.

［4］苏翠薇. 走近中国少数民族丛书—拉祜族［M］. 辽宁民族出版社 .2014.

［5］常竑恩. 拉祜语简志［M］. 北京：民族出版社 .1986.

［6］费中正、王正华. 南段拉祜西的页尼研究［J］. 思茅师范高等专科学校学报 .2012.

（指导老师：刘劲荣）

载瓦语形容词程度表达方式浅析

李木瑞[①]

（云南民族大学）

[摘　要] 载瓦语[②]形容词程度表达形式较为丰富，主要有以下四种方式：形容词前加修饰成分、形容词后加补充成分、形容词重叠、四音格词。用不同方式所表示的程度有明显的深浅差别，具有载瓦语自身的显著特点。

[关键词] 载瓦语　形容词程度　表达方式

载瓦语是景颇族五大支系语言中使用人数最多一种，是属于汉藏语系藏缅语族缅语支语言。载瓦语形容词程度表达方式与汉语相比不乏生动有趣和民族独特色彩的鲜明亮点，通过其程度的改变，增强或减弱了其语义程度。

一、形容词前加修饰成分，表示载瓦语形容词的程度

（一）程副[③]＋形

载瓦语中，形容词前加程度副词表示形容词程度是最普遍的方式。载瓦语程度副词的数量较多，主要有 kjai^{21} "很"、tsɔm^{55} ʒa^{21} "相当"、lum^{51} "太"、tʃɛ^{21} "最"、ʒa^{21} tʃit^{51} "稍微"等，从形容词程度表达量级的角度，主要有以下几种形式。

---

① 李木瑞，女（景颇族），云南民族大学，中国少数民族语言文学在读硕士研究生。
② 本文以云南盈江地区的载瓦语（停注土语）为依据。
③ 程副指程度副词；形指形容词；指代指指示代词；变化指变化体助词；实然指实然助词；非实然指非实然助词；曾行指曾行体助词；方助指方位助词；叠指重叠；持续指持续体助词；话助指话题助词。

1. 程度较浅

表示程度较浅的载瓦语程度副词主要有 ʒa²¹ tsui⁵⁵、ʒa²¹ tʃit⁵¹、a²¹ lum⁵¹ "稍微、一点儿、不太",常放在载瓦语形容词前,表达该形容词的微量程度。如:

(1) ʃa⁵⁵ thaŋ²¹ ʃŋ⁵¹ ʒa²¹ tʃit⁵¹ tʃhui⁵¹ pə⁵¹. 这糖有点甜了。
　　糖　这　一点　甜（变化）

(2) pu²¹ ʃŋ⁵¹ ʒa² tsui⁵⁵ kɔt²¹ ʒa⁵⁵. 这衣服有点脏。
　　衣服 这 一 点　脏（实然）

(3) jaŋ²¹ kuŋ²¹tu²¹ a²¹ lum⁵¹ ŋon⁵⁵. 他身体不太舒服。
　　他　身体　不　太　舒服

2. 程度很深

载瓦语中,表示形容词程度较深的副词有 tʃa²²¹ 或 kjai²¹ "很"、tsɔm⁵⁵ ʒa²¹ "相当"、lum⁵¹ "太"、a²¹ ʃau²¹ "非常" 等,常构成"程副 + 形"结构,译为"很/非常……",表示该形容词程度较深。如:

(4) jaŋ⁵¹ jum⁵¹ tsɔm⁵⁵ ʒa²¹ vɔ⁵⁵ ʒa⁵⁵. 他家相当富有。
　　他　家　相当　有（实然）

(5) ʃŋ²¹ ʃŋ⁵¹ a²¹ ʃau²¹ tʃhui⁵¹ ʒa⁵⁵. 这水果非常甜。
　　果 这 不 少　甜（实然）

(6) jaŋ²¹ mjit²¹ kjai⁵⁵ kə²¹ ʒa⁵⁵. 她心地非常善良。
　　她　心　很　好（实然）

例（4）（5）（6）中程度副词表示程度的加深,且可以相互替换使用。这些程度副词常用在肯定句,且常用来表示赞赏、夸奖之意。其中最值得注意的是"a²¹ ʃau²¹"直译为"不少"但同时也有表达程度之意,译为"非常"。但是,程度副词 lum⁵¹ "太",一般都不用在积极语义中。如:

(7) jaŋ²¹ lum⁵¹ tsɔ⁵¹ mjɔ²¹ pə⁵¹. 他吃得太多了。
　　他　太　吃　多（变化）

3. 程度最深

表示程度最深的载瓦语程度副词只有 tʃɛ²¹ "最",一般情况下有具体的比较范围且比较对象为三者及以上。如:

(8) ŋa⁵⁵ nik⁵⁵ vui⁵¹ ma⁵⁵, ŋɔ²¹ tʃɛ²¹ juŋ⁵⁵ lɛ⁵¹. 我们兄弟姐妹中我最好看。
　　我 们 兄弟姐妹 中, 我　最　美（非实然）

例（8）中的 tʃɛ²¹ 译为"最",其比较范围明确且对象多,表示对后面形容词 juŋ⁵⁵ "美"程度的表达。

（二）指代 + 形

吕叔湘在《近代汉语指示代词》（1985）中指出，"这么、那么"可以限制性状语（指示程度）[①]。与普通话一样，载瓦语中 ʃŋ^{55} mjɔ^{55}、xɛ^{55} mjɔ^{55}或者 ʃŋ^{55} i^{55}、xɛ^{55} i^{55} "这么、那么"，常放在形容词前表示该形容词程度加深。如：

（9）ʃŋ^{55} mjɔ^{55} tʃɔi^{51} ə^{55} tsai^{21}va^{51} mji^{21}və^{21}tsɔ^{21} ŋɔ^{21} a^{21}mjaŋ^{21} vu^{55} vu^{55}.
　　　这么　　美　的　　景颇　　　姑娘　　　我　　不　　见（曾行）
我从未见过如此美丽的景颇姑娘。

（10）xɛ^{55} i^{55} mjaŋ^{21} ə^{55} pum^{21} nɔ^{21}, khǎ^{55} nam^{55} laŋ^{55} a^{21} tɔ̌^{21} vu^{55}.
　　　那么　　　高　的　山　我，什么时候　　都　不　爬（曾行）
我从未爬过那么高的山。

例（9）（10）中的 ʃŋ^{55} mjɔ^{55}、xɛ^{55} i^{55} "这么、那么"在载瓦语中不像汉语有丰富的词性，它只充当程度副词，表达对其后面形容词程度的加深。

（三）喻体 + su^{21} jaŋ^{21}/jaŋ^{21} + 形

载瓦语中，表示形容词程度最独特的方式就是用"喻体 + su^{21} jaŋ^{21}/jaŋ^{21} + 形"构成，su^{21} jaŋ^{21}/jaŋ^{21} 译为"像、如……一般"。一般情况下，该喻体常与景颇族的神话传说或者生长环境、风俗习惯有关，常用来表示其后面形容词的程度较深。如：

（11）jaŋ^{21} mau^{21} tsɔ^{21} mi^{21} su^{21} jaŋ^{21} juŋ^{55} ʒa^{55}. 她像仙女一样美。
　　　她　　仙女　　　　像　　美（实然）

（12）khu^{55} ŋji^{55} lɐ^{51} pui^{21} mji^{21} tǔ^{55} su^{21} jaŋ^{21} ŋɛ^{33} ʒa^{55}. 今天的太阳如火般热。
　　　　今天　　　　的　　太阳　火焰　　像　　　热（实然）

例（11）中的 mau^{21} tsɔ^{21} mi^{21} "仙女"是景颇族神话传说中为赞扬的一个角色，（12）mji^{21} tǔ^{55} "火焰"与景颇族的生活方式是息息相关的，它们通过 su^{21} jaŋ^{21} "像"，从而形象的表达出该形容词程度的深度。

（四）否定副词 "a^{21}" + 形

认知语言学认为，否定一个词就相当于肯定它的一个反义词[②]。一般情况下，载瓦语否定副词 a^{21} "不"放在形容词前，且有一定的语义背景作为前提，常表示该形容词的否定意义和微量程度。如：

---

① 吕叔湘：《近代汉语指示词》，上海：学林出版社，1985年，第281页。
② 参阅朱艳华、勒排早扎所著《遮放载瓦语参考语法》，北京：中国社会科学出版社 2013出版，第149页。

（13）问：jaŋ²¹ a²¹ mjaŋ⁵¹ lu²¹？他高吗？
　　　答：a²¹ mjaŋ⁵¹ 不高
（14）pu²¹ ʃŋ⁵⁵ tʃʰi⁵¹ ə⁵⁵ a²¹ juŋ⁵⁵．这衣服洗得不干净。

例（13）中的回答 a²¹ mjaŋ⁵¹ "不高"是在问"高不高？"的前提下回答的，该回答的语义背景是在说"有点矮"，此时 a²¹ mjaŋ⁵¹ "不高"相当于 ʒa²¹ tsui⁵⁵ mjum²¹ ʒa⁵⁵ "有点矮"，表示其形容词"矮"的程度；同样例（14）的 a²¹ juŋ⁵⁵ "不干净"相当于 ʒa²¹ tsui⁵⁵ kɔt²¹ ʒa⁵⁵ "有点脏"，表示其形容词"脏"的程度。

但是，当形容词为"热"—"温"—"冷"或者"撑"—"饱"—"饿"这样的极性形容词时，否定副词"a²¹" + 形容词的结构形式，则只表示该形容词的否定意义，并没有程度意义表达。如：载瓦 a²¹ ŋjɛ⁵⁵ "不热"，只能表示温度刚刚好或者有点冷两种可能性，它只是对"热"这个形容词的一种否定；同样，tsɔ²¹ a²¹ mut²¹ "不饿"也只是对"饿"这个形容词的一种否定。

二、形容词后加补充成分，表示载瓦语形容词的程度

邢福义曾对程度补语的内涵做出解释："程度补语表示心语行为性状的程度。如果以 XY 分别代表心语和补语，那么二者的关系是：X 达到了 Y 的程度"。① 由此可见，程度补语也是指向心语的修饰成分。在载瓦语中，程度补语主要有 tik⁵¹、ʃŋ²¹ 两个，且构成以下两种固定的结构。

1. 形 +tik⁵¹

载瓦语中极性程度副词 tik⁵¹ "极"放在形容词的后面，表示该形容词程度最深。常构成"形 +tik⁵¹"的形式，译为"极……"。如：

（15）jaŋ⁵¹ mǎ²¹ khɔn⁵¹ thə⁵¹ ŋɔn⁵⁵ tik⁵¹ ʒa⁵⁵．她的歌声好听极了。
　　　她　歌　唱　声　好　极（实然）

例（15）中的 tik⁵¹ "极"是对 ŋɔn⁵⁵ "动听"的程度加深，且表示最深程度，说明"极其动听"，常带有褒义色彩，且使用频率较高。

2. 形 + ʃŋ²¹ lɔ⁵⁵

载瓦语中极性程度副词不像汉语中那么丰富，没有所谓的"厉害、透、慌"等，通常只用 ʃŋ²¹ "死"来表示其前面形容词的程度，并且程度较深，一般多用于口语中，常带有夸张的语气。如：

---

① 邢福义：《汉语语法学》，长春：东北师范大学出版，1996 年，第 111 页。

（16）ŋɔn⁵⁵ ʃɿ²¹ lɔ⁵⁵ ʒa⁵⁵. 幸福死了！
　　　幸福　死　来（实然）

（17）njɛ⁵⁵ ʃɿ²¹ lɔ⁵⁵ ʒa⁵⁵. 热死了！
　　　热　　死　来（实然）

三、形容词重叠，表示载瓦语形容词的程度

跨语言学研究发现，语言形式的重叠是人类语言用以增加量级的一种普遍的语言现象。当然，景颇族载瓦语的程度表达方式也不例外。在景颇族载瓦语形容词中，多数单音节形容词可以直接重叠也可以先加前缀或者后缀后再重叠，来表示形容词程度的加深。主要有以下几种表现形式。

（一）单音节形容词重叠

1. AA式。如：

（18）tiŋ⁵⁵ tiŋ⁵⁵ jap²¹ tɔ⁵¹ ʒa⁵⁵. 直直的站着！
　　　直（叠）站（持续）（实然）

例子（18）中tiŋ⁵⁵只是表示普通的"直"，但经重叠之后程度就加深了，表示非常直。此外，"AA式"后面通常可以加"tsa²¹"或者"ə⁵⁵"构成，译为"……的"从而来表达形容词的程度。如：

（19）tsaŋ²¹ tshun²¹ njɛ²¹ njɛ²¹ tsa²¹ khun²¹ la²¹ wan⁵⁵ tsɔ²¹ ʃaŋ⁵⁵.
　　　饭　　菜　　热（叠）的　时候　　快　　吃　吧
　　　趁热快吃饭菜吧！

（21）jaŋ⁵¹ tɕui²¹ phju⁵¹ phju⁵¹ ə⁵⁵. 她牙齿非常白。
　　　她　牙齿　白　（叠）的

2. XXA式。

"XXA"形式结构，在单音节形容词前加重叠部分，所加的重叠成分没有单独的意义，只是起配音作用，一般也不能独立运用[①]，经组合之后可以用来表示该形容词的程度加深状况。如：

（22）vap²¹ khap⁵¹ ma⁵⁵ tiŋ⁵¹ tiŋ⁵¹ noʔ²¹ ʒa⁵⁵. 屋里黑漆漆一片。
　　　屋　里（方助）黑漆漆　（实然）

例（22）中tiŋ⁵¹ tiŋ⁵¹本身没有意义，也不能独立运用，但放在形容词noʔ²¹"黑"前，则可以表达该形容词的程度加深，表明"非常黑"。

[①] 参阅朱艳华、勒排早扎所著《遮放载瓦语参考语法》，北京：中国社会科学出版社2013出版，第150页。

3. kə²¹AA 式。

载瓦语单音节形容词重叠可在重叠音前加"kə²¹"，但只限用于 mjaŋ⁵¹"高"、mjum⁵¹"矮"、mjɔ²¹"多"、xiŋ⁵¹"长"等少数几个形容词，这样可以用来表达载瓦语性状形容词程度的加深。如：

（23）khjɔ⁵¹ jam²¹ ma⁵⁵ sik⁵⁵ kam⁵¹ ke²¹ i⁵⁵ i⁵⁵ ju²¹ tɔ⁵¹ ʒa⁵⁵.
　　　路　　边　（方助）　树　（缀）大（叠）长（持续）（实然）
　　　路边长着非常大的树。

（24）jaŋ⁵⁵ mɔ²¹ jum⁵¹ paŋ²¹ jǔ²¹ khaŋ²¹ jǔ²¹ mɔ⁵⁵ ke²¹ mjaŋ⁵⁵ mjaŋ⁵⁵ jaŋ²¹.
　　　他　们　家（缀）个　　个　（话助）高　高　的
　　　他们家所有人都个儿非常高。

值得注意的是，"小小的，非常小"的重叠方式表载瓦语形容词的程度，是重叠之后再在前面加"a⁵⁵"构成的，即"a⁵⁵ ti̯⁵⁵ ti̯⁵⁵"。如：

（25）vui²¹ khau⁵¹ ma⁵⁵ a⁵⁵ ti̯⁵⁵ ti̯⁵⁵ ə⁵⁵ ŋɔ²¹ tsɔ²¹ ŋji²¹ tɔ⁵¹ ʒa⁵⁵.
　　　水　里　（方助）小（叠）的　鱼　在（持续）（实然）
　　　水里有很多非常小的鱼。

（二）双音节形容词的重叠

载瓦语中双音节形容词的程度表达，常用 AABB 式来表示该形容词程度的加深。如：

（26）jum⁵¹ lɔ⁵⁵ khjɔ⁵¹ kɔi⁵⁵ kɔi⁵⁵ kǔ²¹ kǔ²¹ jaŋ²¹. 回家的路弯弯曲曲的。
　　　家　回　路　弯　弯　曲　曲　的

（27）ŋa⁵⁵ ku²¹ jum⁵¹ san²¹ san²¹ sən⁵⁵ sən⁵⁵ ʃum⁵¹ tɔ⁵¹ pə⁵¹.
　　　我　妹　家　干　干　净　净　扫（持续）（实然）
　　　我妹把房间打扫得干干净净。

以上（26）（27）中的 kɔi⁵⁵ kǔ²¹ "弯曲"和 san²¹ sən⁵⁵ "干净"本身是只表示普通级的形容词，但经过重叠之后就构成四音格词形式，并表示该双音节形容词的程度加深。

（三）词缀重叠

部分载瓦语形容词是通过词缀的重叠来表示该形容词的程度加深。词缀分前缀和后缀，不同的形容词附加不同的词缀。因此，词缀重叠也分为前缀重叠和后缀重叠两种。

1. 前缀重叠。

载瓦语的 ŋjɛ⁵⁵ "烫"，如果要说"很烫"或"非常烫"，则可说 khiŋ⁵⁵ khiŋ⁵⁵ ŋjɛ⁵⁵，在载瓦语"烫"前面加的词缀 khiŋ⁵⁵ khiŋ⁵⁵就表示"很"或"非常"的意思，自然"烫"的深度加深了。又如载瓦语 lai²¹ "重"，如果要说"很重"，载瓦语可以说成 tʃik²¹ tʃik²¹ lai²¹，在普通级 lai²¹ 前加 tʃik²¹ tʃik²¹，就表示"很重"。

2. 后缀重叠。

载瓦语的 ki²¹ ʒu²¹ "吵闹"，如果要说"很吵闹"或"非常乱"，则可说 ki²¹ ʒu²¹ tʃa⁵¹ tʃa⁵¹，通过后面的词缀 tʃa⁵¹ 重叠就表达了"很"或"非常"的意思。又如载瓦语 pui⁵¹ nje²¹ "天气热"，nje²¹ 就是形容词"热"如果是"天气很热"则可说成 pui⁵¹ nje²¹ le⁵¹ kaŋ⁵⁵ kaŋ⁵⁵，后面的词缀 kaŋ⁵⁵ kaŋ⁵⁵ 就表示"很热"。

载瓦语形容词重叠形式多样，重叠式的语法意义丰富。因此，在把载瓦语形容词的重叠式翻译成汉语时，千万不能生硬的翻译为两个词相加，如生硬的翻译成两个词相加，载瓦语形容词程度表达就失去了意义，且容易产生歧义。

四、四音格词，表示载瓦语形容词的程度

载瓦语中表示形容词程度的四音格词比较多，构词形式丰富且使用频率高，多用于口语中。具体有以下几类。

1. ABAC 式。如：

（28）khjɔ⁵¹ ò²¹ jum⁵¹ paŋ²¹ kǎ²¹ ʒu²¹ kǎ²¹ tʃi⁵¹ jaŋ²¹ pjò²¹ lum⁵¹ ŋji²¹ ʒa⁵⁵.
　　　路　　下　家（话助）　吵吵闹闹　　　的　吵　在（实然）
　　　路下面那家吵的非常厉害。

（29）tsɔ²¹ ʃaŋ⁵¹ ɲ⁵¹ lǎ²¹ kɔn²¹ lǎ²¹ mun²¹ jaŋ²¹ mu⁵⁵ tsui²¹ lə.
　　　孩子　　这　懒洋洋　　　　　　的　事　做（实然）
　　　这孩子做事非常懒散。

2. ABCB 式。如：

（30）vɔ²¹ tsɔ²¹ khjam⁵¹ khau⁵¹ ma⁵⁵ tʃi⁵¹ eʔ⁵⁵ tʃa⁵¹ eʔ⁵⁵ ka²¹ mjiŋ²¹ ŋji²¹ ʒa⁵⁵.
　　　鸡　小　　院子　　里（方助）　叽叽喳喳　　　的　叫　着（实然）
　　　小鸡在院子里叽叽喳喳的叫着非常吵。

（31）jaŋ²¹ kǎ²¹ taŋ²¹ mjɔ²¹ ʃɔ⁵¹ mjɔ²¹ pju²¹ ʒa²¹ jǔ²¹ ŋut⁵¹ ʒa⁵⁵.
　　　她（话助）　多嘴多舌　　　　　人　一　个　是（实然）
　　　她是一个话比较多的一个人。

3. a²¹ A a²¹ B 式。如：

（32）jaŋ⁵⁵ mò²¹ jum⁵¹ a²¹ ʃɔ²¹ a²¹ vui²¹ jaŋ²¹. 他们家生活十分困难。
　　　他　们　家　　十分艰难　　的

（33）a⁵⁵ wa²¹ i⁵⁵ phə²¹ lum⁵¹ ʃǔ⁵¹ mu²¹ a²¹ na²¹ a²¹ pa²¹ tut²¹ lɔ²¹ pə⁵¹.
　　　爸爸　　酒　太　喝　原因　疯疯癫癫　　变　来（变化）
　　　爸爸因喝酒过多，而变得疯疯癫癫的了。

（34）jaŋ²¹ xai⁵¹ kut⁵¹ lə²¹ laŋ⁵⁵ a²¹ pjau⁵⁵ a²¹ pjɔk²¹ jaŋ²¹.
　　　他　什么　做（宾助）都　　马马虎虎　　　的
　　　他做任何事，态度都马马马虎虎的。

例（28）（29）（31）的四音格词，拆开后只有前半部分的 kǎ²¹ ʒu²¹、lǎ²¹ kɔn²¹、taŋ²¹ mjɔ²¹ 有具体意义，但远远不够表达出其闹、懒散和话多的程度，只有构成四音格词之后，才更加形象深动的表达出了该形容词的程度；

例（30）的 tʃi⁵¹ eʔ⁵⁵ 或 tʃa⁵¹ eʔ⁵⁵ 本来只是吵闹的一种拟声词，没有具体意义，但构成四音格词后就表示吵闹的程度加深，译为"非常吵"；

例（32）（33）（34）的四音格词分别为 a²¹ A　a²¹ B 的三种不同构词形式，即：不同声不同韵、同韵不同声、同声不同韵。拆开之后只有没有单独意义，但经构成四音格词之后不仅丰富了载瓦语形容词的程度表达方式，而且形象的表达出不同的程度。

五、结　语

本文主要是从句法和词法两个方面，对载瓦语形容词的程度表达方式做了浅要的分析，发现其主要是通过形容词前面加修饰成分、后面加补充成分以及自身的重叠和四音格词等方式实现，各种形式均表现出很强的口语色彩和形象色彩，具有浓郁的民族独特性。

参考文献：

［1］朱艳华、勒排早扎.遮放载瓦语参考语法［M］.北京：中国社会科学出版社，2013.

［2］李木汤.载瓦语基础教程［M］.德宏民族出版社，2010.

［3］徐悉艰，徐桂珍.景颇族语言简志（载瓦语）［M］.德宏民族出版社，1984.

［4］刘芊盈.大余客家方言形容词程度表达表达研究［J］.浙江师范大学硕士论文，2016.

［5］王三东.与形容词有关的程度表达［J］.华中科技大学硕士论文，2008.

［6］吕叔湘.近代汉语指示词［M］.学林出版社，1985.

［7］邢福义.汉语语法学［M］.东北师范大学出版，1996.

［8］刘旭超.形容词的程度表达及其语法功能［J］.广州大学学报，2001.

（指导老师：刀　洁）

民族语言与文化

傈僳语作家母语文学作品翻译实践初探

李琴香[①]

（云南民族大学）

[摘　要] 本文将投身实践翻译中篇母语小说《笛梦弦歌》，其中翻译所采用的直译和意译是两种重要的方法。两种方法同等重要，相互独立，又相互补充，本文通过分析探索翻译过程中的直译意译现象及优劣对比，最后得出翻译实践的总结。

[关键词] 傈僳语　直译　意译

一、傈汉翻译方法

在傈僳汉语翻译过程中，大致存在三种较为正确的翻译方法。

1. 直译

直译是翻译中最常用的翻译方法之一，直译是指一字一句翻译原文、又保持原文形式的翻译方法[②]，例如：

ʑi⁵⁵ niɛ⁴⁴ a⁴⁴ ma⁴⁴ tɛ⁵⁵ huɯ³¹ma⁴⁴ bu⁴⁴ tsʰi³¹ tʰi³¹ kʰo³⁵ wu⁴⁴ gɯ³¹ la³¹ ŋa⁴⁴.
　她　　妈妈　　汉族　　衣服　　一件　　买　　给　　来

直译：她给妈妈买了一件汉族女人衣服。

意译：她给妈妈买了一件现代女装。

例句中的 huɯ³¹ma⁴⁴ 直译为汉族女人，意译为现代。huɯ³¹ 是汉族的意思、ma⁴⁴ 是雌性名词的后缀，直译说汉族女人衣服并没有对汉族妇女歧视之意。而是对除了傈僳族本民族以外的新式衣服的称呼。直译中的 huɯ³¹ma⁴⁴ 汉族可意

[①] 李琴香，女（傈僳族），云南民族大学民族文化学院在读硕士研究生。
[②] 对直译的解释借鉴了《傈僳·汉语翻译理论与实践》中的第 27 页对直译的解释。

译为现代，但是直译更符合傈僳族的思维表达方式。

2. 意译

是指不一字一句翻译原文，不保持原文的形式，只保持原文内容的翻译方法①。不一味的追求原文形式的时候就需要借助意译来进行翻译研究。例如：

tsʰo⁴⁴ mo³¹ ma⁴⁴ mɯ³¹ ze⁴⁴ wa⁴⁴.

老人　　妈　　消失　　了

直译：老人消失了。

意译：老人去世了。

例句中的 mɯ³¹ ze⁴⁴ 直译为"人消失"，"人消失"在汉语的意义中来理解是突然不见踪影。直译老人消失了，并不是指老人失踪找不到，结合文章的语境理应指的是老人去世了。把直译中的消失转换为意译的去世更为恰当，就不会使读者产生歧义。

3. 等值翻译②

等值翻译就是用汉语固有的表达形式来表达。例子取自《傈僳.汉语翻译理论与实践》中的第28页，本文不对等值翻译做详细分析，只在此举例说明等值翻译也是翻译方法种类之一。（狭义的用法）例如：

ho⁴⁴ na⁴⁴ a³¹ kʰɯ⁵⁵ dɯ³¹ ma³¹ tʃ⁴⁴. 好钢不用重锤敲

za³¹ kʰa³⁵ a³¹ kʰɯ⁵⁵ bɛ⁴⁴ ma³¹ tʃ⁴⁴. 智者无需重说

等值翻译：响鼓不用重锤

二、《笛梦弦歌》翻译实践中直译意译应用效果

（一）熊泰河及其母语创作

熊泰河，笔名啊河，傈僳族青年作家。男，1963年生。云南泸水县人。1985年毕业于云南民族学院民族语言文学系傈僳语言文学专业③。《笛梦弦歌》是由熊泰河撰写，在2012年1月由云南民族出版社出版，它有14篇汉语小说作品，有四篇傈僳语小说作品，本文只研究了后半部分的傈僳语创作的小说作品。

傈僳语小说作品（一）jjia ggu xiaq ma 反映了改革开放之后的养路工人生

---

① 对意译的解释借鉴了《傈僳.汉语翻译理论与实践》中的第27页对意译的解释。
② 例子取自《傈僳.汉语翻译理论与实践》中的第28页，本文不对等值翻译做详细分析，只在此举例说明等值翻译也是翻译方法种类之一。（狭义的用法）
③ 对熊泰河老师的介绍来自百度百科。

活、傈僳语小说作品（二）na-yair 写出了傈僳族姑娘娜颜的善良体贴以及乐观向上的生活观、进而折射出傈僳族人民在生活中应有的态度、傈僳语小说作品（三）lat het pat 写出了腊恒与腊恒扒两父子的生活爱情观慢慢开明的事情，反映了傈僳族人民思想日益进步、傈僳语小说作品（四）jiat cir 写的是在民间流传的一种"恋药"，故事中的主人公为了获取心上人永恒的爱，一路苦苦追寻恋药的故事，反映了傈僳族人渴望永恒爱情的一种思想。

（二）小说中直译意译现象分析

1. 意译的合理性

一些句子不应直译，有些原语句子很难直译。一些句子经过直译后，不符合目标语的表达方式。如果采用直译的方法理解一个句子有困难，不妨使用意译。意译体现了源语的总体思路，不过分注重细节，但意译应当是流利的和自然的。

（1）直译中的动词 < 意译中的形容词，例如：

a^{44} ma^{44} niɛ^{44} pʰu^{44} tɛ^{55} tɕua^{55} tɕʰi^{44} tʰɛ^{31} miɛ^{44} suɯ^{31} ni^{35} ma^{44} le^{35} do^{44} la^{44} to^{42}.
妈妈　　　　钱　说到　时候　　眼球　心脏　也　出来　正

直译：讲到钱，妈妈的眼睛和心都要出来了。

意译：讲到钱，妈妈的眼睛和心都难受。

注：do^{44} la^{44}　直译（出来）意译（难受）
　　　　　　　动词　　　　形容词

例句中的 do^{44} la^{44} 直译为出来，从汉语的意义来理解直译则会产生妈妈的眼睛和心出来的动作的，"眼睛和心出来"那么这个人肯定是活不了的状态，但是讲到钱，"妈妈的眼睛和心都要出来了"并不是说眼睛和心出来的动作，也不是说妈妈的器官被拿出来的意思，本句直译后不知所云，甚至是荒谬的；但经过意译，译文变得更加清晰明确，可以被目标语读者很好地接受，符合目标语读者的文化习惯，结合语境说的是在傈僳家庭中因为家庭经济条件不宽裕，所以说到钱妈妈的心里就难受。把 do^{44} la^{44} 直译中的出来（动词）意译为难受（形容词）更能让读者理解傈僳族农村家庭经济窘迫的状态。

（2）直译中的形容词 < 意译中的形容词，例如：

a^{31} kʰɯ^{55} hua^{44} wa^{44} ɕua^{55} ŋa^{44}.
它　　　　找到　　　　难

直译：找到它很贫穷。

意译：找到它很艰难。

注：ɕua⁵⁵　　直译（贫穷）意译（艰难）
　　　　　　形容词　　　形容词

例句中的 ɕua⁵⁵ 直译为贫穷，贫穷在读者看来会以为缺乏钱财、生活拮据困乏。从直译看，找到它很困难。这个句子理解会有歧义，是找到它之后会变穷还是找到它的过程会变穷。但是结合语境，句子的含义指的是找到它是个很困难的事，即找到它很艰难。直译中的 ɕua⁵⁵ 贫穷（形容词）转换为意译艰难（形容词）更能表达句子含义，也不至于让读者费力难懂。

（3）直译中的形容词 < 意译中的名词，例如：

zi⁵⁵ niɛ⁴⁴ vu³¹ su⁴⁴ mo⁴⁴ su⁴⁴ tʰi³¹ wa³¹ ŋa⁴⁴.
他　　　大的　　高的　　　一　个

直译：他是一个高的大的人。
意译：他是一个长辈。

注：vu³¹ su⁴⁴ mo⁴⁴ su⁴⁴　直译（高的大的）意译（长辈）
　　　　　　　　　　　　　形容词　　　　　名词

例句中的 vu³¹ su⁴⁴ mo⁴⁴ su⁴⁴ 为一个四音格词，直译为"高的大的"。直译为他是一个高的大的人。从直译中理解角度来看他是一个高个子、大个子的人。但是结合语境说的并不是身材高大威猛的意思，而是指年龄较大的长辈。直译中的 vu³¹ su⁴⁴ mo⁴⁴ su⁴⁴ 高的大的（形容词）用法不确切，应转换成意译中的长辈（名词）。意译之后才符合原文的思想内涵。

（4）直译中的动词 < 意译中的动宾短语，例如：

za⁴² mɯ⁴² za⁴² tɛ⁵⁵ le⁴⁴ kɯ⁵⁵ ku⁵⁵.
女孩子　　　　也　骗　会

直译：也会骗女孩子。
意译：也会讨女孩子欢心。

注：kɯ⁵⁵　直译（骗）　意译（讨欢心）
　　　　　动词　　　　动宾短语

例句中的 kɯ⁵⁵ 直译为骗，骗在汉语傈僳语理解角度看来都是贬义的，指用诡计使人上当。句子直译为也会骗女孩子。可能会误解成用诡计欺蒙女孩子的行为，但是这个句子想表达的并非是可耻的行为。结合语境原文想表达的是逗女孩子开心的一种行为，无明确的褒贬之分。直译的 kɯ⁵⁵ 直译为骗（动词）贬义，但是意译中的讨欢心（动宾短语）无明显的褒贬之分。意译的表达更符合原文的内容。

（5）直译中的名词 < 意译中的联合短语，例如：

zi⁵⁵ miɛ⁴⁴ sɯ³¹ ma⁴⁴ ɯ³¹ ʒa³¹ kua⁴⁴ ɲi⁴⁴ wa⁴⁴ kʰu³³.
他　眼睛　　　　远方　　　　看　到　能

直译：他眼睛能够看到远处。

意译：他眼光能够看得长远。

注：ɯ³¹ ʒa³¹　直译（远处）意译（长远）
　　　　　　　名词　　　联合短语

例句中的 ɯ³¹ ʒa³¹ 直译为远处，凭借个人的视力，看到很远的地方相对来说是不太实际的。只能是他的目光放的又长又远远，看的到长远的利益。直译中的 ɯ³¹ ʒa³¹ 远处（名词）可意译成长远（联合短语），并且意译中表示长远有将来很长时间的意思，眼光长远才能够更好的拥有未来。

（6）直译中的动宾短语 < 意译中的名词，例如：

zi⁵⁵ si³¹ niɛ⁴⁴ a⁵⁵ mi³¹ za³¹ bɯ⁴⁴ tɕʰi³¹ tɕʰi³¹ la⁴⁴ ma⁴⁴ tɛ⁴⁴ le⁵⁵ ma³¹ dʑi³³.
红色　　　　女孩　　　　衣服　　洗　来　时候　也　不好

直译：红色对女孩子洗衣服的时候也是不好的。

意译：红色对女孩子月事的时候也是不好的。

注：bɯ⁴⁴ tɕʰi³¹ tɕʰi³¹　直译（洗衣服）意译（月事）
　　　　　　　　　　动宾短语　　　名词

例句中的 bɯ⁴⁴ tɕʰi³¹ tɕʰi³¹ 直译为洗衣服，从直译中"洗衣服"就是指清洗脏的衣物。但是傈僳语表达的洗衣服是来月事，"洗衣服"是对来月经的婉转的说法。直译的 bɯ⁴⁴ tɕʰi³¹ tɕʰi³¹ 洗衣服（动宾短语）可意译为月事（名词），但是在句子翻译中不可直译成"洗衣服"，那样会导致许多非本民族的读者难懂，所以用意译更为准确。

（7）直译中的联合短语 < 意译中的形容词，例如：

miɛ⁴⁴ kʰe³¹ a⁵⁵ no³³ tʃ³¹ le⁴⁴ ma³¹ ŋa⁴⁴.
眼屎　豆腐豉　　一样　不　是

直译：不是眼屎豆豉一样的人。

意译：不是小气的人。

注：miɛ⁴⁴ kʰe³¹ a⁵⁵ no³³ tʃ³¹　直译（眼屎豆豉）意译（小气）
　　　　　　　　　　　　　　　联合短语　　　形容词

例句中的 miɛ⁴⁴ kʰe³¹ a⁵⁵ no³³ tʃ³¹ 直译为"眼屎豆豉"，从直译中来理解，根本无从知道眼屎豆豉一样的人是什么样的人，如果直译会导致句子难懂困惑。像眼屎豆豉一类的人很多话在傈僳语里隐喻为小气，因为眼屎豆豉这两种东西本来就是特别小的一类事物，因此借以眼屎豆豉来引出了小气。直译 mie⁴⁴ kʰe³¹ a⁵⁵ no³³ tʃʅ³ 眼屎豆豉（联合短语）意译为小气（形容词），使用意译翻译更恰当。

2. 直译的合理性

有些句子直译之后既保持原文的形式又符合目标语的表达方式，既符合傈僳族思维方式也不会使目标读者难懂，这样的话应选择直译。

（1）直译中的动宾短语 > 意译中的动词，例如：

pʰv³¹ pʰa³¹ pa⁴⁴ pʰa³¹ ti⁵⁵ ʑi⁴⁴ ti⁵⁵ la⁴⁴ ma⁴⁴ tɛ⁵⁵ dʑo⁴⁴ ŋa⁴⁴.

祖宗　　　　　　　口水　吐　　　　　　害怕

直译：害怕祖宗吐口水。

意译：害怕祖宗责备。

注：ti⁵⁵ ʑi⁴⁴ ti⁵⁵ 直译（吐口水）意译（责备）
　　　　　　　动宾短语　　动词

例句中的 ti⁵⁵ ʑi⁴⁴ ti⁵⁵ 直译为吐口水，直译为害怕祖宗吐口水。从直译中理解祖宗吐口水可能是不文明的行为，也可以指不满愤怒的表现。结合语境可知道害怕祖宗吐口水是害怕祖宗会唾弃不满意、并且会责备。直译 ti⁵⁵ ʑi⁴⁴ ti⁵⁵ 吐口水（动宾短语）到意译责备（动词）。通过吐口水这种行为直接明了的表现了祖先唾弃不满、直译更符合傈僳思维方式，也不会让读者难懂。

（2）直译中的偏正短语 > 意译中的形容词，例如：

ʑi⁵⁵ niɛ⁴⁴ ma³¹ lu⁴⁴ ʑi⁵⁵ za³¹ tɛ⁵⁵ dʑa³¹ niɛ³⁵ lo⁴⁴

他　　不动　他　儿　　思念

直译：他不动地想着他儿子。

意译：他静静地想着他儿子。

注：ma³¹ lu⁴⁴ 直译（不动）意译（静静）
　　　　　偏正短语　　形容词

例句中的 ma³¹ lu⁴⁴ 直译为不动，指的是静止不动，表达了傈僳族妇女对孩子思念及爱的方式，意译为静静地想着他儿子。直译中的 ma³¹ lu⁴⁴ 不动（偏正短语）意译成静静（形容词），直译不会难懂也没有歧义，更贴近原文。

（3）直译中的形容词 > 意译中的形容词，例如：

ʑi⁵⁵ hua³¹ ko⁴⁴ dø³¹ na³¹ nɛ⁴⁴ lɛ⁵⁵ nɛ⁴⁴ tɛ³⁵ lɛ⁵⁵ tɛ³⁵

他　肉　身体　黑又黑　　稳又稳

直译：他的身体黑又黑又稳固。

意译：他的身体黑又黑又强壮。

注：te³⁵ 直译（稳固） 意译（强壮）
　　　　形容词　　　　形容词

例句中的 te³⁵ 直译为稳固，"稳固"汉意为安稳牢固，身体安稳牢固、不易变动即强壮，通常形容男人身体健壮、孔武有力。直译中的 te³⁵ 稳固（形容词）可意译为强壮（形容词），在该句子中，直译和意译均可使用，在直译意译均为符合原文意义的情况下，选择直译更为符合翻译的标准。

（4）直译中的动词＞意译中的偏正短语，例如：

ça⁵⁵ wa⁴⁴ kʰu³¹ ma⁴⁴ kʰa³¹ bɛ³¹ kʰu³¹ kua⁴⁴ tɕʰi⁴⁴ gu⁴⁴ tʰɛ³¹ la³¹ ʑe⁴⁴ wa⁴⁴.
话　　嘴　　　　　边　　　　到了　　　　　回去　了

直译：话到嘴边回去了。
意译：话到嘴边咽回去了。
等值翻译：欲言又止。

注：la³¹ ʑe⁴⁴　直译（回去）　意译（咽回去）
　　　　　　　动词　　　　偏正短语

例句中的 la³¹ ʑe⁴⁴ 直译为回去，汉意的角度来理解话到嘴边又回去的状态，表示动作趋向原处。直译中话自己回去了的动态不刻意，简单又不易让读者产生歧义。直译又带有点拟人化的动作，意译与直译一字之差，但是"咽"这个动作刻意不随性。等值翻译是运用了汉语固有的相应表达形式来表达。该例句中直译的状态是最符合傈僳族翻译原则的。直译 la³¹ ʑe⁴⁴ 回去（动词），意译为咽回去（偏正短语），直译的不刻意、自然的状态符合语境。

三、熊泰河母语小说翻译实践总结[①]

在翻译过程中怎样才能做到符合傈僳语思维习惯又不脱离傈僳语母语创作的特色，使非本民族的读者能够理解傈僳族作家创作的特色。下面总结一下笔者在翻译实践中的心得。

1. 翻译≠字对字的翻译

在翻译实践中考虑每一个字，一字一译，既不增字又不减字，字字按照原文字的顺序译出，这种翻译方法是不准确的，甚至会使句子混乱，如下例子：

[①] 对熊泰河母语小说翻译实践作的总结参考了张倩发表在知网上的论文"功能翻译理论下沈从文_月下小景_的翻译策略"中第四章：功能理论下《月下小景》翻译策略研究。

①: nu⁴⁴ niɛ⁴⁴ o⁵⁵ tʰi³¹ ʐo⁴⁴ ma⁴⁴ ho³⁵ fu⁴⁴ ma³¹ dʑo³⁵.
　　 你　　那　一　个　　　挤　出　不　应该

逐字译：你那一个挤出不应该吧。

意译：你不应该把那一个打掉。

②: ʐi⁵⁵ niɛ⁴⁴ o⁵⁵ nu⁵⁵ kʰe³¹ dʑi³¹ nu⁴⁴ ne⁴⁴ du³¹ dʑiɛ³¹ niɛ³⁵.
　　她　　脑子　　　屎　发　臭　　想

逐字译：她脑子屎发臭想。

意译：她绞尽脑汁。

第一个例句直译为"你那一个挤出不应该吧"，第二个例句翻译为"她脑子屎发臭想"。是逐字逐句的翻译，且过度拘泥、僵硬，它紧紧遵照源语的结构，但是所要表达的意义模糊不清，使目标语读者在理解时产生一定的困难，不明白译者想要表达的观点是什么。逐字逐句的翻译，使目标语读者无所适从，它是不合格的翻译。

2.有些句子不应该字面翻译

有些源语言句子是很难从字面上翻译。虽然这只是表面的意义，它从字面上翻译结果令人费解和模糊。在这些情况下，如果从字面上翻译，通常效果不好，是不可接受的。在目标语言的读者阅读时，由于目标语言信息表达含糊不清，他们无法知道源语言的确切含义。例如：

ʐi⁵⁵ wa³¹ ni³¹ ʐo⁴⁴ ma⁴⁴ o⁵⁵ pʰiɛ³³ tʰø³¹ si⁵⁵ lɛ⁴² pʰɛ³⁵ tsa⁵⁵ ku⁴⁴ ma⁴⁴.
他们　两人　　　辫子　结　　后　手　接

直译：他们两人结辫子以后结婚了。

意译：他们两人结缘以后结婚了。

注：o⁵⁵ pʰiɛ³³ tʰø³¹　直译（结辫子）意译（结缘）
　　　　　　　　　　动宾短语　　　动宾短语

例句中的 o⁵⁵ pʰiɛ³³ tʰø³¹ 直译为结辫子，句子直译为他们两人结辫子以后结婚了。在傈僳族婚俗用于中结辫子隐喻结缘，不是一般意义上的为了装扮结的辫子。直译 o⁵⁵ pʰiɛ³³ tʰø³¹ 结辫子（动宾短语）转换为意译结缘（动宾短语），所以不应字面翻译，意译表达更符合。

3.如果使用直译有困难时，就使用意译

如果使用直译，目标语言的读者会难以理解。在这些情况下，应该使用意译。有些句子，如果从字面上翻译，也流利和自然，似乎应该从字面上翻译这些句子。但是，这些句子字面上翻译不能表达原深意。如果我们使用意译，效果会比直译更好。例如：

hi⁴⁴ si⁴⁴ ma⁴⁴ niɛ⁴⁴ wa³¹ sɛ⁴⁴ ne⁴⁴ he⁴² ma⁴⁴ dʑu³¹ le⁵⁵ he³¹ na⁴⁴ le⁴⁴ wa⁴⁴.
　妻子　　　　　脖子　和　肚子　纹络 也　笑　疼　也　了

直译：妻子笑疼了脖子和肚子的纹络。

意译：妻子笑疼了脖子和肚皮。

注：he⁴² ma⁴⁴ dʑu³¹　直译（肚子的纹络）意译（肚皮）
　　　偏正短语　　　　　名词

例句中的 he⁴² ma⁴⁴ dʑu³¹ 直译为肚子的纹络，本句直译后让人困惑，但经过意译，译文变得更加清晰明确，可以被目标语读者很好地接受，符合目标语读者的文化习惯。也符合傈僳族思维方式，直译 he⁴² ma⁴⁴ dʑu³¹ 肚子的纹络（偏正短语）意译为肚皮（名词），意译更优于直译。

4. 翻译不能添加个人情感

如果目标语言读者和源语言读者在阅读后的翻译不一样的感觉，这表明翻译是不合格的。因此，读者的感觉是翻译的标准。在翻译实践过程中应完全地理解原作的意思，不能将个人情感加入原创作品。

5. 意译需要对源语言和目标语言文化有丰富知识①

在翻译实践中必须明了原文材料中所讲述的事物，必须具备一定的社会常识和文化知识。如果缺乏这些知识，那么就无法正确表达译文。在此次的翻译实践中深深感受到精通傈僳语和通晓汉语的重要性，没有知识就很难进行翻译实践，甚至做不了翻译实践。

四、结　语

通过对傈僳族母语文学作品翻译实践初步分析，认识到直译意译对于一篇作品的重要性，直译是能使翻译生动接近原作，保留了原作思想，作风和原始的言论的翻译，直译不是字对字的翻译。意译是一种技能，它不需要更多地注意原作和细节。自由的翻译应符合目标语言文化和习俗，但注意不应该加入个人情绪。不管是直译或者意译，不是对错的问题，而是根据语境、文化背景来决定哪种翻译手段更加合理、合乎心意。

---

① 借鉴了《傈僳 . 汉语翻译理论与实践》中的第 9 页翻译工作者的条件。

参考文献：

［1］左玉堂.傈僳族文学简史［M］，昆明：云南民族出版社，1999，12.

［2］熊泰河.笛梦弦歌［M］，昆明：云南民族出版社，2012，1：504~518.

［3］傈僳·汉语翻译理论与实践（云南民族大学民族文化学院内部教材）.

［4］翻译理论与实践教程，中国广播电视出版社，2009，11，01.

（指导老师：余德芬）

浅谈网络词语的类词缀化

李帜艳[①]

(云南民族大学)

[摘 要] 随着社会经济和文化的发展,类词缀化成为了大批网络词语的一种发展趋势,它的数量在逐年增加。网络词语是对社会现实的最敏感反应,通过对目前流行的网络词语类词缀现状进行分析以及划分归类,从衍生方式以及特征、流行原因的角度进行探讨和分析,从而论证了网络词语的类词缀化趋势。

[关键词] 网络词语 类词缀 类词缀化 表人的类词缀

随着社会的高度发展,出现了大批网络词语,网络词语是对社会现实的最敏感反应,它不仅是一种独特的语言现象,还是一种文化现象。我们选取2006~2016年的《中国语言生活状况报告》[②],期刊以及论坛、新闻中出现的网络流行语为研究对象,选取具有普遍特点的词语,即网络词语的类词缀部分,探讨网络词语中部分类词缀的使用现状以及人们的语言心理,从而深化网络词语发挥倾向的研究,为今后的语言研究提供参考。

一、网络词语类词缀的概述以及分类

(一)类词缀定义

类词缀是否相同,我们认为一字之差导致它们有着近似的特点,但不能混为一谈,类词缀不等于词缀,可以说它是词根到词缀的过渡阶段。类词缀化是

---

① 李帜艳,女(汉族),云南民族大学民族文化学院语言学及应用学专业,在读硕士。
② "中国语言生活状况报告"课题组. 中国语言生活状况报告 [R],商务印书馆,2010

一个过程，为了更好地理解，可以借助我们所熟知的"语法化"这一术语。我们讨论的类词缀化不同于语法化，是指其词根意义虚化和泛化的转变过程，是不断失去具体词根义或泛化词根义而逐渐变成具有定位性的构词的附着成分。总之，类词缀是从词根语素不断转变而成，其不断转变的条件有：

1. 词根语素被使用的次数越来越多，出现的频率也越来越高；
2. 在使用的过程中语素的部分指称性语义成分脱落；
3. 词根语素逐渐增加了类化的意义和情感意义；
4. 词根、词缀相兼容的倾向明显。

语言随着社会的变化而变化，网络作为新媒体，成为了人们言论、新闻等产生的新平台，大量新的网络词语的产生也随之成为了一种社会新现象，它们独具特色，以社会新生事物为契机，借助网络新闻、广播电视等的传播逐渐形成一个独特的词群，并广为流传进而延伸以至于成为一种类词缀化现象。

（二）类词缀的分类

1. 根据其在构词中的位置划分：

在《汉语语法分析问题》吕叔湘首次提出了"类前缀、类后缀"的说法，"汉语里地道的词缀不多，有不少语素差不多可以算是前缀和后缀，然而还是差点儿，只可称为类前缀和类后缀……说它们作为前缀和后缀还差点儿，还得加个'类'字，是因为它们在语义上还没有完全虚化，有时候还以词根的面貌出现"[1]。由于类词缀出现的位置固定，或为类前缀，或为类后缀，没有类中缀，这些类词缀语义并未高度虚化，仍保留部分含义，均由其本义派生而来。

类前缀：

秒~：秒杀 秒懂 秒抢 秒回

神~：神翻译 神补刀 神回复 神剪辑

类后缀：

~风：攀比风 流行风 奢侈风 减肥风

~霸：学霸 词霸 麦霸 车霸

2. 根据产生的途径划分：

我们把汉语自身对内的同化，即把汉语中原有的词根语素虚化而形成的网络流行语类词缀中类词缀称为自源性类词缀，另外，把从别的民族和国家的语言中借鉴来的类词缀称为他源性类词缀。

自源性类词缀：

~帝：搞笑帝 咆哮帝 吐槽帝 表情帝

---

[1] 吕叔湘.汉语语法分析问题[M].北京：商务印书馆，1979：49

~族：打工族　毕婚族　留守族　上班族

他源性类词缀：

"控"——~控，源自日语"con（コン）"，发音"conn"（与汉语拼音的发音"kong"类似）单音节音译为词缀，解释为对某事物情有独钟或者特别热衷某物的人。"'大叔控'指钟情于事业有成的有品位中年男子的20左右的女孩子。"[①] "'帽子控'指对各种款式的帽子都疯狂喜欢，有收藏购买帽子癖好的人。"[②]

~控：萝莉控　签到控　大叔控　中国控

3. 按音节多少划分：可分为单音节类词缀和双音节类词缀[③]。

单音节：~客、~族、~姐、~嫂、~爷、~棍等。

~党：剁手党　甜食党　偷拍党　飞车党

~奴：猫奴　车奴　房奴　卡奴

双音节：山寨~、~时代、~二代、~效应等，还有一少部分双音节的叠音后缀，如"范跑跑、墙脆脆、楼歪歪"等也相继问世。

~二代：官二代　富二代　独二代　农二代

~效应：口红效应　蝴蝶效应　雷锋效应

4. 按标志词性的功能来分[④]（由汉语词缀分类推导而来），类词缀可分为如下四类：

① 名词性类词缀

标示名词词性的类前缀不多，如：

准~：准爸爸　准妈妈　准女婿　准姑爷

微~：微爱情　微简历　微访谈　微力量

标示名词词性的类后缀较多，如：

~姐：房姐　的姐　仗义姐　爱心姐

~友：糖友　饭友　驴友　牌友

② 动词性类词缀

标示动词词性的类前缀，如：

被~：被复出　被增长　被捐款　被署名

标示动词词性的类后缀，如：

---

① 侯敏．周荐.2010汉语新词语［M］.北京：商务印书馆，2011：138
② 侯敏．周荐.2010汉语新词语［M］.北京：商务印书馆，2011：138
③ 陈昌旭．汉泰语词缀对比分析［J］.江西科技师范大学学报．2015（4）：12~19
④ 刘芳．现代汉语中词缀的分析和判定［J］.榆林学院学报．2009（1）：81~82

~化：中国化 系统化 民族化 低俗化
③形容词词性类词缀
标示形容词词性的类前缀，如：
高~：高姿态 高通胀 高风险 高污染
多~：多维度 多中心 多角度 多门路
标示形容词词性的类后缀，如：
~迷：体彩迷 迅雷迷 动漫迷 腾讯迷
~体：陈欧体 甄嬛体 王菲体 将爱体

二、网络词语类词缀的衍生方式以及特征

（一）网络词语类词缀的衍生方式

1. 由汉语本身虚化或泛化并定位

部分类词缀是由汉语本身就有的词根虚化而来，例如"盲"，随着社会的发展，被用于"文盲""法盲"等词中，其中的"盲"由原始义"看不清东西"[①]又逐渐虚化引申出一个抽象的意义"指对某种事物不能辨别或分辨不清；缺乏某方面常识、能力的人"[②]，并逐步推广出一系列"信息盲""网络盲"等，于是"盲"在不断的造词和应用中，意义泛化，又从一系列词群中归纳出固有的定位性，就转化成了类词缀。

2. 模仿音节

模仿音节的衍生方式多数情况下是针对他源性类词缀的。部分他源性类词缀的选字仿照了外来语的发音音节，然后再与其外来语的实际意义相糅合，便成为了汉语中的一个词素。例如"客"是模仿英文中"Hacker"（黑客）的发音，意思指利用电子计算机网络系统的安全漏洞对其采取不法破坏或者剽窃盗取重要情报资料的不法分子。随后便衍生出了"晒客""播客""淘客"等网络流行语。

3. 模仿意义

模仿意义的衍生方式则较为普遍，在产生的类词缀中这种方式占主要，包括土生土长的自源性类词缀也不乏有他源性的。例如"~帝"最初是指"宗教

[①] 中国社会科学院语言研究所词典编辑室．现代汉语词典．第6版．北京：商务印书馆，2012：873

[②] 中国社会科学院语言研究所词典编辑室．现代汉语词典．第6版．北京：商务印书馆，2012：873

徒或神话中称宇宙的创造者和主宰者，君主、皇帝"[1]。作为新兴类词缀"X帝"表示"在某一个领域做到极致的人或物"，并以此类推出了"杯具帝""真相帝""表情帝"等。此外还有"被~""拼~""裸~""闪~""雷~""宅~""山寨~"等等。

（二）网络词语类词缀的特征

网络词语类词缀除了有普通类词缀所拥有的共同特点，包括：语义部分虚化、定位性、粘附性、能产性等特点以外，也具备了一些独特之处。

1. 语义虚化程度较低

类词缀的词根语义逐渐虚化或者泛化，但词汇意义仍然保留，网络词语类词缀真实的语义虚化程度较低，居于过渡阶段，靠词根更近一些。

例如典型类词缀"汉"的"男子"语义发展至今可以说已经完全虚化乃至泛化。目前，社会生活中的"好汉、懒汉、门外汉"这类词的造句中可以发现，这类词的指代对象并不仅仅局限于男性。"不到长城非好汉"的豪言壮语面前，女性也常有自诩"好汉"的时候，除此以外，"懒汉、门外汉"中的"男性"意义则更朦胧。

（1）我国应试教育的体制培养出了一批"思想懒汉"。

（2）应届毕业生在就业市场上普遍被冠以"懒汉"之名。

（3）真人秀节目的热播暴露出许多女明星在银幕上光鲜亮丽，但在自理现实生活中的柴米油盐酱醋茶时，却成了蹩脚的门外汉。

例（1）（2）中的"懒汉"是泛指，不分男女，而例句（3）中的"门外汉"很明显是用来指代女性的。这三个例句让我们明确类词缀"汉"的原始"男子"意义确实已经泛化甚至完全消失，我们现在甚至可以把"汉"的意义概括为"具有某些特点的人"。

2. "表人"类的新兴类词缀占大多数

2006~2016年网络流行语新兴词汇类词缀里包括新兴类前缀9个，分别为：被、裸、闪、微、冷、硬、潜、云、拼。类词缀里包括新兴类后缀31个，分别为：客、友、党、军、控、漂、领、奴、托、帝、二代、男、女、姐、妹、哥、爷、嫂、霸、粉、体、症、超市、门、吧、族、秀、婊、咚、效应、体。[2]

在所统计的新兴类词缀中，表人的类词缀有22个，占总数的55%，这些

---

[1] 中国社会科学院语言研究所词典编辑室.现代汉语词典.第6版.北京：商务印书馆，2012：287

[2] 数据来源：国家语言文字工作委员会发布的《中国语言生活状况报告》中报纸，网络新闻等2006~2016年的网络词语

表人新兴类词缀囊括了社会上形形色色的各类"人",将对人群进一步的细化,也是进一步深入描写社会实际的表现。

3. 单音节为主

从类词缀的音节结构上讨论,仅"二代、超市"这两个是双音节,而单音节占了绝大多数。另一方面,由新兴类词缀派生出来的新词以三音节为主,其次是双音节类型,而四音节及其以上的派生新词数量较少。

4. 功能较为单一

在功能类型上,网络流行语新兴类词缀的功能比较单一,其中名词性类词缀占多数,其中一些词缀不论本词性,一旦搭配,便也成了名词性词缀,比如漂、托、微等。一些动词性成分与新兴类词缀"客"组合后成为名词,如:背包客、淘客、拼客等。只有少数几个是动词性或者是形容词性的,例如:被自杀、被当爸、被山寨、裸奔、裸婚等。

三、网络词语类词缀产生和发展的原因

(一)语言内部原因

1. 语言的类推机制

"类推"即"类比",是根据语言内部的规则,利用它本身具有的词缀,以它们为标准和模子,创造出新的词和形式,这虽使得该语素一定程度上保留了原来的词汇意义,但意义有所虚化。索绪尔在《普通语言学教程》中指出"类比形式就是以一个或几个其他形式为模型,按照一定的规则构成的形式"[1],比如由"枪托"相继推出"房托""酒托""药托"等新词。

2. 语言的经济节省原则

伴随着信息化时代的到来以及网络的发展,互联网已然成为人们社交以及发表言论的新型社区,网络词语应运而生,新兴类词缀又具有较强的概括性,易于传播和吸引网民们触发网络事件和发动网络舆论,进而能引导人们深入挖掘网络事件的真相和问题的实质。

网络词语的类词缀化表述独特,打破传统,形式新颖有趣,内涵丰富。一个网络词语往往内涵丰富,代表一个故事,一起案件,一类人,一种心态。例如"被x"结构所指代的往往是在政治、经济等方面出现的一些带有讥讽性质的焦点话题,并因此出现了更多的"被字语言"来为热点事件命名的情况。一个"被"字背后隐藏着多少不能言和不敢言的委屈,多少无奈和压抑,接二连

---

[1] 索绪尔.普通语言学教程[M].中国社会科学出版社.2009

三冒出的"被"字词正是反映时代心声,指引人们揭露和挖掘社会本质的显微镜。从大学生自己毫不知情"被就业"到为冲刺GDP值各省国民生产总值的"被增长",一个"被"经济简单,涵盖了诸多内容。一则在于受事处于强压之下,无法伸张正义,投诉无门。二则在于施事权利横行无忌,在信息事实的处理上有掩盖之嫌。

(二)社会因素

1. 网络词语类词缀应运而生

语言是社会的一面镜子,新事物、新现象伴随着社会的发展而产生,整个语言系统中旧的形式已然不能满足人们日益增长的文化需求,便产生新形式来适应变化,类词缀的急剧增加就是变化之一。人们把沉迷于网络游戏的人叫"网虫",把迷醉书本的人叫"书虫",把在买卖房中钻营取利、乐此不疲的人叫"房虫"。以"虫"为后缀构成的新词就逐渐增多,其意义也逐渐泛化,多指"对……着迷的人",也可以指"对……擅长的人""从……中获得不当利益的人",类词缀"虫"就这样诞生了。

2. 语言的接触推进语言的发展

多年来,中国一直受西方文化以及流行观念的影响,逐渐从西方语言中,如日语、俄语,主要是英语中借入了许多新词。很多原来在英语中是词缀的,翻译成汉语以后,也被当作类词缀来使用,如英语的"—lism"翻译成汉语"主义",即进入汉语类词缀的范畴。现在,直接从英语意译过来的类词缀包括"非""半""次""性""化"等。

3. 迎合社会心理

当今社会,人们的生活步伐加快,追求速度和效率,言语交流也就变得精简凝练。由类词缀派生而来的新词简短直接,恰好和当代人们快频率生活节奏催生下的求简心理相吻合。比如,"学霸"短短两个字就包含了"学生、学习成绩优秀、最好的"这些丰富的内容。当然"时装秀"远比"服装展示会"要更高大上。"手机控"就比"离了手机就活不了的一群人"更形象文雅。

另外,当今社会的人们大多标新立异,讲求与众不同,喜欢标榜自我,追求个性,"表现个性"不但是大部分年轻人的想法,也逐渐成为一些媒体语言的借鉴对象。自"房奴"在人们忍受天价楼房以及累人的房贷的社会现状中催生,形象揭示出一代人为房辛苦为房忙的社会现状,"卡奴""猫奴""孩奴"也相继出现在我们的社会生活里,此外,不仅是媒体领域,其他如商业广告等也如雨后春笋般和类词缀形式保持高度一致。比如一些应用商店、手机软件中有"拼客""淘客""背包客"[①]一类,社交软件中有"驴友、麻友、糖友"等名目,从而达到"人以群分"的效果,凸显时尚之潮流。

四、网络词语类词缀化的发展方向

(一)可能逐渐虚化或者泛化,从而变成典型词缀

任何典型的词缀的诞生都必须走过实词虚化的转变阶段,作为现代汉语中几个典型词缀"老、子、儿、头"等,都是从实到虚、从虚再发展到泛化的一种过渡。而类词缀是处于中间阶段,它既有可能语义向前发展,它的语法功能又有可能回归,最后彻底进化为真正的词缀。

任学良认为词头是其词汇意义不断虚化而来得,是有发展前途的[②]。之所以这么说,究其原因:从外部条件来看,新时代新气象,人们的求简心理和求异心理都促进了类词缀的发展;从语言内部调节机制看,词汇内部是不平衡的,现代汉语中的典型词缀从数量上和结合能力上都长期处于一种停滞状态。如"初"只能用于十以内基数之前表示农历日期,亘古不变;相较之下,新兴类词缀突破音节、字数、词性等多种限制,构词能力强,用途广泛。因而新兴类词缀中用途广泛,构词能力强的类词缀均有转正的可能性。

(二)部分类词缀可能会回归词根语素

"前缀'阿'出现在汉代;词缀'老'则出现于唐代;而'子'出现在汉代,定型在南北朝。'儿'虽产生于南北朝、唐代后逐步虚化为后缀"[③]由此可见,词缀从诞生到为人们所广泛应用需要经历非常久远的时间。因此,类词缀中能够最终转化为典型词缀的数量也非常有限,只有那些构词能力强大,使用频率高的类词缀,才能有机会晋级加入典型词缀的行列。而构词能力弱,不为人们所广泛使用的类词缀,由于词汇固有的稳定性,还是会归为词根语素。例如"文革"时期的一些类词缀化现象,除"~派"等至今留存外,大多数"红~","黑~"已经归为词根语素。这些现象都充分表明了类词缀的发展不仅取决于其构词能力,更取决于它的经久耐用性和时代性,一些应景而生的"弄潮儿",经不起时代的考验,也最终会归为词根语素。

---

① 龚葵.浅议网络词语"X客"[J].青春岁月,2012(12)
② 任学良.汉语造词法[M].中国社会科学出版社,1981
③ 四川大学汉语史研究所.汉语史研究集刊.2003(00)

五、结　语

本文针对当下盛行的网络词语中以普遍存在的类词缀部分，从历时发展和语义方面进行讨论，进一步了解网络词语类词缀的特征，及它产生和流行的原因，从而认识到网络词语的构词法以及性质，动态地看待其未来的发展前景。

语言是反映社会现实的晴雨表，新的语言现象伴随着社会的发展变化应运而生，网络词语伴随着网络的发展而欣欣向荣，新兴类词缀的使用量伴随着新兴词语的流行而节节攀升。不得不说的是，类词缀的流行和发展为社会语言生活注入了新鲜的血液，小至人们的交流交际，大至新兴媒体和商业的发展。社会还在进步，语言也在悄无声息中发生变化，未来的语言世界里，类词缀已然成了无可替代的角色。

参考文献：

［1］吕叔湘．汉语语法分析问题［M］．北京：商务印书馆，1979．

［2］中国社会科学院语言研究所词典编辑室．现代汉语词典［M］．北京：商务印书馆，2005（5）．

［3］丁建川．两个新兴的类词缀—看、走［J］．宁夏大学学报，2006（1）．

［4］吕叔湘．汉语语法分析问题［M］．北京：商务印书馆，1979．

［5］朱德熙．语法讲义［M］．北京：商务印书馆，1982．

［6］沈孟璎．汉语新的词缀化倾向［J］．南京师大学报（社会科学版），1986（4）．

［7］王洪君．富丽．试论现代汉语的类词缀［J］．语言科学，2005（5）．

［8］陆俭明．关于句处理中所要考虑的语义问题［J］．语言研究，2001（1）．

［9］苏久．石珍．"ＸＸ门"引起的关于类词缀一点思考［J］．安徽文学，2009（9）．

［10］陈原．语言与社会生活［M］．北京：三联书店，1999．

［11］孙艳．现代汉语词缀问题探讨［J］．河北师范大学学报，2000（3）．

［12］汤志祥．当代汉语词语的共时状况及其嬗变［M］．上海：复旦大学出版社，2001．

（指导老师：张雨江）

汉泰语气副词"当然"和"แน่นอน [nae^{45}non^{33}]"对比分析

刘 静[①]

（云南大学）

[摘 要] 本文从语义、句法、焦点三个方面，结合相关文献、语料、数据及实验，对汉泰语气副词"当然"和"แน่นอน [nae^{45}non^{33}]"进行对比。基于对这组词语的对比，为对外汉语课堂教授这两词提供一些有用的切入点。

[关键词] 语气副词；语义；句法；焦点

语气副词一直以来都是热点之一，在王力第一次提出语气副词的概念后，学术界对语气副词语义及分类一直存在争议。张谊生将语气副词分为两类；黄伯荣、廖序东将语气副词分为八类；王力将语气副词分为八类；齐春红将语气副词分为四类。目前的研究主要集中于语气副词语义及句法的研究，语用功能的研究较少，对焦点的研究也很少。留学生在学习语气副词的时候存在很多问题，语气副词的误用，误代的情况也很严重。

一、"当然"和"แน่นอน [nae^{45}non^{33}]"语义对比分析

通过对前人经验[②③④]的总结，笔者总结出汉语语气副词"当然"和泰语语气副词"แน่นอน [nae^{45}non^{33}]"的异同点，具体见表1：

[①] 刘静，女（汉族）云南大学文学院在读硕士，主要研究二语习得。
[②] 现代汉语虚词例释 [M]. 北京：商务印书馆，1982.
[③] 吕淑湘. 现代汉语八百词 [M]. 北京：商务印书馆，1999.
[④] 萧少云等人. 泰汉辞典 [M]. 北京：商务印书馆，2011.

表1　汉泰语气副词"当然"和"แน่นอน [nae⁴⁵non³³] 语义对照表

语气副词　　基本语义	当然	แน่นอน [nae⁴⁵non³³]
表示肯定	+	+
表示某种必然的结论，常与连词连用	+	+
表示补充	+	+

注：表中"+"表示有该义项，"——"表示没有该义项

从表1看出，语气副词"当然"和"แน่นอน [nae⁴⁵non³³]"存在很多相同点，下面笔者就两个词语的相同点展开叙述。

二者的相同点：

（1）"当然"和"แน่นอน [nae⁴⁵non³³]"都表示肯定。

不练习当然学不会。

ไม่　　ฝึก　　เรียน　　ไม่　　ได้　　แน่นอน．

[mai⁴⁵] [fuek²¹] [rian³³] [mai⁴⁵] [dai⁴⁵] [nae⁴⁵non³³]

　不　　练习　　学习　　不　　可以　　当然。

（2）"当然"和"แน่นอน [nae⁴⁵non³³]"都表示补充。

打太极对身体好，当然，要持之以恒。

ไทเก๊ก　เพื่อ　สุขภาพ　　ที่　ดี　ขึ้น　แต่

[Thai³³kik²¹] [phue⁴⁵] [sukh²¹phaph⁴⁵] [thi⁴⁵] [di³³] [khuen⁴⁵] [dae²¹]

　太极　　为了　　健康　　介　好　更加　但是

ต้อง　ยืนยัน　แน่นอน

[doŋ⁴⁵] [yae³³yan³³] [nae⁴⁵non³³]

　应该　　坚持　　当然

（3）"当然"和"แน่นอน [nae⁴⁵non³³]"都表示某种推理的必然结论，或某种动作行为引起的必然结果，常与连词"因为""既然"呼应。

因为我是他的父亲，我当然关心他的健康。

เพราะ　ผม　เป็น　พ่อ　ของ　เขา

[Phro¹⁴] [phom¹⁴] [pin³³] [pho⁴⁵] [khoŋ¹⁴] [khao¹⁴]

　因为　　我　　是　　父亲……的　他

　ผม　ดูแล　สุขภาพ　ของ　เขา　แน่นอน

[phom¹⁴][du³³lae³³][sukh²¹kha²¹phaph⁴⁵][khoŋ¹⁴][khao¹⁴][nae⁴⁵non³³]
我　　　关心　　　　健康　　　　……的　　他　　　当然

通过以上对比，笔者发现：语气副词"当然"和"แน่นอน[nae⁴⁵non³³]"在语义方面基本相同，都表示一种肯定的语气。

二、"当然"和"แน่นอน[nae⁴⁵non³³]"句法功能对比

笔者借助汉语在线语料库（www.cncorpus.org/indes.aspx）对语气副词"当然"进行数据统计，借助泰语语料库对"แน่นอน"进行数据统计，其中语气副词"当然"一共出现3308次；泰语语气副词"แน่นอน"在泰语语料中共出现216次。

（一）"当然"与"แน่นอน"句法位置对比

笔者将两个词的句法位置进行统计并将所整理数据用表格形式一一呈现，具体内容如下表：

表2　汉泰"强调类"语气副词"当然"和"แน่นอน"句法位置对照表

汉语语气副词"当然"	出现频次	出现频率	泰语语气副词"แน่นอน"	出现频次	出现频率
位于句首	2341	0.7077	位于句首	——	——
位于句中	967	0.2923	位于句中	——	——
位于句末	——	——	位于句末	216	1

注：表格中——表示没有该句法位置

通过表2可以看出，语气副词"当然"和"แน่นอน"在句法位置上的没有相同点，下面将阐述不同点。

不同点：

1. 汉语语气副词"当然"可以位于句首和句中，泰语语气副词"แน่นอน"不可以。

2. 泰语语气副词"แน่นอน"可以位于句末，但是汉语"当然"不可以。

（二）"当然"和"แน่นอน"句类分布对比

笔者继续用数据——表格的形式呈现语气副词"当然"和"แน่นอน"在句类分布中的异同点。

民族语言与文化

表3　汉泰"强调类"语气副词"当然"和"แน่นอน"句类分布对照表

汉语语气副词"当然"	出现频次	出现频率	泰语语气副词"แน่นอน"	出现频次	出现频率
陈述句	3204	0.9686	陈述句	215	0.9954
疑问句	64	0.0193	疑问句	——	
感叹句	40	0.0121	感叹句	1	0.0046
祈使句	——		祈使句		

注：表格中——表示没有该句类分布

通过表格3，可以看出语气副词"当然"和"แน่นอน"在句类分布中的异同点：

语气副词"当然"和"แน่นอน"均可以位于"陈述句""感叹句"。

不同点：

语气副词"当然"可以位于疑问句，泰语"แน่นอน"不能位于疑问句

（三）"当然"和"แน่นอน"句式分布对比

通过对"当然"分布句式的统计，"当然"位于"是"字句和"否定句"中的频率相对较高，所以笔者从这两种句式对语气副词"当然"和"แน่นอน"进行对比，具体见表格：

表4　汉泰"强调类"语气副词"当然"和"แน่นอน"句式分布对照表

汉语语气副词"当然"	出现频次	出现频率	泰语语气副词"แน่นอน"	出现频次	出现频率
"是"字句	248	0.07497	"是"字句	4	0.0185
"是"可省	140	0.0423	"是"可省	——	
"是"不可省	108	0.0326	"是"不可省	4	0.0185
位于否定句	351	0.1061	位于否定句	7	0.0324
与"不"共现	323	0.0976	与"不"共现	5	0.0015
与"没"共现	3	0.0009	与"没"共现		
与"没有"共现	25	0.0076	与"没有"共现	2	0.0006

注1：表格中——表示没有该句式分

注2："当然"位于"转折句"中的频率为：0.0054；位于"假设句"中的频率为：0.0003；位于"把字句"中的频率：0.0009

通过表4可以看出，语气副词"当然"和"แน่นอน"在"是"字句和"否

定句"分布的异同点：

相同点：

语气副词"当然"和"แน่นอน"均可以位于"是"字句、"否定句"，均可以与"不""没""没有"共现。

不同点：

汉语语气副词"当然"位于"是字句"中"是"可省，但泰语语气副词"แน่นอน"位于"是字句"中"是"不可省。

（四）"当然、แน่นอน"+VP 句法功能对比

下面笔者将依旧通过采用数据——表格的形式呈现语气副词"当然"和"แน่นอน"在陈述和修饰中的用法，为了统计方便，笔者用"VP"表示语气副词后接的成分，其中陈述部分包括"语气副词+VP"作"谓语、宾语、补语"，修饰部分包括"语气副词+VP"作"定语、状语"。具体见下表：

表5 汉泰"强调类"语气副词"当然"和"แน่นอน"句法功能对照表

汉语语气副词"当然"	使用频次	使用频率	泰语语气副词"แน่นอน"	使用频次	使用频率
"当然"+VP 作谓语	934	0.2823	"แน่นอน"+VP 作谓语	——	——
"当然"+VP 作宾语	——	——	"แน่นอน"+VP 作宾语	——	——
"当然"+VP 作补语	——	——	"แน่นอน"+VP 作补语	——	——
"当然"+VP 作定语	——	——	"แน่นอน"+VP 作定语	——	——
"当然"+VP 作状语	2374	0.7177	"แน่นอน"+VP 作状语	201	0.931

注1：表格中——表示没有该功能

通过以上表格中的数据可以看出语气副词"当然"和"แน่นอน"在句法功能方面的异同点：

相同点：

①语气副词"当然"和"แน่นอน"+VP 均能在句中作谓语、状语，均不能在句中作宾语、补语、定语。

不同点：

语气副词"当然"+vp 能在句中作谓语，但是"แน่นอน"+VP 不可以。

三、"当然"和"แน่นอน"充当焦点功能对比

实验概述：笔者先列出一组句子，然后分别找了三位母语为泰语的泰国女

生和三位母语为汉语的中国女生在安静的环境进行录音。三个泰国学生每人录一个泰语句子，每个句子录三遍，每一遍之间间隔三秒，发音者语速平缓，吐字清晰，中国学生也一样，录音软件为"praat"；录音结束后，用切音软件"桌上语音工作室（Minni Speech Lab）"进行切音，修改基频，并将原来完整的句子切分成韵律词或者韵律短语，然后对韵律词进行逐一的数据采集，直到所有句子的所有韵律词数据采集完，数据收集就完成。把每个句子的数据导入 excel 表格中，运用公式 St＝12×lg（f/fr）lg2 将赫兹值转换成半音值，然后得出百分比值。根据这些数值绘制图表，并在画图工具中对生成图表进行美化，这样就得出语气副词起伏度图。通过起伏度就可以分析出句子的焦点。

实验句如下：

汉语语气副词"当然"实验句：

S1	第一个韵律词	第二个韵律词	第三个韵律词
	他	当然	开心

泰语语气副词"แน่นอน"实验句：

S2	第一个韵律词	第二个韵律词	第三个韵律词
	เขา	ดีใจ	แน่นอน
	[khao¹⁴]	[di³³cai³³]	[nae⁴⁵non³³]
	他	开心	当然

"当然"和"แน่นอน"充当焦点实验对比

表6　汉语语气副词 S1 韵律词起伏度值

汉语语气副词 S1 韵律词起伏度值表

韵律词	第一个韵律词	第二个韵律词		第三个韵律词	
S1	他	当	然	开	心
音节	音节1	音节2	音节3	音节4	音节5
上线	152	167		130	
下线	145	99		118	
中线	149	133		124	
域宽	7	68		12	

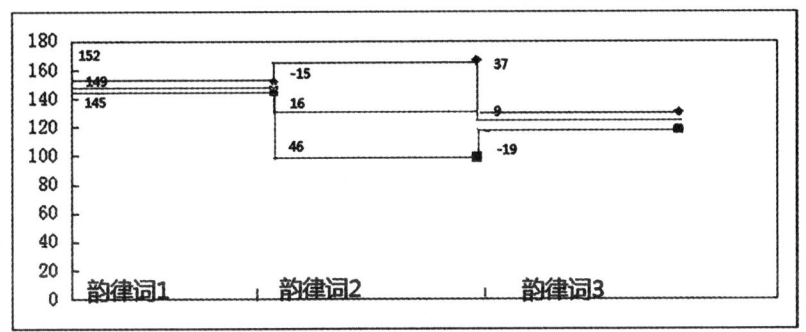

图7.S4 他当然开心

图中显示的三条线分别是上中下线，为了方便区分，笔者把每条线加上颜色及标识。上线：蓝色线，菱形点；下线：粉色线，矩形点；中线：橘色线，三角形点。

从图中可以看出：上线：上线的第一个韵律词起点值是152，第二个韵律词从152上升到167（上升了15），第三个韵律词从167下降到130（下降了37）；中线的第一个韵律词起点值是149，第二个韵律词从149下降到133（下降了16），第三个韵律词从133下降到124（下降了9）；下线的第一个韵律词起点值是145，第二个韵律词从145下降到99（下降了46），第三个韵律词从99上升到118（上升了19）。

实验分析：根据起伏度图，结合焦点的判定，S1中的焦点为第二个韵律词"当然"。首先焦点"当然"所在调核调群调域最大化扩展，其次第二个韵律词上线首先呈现抬高状态，焦点后大幅压缩，呈现音高下降的状态，下线呈现音高下倾的状态，所以"当然"为"窄焦点"。

表7 泰语语气副词S2韵律词起伏度值

泰语语气副词S2韵律词起伏度值表

韵律词	第一个韵律词	第二个韵律词		第三个韵律词	
S2	เขา	ดี	ใจ	แน่	นอน
	他	开心		当然	
音节	音节1	音节2	音节3	音节4	音节5
上线	111	129		136	
下线	102	111		106	
中线	107	108		108	
域宽	8	18		20	

民族语言与文化

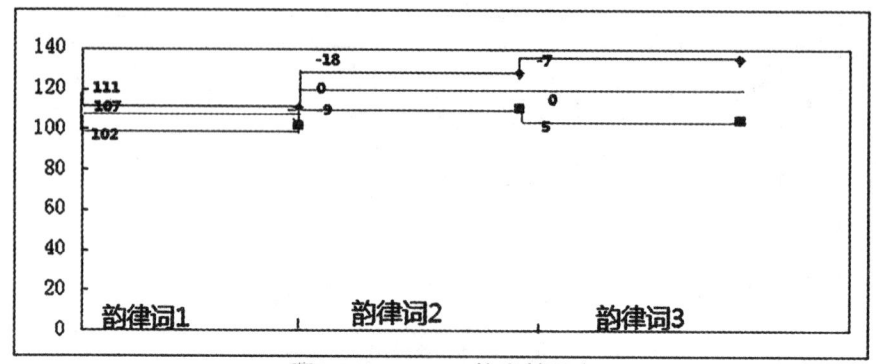

图8.S4 เราดีใจแน่นอน 他当然开心

从图中可以看出：上线：上线的第一个韵律词起点值是111，第二个韵律词从111上升到129（上升了18），第三个韵律词从129上升到136（上升了7）；中线的第一个韵律词起点值是107，第二个韵律词从107上升到108（上升了1），第三个韵律词107；下线的第一个韵律词起点值是102，第二个韵律词从102上升到111（上升了9），第三个韵律词从111下降到106（上升了5）。

实验分析：根据起伏度图，结合焦点的判定，S2中的焦点为第三个韵律词"แน่นอน（当然）"。首先焦点"แน่นอน（当然）"所在调核调群调域最大化扩展，其次第三个韵律词上线呈现提高状态，下线呈现降级的状态，所以"แน่นอน（当然）"为"窄焦点"。

综上所述，语气副词"当然"和"แน่นอน（当然）"均能充当焦点。

四、结　语

通过对汉泰语气副词"当然"和"แน่นอน"语义、句法、焦点的对比分析，笔者得出了一些"当然"和"แน่นอน"的异同点。从语义上看，"当然"和"แน่นอน"存在诸多相似语义。对外汉语教师在教授"当然"一词时，可以通过学生母语进行教学。从句法上看，"当然"和"แน่นอน"在句法方面存在诸多异同点。首先是句法位置的异同，其次是运用在不同句类和句式的异同，最后是在句中充当不同句法成分的异同，根据语气副词句法方面异同点，对外汉语教师也需要采取合适的教学策略。从焦点功能来看，语气副词"当然"和"แน่นอน（当然）"均能充当焦点。最后，由于笔者能力有限，很多语料没有进行深度挖掘，有很多不足之处，所考虑的方面也不是很全面。

参考文献：

［1］王力．中国现代语法［M］．北京：中华书局，1954．

［2］萧少云等人．泰汉辞典［M］．北京：商务印书馆，2011．

［3］吕淑湘．现代汉语八百词［M］．北京：商务印书馆，1999．

［4］罗奕原，基础泰语2［M］．广州：世界图书出版社，2008．

［6］萧少云等人．泰汉辞典［M］．北京：商务印书馆，2011．

［7］现代汉语虚词例释［M］．北京：商务印书馆，1982．

［8］刘慧．"意外态"语气副词研究［D］．上海：上海师范大学，2010．

［9］吴志云．语气副词"确实"的多角度研究［D］．广西：广西师范大学，2010

［10］张伯江．认识观的语法表现［J］．国外语言学，1997．

［11］齐沪扬．语气副词的语用功能分析［J］．语言教学与研究，2003．

［12］齐春红．现代汉语语气副词研究［M］．武汉：华中师范大学．

（指导老师：刘劲荣）

民族语言与文化

富宁里呼壮语音系研究

卢 春①

（云南民族大学）

[摘 要] 里呼壮语属于云南壮语北部方言中的桂边土语。本文以第一手材料为基础，以结构主义语言学理论为指导，采用田野调查与声学实验相结合的方法对里呼壮语整个音系概况进行描写。通过研究，总结出里呼壮语有丰富的唇化音和腭化音、喉塞音、塞擦音；元音长短对立不明显、促声调分长短音；有一套完整的鼻音韵尾和塞音 -p、-t、-k 韵尾；无送气音、复辅音；ə 出现在民族固有词中等特点。

[关键词] 里呼壮语　声母　韵母　声调

本文研究对象为云南文山壮族苗族自治州富宁县里呼壮语的整个音系面貌。前人研究壮语多以调查记音为主，本文在田野调查记音的基础上用实验语音方法研究里呼壮语的声、韵、调特点，划分调类，确定调值。富宁位于云南省东南部，文山壮族苗族自治州东陲，是以壮、汉、瑶、苗、彝为主体的囊括22种民族在内的边疆山区县，民族众多，语言语料丰富②。随着社会发展，富宁地区的少数民族语言文化日益呈现同汉趋势，保护民族语言文化势在必行。据《富宁县民族志》里记载，富宁壮话的土、沙话有22个声母，84个韵母，6个调类③。张均如、梁敏、欧阳觉亚、郑贻青、李旭练、谢建猷《壮语方言研究》（1999年）指出：“桂边土语分布在广西的凤山、凌云、乐业、田林、隆林、西林以及云南的富宁、广南（北部）等县。”该土语的人大多数自

---

① 卢春，女（壮族），云南民族大学在读研究生，主要研究云南少数民族语言。
② 吕正元，农贤生. 富宁县民族志 [M]. 昆明：云南民族出版社，1998：1.
③ 吕正元，农贤生. 富宁县民族志 [M]. 昆明：云南民族出版社，1998：47.

称［pu⁴ʔjai⁴］、［pu⁴ʔjoi⁴］[①]。里呼村的壮族属于沙支系，自称［pu⁴ʑai³］，通常情况下，村民之间用壮语交流，但在交际需要的时候也使用汉语（一般用本地方言）交流。里呼壮语当归入壮语北部方言桂边土语。

里呼壮语的语音材料来源于笔者对家乡的实地调查和搜集所得，笔者从2014年1月开始对家乡的音系进行整理归纳，2015年暑假对四千多个词汇进行记音。本文写作中采用国际音标对里呼壮语进行转写，转写采用的是潘悟云等人的"云龙国际音标"。调类一律在右上角用数字代码表示，如：1代表第一调、2代表第二调。如壮语：厚"na¹"、田"na²"。

一、声母系统

每一个字起头的辅音叫声母，如"na²"田，"n"就是声母，收尾的辅音是韵尾，如 –m，–n，-ŋ，-p，-t，-k。为了更好的描写里呼壮语的声母特点，下文分别列举声母表、声母例词及声母说明。

（一）声母表

发音方法		发音部位	双唇	唇齿	齿间	舌尖前	舌面前	舌根	喉门
塞音		清	p			t		k	ʔ
		浊	b			d			
塞擦音		清				ts			
鼻音		浊	m			n	ȵ	ŋ	
边音		浊				l			
擦音		清		f	θ	s			h
		浊		v	ð	ʑ			
半元音		浊	w						
腭化音	塞音	清	pj						
	鼻音	浊	mj						

[①] 张均如，梁敏等. 壮语方言研究［M］. 成都：四川民族出版社，1999：37—38.

民族语言与文化

发音方法		声母 发音部位	双唇	唇齿	齿间	舌尖前	舌面前	舌根	喉门
唇化音	塞音	清				tw		kw	
		浊				dw			
	塞擦音	清				tsw			
	鼻音	浊						ŋw	ŋw
	边音	浊				lw			
	擦音	清			θw	sw			hw
		浊			ðw	ʑw			

（二）声母例词

p	pa:n³	沾	po⁵	吹	pa:k⁷	嘴
b	ba:n³	寨子	bo⁵	泉	ba:k⁷	挖
m	ma¹	狗	mo⁵	新	ma:k⁷	果
f	fa¹	瓶盖	fa:ŋ²	鬼	fa:t⁸	鞭打
v	va¹	花	va:ŋ¹	横	va:t⁸	扇（风）
t	tam⁶	踩	taŋ⁵	凳子	ta:t⁷	削
d	dam⁶	种	daŋ⁵	看	da:t⁷	热
ts	tsa³	秧苗	tsaŋ¹	关	tsa:k⁷	癣
n	na³	脸	naŋ¹	皮	net⁷	挤
θ	θa²	烤	θo⁶	直	θa:k⁷	链子
s	sa²	沙	so⁶	母（牛）	sa:k⁷	动
ð	ðam⁴	水	ðaŋ¹	簸箕	ðam⁶	阴
l	lam⁴	跌倒	laŋ¹	背后	lam⁶	装
ȵ	ȵeu²	牛鼻环	ȵam⁵	贪吃	ȵip⁸	针线活
ʑ	ʑie⁶	药	ʑam⁶	隐瞒	ʑi:ŋ¹	香（火）
k	ka²	卡住	kam¹	拿	ka:t⁷	划分
ŋ	ŋa²	芝麻	ŋam³	低（头）	ŋa:t⁸	芽
ʔ	ʔa³	张开	ʔam⁵	背	ʔa:k⁷	肚子
h	ha³	五	ham⁶	晚上	ha:k⁷	汉族

pj	pja²	围（栅栏）	pja:m²	火燎	pja:k⁷	额头
mj	mja²	（饭）稀	mja:p⁸	（火苗）窜	mja:k⁸	路稀
tw	twa²	涂抹	twa⁶	驮		
kw	kwa¹	瓜	kwa⁶	锄头	kwa⁵	过
hw	hwa⁶	狂风声	hwa⁵	华（人名）		
dw	dwa³	搅拌	dwɛ⁵	蛀虫		
w	wa³	笨	wa⁶	水瓢		
tsw	tswa⁵	踢	tswa:n⁶	铲子		
ȵw	ȵwam²	撮	ȵwa:m⁵	一片		
ŋw	ŋwa⁴	瓦	ŋwi⁶	果核	ŋwi⁴	纳鞋的针
θw	θwa³	树汁	θwa⁶	清洗	θwa:i⁵	翻找
sw	swa:n⁶	盈利	swa:n¹	栏杆	swa:n⁵	乱窜
ðw	ðwa²	模糊	ðwa⁶	散开	ðwa⁴	捡遗留物
ʑw	ʑwa⁴	骗	ȵwa:i⁴	指引	ȵwa³	布快烂了
lw	lwa²	蔓延	lwa:t⁸	冲走	lwa:ŋ¹	除（草）

（三）声母说明

1. 里呼壮语声母记有34个，包括零声母ʔ，无送气声母。随着时间的迁流和地域的推移，复辅音声母又逐渐分化或简化，成为单辅音。经反复查找，确定里呼壮语已无复辅音存在。

2 保留有大量的唇化音，共13个。分别是：tw、dw、tsw、ȵw、θw、ðw、lw、kw、w、ŋw、sw、ʑw、hw。

3. 有两个腭化音声母 pj 和 mj，pj、mj 的实际音值分别为 pʑ、mʑ。

4. θ的发音带有塞音色彩，实际音值为 θᵗ。念［θ、ð］时，舌尖不露出齿缝，只是稍微触上齿背。

5. k- 不与 i-、e- 韵相拼，v- 不与 u- 韵相拼。

6. 塞擦音、塞音 ts、s，在元音 e-、ɛ-、i- 前实际音值为 tɕ、ɕ。如 "tɕeu²"（桥）、"tɕi:ŋ⁵"（镜子）；"ɕie²"（牛）、"ɕi:n⁶"（便宜）。同样的，唇化声母 sw 在元音 i 前实际音值为 ɕw，且 ɕw 只与 i 相拼。如 "ɕwi⁶"（眼角）。

7. v 和 w 是变体，v 出现在声母位置，w 则大部分出现在辅音后。

8. r 声类读 ð，部分单数调并入 h，如标准音 "石头" 读 rin¹，里呼壮语读 hin¹。

9. 存在多组对立声母，具体情况已在例词中列举。如 "ma¹"（狗）和 "fa¹"（瓶盖）。

10. kj（原始台语的 *kl）读 ts，k（原始台语的 *k）在 i、e 前变读为 tɕ。例如：

例词	鳞	盐	远	鼓	老	懒	臂
武鸣	kjap⁷	kju¹	kjai¹	kjoŋ¹	ke⁵	kik⁷	ken¹
里呼	tsap⁷	tsu¹	tsai¹	tsoŋ¹	tɕe⁵	tɕik⁷	tɕen¹

二、韵母系统

里呼壮语韵母是由 a、e、ɛ、i、o、ɔ、u、ɯ、ə 这九个元音字母或元音字母加韵尾构成，分为舒声韵和塞声韵两大类。舒声韵分为单元音、复合元音和鼻音尾三种韵母；促声韵是以 –p、–t、–k 结尾的韵母。具体韵母及例词如下文，韵母例词中尽量控制声母和声调相同，找出语音的最小对立和区别特征。

（一）韵母表

a	e	ɛ	i	o	ɔ	u	ɯ	ə
aːi	ai			oi	ɔi		ui	ɯːi
	aɯ							
			ie					
aːu	au	eu	ɛu	iu				
aːm	am	em	ɛm	iːm	im	om	ɔm	uːm	um
aːn	an	en	ɛn	iːn	in	on	ɔn	uːn	un	ɯːn	ən
aːŋ	aŋ	eŋ	ɛŋ	iːŋ	iŋ	oŋ	ɔŋ	uːŋ	uŋ	ɯːŋ	əŋ
aːp	ap	ep	ɛp	iːp	ip	op	ɔp		up		
aːt	at	et	ɛt	iːt	it	ot	ɔt	uːt	ut	ɯːt	
aːk	ak	ek	ɛk	iːk	ik	ok	ɔk	uːk	uk	ɯːk	ək

（二）韵母例词

a	ka^1	腿	ta^1	眼	ha^2	茅草		
aːi	kaːi^1	卖	taːi^1	死	haːi^2	鞋子		
ai	kai^1	雉鸡	tai^2	蹄	hai^4	屎		
aɯ	kaɯ^4	亥	taɯ^2	守	haɯ^3	给		
aːu	kaːu^1	糕	taːu^2	淘（米）	haːu^1	白		
au	kau^1	（牛）角	tau^3	来	hau^1	臭		
aːm	kaːm^1	橘子	taːm^1	手把	haːm^3	踏过		
am	kam^1	拿	tam^1	舂	ham^2	苦		
aːn	ŋaːn^1	安装	taːn^5	碳	haːn^2	扁担		
an	kan^1	斤	pan^5	转动	han^1	见		
aːŋ	kaːŋ^1	撑（伞）	paːŋ^1	帮	haːŋ^2	膨胀		
aŋ	ðaŋ^1	簸箕	taŋ^1	灯	haŋ^2	下巴		
aːp	kaːp^8	夹住	taːp^7	接替	haːp^7	砸		
ap	kap^8	捉	tap^7	肝	hap^7	关		
aːt	kaːt^7	断	maːt^8	袜子	saːt^8	辣		
at	kat^7	啃	mat^7	跳蚤	hat^7	早晨		
aːk	laːk^7	坍塌	taːk^8	测量	saːk^8	绳子		
ak	lak^8	深	tak^7	舀	sak^8	小偷		
e	le^6	选	te^6	蛔虫	he^6	割		
eu	leu^4	完	teu^2	逃跑	heu^4	缠绕		
em	θem^2	补栽	tem^3	点燃	tɕem^6	角落		
en	hen^2	旁边	ten^2	填满	tɕen^6	掩（门）		
eŋ	leŋ^2	铃铛	neŋ^2	蚊子	tɕeŋ^2	歪		
ep	ðep^8	稻谷壳	nep^7	夹	tɕep^7	一（块）		
et	het^8	平滑	net^7	挤	nep^8	赶		
ek	hek^7	客人	tek^7	裂	tɕek^7	隔开		
ɛ	ŋɛ^1	小孩	tɛ^4	乞讨	tɕɛ^6	姐		
ɛu	hɛu^2	游	mɛu^2	猫	vɛu^6	缺		
ɛm	θɛm^1	尖	tɕɛm^2	咸	pɛm^3	扁		
ɛn	kɛn^5	（一）根	tɕɛn^5	黑	lɛn^4	捏（汤圆）		
ɛŋ	hɛŋ^5	骄傲	tɕɛŋ^5	一（段）	fɛŋ^5	破烂		
ɛp	kɛp^8	狭窄	tɕɛp^7	剪	fɛp^7	咒语		

民族语言与文化

ɛt	ðɛt	菌子	tɕɛt⁷	纽扣	sɛt⁷	七	
ɛk	lɛk⁷	铁	vɛk⁷	调皮	dɛk⁷	瘸	
i	li⁴	活着	mi²	有	fi²	火	
ie	ʑie⁶	药	ɕie²	牛	die³	筐	
i:u	ði:u¹	笑	θi:u¹	爽	di:u⁶	睡醒	
i:m	ɕi:m¹	（抽）签	ti:m³	点（钟）	ʑi:m¹	节省	
im	ɕim²	尝	tɕim¹	金	tim²	堵住	
i:n	ɕi:n⁶	便宜	tɕi:n¹	狡猾	θi:n¹	仙	
in	hin¹	石头	tɕin¹	真	tin¹	脚	
i:ŋ	ʑi:ŋ¹	香火	θi:ŋ⁵	猜	ɕi:ŋ⁴	养	
iŋ	hiŋ¹	姜	θiŋ³	清醒	ɕiŋ³	请	
i:p	ði:p⁷	蚊帐	ɲi:p⁷	坚韧	di:p⁷	疼爱	
ip	lip⁸	瘪	θip⁷	蜈蚣	ɕip²	十	
i:t	θi:t⁸	减少	ʑi:t⁷	伸	ɲi:t⁸	沉默	
it	lit⁸	拆	tit⁷	挑（刺）	ʔit⁸	一	
i:k	θi:k⁷	票根	pji:k⁷	芋头	ʔi:k⁷	饿	
ik	ðik⁸	剥皮	sik⁷	尺	tɕik⁷	懒	
o	ho²	脖子	to⁵	马蜂	ðo⁴	知道	
oi	hoi¹	石灰	toi⁵	一（对）	ðoi¹	梳子	
om	hom¹	香	ʑom⁶	看望	ðom¹	积累	
on	hon²	松动	ton⁵	拆开	ðon³	（果子）多	
oŋ	hoŋ²	骂	toŋ⁴	打招呼	doŋ³	冷	
op	hop⁷	围	kop⁷	掬	pop⁷	泡	
ot	hot⁷	打结	tot⁷	啄	lot⁷	脱落	
ok	kok⁷	谷	tok⁷	敲	ʔok⁷	出	
ɔ	kɔ²	哥	lɔ²	骡子	mɛ⁴	累	
ɔi	nɔi¹	雪	lɔi¹	流	sɔi¹	犁	
ɔm	kɔm¹	钝	lɔm¹	失踪	sɔm⁶	焚烧	
ɔn	hɔn¹	路	kɔn¹	石磨	sɔn⁶	簸箕	
ɔŋ	hɔŋ²	水塘	kɔŋ¹	工作	dɔŋ³	簸箕	
ɔp	kɔp⁷	田鸡	tɔp⁷	拍（手）	tɕɔp⁷	草帽	
ɔt	hɔt⁸	讲	tɔt⁷	一（趟）	tɕɔt⁷	冰	
ɔk	kɔk⁷	树下	tɔk⁷	落	tɕɔk⁷	刺入	

u	ku⁶	我	tu¹	门	mu¹	猪
u:i	ku:i²	倾斜	tɕu:i⁵	锤子	tɕu:i³	最
u:m	ŋu:m²	洞	mu:m²	细（粉末）		
um	kum²	坑	tum⁶	淹没	hum²	痒
u:n	ðu:n²	爬	nu:n²	碎		
un	hun²	人	tun²	搬	bun⁶	天
u:ŋ	lu:ŋ²	龙	tu:ŋ⁵	拖	su:ŋ⁵	放
uŋ	huŋ¹	大	tuŋ⁵	稀泥	suŋ⁵	抢
up	hup²	一拃	tup²²	打	sup⁷	吻
u:t	pju:t⁷	脆	tu:t⁷	节	ʔu:t⁵	抹
ut	hut⁷	踢	sut⁷	淡	but⁸	挖
u:k	kwu:k⁸	做	su:k⁸	（手）肘	ðu:k⁸	吐
uk	kuk⁷	老虎	tuk⁷	裹	θuk⁷	退
ɯ	kɯ⁵	锯子	tɯ²	带	θɯ¹	书
ɯ:i	kɯ:i²	丈夫	θɯ:i²	枕头	θɯ:i⁴	左
ɯ:n	θɯ:n²	震动	ðɯ:n⁶	吵	θɯ:n¹	园子
ɯ:ŋ	kɯ:ŋ¹	黄姜	θɯ:ŋ¹	箱子	nɯ:ŋ²	跟随
ɯ:t	kɯ:t⁸	扛	hɯ:t⁸	绑	lɯ:t⁸	血
ɯ:k	kɯ:k⁷	水垢	ŋɯ:k⁸	鼻虫	lɯ:k⁸	换
ə	ʔə⁶	愿意	tɕə²	车	ʒə⁵	炼油
ən	kən¹	吃	tən³	扯	hən³	上
əŋ	fəŋ²	手	moŋ²	手	ʔɯŋ³	脏
ək	kək⁸	挤	tək⁸	打（针）	ʔək⁸	打（嗝）

（三）韵母说明

1. 里呼壮语韵母共88个，按韵母的结构划分，可分为单元音韵母、复元音韵母、带鼻音韵尾和塞音韵母4类。其中有9个单元音韵母，13个复元音韵母，34个带鼻音韵尾，32个塞音韵尾韵母，有些韵母只用于汉语借词，如"eɪ"，上文均不举例。

2. 只有前 a，无后 ɑ。

3. ə 的实际音值为 ɤ。

4. 复合韵母中除 ɯ- 韵和 ə- 韵不分长短以外其他各韵分长短对立，其中 e-、ɛ-、o-、ɔ- 四个韵，-e、-o 为长韵，-ɛ、-ɔ 为短韵。如 nep⁷"夹"与 nɛp⁷"靠近"；"ho²"（脖子）和"hɔ²"（路稀）。另外，所有复合韵母中 ə- 韵最缺，ɯ- 韵没有鼻音"m"和塞音"p"收声，其他韵都较为整齐。

5. u 和 uə 与 ɯ 和 ɯə 部分例词有自由变读现象，如"船"读 ðu²/ðuə²。"只"读 tu²/tu:ə²"豆"读 tu⁶/tu:ə⁶。"茄子"读 kɯ²/kɯ:ə²。"耳朵"读 ðɯ²/ðɯ:ə²。"久"读 dɯ³/dɯ:ə³。ɛn 和 an 也有自由变读现象，如"穿"读 tɛn³/tan³。

6. 存在多组韵母对立，均在上文例词中列举。如"doŋ³"（冷）和"dɔŋ³"（簸箕）。

（四）元音舌位图

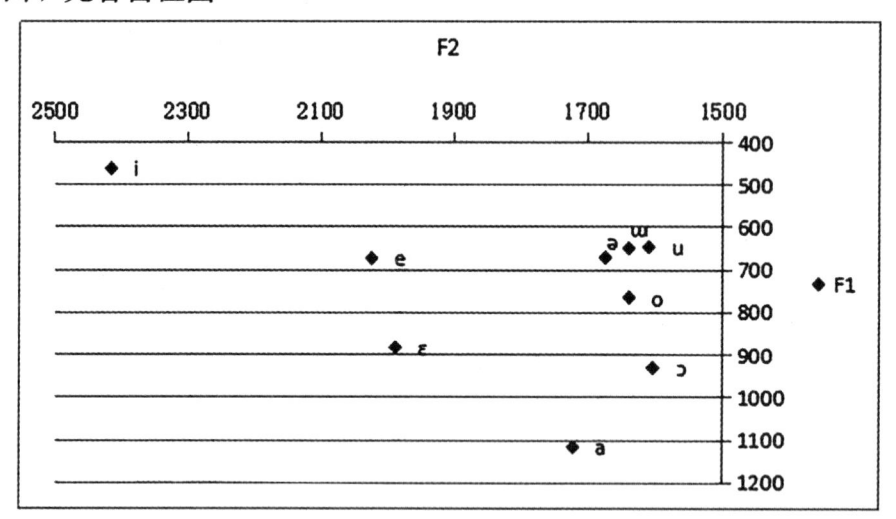

	a	ɛ	e	i	ə	ɔ	o	u	ɯ
F1	1118.3	884.8	674.8	463.7	672.9	932.9	766.4	648.0	650.9
F2	1719.3	1985.2	2020.7	2414.8	1671.5	1600.9	1636.3	1607.2	1636.8

里呼壮语韵体元音的声学数据

里呼壮语单元音共九个，分别是 a、e、ɛ、i、o、ɔ、u、ɯ、ə。由于单元音发音的长短并不影响区别词义，所以录音时不分长短元音，上图是通过分别取九个单元音（每个元音 8 个读例）的共振峰频率 F1 和 F2 的频率值绘制而成的散点图，第一共振峰（F1）的频率为 y 轴坐标，第二共振峰（F2）的频率为 x 轴坐标，刻度值为逆序。

声学定义的元音图与元音生理图大致对应，舌位高低主要跟第一共振峰频率有关，舌位前后和圆唇主要与第二共振峰频率有关[1]。F1 的频率高低，表示

---

[1] 朱晓农. 语音学 [M]. 北京：商务印书馆，2013：239.

舌位的低高,成反比关系。F2的频率高低,表示舌位的前后。从上图各单元音的分布位置可知,里呼壮语的大部分单元音舌位都比较靠后,也比较高。

三、声调系统

所谓声调,就是我们发音过程中声音的高低升降。壮语各地方音通常都有八个共同的调类,1调至6调是舒声调,7调和8调是促声调,各地调类基本是一致的,但调值往往不同。调值就是声调的实际读音,高低升降曲直长短的形式,这种高低升降曲直长短叫做调值。声调是能区分意义的,它同声母、韵母居同等重要地位。日本学者西田龙雄在其著名论著《声调的形成与语言的发展》中说:"不知可否稍微夸张一点说:随着时间的推移,在地球上特别是亚非地区,声调语言有不断增多的倾向。"说明声调对语言的发展占据重要地位。

侗台语的声调格局经历了三次分化:清浊声母对立的消失,使侗语的声调由四个分化为八个;元音长短的对立,使七、八调各分裂成长短两个声调,从而使侗语的声调由八个变成十个;声母的送气,使一部分侗语的阴阳分化为两个声调,进而使侗语的声调由十个变为十五个[①]。里呼壮语无送气声母,跟大部分方言一样有八个调类,十个调值。

(1)声调表及例词

调类	调值	例词					
第一调	24	pi^1	年	na^1	厚	ma^1	狗
第二调	33	pi^2	胖	na^2	田	ma^2	伯母
第三调	21	pi^3	比	na^3	脸	ma^3	长大
第四调	22	pi^4	兄姐	na^4	舅	ma^4	马
第五调	31	pi^5	逃脱	va^5	裤子	ma^5	浸泡
第六调	466	pi^6	蜻蜓	ta^6	河	ma^6	逗留
第七调(短)	56	tak^7	箞	$ðap^7$	(鸡)笼	tap^7	肝
第七调(长)	31	$ta:k^7$	晒	$ða:p^7$	挑东西	$ta:p^7$	接替
第八调(短)	33	tak^8	公(牛)	$ðak^8$	偷	sak^8	小偷
第八调(长)	45	$ta:k^8$	测量	$ða:k^8$	拖,拉	$sa:k^8$	绳子

---

① 石林.侗台声调的共时表现和历时演变[J].民族语文,1991,第五期.

（2）声调图

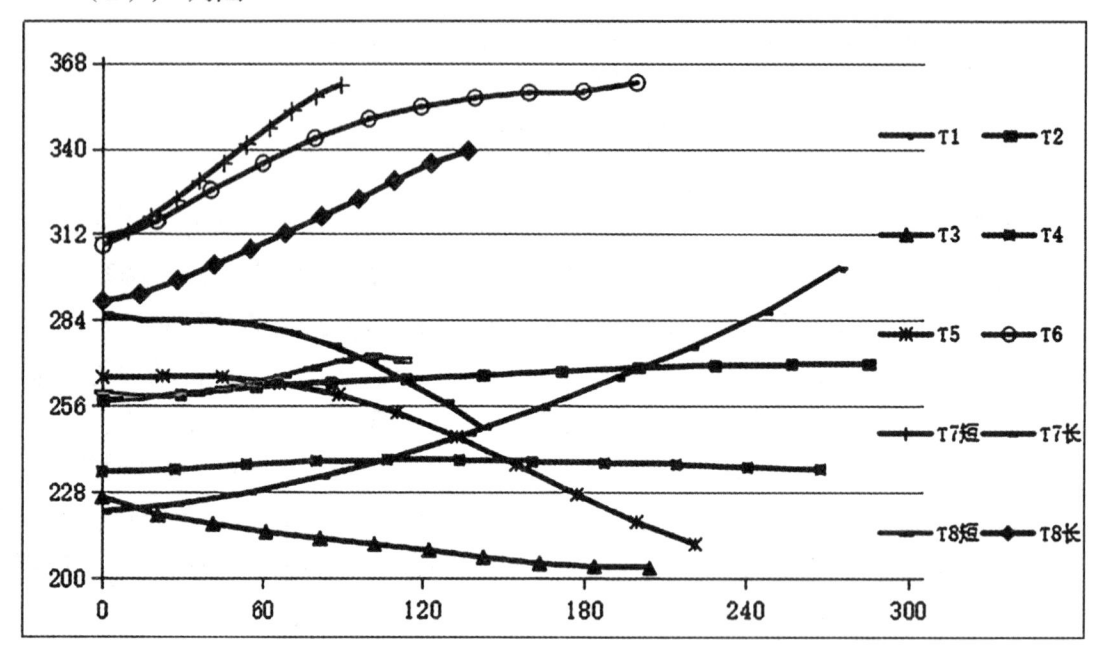

x轴为时长，单位ms；y轴为音高，单位Hz

上图是里呼壮语声调的基频均线图，发音人为笔者，录音地点在云南民族大学民族文化学院语音实验室。T1、T2、T3、T4、T5、T6、T7短、T7长、T8短、T8长分别表示第一调、第二调、第三调、第四调、第五调、第六调、第七调（短）、第七调（长）、第八调（短）、第八调（长）的调值曲线。

（3）声调说明

1.有8个调，第一到第六调为舒声调，第七、第八调为促声调，促声调分长短音。韦景云、覃晓航编著的《壮语通论》中描述壮语各方言土语声调的特点时说：壮语多数方言土语的双数调都比相应的单数调的调值低[①]。但从上文的声调表中可以看出，里呼壮语的双数调都比相应的单数调的调值高。

2.各地壮语方音凡带有喉塞音［ʔ］和以浊塞音ʔb、ʔd做声母的字，一般都是奇数调，不出现在偶数调[②]。但在里呼壮语里带有喉塞音［ʔ］和以浊塞音b、d做声母的字可出现在奇数调也可出现在偶数调中。如"要"ʔau⁶、"飞"bin⁶、"好"di⁶等。

3.通过实验录音分析绘制的基频均线图与田野调查记音时记录的调值大致一致，只有第六调、第七调短调、第八调长调有些差别。

---

① 韦景云，覃晓航.壮语通论［M］.北京：中央民族大学出版社，2006：63.
② 广西区语委研究室编.壮语方言土语音系［M］.南宁：广西民族出版社，1994：28.

4. 舒声调时长长，促声调时长短；促声调中的长调比短调时长稍长一些。

5. 舒声调没有合并、分化、派生，无曲折调，升、平、降调较均匀。

6. 第 8 调（短）调值与第二调相同，第七调（短）调值与第六调相差不大。

7. 第二调的调值比较接近 22，平时可以标 11，也可以标 22。

8. 第七调长调有部分词读音较低，可以标 31 或 32。

9. 两字组合连续时无明显变调规则。

里呼壮语声调出现二次分化现象，具体出现在带有喉塞音［ʔ］和以浊塞音 ɓ、ɗ 三个声母的词汇中，第 1 调派生的调值并入第 6 调，第 7 调短调派生的调值并入第 8 调短调。具体如下表：

例词	要	个	胸膛	下降	叶子	飞	生的	胆	里面
标准音①	ʔau¹	ʔan¹	ʔak⁷	ʔbok⁷	ʔbaɯ¹	ʔbin¹	ʔdip⁷	ʔdi¹	ʔdaɯ¹
里呼壮语	ʔau⁶	ʔan⁶	ʔak⁸	bok⁸	baɯ⁶	bin⁶	dip⁸	di⁶	daɯ⁶

四、结 语

本文以第一手材料富宁里呼壮语 4000 多个词汇为基础，以结构主义语言学理论为指导，采用田野调查与声学实验相结合的方法对里呼壮语音系进行描写，绘制出声调基频均线图和声学元音图，总结出里呼壮语音系共有 34 个声母、88 个韵母和 8 个声调调类；无送气音、复辅音；有丰富的唇化音和腭化音、喉塞音、塞擦音；元音长短对立不明显、促声调分长短音；有一套完整的鼻音韵尾和塞音 –p、–t、–k 韵尾；ə 出现在民族固有词中等特点。通过实验得出的数据证实，第六调、第七调短调、第八调长调这三个调类传统的口耳记音调值有差别，传统记音里这三个调类的调值都标为 55，通过分析实验数据，第六调调值为 466，第七调短调调值为 56，第八调长调调值为 45。调类之间差别微小也是富宁里呼壮语的特点之一，一般来说，像调值为 466、56、45 与调值 55 之间，在听时很难区别，但里呼壮语却有这细微差别。相对于标准壮语，里呼壮语声母韵母数量更多，声韵具体发音有差异，调值有同有异。此外，里呼壮语还保留了壮语北部方言桂边土语较多的语音特点，如喉塞音、唇化音。

① 壮语以广西壮语北部方言为基础方言，以武鸣话为标准音。

参考文献：

［1］吕正元，农贤生.富宁县民族志［M］.昆明：云南民族出版社，1998.

［2］张均如，梁敏等.壮语方言研究［M］.成都：四川民族出版社，1999.

［3］朱晓农.语音学［M］.北京：商务印书馆，2013.

［4］石林.侗台声调的共时表现和历时演变［J］.民族语文，1991，第五期.

［5］广西区语委研究室编.壮语方言土语音系［M］.南宁：广西民族出版社，1994.

［6］李锦芳.侗台语言与文化［M］.北京：民族出版社，2002.

［7］李贫.那岩壮语音系概况［J］.民族翻译，2013，第三期.

［8］雷凯，唐龙.大苗山壮语与标准壮语语音比较研究［J］.柳州师专学报，2011，第六期.

［9］倪大白.侗台语复辅音声母的来源及演变［J］.民族语文，1996，第三期.

［10］侬常生.滇东黑尔壮语音系及其特点［J］.百色：百色学院学报，2011，第四期.

［11］韦景云，覃晓航.壮语通论［M］.北京：中央民族大学出版社，2006.

［12］韦名应，陆保成.壮语基础教程［M］.昆明：云南大学出版社，2014.

［13］王碧玉.西畴摩所壮语音系［J］.文山学院学报，2013，第四期.

（指导老师：韦名应）

试论端午节民俗文化促进孝感
地方旅游经济发展之策略

万登峰[①]

（1 云南大学　湖北工程学院）

[摘　要] 传统节日作为各地人民群众民俗民风的集中展示，反映着民族的信仰和精神风貌。将节日中所蕴含的丰富的民俗文化与特定的地域环境紧密结合，是促进地方经济发展的重要策略。研究端午节在孝感的发展现状，并就发展现状提出端午节民俗文化促进孝感地方旅游经济发展的策略，最后利用孝文化的知名度，来开发端午民俗文化，开发孝感旅游资源潜力，推动孝感经济平稳健康发展。

[关键词] 端午节　民俗文化　孝感旅游　孝文化　策略

一、孝感的端午民俗

（一）孝感的端午民俗

除了共同的端午民间习俗之外，孝感地区还有一些特殊的民间习俗，这一点不容忽视。

1. 躲午。农历五月初五，人们认为这天不吉利。孝感城区的人们"为躲避这个凶日，民间未满周岁的儿童要送到外婆家躲藏起来，在门旁插枝藁以驱辟邪秽，称为'躲午'，以驱辟灾祸。"[1]

2. 摆端阳。端午有一个别称"女儿节"便是缘于此。孝昌、安陆地区每年端阳前一天，凡是订了亲的年轻后生都要到岳母家送端阳节。当年要接媳妇的

---

① 万登峰，男（汉族），云南大学文学院汉语国际教育硕士，主要研究二语习得。

送节礼还要有肉有鱼有酒和成双数的好衣服布料,这叫"摆端阳"。

3. 打龙船。五月初五孝感地区的端午节,称为"打龙船"。这天大众全都来看龙舟,据说如果不打龙船那么人就容易得疾病杂症。在缺水的山村地区,人们就用折纸龙船的方式来代替龙舟出游,龙舟游完过后就会被烧掉,因此称打龙船。

4. 玩水(指游泳)。在孝感地区流行着一首儿歌:"大端阳,打鼓泗,一猛子扎到河里头,浪里白条显身手。"因此,龙舟竞赛和游泳这两个习俗不仅有深刻的社会人文内涵,而且在现实生活中亦为人们提供了一种健康的健身体育活动方式。

二、推动端午节民俗文化促进孝感旅游经济发展之策略

孝感以东汉时期著名孝子董永卖身葬父,凭孝感天动地而命名,因此孝感作文孝文化起源地之一是无可厚非的。以"孝"字为主题进行宣传并践行孝文化,可进一步提高孝感在全国地区人民心中的熟知度,从而实现以孝文化助推旅游业和经济发展的目的。根据对孝文化的理论研究和对端午民俗的实际问卷调查分析,我们可以看出端午民俗文化与孝感孝文化有很强的相关性,那么把端午民俗文化和孝文化有机整合起来将对提升孝感旅游资源具有很强的客观基础。我们可以以孝文化为介入点,把端午民俗文化巧妙融合到孝感经济发展之路中,并且在宣传孝感端午民俗与孝感孝文化的实践上以及研发端午民俗事象相关旅游纪念品、树立独树一帜的旅游市场形象、强化孝感各旅游景区之间的基础设施投资建设和景区间旅游信息共享上都具有很强的现实可以运营性,但要达到以端午民俗文化和孝文化助推孝感旅游经济发展的目的,就亟需政府机关、大众数字传媒、教育部门、公众等群体携手共进,全力加速建设步伐。

(一)政府要充分扮演好穿针引线的角色

在针对行政代表的调查中:从数据分析可以看出:政府机关代表对目前端午民俗在孝感的发展现状持不乐观态度,认为端午民俗的发展存在发展阻力。

纵览我国文化旅游的发展历史,可以发现,对于新兴的市场旅游产品,都离不了政府的优惠政策支持和指导。"在我国研究者和有关部门都认可我国当前的旅游业的发展应试行政府主导型发展战略。"[2]这既是对以往发达国家旅游业发展的经验借鉴,也是对过去我国传统旅游业发展经验的总结,这就更加突出了政府在我国文化旅游中所充当的角色。政府要充分发挥自身在经济发展中所起的作用,积极对旅游经济产业进行宏观把控,同时制定科学合理的招商

引资和优惠政策,推动旅游产业健康发展。

在广西南宁国际民歌艺术节开发活动中就证明了政府对参与文化旅游产业开发的重要性。此活动取得了良好的经济效益,带动了旅游服务业的快速发展,推动了广西经济向前发展。"[3]

对上文的活动开发模式孝感政府也可以转用到孝感地区文化旅游开发项目中,孝感在全国是一个有着特色孝文化的城市,也是一个拥有丰富地方民间艺术和地方民俗特色的城市。要科学合理的整合孝文化和端午民俗,政府要积极筹划并主动投身到端午节的节庆活动中,创造良好的节日气氛。在筹划端午相关节庆活动时,政府要创新观念、精准定位,合理整合孝文化、民俗文化和民间艺术,以孝文化为介入点,利用孝文化资源充分展现孝感端午民俗和地方民间艺术的独特风采。如,在端午节庆之时,可以开展"粽叶飘香过端午,幸福和谐邻里情"包粽子主题活动,分组比赛包粽子,然后可以挑选最漂亮、最快、最特别的美食,这样不仅可以加强团体合作、增进家人的亲情和朋友间的友谊,还能传承端午民俗,推动端午民俗文化在孝感的发展。

政府还应该突出重点,强化宏观引导与调控,在普查的基础上根据孝感地区不同景区的实际情况,强化景区投资建设力度,加快文化旅游项目建设进程。如:政府可利用所给的政策福利,减轻文化旅游开发项目方适当的税收力度,还可以扶持引导企业对节日旅游民俗产品进行投资研发。一方面自己可以加大对旅游业的投资,改善旅游基础设施,强化文化旅游硬件;另一方面可以引导社会各方群体对民俗文化和民间艺术的保护,鼓励社会资金投入到民俗文化的开发与保护上来,强化文化旅游软件,软硬兼合来提升文化旅游的层次。政府还可以结合端午节日主题,展现孝感特色端午民俗文化与孝文化,给予优惠政策,保护和扩大民俗文化产业资金投入,推动文化旅游健康发展。

(二)媒体要强力推行传统节日旅游产品的营销战略

在针对媒体代表做的调查中:从数据分析可以看出:媒体整体对端午民俗的认知和推广呈可观态度,通过媒体渠道积极推动端午民俗并进行传承。

在当今旅游市场竞争越来越激烈的形势下,为提高人们对旅游景区的热知度,各景区利用各种大众传媒以及新兴传媒作为旅游景区营销的主要方式手段,即所谓的"媒介旅游"。[4]此外他们还利用微博,将所收集到的文字、图片、视频,以媒体推广的形式,来全面展现旅游景区的特色风采,达到提高旅游景区以及旅游公司产品宣传的热知度的目的,从而创造可观经济和社会效益。

在2017年四川首届眉山市樱花节推广案例中就体现了大众传媒所起的重

要作用,眉山市旅游局统筹举办了四川首届眉山樱花节活动,打响了中国樱花第一城,这些举措将眉山旅游推向高峰,吸引了众多游客来参观旅游,取得了很好的经济效益。"[5]大众媒体的推广在快速增加景区游客量的同时,对地方旅游纪念品也有很强的促销作用。"无论是网页搜索营销、主流视频节目营销还是新兴的APP主题软件营销,这些新营销手段对地方旅游经济发展无疑会成为最强的推进器。"[6]媒体可以利用其媒介自身特性的强大功能,为端午民俗在孝感的发展创造良好的媒介环境,整合各方资源,全方位、多角度、多层次实施对孝感端午民俗的保护和传承。如:孝感各地方广播电视台可以邀请专业资深人士对孝感端午民俗进行端午知识专题讲座,阐述其源流、现实意义,还可以举办端午民俗全民知识竞赛节目,并对如何度过端午提出建议。可通过微信及其公众号、QQ空间平台、广告、书刊、杂志、报纸等方式进行端午民俗知识有奖投稿活动,吸引民众主动参与到端午节日活动中来。

孝感在全国因董永卖身葬父的故事而闻名,其感人的故事后被现代改编成影视剧。如:电视剧《天仙配》。如今被改编成影视后显然是对孝文化的传承与发展,同端午节节日文化传承相契合。故在端午节庆之时,孝感各级地方政府、企业、旅游局应共同发力,强化宣传效果,营造浓厚的节日气氛,加上大众媒体的推广,尤其是可以利用主流网络电视节目、新闻广播台、报纸业以及软件APP等方式强化对端午民俗文化的宣传。如:在孝感各地方电视台某档专栏节目中采取全民端午知识有奖竞答、端午民俗谜语竞猜的直播形式,然后让节目组在景区进行外景拍摄,增强人们对端午民俗在人民生活中不可或缺的意识。这样不仅能让观众情感爆发,认真理解接受端午民俗事象内涵,而且又能针对当前孝感地区端午民俗发展现状,强化对端午民俗的宣传。另外电影院售票可试行购票赠香粽、会员积分抽奖赢香袋的方式来吸引大众对端午的关注。

(三)公司要热衷研发相关的端午节日旅游产品

在针对公司代表的调查中:从数据分析可以看出:端午节俗总体上目前在孝感的发展仍有很大的潜力,受到公司及其它群体的支持,具有很大的社会效益和经济效益。

目前在我国以企业为主体的旅游开发模式日趋流行,企业可以筹集各方闲置资本来投资旅游产业,而当今旅游服务业所存在的巨大潜在商机又促使企业热衷投资这一领域。同时企业的投资方向也为旅游业的发展引入了新鲜的血液,企业投资旅游业不仅可以为旅游业融资,吸引其它企业共同合作开发,而且还可以解决旅游区当地百姓的就业、收入等问题。此外众多企业的产业集聚于此可以打造景区形象品牌，提升旅游地的知名度。

山西长治县振兴区打造重阳文化旅游品牌的案例就介绍了振兴集团公司在促进节日旅游发展上的重要作用。孝感企业可以利用这一经验发展端午乡村民俗旅游，结合端午民俗，建设粽子村、女香袋等一类特色的旅游产业链，同时还可以结合孝感的孝文化和孝感地区的天然地理位置，带动周边区域的民俗资源开发，开发观音湖龙舟游及双峰山节日游等日常旅游项目活动。企业对景区项目的投资开发，不仅可以吸收社会群体的闲置资金，增加投资总量，保证资金链运行的稳定性，而且可以多样化建构节日旅游产品。把企业对旅游业所能发挥的作用结合到孝感旅游资源开发中也会起到同样的效果。

孝感地区人文旅游资源十分丰富，企业可利用孝感地方特产让游客欣赏、了解端午民俗特产的整个制作及技巧过程，增强游客对端午民俗产品的视觉、口感享受和美好印象。此外企业除了以传统的发传单、套餐打折促销方式之外还可以创新营销手段。如：下河竞游，水上观光冲浪。端午民俗活动的气氛有一个由温到热的过程，逐步把游客真实的观赏娱乐体验推向高潮。企业和景区要重视与其它旅游景观、旅游路线的组合即游览地点的搭配、时间的协调、景观类型的互补，尽量延长游客的逗留时间，让他们得到多方面的旅游心理满足。如：将孝感自然旅游资源双峰山踏青携草药—观音湖游龙舟、竞游泳—应城温泉美人浴等与董永公园—丹阳古镇—云梦秦简等人文资源结合起来，提升孝感旅游资源价值，营造旅游氛围，引导人们对端午节日的关注，然后企业可以借助端午民俗事象营销端午旅游产品。如：粽子、五彩丝织品、香袋等。

当前孝感地区许多端午民俗正逐渐消亡，公司通过端午民俗事象进行旅游产业开发，不仅实现了对端午民俗文化的保护，同时也达到了推动孝感旅游经济发展的目的。

（四）教育部门要做好端午节民俗文化的教育、传承工作

在针对专家代表的调查中：从数据分析可以看出：端午节俗总体上目前在孝感的发展仍有较大的潜力，也存在着诸多发展问题，对此困境，教育传承是个很好的解决方法。

旅游不仅可以发挥自身所具有社会经济作用，而且还可以发挥教育功能的作用。在井冈山红色旅游节开发的模式上，就显示了教育对人们参观旅游地时教育所发挥的作用。当地人民正是基于这两点将红色革命旅游与教育传承做到相辅相成，形成了井冈山革命红色旅游节，推动了当地旅游业的发展。[7]同样，强化青少年的孝德教育也会扩大孝感地区孝文化在全国的影响，助推旅游业向前发展。

民族语言与文化

　　在孝感孝文化旅游开发发展案例中，对孝文化的教育传承一直是孝感学校教学的重要教学目标。当前部分景区旅游地为传承节日文化试行了在学校开设民俗文化课程的方法。[8] 孝感各级教育部门也可将端午民俗文化常识增设到学生教科书中，结合孝文化来传承端午民俗文化，使节日文化和孝文化在孩子幼小时就在心中打下坚实的基础。同时学校可以给每个班分配端午民俗黑板报展的任务，让学生主动去搜集了解端午民俗文化，除此之外还可以鼓励学校师生主动参与到端午节日活动中来，结合孝文化以端午为主题举行创作朗诵比赛。通过上面的分析，端午节应该与孝感孝文化共同发力，既要以孝文化为背景，将端午民俗文化融入到孝文化中，自身也要与时俱进，在新时代的弄潮儿下创新传播手段和时代文化内涵，提升自身文化魅力，促进孝感旅游文化经济快速发展。

（五）公众自身提高对端午民俗的参与度

　　孝感公众对于端午民俗在孝感的发展现状知之甚少，从数据分析可以看出：目前端午节俗总体上在孝感的发展缓慢，并且受到各方面的挑战。端午民俗文化的传承首先应该是全民的一种文化自觉，是全社会的一种行为。孝感端午民俗众多，大众可以向会包粽子的专业人员学习，在实践中养成亲自动手包粽子的习惯和生活方式，并且可以通过对自己的口感来灵活配馅料。一方面可营造全家共同劳动的气氛，另一方面也可以在包粽子过程中享受美食，增添生活乐趣，这样人们在参与中既宣泄了工作的疲劳与紧张，又在活动中凝聚到一起，增加了交流，增进了感情，从而推动社会和谐。目前我们应该在平时的生活实践中有意识去积累一些端午民俗基础知识，并主动参与其中。如："城市公园农村大河两旁的村庄，公众可以利用水面进行龙舟竞赛。在农村大众可利用已有戏台进行戏曲、歌舞表演，还可在集市广场进行踩高跷等表演。"孝感对于端午民俗的发展同样可以对这种方法进行借鉴，大众可以在城市广场以专业、非专业为主的歌舞、晚会等表演形式，多参与到端午节庆之中，助推孝感端午民俗形成文化旅游资源。

三、结　语

　　针对端午节民俗文化在孝感发展现状，首次探讨推动端午节民俗促进孝感旅游经济发展的策略。通过分析，我们可以看出端午节作为非物质文化遗产的影响力，无论是孝感地区各群体都可以在传承端午民俗文化的同时，也利用孝感端午民俗风情打造特色旅游链条，提高孝文化和孝感地方旅游特产的知名度，推动孝感经济快速发展。

参考文献：

［1］田晓娜.礼仪全书［M］.西宁：青海人民出版社，2002.

［2］余美仙.试论政府在旅游投资中的调控作用［J］.经济问题探索，2009（2）.

［3］［8］陈建宪.民俗文化与创意产业［M］.武汉：华中师范大学出版社，2012.

［4］李君如、廖家瑜.以电影、戏剧作为推动地方旅游的策略与效应［J］.旅游学刊，2009，（10）.

［5］眉山市旅游信息网.以节会为媒 展旅游风采［OL］.http：//www.msta.gov.cn/rdzx/system/2017/03/28/001163245.html.

［6］朱冰倩、陈能.旅游纪念品新媒体营销策略——以大庆旅游纪念品营销为例［J］.中国市场，2013（16）.

［7］姜涛.井冈山红色旅游冬季依然火爆［N］.井冈山报，2017-01-09（5）

［8］李莉.民俗旅游的现状及发展策略［J］.边疆经济与文化，2005（7）.

（指导老师：刘劲荣）

民族语言与文化

浅析《盗墓笔记》网播剧的创新与不足

谢 倩[1]

（云南民族大学）

[摘 要] 本文在主题传达和形象塑造等方面对盗墓笔记小说进行了了解和分析，进而来论述改编之后存在的不足与创新，从题材上的创新、选角上的创新、内容上的创新来对比介绍改编的网络剧的人物刻画差，主次人物与原著相比改编较大；特效制作差，细节处理不到位；剧中情节不合逻辑等不足。文章最后介绍了文学作品进行影视改编的现实意义，其中包括影视化的改编在文学传播方面发挥了有利作用，让更多作家和作品走到人们的视野之中使文学作品得到了更好地传播等内容。也包括影视化的改编使得作家作品商业化等不利作用。

[关键词] 网播剧 创新 不足 现实意义

一、形象塑造与内容

（一）主要人物形象

1. 张起灵

张起灵在书中一直是一个强大得不像凡人的男人，在斗里他仿佛无所不能，各类机关"粽子"[2]对于他来说都不是问题。虽然他表现得对一切都毫无兴趣、漠不关心，但是你就是知道当他在身边的时候就是最安全的，他有一种令人信服的力量，你就是知道他可以为你挡下所有灾难和痛苦。但是在看到他的场景里，却又总会有一种苍凉的伤感，他好像一只孤鹰一直孤独地在天空中独

---

[1] 谢倩，女（布朗族），云南民族大学民族文化学院在读研究生。
[2] 南派三叔.盗墓笔记之云顶天宫[M].北京：中国友谊出版社，2009：13

自飞翔。"意义这个词本身就没有意义"①;"我是一个没有过去没有未来的人,如果有一天我消失了,或许没有人会发现。②"

2. 吴　邪

吴邪是小说的主要角色。所有的故事都围绕着他。不得不说,他是一个普通人,一个生活在平凡世界的最普通的人类,但这并不意味着他什么都不是。吴就是这样一个人,他是无辜的平凡的,但也有他自己的智慧和底线;他很虚弱而且珍惜生命;他怕他会伤害到身边的人,但他是故事的主角,他无法逃避这一切,不管"它"是什么的目的,他必须一直走下去,成熟。虽然随着故事的发展,我们一步步的认识到了吴邪爷爷说的那句话也是小说作者南派三叔最想告诉读者的话:"比鬼神更可怕的是人心"③。这也是《盗墓笔记》中比较成功的一点,有了这一点文章主旨就得到了升华,它就不单单只是一本探险恐怖小说,更是诡计心机、步步陷阱的智斗,人心的可怕之处远远大于鬼神。但是,吴邪其实是一个遇强则强的人,他虽然很普通,可是在危急的时刻总会爆发出无与伦比的潜力,从不放弃。

3. 王胖子

王胖子是盗墓里不可或缺的英雄,有他的地方,虽然各种稀奇古怪的事接踵而至,但也给了我们无数的意外和惊喜,让整部小说除了恐怖探险外,还有很多让人情不自禁发笑的情景,但胖子对于《盗墓笔记》意义并不仅仅是调料那么简单。他是一个粗中有细的人,他是一个情感很细腻的人,只是很多时候他细腻感性的一面都被他藏在了自己粗狂的外表下,不轻易让人发现。很多时候大家就是靠他的奇思妙想和敏锐的发现脱困。当然他也有有很多臭毛病,但正是因为这些好的地方和不好的地方都奇妙的融合在一个人身上,才使得他变得无比的真实!

(二) 主要内容

《盗墓笔记》小说的主的人公们都是嗜财如命的盗墓贼,他们目的很明确就是想要通过盗墓这个行当来"发财,发死人的财。作者南派三叔对这一点没有任何避讳。"主人公吴邪是个正二八经经营的古董小店,长时间没有开张,面临着马上就要关门大吉的境况。当从三叔口中得知古墓的信息,吴邪决定跟三叔一起去盗墓,希望能够拯救自己将要破产的小店并且满足自己对于下墓的好奇心而违背了爷爷临终的叮嘱。吴邪的三叔因为年纪大了,本已洗手个十多

---

① 南派三叔. 盗墓笔记之蛇沼鬼城[M]. 北京:中国友谊出版社,2009:256
② 南派三叔. 盗墓笔记之蛇沼鬼城[M]. 北京:中国友谊出版社,2009:256
③ 南派三叔. 盗墓笔记之七星鲁王宫[M]. 北京:中国友谊出版社,2006:39

年，可在得到鲁王墓的地图时当即决定亲自下墓。胖子在金钱面前更是个'孤胆英雄'，竟然孤身一人，就下了凶险异常的鲁王墓，可见，这群盗墓贼对金钱的热爱超过生命。"这伙人大都出身平民百姓，而且大多都不怎么正派，主人公吴邪的三叔就被描写成一个喜欢吃喝嫖赌的老东西。但同时这部小说中也有其热血和感人的人物。

二、《盗墓笔记》小说改编为网播剧的创新之处

（一）《盗墓笔记》网播剧题材上的创新

《盗墓笔记》的网播剧主打的就是下墓、冒险等富有激情热血的能让人肾上腺素飙升的行为。在《盗墓笔记》网播剧还没有出现的时候，我国的观众所能观看的冒险题材的电影电视剧主要都来源于欧美等国家，而盗墓人物的形象几乎都是反面的，没有人会认为盗墓贼也会哭会笑，有自己的是非观，也会重情重义，为了同伴不惜牺牲自己。然而《盗墓笔记》做到了，他向我们展示了盗墓贼之间有尔虞我诈，也有为了兄弟、为了道义不顾一切，两肋插刀的真汉子形象。跟在吴邪的三叔吴三省身边的潘子就是这样的一个人。潘子本来是越战退伍老兵，被吴三省所救就一直跟在身边，对三爷忠心耿耿。吴邪是吴家的独苗因此在吴邪初次下斗和以后的下墓时他几乎都在，一直保护着他，丝毫不嫌弃吴小三爷是倒斗菜鸟，什么都不会还是下斗必起尸的体质。

（二）《盗墓笔记》网播剧选角上的创新

在《盗墓笔记》网播剧出现之前不是没有网络播放的电视剧出现但都没有《盗墓笔记》网播剧火。"7月3日当天在爱奇艺网络播放平台当《盗墓笔记》全集放出的时候，5分钟内时播放请求达到了1.6亿，开通爱奇艺VIP会员的订单请求超过了260万次"。这就说明了《盗墓笔记》这部剧的火爆，这其中粉丝经济功不可没。在演员的选择上《盗墓笔记》邀请的都是人气和颜值都非常高的演员：当红小生李易峰出演吴邪、杨洋出演张起灵，特邀当红小花旦唐嫣出演阿宁。这在原来的网络剧中是从来没有过的。可谓是一大创举。毕竟在大多数人看来出演网播剧的演员要么就是不出名，要么就是已经过气了的明星。但是在那个时候《盗墓笔记》却选择反其道而行之这不失为一种冒险，但好在最终结果还是好的。

（三）《盗墓笔记》网播剧内容上的创新

在小说中矛盾的双方主要是是盗墓贼和古墓中的妖魔鬼怪，盗墓贼们险况不断令人目不暇接。尸鳖、白衣女尸、血尸、青眼狐尸、昆仑尸胎、野鸡脖

子、禁婆等等。并且在《盗墓笔记》的小说中作者南派三叔所架构的三条故事主线贯穿始终：第一条：史前青铜文明——广西巴乃瑶寨——张家族长张起灵——十年一次的失忆。第二条：古今中外对于长生不老的秘密研究史。第三条：从古至今各路势力谋求长生不老秘密的博弈对垒。境外盗墓集团虽然有提及，但是只起到背景衬托的作用，渲染了恐怖紧张的气氛。而网播剧由于中国国内对于国产片内容上的审查限制促使编剧将主人公身份的改变，主要交代的就是吴邪作为德国留学生，看到祖国的文物在国外出现，无限感慨与痛惜，决心护送国宝牛头回国，从一开始就处于与这伙境外盗墓集团的激烈的矛盾冲突之中，回国路上一路遭到境外盗墓集团的围追堵截，同时新增加的枪战和打斗场景扣人心弦，动感十足，让人热血沸腾。此外胖子与小哥两个人物出场时也由墓中提前为吴邪被外国势力追击时。虽然其动机不明，但两人都站到了吴邪一方，拯救两个不会武功的爱国大学生。与此同时《盗墓笔记》网播剧还出现了先导集这一网剧的创新，其目的主要是为了将原著与剧集相互连接并确保此类题材能顺利过审与观众见面。

三、《盗墓笔记》小说改编为网播剧的不足之处

新生代小说影视改编的不足主要体现在编剧在改编中将小说主题通俗易懂的用影视化手段传达给观众时的表达不清、偷换概念、小说人物形象深度的强行削弱以及对商业元素的过度凸显上，编剧对这些文学作品改编的过程中对于作品本身最基本的了解和认知都存在严重不足。

（一）人物刻画差，主次人物与原著相比改编较大

1. 对主角形象改动大

网络剧中对于主角吴邪刚开始的定位就是爱国留学生，一心想把流失海外的国宝带回家，除此之外并没有多少鲜明的人物性格。而书中的吴邪是一个在西湖边开着小古董店混日子，天真善良、不偷不抢的社会主义青年，只是偶尔要要小聪明当个小奸商的二世祖。遗传了土夫子血脉的吴邪骨子里也有冒险精神，渴望能和三叔一起下斗，去真正见识见识，开开眼界。在作者南派三叔的笔下时而天真执着时而市侩狡猾的小奸商形象跃然纸上。

2. 原创角色不讨喜

而《盗墓笔记》这部网剧中最被观众诟病的就是两个编剧新加入的原创角色 High 少和陈丞澄。在网剧中这两个角色的分量甚至超过了仅次于吴邪的张起灵更不要说铁三角中之一的胖子了。High 少和陈丞澄这两个角色的问题就在

于编剧在塑造角色时将这两个角色表现得太过于浮夸、用力过猛与设定的角色背景不符。在影片的设定里，High 少是一个高科技技能满点的留学生，照理来说 High 少应该是一个是智商极高的角色，应该属于团队中的智囊型人物。但在影片里，High 少并没有表现出其所应该具有的机智反而显得像一个光鲜亮丽但是没什么本事的纨绔子弟，不但不能提出什么有建设性的意见和建议，反而因为其笨手笨脚给团队带来了伤害。

3. 忽略重要剧情人物

《盗墓笔记》小说中对于兄弟情的刻画主要是在于吴邪、小哥（张起灵）、王胖子三人组成的倒斗铁三角。作为铁三角的一员，胖子在盗墓天团被困时胖子不按常理出牌的跳跃性思维往往能出奇制胜；在吴邪和张起灵互相担心又因此互相伤害的时候又用他不靠谱的话插科打诨活跃气氛，使铁三角又重归于好、亲密无间、无往不利。因此，胖子无疑是不可或缺的。而在网播剧中胖子是直接莫名其妙就骑着摩托出场来救吴邪显得太过突兀和刻意，并且在后续的剧情中胖子出场的次数屈指可数还没有新增加的原创人物戏份重。这让很多原著粉难以接受。

（二）特效制作差，细节处理不到位

在《盗墓笔记》小说中对于第一部七星鲁王宫中对于从到盗洞进入积尸地是这样描写的："这洞刚进去的那一段还是光亮的，但是拐了弯以后，马上变的一团漆黑，潘子打开了矿灯，一路向前照去，发现四周的洞壁都光滑潮湿，还泛着奇异的绿色，好像长了一层青苔。河岸两边的尸体上，无一例外的都有一层灰色薄膜似的东西，就像保鲜膜一样紧紧包在他们身上。不时有几只巨大的尸蟞从尸体里破体而出。一时间积尸地上到处都是大大小小的尸蟞。"[1] 而剧中似乎是为了节约时间对于经过盗洞时的景色几乎是一笔带过，没有特别突出四周奇特的泛着绿光的石壁，并且就在取景和色调都非常昏暗的情况下还是能让人一眼就看出来周围道具的粗制滥造，并且也没有使用真实的存在的堆积的尸体道具而是全部采用了后期制作，让人看着就觉得太过浮夸。在吴邪一行人遇到尸蟞时，由于剧中的尸蟞属于超自然生物只能用电脑后期合成，这给演员的表演增加了不小的难度，这对于剧中出演的年轻演员们来说是一个不小的挑战。并且在这斥资超过一般电视台播放的网络剧中并不能看出来制作有多么精良，反而冲淡了原本剧中刻意营造的紧张、恐怖、害怕的氛围显得有些出戏和可笑。再比如《盗墓笔记》中出现的女鬼书中描写的是："吴邪一行人转过头去，就看到了一只绿幽幽的水晶棺材，里面隐隐约约有一具穿着白色衣服的女

---

[1] 南派三叔.盗墓笔记之七星鲁王宫［M］.北京：中国友谊出版社，2006：43~48

尸。突然尸蹩群开始骚动，吴邪定睛一看，看到一个身穿白色羽衣的女人，正背对着他们，黑色的长发一直披到腰，吴邪仔细看了看她衣带的装饰，断定是西周时候的。不由咽了口吐沫，说：'尸体在这里呢'。"①而网剧里面的西周女鬼造型感觉道具、化妆和导演一点想法都没有，雪一样惨白的衣服，垂在胸前的长发几乎遮住全脸，光源都不知道哪来的，白得耀眼服装、造型肢和体形态几乎完全抄袭日本电影《午夜凶铃》。服装造型毫无自己的特色，也并不能像书中所描写的那样让人一眼就断定是西周时期的。

（三）剧中情节不合逻辑

在《盗墓笔记》网播剧中有好多让人觉得莫名其妙丝毫没有逻辑的的镜头：

镜头一：在剧情的开头吴邪被下秘组织的人从德国一直追到内蒙，到达内蒙时他们之间已经走了 10121 公里这意味着如果他们双方都不吃不喝那也得走整整五天在这么神疲劳的情况下吴邪他们居然还依旧衣着光鲜、一尘不染没有一丝疲于奔命的颓态。并且在面对穷凶极恶手持枪械的武装犯罪分子他们的人和车并没有一丁点的伤痕等一系列的小细节让人没有丝毫的紧张感和紧迫感。

镜头二：正在吴邪他们陷入僵局时，胖子骑着卡丁车出场了，在救下吴邪后没油只能靠腿的三人跑进了一座建在悬崖上的寺庙，在神秘组织的头目阿宁发现了胖子伪装的车后，胖子提出炸掉卡丁车吓跑敌人，吴邪和 High 少人都欣然同意了胖子的意见，三人经过不懈的努力炸掉了卡丁车。请注意此时卡丁车已经没有油了，而且阿宁的人离他们还很远，真是搞不懂他们怎这样折腾到底有什么用。

四、结　语

在现代，小说家的作品不仅是通过文字传播的，而且是通过电影和戏剧来传播作品的。新一代影视剧为当前电视文化市场注入了新的活力，这主要表现在新一代影视剧的小说提供了新鲜独特的改编素材，丰富了改编影视剧的体裁。此外，新一代小说的文学性也为改编影视剧的艺术内涵提供了重要的保证。

此外，新一代小说的创造性改编对影视剧的发展起到了重要的推动作用。这里指的是导演作为电视剧原著改编创作，以其独特的艺术眼光，灵感和创造形象的培养，从而创造出新的艺术的影视作品，艺术升华的原创作品，从适应

---

① 南派三叔.盗墓笔记之七星鲁王宫［M］.北京：中国友谊出版社，2006：53~55

创造性思维提供艺术借鉴一些有用的经验。但是当下经常出现这样的问题：对文学作品的影视改编让文学创作越来越多的加重商业化色彩，他们故意贴近当下人们喜欢观看的方向，不注重自己的内心，偏离自己原本的创作方向，为了写作而写作，迎合影视化改变为目的，不惜牺牲自己的节操对其他作品抄袭或者复制，这样的现象越来越多，造成了作家的创作力不断退化的严重后果。过度的娱乐化导致了文学的堕落。作家创作刻意迎合影视，这造成了文学作品的堕落，希望各作家各文学创作者尊重内心，不要过分注重娱乐化运作，坚持自己的风格，不为外界的因素所干扰，踏踏实实走好自己的路，终有一天会在艺术的道路上越走越远，找到属于自己的方向。

文学作品的影视改编应忠实于原文，并在其基础上进行适当的改变。所以编剧必须了解原文，只有这样我们才能把握原著的灵魂。但是，我们必须注意影视改编的影视艺术技巧，才能巧妙地运用影视技术来实现文学艺术的成，从而将原著搬上银幕，让更多的人去观赏。

参考文献：

[1] 妮丽.《盗墓笔记》：超级 IP 变形计[N].中国文化报，2015

[2] 曹文慧.论中国当代新生小说的影视改编[D].山东师范大学，2013-6-6

[3] 南派三叔.盗墓笔记之七星鲁王宫[M].北京：中国友谊出版社，2006

[4] 南派三叔.盗墓笔记之蛇沼鬼城[M].北京：中国友谊出版社，2009

[5] 刘平阳.谈新时期畅销文学改编电影[J].大众文艺，2015

[6] 李秀岩.从网络小说到电视剧看《盗墓笔记》的改编[J].安徽文学，2016-11-25

[7] 周豫.《盗墓笔记》：暑期档救市之作？[N].南方日报，2016

[8] 刘文.中国现当代文学名著影视改编现象探析[J].兰州大学，2005

[9] 田瑛.影视改编要在延续原著文学精神基础上上创新[J].电影文学，2013

[10] 石海琳.影视化发展对我国当代文学作品的影响[D].吉林：延边大学，2016：5-8.

[11] 南派三叔.盗墓笔记（吴邪的盗墓笔记共 2 册）[DB/OL].中国文学—小说：博库书城 2017-3-18

［12］魏芳.网剧的兴起：小荧幕的大时代［N］.中国新闻出版广电报，2015-10-29

［13］吴雪莹.视频网站如何脱颖而出［N］.青年记者，2015-12-30

［14］曾庆雨.论"扁平时代"的文学精神［N］.云南民族大学学报（哲学社会科学版），2012-11-15

［15］杨守玲.网剧热的冷思考［N］.中国产经新闻，2016-08-19

（指导老师：赵岩社）

民族语言与文化

乔家大院馆舍文化与晋商精神

翟佳敏[①]

（云南民族大学）

[摘　要] 乔家大院是明清时期的建筑，具有浓郁的北方居民特色。论题主要着眼于乔家大院的历史变迁、建筑风格、商业发展等方面，结合乔家文化所体现的晋商精神，通过实地考察、前人研究的成果、网络资料借鉴等方式，多角度多侧面展示乔家在经商历程中所体现的创业开拓、诚实守信等精神追求和商业技巧，并阐述晋商精神在新时代对后世的影响。

[关键词] 乔家大院　商业文化　建筑文化　晋商精神

一、祁县古城大院文化

祁县位于山西省中部，因"昭馀祁泽薮"而得名，是国家历史文化名城之一，早在新石器时代就有先民们在这里繁衍生息。祁县地势险要，位于山西中部，具有连接南北交通的作用。交通的便利促进了祁县商业经济的发展，明代中期以后，祁县商人形成多个商帮，典型的有旅蒙商、东北帮和湖广川贵帮。商业积累下的巨额财富使得祁县商人在老家祁县大新土木修建宅院，这就为我们留下了大量宝贵的大院建筑。祁县城有千处古院，其中有很大一部分是明清留下来的建筑。祁县大院建筑大多外围的墙很高，院落基本呈长方形。祁县民居代表除了乔家大院，还有渠家大院、何家大院和长裕川茶庄等。与乔家大院并称"双璧"之一的渠家大院是田喜财主渠源潮的宅院，占地5300多平方米，是典型的城堡式建筑，主院落是五进式穿堂院，整个院落形成长方形。乔家大院随着《大红灯笼高高挂》、《乔家大院》等反映晋商的电视剧播出后，迅速成

---
① 翟佳敏　女　云南民族大学 语言学及应用语言学 在读研究生。

为晋商大院的代表。乔家大院是明清时期的建筑的精品，共占地24000余平米。如今，乔家大院建筑保存完好，为我们研究提供了很大便利。

二、乔家大院的馆舍文化

（一）乔家大院总体结构

馆舍文化中既有物质遗产也有精神积淀，是历史留下的隐形和显形的财富。

乔家宅院多为清代中期至民国后期的建筑，留存至今的院落只有少数依然富丽堂皇，大多只是断壁残垣。在山西省祁县东观乔家堡村，一座深宅大院保存完好，它就是闻名的乔家大院，在当地亦被称为"在中堂"。

乔家大院是一座典型的城堡式建筑群，东、南、北三面临街。高达的院墙上建有更楼和眺阁。在东围墙中部稍偏南的地方是一座城楼式的拱形大门。整座院落具有很强的防御性。

整座大院由一条东西走向的甬道一分为二，与大门遥相呼应的位于西面的乔家祠堂。甬道南北两侧各有三个院落。大院主体建筑在南北纵深布局的同时，也会有向东西横向扩展建有跨院，也称别院。正院是主人居住和生活的地方，处处装潢豪华讲究、精雕细刻。偏院为仆人居住和活动的地方，有的也用于厨房或书斋。

（二）乔家大院的建筑艺术

乔家的砖雕主要应用到照壁、门和门楼、扶栏及前瞻墙、烟囱和脊雕。砖雕照壁是乔家院内的一大特色，既可作为屏障区分里外院，又符合古代藏风水聚气的说法，如乔家大门正对的就是一幅"百寿图"的照壁，整座照壁全部由砖雕而成，顶部刻有万字拐的图案，与寿字形成万寿无疆的意思。照壁主体雕砖的一百个篆体"寿"字，字形各异，有的是象形，有的是会意。整座照壁既具有文学气息又具有艺术价值照壁在大院建筑中非常常见，大大小小共有十几处照壁。位于祁县县城中的渠家大院同样是一座城堡式的建筑，但是却没有照壁建筑，更谈不上有砖雕照壁，渠家大院的砖雕只是简单的存在于屋脊、砖、瓦、窗户等方面。

院中的木雕艺术随处可见，主要集中于门楼、外檐、门窗、隔扇等建筑地方。在中堂的筒楼院中正房门楼雀替葡萄百籽图在乔家众多院落中脱颖而出，枝蔓曲折，由下向上延展，叶子经络分明，亦卷亦舒。葡萄颗粒栩栩如生，圆润饱满。乔家的门窗多以木雕为主，雕刻手法或浮雕或镂空，形式有单窗、雕花窗、开启式大格窗和悬启式大格窗等，花格造型主要是双喜、寿、龟背为主。

乔家大院中的石雕艺术多见于门楼的部件和装饰物上，如石柱基、石门墩、石狮子、石栏杆等，图案多以神话故事、四季花卉、禽珍异兽等图案。

彩绘在古代建筑群中具有很高的地位，不仅有装饰作用，而且还可以防潮、防风化、防虫蛀，起到保护建筑的作用。乔家的彩绘随处可见，多位于房檐之下，以青绿色为主，图案主要有四季花、琴棋书画以及各种具有美好象征的事物。此外，院中的门楼上、过道天花板上等木件构架上都有彩绘的图案，与院内的砖、木、石雕艺术相得益彰。

（三）乔家大院建筑蕴涵的文化

通过建筑我们可以看到一段时期的政治经济，还可以看出制度、观念、习俗文化等。乔家大院是封建社会后期政治经济文化的产物。它的豪华气派是乔家财力物力的象征，同时，乔家建筑也是历史文化的反应，从中可以看出封建纲常、儒学思想和风水文化等对建筑构造的影响。

1. 体现传统伦理的建筑结构

在乔家大院建筑中体现的礼制等级十分明显，如架构件数、台基高度、屋顶等地方。乔家大院的厅堂再大也只有五间五架或六架，严格按照礼法规定五品左右的官房屋大小不能超过五间七架。

台基高度更是按照礼法要求，四品以下的民房台基高度不能超出一尺。乔家大院最高的台基是祠堂，而其余院落根据正堂还是偏院区分建造。

不同的屋顶建造也有着严格的等级。在古代只有皇家和佛殿、神坛才可以使用重檐庑殿顶、重檐歇山顶，而一般人家只能使用悬山顶、硬山顶、卷棚顶。乔家大院主要以硬山顶和少数卷棚顶为主。彩绘雕刻也以民间图案为主，很少出现龙凤图案，龙凤图案都用麒麟和小蛇代替。居住者的尊卑决定了居住院落中房屋的高低，正院高于偏院，正房高于厢房，长辈住正房，晚辈住厢房，主人住正院，奴仆住偏院，而且兄长住东面，弟弟住西面。这些都反映出尊卑有别，长幼有序的家庭伦理观念。

2. 匾联文化

乔家大院曾有各式匾联四十多处，只是由于时间的久远，有的已经丢失和破坏。但是现存的匾联古风味依存。院中随意可以看到的一些牌匾，有的体现出乔家人的持家理念，如"为善最乐"、"慎俭德"、"履中"等；有的体现出乔家人的治学精神"百年树人"、"书田历世"等。在中堂大门两侧的楹联"子孙贤族将大 兄弟睦家之肥"这寄寓了子子孙孙可以和睦持家，以和为贵的美好愿望，由乔致庸亲拟的楹联寄托遥深，反映出他做人的品格和对子孙的期望，如

"惜食惜衣非为惜财原惜福 求名求利但须求己莫求人"、"具大神通皆济世 是真法力总回春"等。

3.风水文化

风水文化是我国古老的国术,凝聚了先民们高度的智慧。乔家大院作为古代建筑,必然会注重风水文化,这也体现出乔家人祈求家业和睦、荣华富贵的美好愿望。乔家大院大门朝东,符合紫气东来之说,这种地理位置在风水学中被称为"抢阳",即太阳一东升,阳光就可以照进院子。院中门内的照壁设置,又叫风水墙,不仅可以美化环境,起到装饰作用,还可以冲挡门外来的煞气,保院内平安,如"百寿图"照壁、"福德祠"照壁等都有这样的寄寓。乔家大院整体以甬道为对称轴,南北对称,但各个院落的院门却不是门对门。在传统的风水观念中门对门意味着口吃口,且容易发生口角之争,所以乔家大院的院落大门并不相对称。

三、祁县城与乔家大院的晋商文化

(一)祁县人经商的主观因素

明清时期,祁县人纷纷驰骋商场。祁县人弃农从商在主观上是生计所迫。祁县自然条件并不优越,没有矿产资源,百姓收入主要是靠种地,勉强维持生计。而祁县境内地处温带大陆性气候,蒸发量是降水量的四倍,基本上是十年九旱。遇到灾年人们只好外到北方游牧区谋生。

(二)祁县人经商的客观原因

祁县人另一方面也受当时特定的政治经济、地理位置、人文思想等多种客观因素的影响。

据史料记载,清康熙二十九年(1690年)至乾隆二十二年(1757年),为了加强对蒙古地区的管制,雍正元年(1732年),清政府在内蒙地区设绥远将军,归山西朔平府,负责管理蒙古地区的汉族事务,使汉族商人的人身和财产安全得到极大保障,这就吸引了祁县等内地商人来这里做生意。祁县的旅蒙商因此更加活跃,许多著名的商号也源源不断的涌现,如乔家的复字号、渠家的长盛川等。

祁县城位于山西省的中部,处于山西通往冀、豫、陕、蒙的交通要道上。据史料记载,当时,祁县有贾令、盘陀两处驿站,另设有十几个铺司。祁县地理优越,交通便利,信息也相对灵通,这就为许多祁县人外出经商提供了便利。

明末清初，祁县人经商的足迹遍布整个中国，甚至在邻国也有祁县商人经商的影子。那些受到儒家正统教育影响的财东大贾，诚实守信，乐善好施，具有良好的社会影响。因此，在社会上逐渐形成一种以经商为荣发的崇商观念。这种经商之风也深深吸引了祁县人走上经商这条路。

（三）乔家商业发展

乔家的商业就是在这样的背景下开始起步的，乔家的创业始祖乔贵发和当时的许多人一样选择了"走西口"，从开始的倒卖蔬菜再到后来不断扩大经营范围。由最初的广盛公到不断扩大经营的复盛公，涉及行业众多，织成一张商业金融大网。自此乔家设立的商号遍布全国，持续二百年余年而长盛不衰。不仅是因为乔家几代主人有不畏艰难、以义取利的儒商道德，还在于乔家具有慧眼识人，知人善用的远见卓识，能够不拘一格降人才。复盛公大掌柜马公甫和复盛西粮店掌柜马荀的启用，都是乔东家不拘一格用人才的典型事例。他们俩本都是一般伙计，马荀甚至连自己的名字都写不全，却因为两人的能力被选为掌柜。同时，乔家字号对一般伙计的选择也十分严格，考察其家传德行，观察其仪表言行，试探其智慧才干，认为确实德才兼备，才可被录用。总号掌柜还非常重视培养号内的伙计，专门请有名望的儒师来号里教课，使他们的德行不断提高，业务技能日渐熟练，再把培养好的人才输送到各个分号，从而推动全字号的发展。乔家这因为有这样一批德才兼备的商业翘楚，才成就了其商业的巨大成功，在晋商中独树一帜。

四、晋商精神与经济发展

乔家人不仅为后世留下了珍贵的物质财富，也为后世留下了宝贵的精神财富。乔家历经两个世纪，它的商业经验和商业文化已经成为晋商文化的重要组成部分。当今时代，人们不仅积极学习乔家的商业精神，也极力探求乔家致富的经营理念和经验，从而推动目前社会经济快速发展。

（一）乔家商业精神

1. 艰苦创业的精神

乔家创始人乔贵发，年幼父母双亡，家境贫寒。为了改变现状，他选择了走西口，常年在恶劣的环境中风餐露宿，任劳任怨，凭借自己的双手，在环境恶劣的西北部站稳了脚跟。在发展包头事业的同时，又开辟南方的茶路，克服茶原地变更、语言和气候障碍，这种精神也一直被其后代传承下来，才有了乔家的发展壮大。

2. 开拓创新的精神

乔家虽然是以经营草料铺发家,但他们并没有故步自封,不断开拓业务。在发展包头生意的同时,又瞄准边境地区的茶叶买卖,从中获得了相当多的资金,之后,乔家又把经营重点放在票号行业上,通过放款和汇兑等业务获得了丰厚的利润。

3. 以义制利的精神

乔家经营一直以诚实守信为原则,非常注重商号的声誉,做买卖货真价实,绝不弄虚作假,缺斤短两。当时,复盛油坊的一位小伙计为了赚更多的利润,就在油里掺了假,掌柜在检查时发现了这一问题后,立即对这位伙计做出了严肃的处理,并把掺了假的油倒掉,重新装好油出售。油坊虽然承担了很大的损失,但却赢得了良好的口碑。

4. 严于律己的精神

乔家富贵以后并没有放纵声色,上上下下严格按照家规执行。乔家对待奴仆十分尊重和宽容。除了可以对小长工直呼其名,其他年长的长工都要称师傅,称年长的女仆是大娘或某嫂。仆人犯了错,也不随意打骂虐待,违者要受到家法惩戒。

(二) 乔家精神的延续

这些精神不仅使乔家家族得到社会大众的认可和尊重,也使乔家商号获得良好声誉,推动乔氏商业不断发展。

这些精神也深深影响到祁县人,50年代初,全县土地贫瘠,盐碱地多,水利条件差,农作物产量并不客观。1952年,王村村民开拓创新,创造出"玉米双苗密植法",每亩产量达666公斤。祁县是我国"玻璃器皿之都",是全国最大的人工吹制玻璃器皿生产出口基地。在50年代初,该行业刚刚开始组建,只有9名工人,后来经过艰苦的过程,祁县玻璃器皿逐步庞大,研制新产品,1984年研制的酒具获得景泰蓝奖杯,之后还成功制造出彩色荧光灯,填补了省内技术的空白。由于祁县玻璃制造技术先进而且诚信经营、质量合格,促使玻璃器皿外销美国、加拿大、德国等国,内销北京、上海、天津、广州等地。

(三) 经济发展

随着晋商文化的传播和发展,人们一听到"晋商"两字,心中都是由衷的钦佩和向往。但是这里的"晋商"是历史上的晋商。虽然现在山西经济发展很迅速,但是与沿海发达城市相比,经济发展十分不足。现在的人们一提到山西,随即想到的代名词就是"煤老板"、"土、豪",确实也是如此,山西有很多商人就是靠着得天独厚的煤炭资源输出发家致富，腰缠万贯。但是，随之暴露的问题也越来越多，山西的经济发展似乎到了瓶颈期。煤炭行业的暴利驱使着大小煤矿对地下有限的煤炭资源进行疯狂开采，给环境和人们带来了极大的损失。这与当下的"创新、协调、绿色、可持续"的发展理念完全背驳。所以，山西的经济发展需要一个新的形象，更好的展示给社会。我们需要积极吸取沉淀几百年的晋商精神，改变我们的今天，创造新的山西形象。山西的经济发展不应该集中精力全部投放到煤炭行业上，就像乔家一样从最初单一的从事粮行，扩大到各行各业，最后成为富甲一方的商人。山西也应该学习向别的行业扩展创新，众所周知，山西有着非常丰富的饮食资源和旅游资源，这些资源也非常符合现代人健康、高品质的生活方式。虽然在这两方面，也有不少单位和企业去涉及，但是还有较大的挖掘提升空间。在饮食资源上，应当将特色文化融入食品中，提升食品附加值，并且要货真价实，诚信经营，绝不以次充好；旅游行业，更应注重资源地的精细加工，严格管理服务队伍，深刻挖掘资源地的历史文化，突出特色，打造属于自身的品牌。就像当年乔家注重打造自己"复"字商号一样。

五、结　语

乔家大院作为北方居民建筑的一颗明珠，迄今仍旧熠熠，乔家大院留给我们的不仅有建筑艺术和所蕴含的建筑文化，还更有那乔家致富之道和延续至今的晋商精神。总之，我们应当借鉴历史，尤其是古人留下的丰富的文化精神来创造开拓我们的今天。

参考文献：

［1］祁县志．［M］．中华书局出版，1999

［2］相宅经纂．［M］．育林出版社，1999

［3］晋商史料研究．［M］．山西人民出版社，2001

［4］乔家简史．［M］．大众文艺出版社，2006

［5］全球经济与晋商发展．［M］．晋商发展论坛出版，2007

［6］王秀玲万强．明清时期晋商家族教育浅析［J］．历史教学高校出版社，2007

［7］赵正明.用〈易经〉解读乔家大院布局玄机［EB/OL］.每日甘肃网，2012.05.03

［8］乔家大院史料综览.［M］.山西经济出版社，2012

［9］张江涛.论晋中地区大院旅游文化［J］.太原大学学报，2013（4）：33~36.

［10］王兴华.山西乔家大院德育文化研究［D］.山西师范大学，2014.

（指导老师：刘　青）

民族语言与文化

傈僳族语言文字运用的现状与发展方向研究

舒生跃[①] 胡兰英[②] 曹 五[③]

[摘 要] 傈僳族使用的语言属于汉藏语系藏缅语族彝语支,历史上虽然使用过四种文字,但现在使用的文字是大写拉丁字母的拼音文字。傈僳族是一个文化丰富、历史悠久的跨境居住民族。傈僳文教育对傈僳族地区社会、经济和文化发展起着致关重要的作用;加强使用双语教学、在一定程度上控制双文盲现象;加强傈僳文夜校识字班和小学双语教学,能使傈僳族和傈僳族地区,在求生存、求解脱和求发展的过程中找到出路。

[关键词] 傈僳族语言文字 运用的现状 发展的方向

一、傈僳族情况介绍

傈僳族是我国民族大家庭中一个古老的成员,历史悠久,勤劳勇敢;民族语言文化内容丰富、奇特;具有独特的借景、借物、抒情创造能力的跨境民族。全世界有 100 多万人口,中国傈僳族人口有 6342912(根据 2000 年第五次人口普查统计)主要聚住在云南省怒江傈僳族自治州,其一,分布在丽江市;迪庆藏族自治州;楚雄彝族自治市;大理白族自治州;保山市;德宏傣族景颇族自治州;临沧市;昆明市等州、市、县均有分布。四川省凉山彝族自治州也有分布。国外傈僳族主要聚居在缅甸总人口有 40 万左右;其它零星分布在泰国、新加坡、印度,菲律宾,日本等国。

---

① 舒生跃 傈僳族 现任德宏民族出版社 社长、总编辑;任云南民族学会傈僳族研究委员会理事,任德宏傣族景颇族自治州傈僳族发展进步研究学会副秘书长。
② 胡兰英 傈僳族 副编审职称 现任德宏民族出版社 民族文编辑部主任;任云南民族学会傈僳族研究委员会副秘书长;任德宏傣族景颇族自治州傈僳族发展进步研究学会常务理事。
③ 曹五 傈僳族 现任缅甸密支那傈僳学会副会长。

傈僳族自称 LI..-SU.，[li⁴⁴ -su³³] 即"傈僳"二字，系本民族自称词之语根。傈僳族，民族自称和他称是统一的。最早的记载见于公元八世纪唐樊绰《蛮书》卷四类第四："栗粟两姓蛮，雷蛮、梦蛮皆在茫部（按范应为邛），台登城东西散居，皆乌蛮、白蛮之种族。"

傈僳族属汉藏语系藏缅语族彝语支。其语言与彝族、纳西、拉祜、哈尼等彝语支民族语言相近。傈僳族主要以本民族语言文字进行交际，由于分布特点为大杂居、小聚居，所以有的还兼通邻近民族的语言及文字。

傈僳语可以分为怒江、禄劝两个方言，但语音差别不大，无论居住在哪儿都能通话；主体词汇、语法结构基本一致，只是由于各地借词来源不同，读音有所差异（大多数都有对应规律）。这反映着傈僳族的群体认同意识。

二、傈僳族语言文字现状介绍（四种）

在傈僳族语言文字运用发展的历史上曾在相近的时期，在不同的地区，创造使用过不同类型的四种文字，即：

（一）"格框式"的拼音文字

这种文字是 1913 年英国传教士王慧仁以楚雄武定县滔谷村傈朴 li..-Pu: [li⁴⁴ -pʰu³¹]（楚雄一带的傈僳族的自称）话的语音为基础创制的，曾翻译出版傈僳文的《圣经》、《颂主圣歌》、《约翰福音》等供教牧人员和信徒讲经、传道、做礼拜。使用范围不广，主要用于宗教界，使用的地区，也主要在楚雄武定和昆明禄劝一带使用过"格框式"的拼音文字。

（二）音节文字

这种文字是 1923 年，维西县傈僳族农民江忍波，以维西县傈僳语的语音为基础创制了音节文字（创制时，刻在竹片上，也有人称之为竹书）。据中国社科院木玉璋先生等考证，共有 1030 个字，到目前还有少数人可以读写。在汪忍波在世时，曾努力推广普及，但只在维西县境内，未普及到其它地区。

（三）大写拉丁字母的拼音文字（老傈僳文）

这种文字是 1920 年，英籍牧师傅能仁和缅籍克伦族牧师巴多，通过在缅甸漫庆，中国苏典，木城坡等地，认真学习傈僳语后，按照傈僳语音的特点，用大写拉丁字母改变了形状而创造的。这种文字在傈僳地区有广泛的群众基础，随着传教牧师们的努力推广，义务教授，只要是传教士所到之处，傈僳族群众，都学会了运用傈僳文。解放前，只用它进行书信来往，说经讲道、记帐、记事、分布通令（布告）等。解放后，傈僳文在党和政府的扶持下，用于政治、经济、文化领域。也是目前唯一能跨地区跨国境，准确记录不同地方的傈僳族语言的文字。

（四）新傈僳文（拼音文字）

新傈僳文方案是 1954 年拟定，1955 年经中央民族事务委员会批准试行，1956 年经过修订补充于 1957 年在云南少数民族语文科学讨论会上讨论确定的。是以怒江傈僳语为基础，在怒江地区推行，使用了 38 年，效果不理想，1993 年怒江州人民政府，根据国发（1991）32 号文件和省民语委"八五"计划的精神，暂停推行使用。

目前用于各类新闻、媒体和出版印刷等方面的傈僳文就是大写拉丁字母（老傈僳文），包括通用世界各地的傈僳文《圣经》、《赞美诗》也就是大写拉丁字母（老傈僳文）。这种文字在傈僳地区有广泛的群众基础，随着传教牧师们的努力推广，义务教授，只要是传教士所到之处，傈僳族群众，都学会了运用傈僳文。解放前，只用它进行书信来往，说经讲道、记帐、记事、分布通令（布告）等。解放后，傈僳文在党和政府的扶持下，用于了政治、经济、文化领域。也是目前能够准确、全面的记录不同地方的傈僳族语言的文字。

笔者因工作之便到怒江、丽江、迪庆、大理等傈僳族聚居地区对傈僳语言文字使用推广情况，以及一些风土人情等方面，进行了解和调研。发现傈僳族群众居住的地区大部分都在高寒山区，峡谷地段，原始丛林；目前来说是贫困山区、贫困人口、特困扶贫对象之一。但是无论居住在任何环境的傈僳族群众，他们都非常的热爱本民族的语言文字和民族传统文化，并且积极主动的支持我们的工作。

三、民族地区使用双语教学的重要性和必要性

傈僳族是一个跨境、跨地区的民族，大部分人与其各民族杂居在一起，所以也能听懂其他民族的语言和文字。九年制义务教育难于普及，贫困家庭的适龄儿童、少年读不起书，有的根本没有进过学校，但大部分人的汉语的读、写能力水平低。用他们的话说："让一个孩子去读书到初中学汉话毕业回来，还是说不清看不懂一张报纸和一本科技书的介绍说明。但我们只要参加一期傈僳文的扫盲班或读书班之后，就可以慢慢看得懂傈僳文报纸或傈僳文图书，还可以写信、记录、写通知等。我们很想学习傈僳文，很想学习一些适用农村的各种科学技术知识和有关国家的各种法律、法规，提高自身的知识啊！可是已经很久没有人来好好的管理，傈僳文扫盲教师们都回家种田了。现在没有老师没

有课本咯!"

现在的各个学校里能承担双语教学的老师太少了,为了发展民族地区的教学,应该多培养一些懂本民族语言文字的少数民族教师。一个民族的发展和进步,必须是本民族自觉醒悟和努力进取;再加上外部的支持和帮助才能从本质上改变和促进一个民族的整体发展和进步。作为一个民族的一员,不仅要学好本民族的语言文字外,还要学好其他先进民族的语言文字,如汉语、英语等。

四、目前民族地区双文盲现象日趋严重

从调研中发现,广大的民族地区都有一个共同处就是,汉语文不懂、本民族语言文字不懂,群众文化生活严重匮乏,科学知识技术缺少。又因现在生产责任到户之后大家在一起共同交流、活动的机会减少,劳作之余无所事事;夏天称凉、冬天烤火。年轻人没事干凑在一起,学会抽烟、酗酒、吸毒、贩毒等。这些是笔者亲自到禁毒防艾工作点亲眼目睹啊。

如果真正想让各民族地区尽快摆脱贫困,走上致富奔向小康的话,确实需要各国政府加大对少数民族聚居地区的教育、文化和经济发展方面要给予加大扶持,对少数民族语言文字的学习和科技知识文化方面的学习要特别的重视。

目前广大的傈僳族群众居住地区,由于交通不便、信息不灵,至使傈僳族地区与外部的联系少;傈僳族贫困山区与城市的贫富差距越来越大。由于许多村寨的学校撤并至使傈僳族学生读完本地的学校后,因各种原因(学费交不起、不适应新环境、受不了其他民族小孩之间的欺负)就无力走出去读书,只有回家务农。但是没有一定的科学文化知识和技术,农业生产技术又单一落后,至使不能增产增收,温饱问题难于解决。虽说农业技术方面可以去请农技站的技术员来指导,但一两次可以,但请多了,自己也不好意思;再说,个个都去请,技术员们也跑不过来。在农村经常发生,因看不懂或理解不清一些化肥、农药的使用说明书,误用、误施而导致农作物受损和造成人员中毒和伤亡事件。随着农业生产的不断发展,现代农用机器的现代化,使农民的生活水平在一定程度上得到一些改善和提高。但掌握技术的能力很吃力,需要加强学习本民族的语言文字和本国本地区通用的语言文字。

五、加强傈僳文夜校识字班和小学双语教学

近年来冷落了傈僳文的双语教学和扫盲班持续性,使一些傈僳族地区双文

盲人员积聚增多。因此，对傈僳地区经济、文化和社会的发展和进步产生了一定的阻碍和影响。

在云南德宏傣族景颇族自治州，傈僳族是五个土著民族之一。总人口有27267人。主要居住在盈江、陇川、潞西、梁河等县、市的高寒山区。在中国云南德宏傣族景颇族自治州盈江县有唯一的一个苏典傈僳族乡。2007年统计傈僳族总人口为4377人，九年义务教育在校生879人，高中、中专教育在校生33人，高等教育在校生23人。

傈僳族群众已多次要求有关部门在小学阶段给孩子们在学汉语的同时也能学习傈僳文字母或能在本村寨举办傈僳文夜校扫盲班，但已经好久无人问津，一直推说老教师退休，扫盲教师没有新教师而未落实。

傈僳族是一个勤劳、勇敢、积极向上，即兴创作能力很强的民族，傈僳族文字，易学易记，使用方便，很受傈僳群众推崇和喜爱。基督教堂每周都有义务教授傈僳文字母的时间按排，所以凡是信仰基督教的傈僳族人都能读、写傈僳文，并能写信、公文、布告、记录，能阅读傈僳文报纸和傈僳文图书。但他们主要的精力放在重复的阅读《圣经》、《赞美诗》上。国家和政府，经过多方的努力出版发行的报纸和图书没空看，很多傈僳文报纸和图书上翻译宣传的科技术、法律、政策等方面的知识就掌握不到。在一个傈僳族聚居地区一般是信仰基督教有一些，不信仰的有一些。但是不信仰基教的人又不得去学习傈僳文。他们共同之处是都不善于交往和经商，这种不思进取、满足现状的观念也严重制约了傈僳地区的社会、经济、文化的发展和进步。没有学习就没有激励，就更没有压力和进步。

这几年靠山吃山的思想已经不能不使已经习惯于满足现状的傈僳群众走向小康生活；也明白到，政府的扶贫和救济已经不能使傈僳族真正解决温饱，更不能从根本上脱离贫困。靠山吃山的观念应该是加强保护生态环境、整活自然优势、调整产业结构才能保住和发展自己的生存空间，各地的傈僳族文人志士们已经以各种方式积极行动起来群策群力共谋发展。

六、语言文字对文化的发展和传承起着重要的作用

傈僳族是勤劳、朴实、待人诚恳、好讲义气的民族。善场狩猎、耕作、喜欢居住在高寒山区原始丛林。平时很少惹事生非，有点守旧，保守不容易接近和交流，但民族认同感和民族自尊感很强。一旦民族、国家和家园有危险时，就会纷纷从各地集合起来。这时你才会发现，一个"敢上刀山，敢下火海"的

民族威风和英雄气概。

傈僳族不仅文化丰富多彩，而且又是一个充满神奇传说和神秘文化的民族。能歌善蹈，酷爱音乐和舞蹈，即兴创作能力很强；借景、借物、抒情手法灵活多样。在一代代傈僳人民的共同努力创造下，又通过民间歌手、民间艺人们的精心整理传承下，使傈僳族传统文化更具独特魅力和神秘性。

（一）傈僳族弹、吹、跳娱乐文化

傈僳族的弹、吹、跳文化主要是由三弦调和三弦舞、葫芦笙调和葫芦笙舞（边吹边舞）、笛子舞（边吹边舞），这些调和舞是边唱边弹边跳三结合。调子节拍和舞步，节奏感很强，而且轻松而快乐，是傈僳族群众男女老少都比较喜欢的一种集体娱乐活动。傈僳族民间有一句话，这么说："跳三弦舞，三天三夜不过瘾！"大部分步调是四个节拍，四个舞步。也有四个节拍而多个舞步的，一个调就是一种舞类，多少个调也不会重复。主要是在脚上变动，手自然摆动，手上动作很少，左右脚变化时总有一个规律，就象跳国际舞，必须先掌握快慢三四步一样，才会跳难度大的。三弦舞，很适合娱乐。

芦笙舞是边吹边舞，与三弦舞一样，但节拍和节奏感比三弦调缓慢但很有力，拖脚、下蹲、扭膝、扭腰、踏登脚掌等，跳着时会让人产生一种练武功的感受。一般年长者们比较喜欢跳，而且也才跳得出芦笙舞的韵味。妇女们跳时，后面的衣尾会来回摆动，精彩奇妙。

傈僳族的弹、吹、跳文化里，也有的是只吹没有舞的如：口弦（竹片吹法和叶子吹法）竹笛吹跳法、箫（有孤儿箫、姨妹箫是双管一口吹，一般是抒发情感时吹得多）

（二）傈僳族风俗歌种类

傈僳族的口头文化相当丰富，不仅有神话传说、故事、歌谣、谜语、寓言、谚语等多种形式的口头文学作品，还有极富特色的长篇巨制的"大调"，所谓"大调"是指，用傈僳族传统曲调演唱的篇幅长大的韵文体作品，这些作品内容古朴、对仗工整、古体诗歌、重叠形式独特，是傈僳族群众特别珍视的传统文化中的精华。主要有①打猎调②找菜调③请工调④盖房调⑤过年调⑥串亲调⑦生日调⑧请媒调⑨送嫁调⑩娶亲调（11）进房调等。在唱诵这些调时还有一些讲究，只有"目瓜瓜帕"领唱或带唱时，才能跟唱，唱每一调时，都需按照需要、节令、环境里来唱，其它人不能随便唱诵，每个寨子或地区，都有几个特定的受到过传承或能接通"目瓜你"即"歌神"的人才能当"目瓜瓜帕"即"歌手"。他们无论何时何地唱诵大调时，据说，都有"歌神"的相助，这样才能唱得好，才能唱完一个整调的内容。我曾多次听唱过，也收集出版过一些，每个调都可以出成一本书。但歌手们在领唱时，全部靠口唱，从不看书，都不会说错，一般要唱一夜，如果唱某个调唱不完就天亮，那也不能停下来还要继续直到唱完为止。

七、傈僳族文化与基督文化的相互作用和影响

目前用于各类新闻、媒体和出版印刷等方面的傈僳文就是大写拉丁字母（老傈僳文），包括通用世界各地的傈僳文《圣经》、《赞美诗》也就是大写拉丁字母（老傈僳文）。基督教文化的传播对傈僳族语言文字及文化的传承有重要的推动作用，我们看问题要多看到其积极的一面，傈僳族和傈僳族地区的发展需要得到多方面的支持和帮助。

（一）傈僳地区的基督文化

1920年，英籍基督教牧师傅能仁和缅籍克伦族牧师巴多，首先在缅甸的漫庆学习傈僳语，后来又来到中国德宏盈江苏典傈僳族寨子和潞西市木城坡等地，学习傈僳语，长期与傈僳族同吃同住，在傈僳族孔伍先生（盈江苏典邦别自然村）和旺列（潞西市木城坡自然村）等傈僳信徒们帮助下，用拉丁字母创立了傈僳文（老傈僳文，如今通行世界各地），并翻译出版了基督教的书籍《圣经》、《新约、马可福音》、《路加福音》等，随着傈僳文的创立，基督教文化也就很快地传入傈僳族地区。对第一次看到用自己的语言文字传授基督教文化，许多傈僳族群众，感到惊喜和好奇。在那兵慌马乱，整日躲藏日本兵的年代，又加上土司、山官和地主们的催租逼债，生活很艰难，精神上没有依靠。听老人们回忆："那些脸白白的外国人牧师们，总是面带微笑，态度温和诚恳、耐心细致，在傈僳族居住的高寒山区走村串户不仅认真教傈僳文、传播基督教文化；与此同时还为缺医少药的傈僳族群众施药治病。"

从社会文化人类学的角度看，当年的传教士们不仅是为基督教的传播作出了贡献，而且对傈僳族聚居地区的社会生活和语言等都进行了认真地实地考察和调查研究。在考察的过程中也得到傈僳族群众的大力支持和帮助，才得以创制了傈僳文，也翻译了傈僳文《圣经》和傈僳文《赞美诗》。解族前在傈僳族地区的各教堂里有这样10条教规：

1. 不调戏妇女，不淫乱；2. 不说谎，不作伪证；3. 礼拜日要休息作礼拜；4. 不偷盗；5. 不杀人；6. 不抽烟，不饮酒；7. 不跳民族民间舞蹈，不唱山歌；8. 靠拢支持传教人，并协助传教；9. 尊敬父母守国法；10. 爱人如己，互相帮助，不可嫉妒。

民族语言与文化

苏典有一位傈僳族回忆："当时，那些外国牧师，说是叫我们不准去参加不信教者们进行的各种活动。但他们又悄悄地把当地有名的傈僳族歌手，请到他们的住处，让歌手唱各种傈僳族歌给他们听，然后，作笔记和录音，以及记下乐谱。后来，我们在《赞美诗》里看到许多傈僳族传统歌唱音和词谱"。

"基督教是一个音乐的宗教，一个歌唱的宗教。在世界上所有的宗教中，只有基督教音乐最多、歌唱最多，音乐水平发展的最快最高。今日西方音乐的基础就起源于基督教的音乐"[1]。

他们不让傈僳族信仰者们参加本民族的各种传统文化活动，致使信仰基督教的傈僳人中有许多人，现在除了会说傈僳语、会缝穿戴傈僳族服饰以外，傈僳族山歌不会唱，傈僳舞不会跳；对民族的迁徙历史不再追究，对民族文化的弘扬和传承也渐渐淡漠，虽然在民族传统节日活动时他们也兴趣勃勃的在一旁观看，但还是不敢加入进去。民族文化是属于一个民族意识里已经形成了一种意识型态，虽然暂时的转化和限制，但最终不能轻易消除和改变，一个民族的共同意识形态。就如同一个人永远也不会忘记自己的父母，虽然他们不去参加本民族的各种民间活动，但他们永远不会忘记自己是傈僳族。为什么会使傈僳族信仰基督教的群众成为这样，笔者一言难尽，看到傈僳族文化在他们中失传，心里很痛惜。但可喜的是近年来各地的傈僳族文化研究方面的协会一一成立，致使来自世界各地的傈僳族有机会在一起共同协商本民族社会、经济和文化的发展。会者们无论是信仰何种来自何处，大家都能同心协力，为傈僳族人民的发展坐到一起，这是可喜可贺的好事。

解放前，傈僳文只用它进行书信来往，说经讲道，记帐、记事，颁布通令或告示等。解放后，在党和政府的扶持下，不信教的人也可以学习傈僳文。解放60年来为为傈僳族专门培养了不少傈僳族的傈僳文教师、傈僳族教授、傈僳文新闻记者、傈僳文图书编辑。不同时期在傈僳族聚居地区进行各村各点的傈僳文字扫盲学习班，在一些民族大学和民族中专学校设立傈僳语专业傈僳文班。使广大傈僳族群众，不仅学会了读写傈僳文，并且，还能用傈僳文进行收集整理傈僳族的文化。在德宏州《团结报社》设立傈僳文编室，在云南民族出版社和德宏民族出版社设立了傈僳文编室，在中央民族大学和云南民族大学也设立了傈僳语专业，为傈僳族文化、经济和社会的发展起到了积极地推动作用。

近年来，一些热爱傈僳族文化的学者和专家们加强学习傈僳文字和国际音标，将傈僳族民间传统文化收集整理，通过新闻、报纸和图书的形式对傈僳族文化的保护和弘扬起到积极的作用。

---

[1]《基督教文化、音乐》245 页

据笔者观察，凡是信仰基督教占多数的地方，偷盗、闹事的少，但是读到初中的人很少，走出去打工或做苦力的人少。购买傈僳文出版物的少，他们每周除了到教堂听听《圣经》，唱唱《赞美诗》之外就耕作，打猎和作一些手工业，就这样已经生活好几代人。由于长期生产生活在封闭的环境里，现在靠山吃山也不行了。虽然，国家每年对贫困山区的扶贫力度加大，但要改变傈僳族地区的贫困面貌，首先还得靠本身的自觉自救，现在，还是死死地只会读读《圣经》，唱唱《赞美诗》度日的话，已经很难生存和发展。由于傈僳族地区教育落后科学技术普及率底，现在一些村寨里的学校撤并之后致使许多学生辍学，科学文化上不去，观念也就落后。

（二）傈僳族文化与基督教文化的融通性

傈僳族文化丰富多彩，具有悠久历史。这是世人有目共睹的事实。基督教文化，在传播的过程中，早期也曾被西方霸权主义者们的利用，在牧师和传教员中也有一些是多重身份的，也有真正来传教的，也有进行收集情报搞间谍活动的。他们为了软化傈僳族信徒们，想出各种方法，定出多少个不准，其实与基督教的宗旨和目的是不相符的。笔者为了找到不让傈僳族信徒参加和放弃本民族的传统习俗，而全心信仰基督教的理由，在《圣经》书里半字也没有找到。我也曾多少次从其它民族那里听到这样的话"哦，傈僳族是所有信仰基督教的民族中信的最彻底的民族，我们都应该向他们学习啊"但这些民族说归说，因为，除了傈僳族信徒外，没有一个民族，因为信仰了基督教或什么教而放弃本民族的传统习俗和传统文化。傣族为什么能够全民、全族信仰"佛教"是因为佛教文化能与傣族文化融为一体，允许傣族的民族传统活动可以到奘房举行，直到今天，有些村寨的奘房和社房都建在一起。景颇族也有很多信仰基督教的，但他们也去参加本民族的盛大传统活动，如"目脑纵歌"活动及各种民间活动。而傈僳族的基督教堂一般是建在远离其它活动场所，而且不允许无关人员入内和随便走动。

其实，信仰基督教的人，在傈僳族中是属于有文化，能用傈僳文写作的人。他们从小在教堂里受到了基督文化的熏陶，文学修养、傈僳文写作水平和音乐欣赏修养都比较高，再加上傈僳族本身所具备以生具有的热情好动、能歌善舞，即兴创作能力很强的特性。如果信仰基督教的傈僳族同胞们，都能为傈僳族的传统文化的弘扬、传播和发展作出一点贡献的话，傈僳族的文化会在原有的基础上更上一层楼，傈僳族文化也将会繁荣和发展起来。一个民族的发展，也会影响和促进其它民族文化的发展，云南省提出要建设民族文化大省之后，还未起得明显的发展，更未形成规模。现在其它十八个省也向中央提出请求，批准建立民族文化大省。说起来，云南是最有优势的，26个民族文化的发展将会促进云南民族文化大省的整体繁荣和发展。也将促进中华民族文化的整体发展和繁荣。

八、傈僳文报纸和傈僳文图书对傈僳族地区的发展、繁荣起着重要的作用

古往今来，每一个伟大民族都有自己博大精深的文化，每一个现代国家都把文化作为推动社会发展进步的重要力量。一个民族的觉醒首先是文化的觉醒，一个国家的强盛离不开文化的支撑。文化深深熔铸在民族的血脉之中，始终是民族生存发展和国家繁荣振兴取之不竭的力量源泉。

世界是由多个国家多个民族组成的共同体，在漫长的人类历史进程中，每个国家每个民族孕育和展现着丰富多彩、灿烂辉煌的民族文化。各个民族又以自身的独特形态，记录着各个民族的昨天和今天，体现着各个民族物质和精神生活的风采及状况。尽管这些多姿多彩的民族文化是各自民族创造的，但它的价值就远远超出了这个民族的范围。

傈僳族文化是在长期的历史发展进程中，由多少个傈僳族优秀的民间艺人、文人、志士们代代努力传承下来的精神财富，是傈僳族区别于其他民族的重要特征。傈僳族的文化不仅具有多元性的特点，而且具有多样性、立体性、适应性、神秘性、全民性的特征，其变迁有融合、区域化、流失、退还多种途径。

加强傈僳文报纸的编译，可以快速宣传国家在不同时期的有关方针、政策、法律、法规，及时传播最新科学文化知识和现代科技技术。从而促进傈僳族地区的生产、生活和社会生活；同时宣传和传播民族文化，也是现代生活必不可少的精神文化之一。

加强傈僳文图书的出版可以加强学习文字、写作、记录。特别对整理本民族民间传统文化的保护和弘扬起到重要的作用。图书具有一定的时间性和持续性；可以多次、反复的阅读学习文化知识，掌握技能。通过图书可以学习到许多比较系统的农业技术知识，可以正确的掌握国家在不同时期的有关方针、政策、法律、法规。可以正确掌握使用农药、化肥，避免或减少人畜伤亡率，也是现代生活必不可少的精神食粮之一，也是促进现代社会快速、和谐向前发展一个重要保证之一。

无论居住在任何一个国家和地区的傈僳族同胞们，为了世界和平，国泰民安、民族兴旺和发展，让我们同心协力，为整个人类社会的共同繁荣和发展，做出自己的努力和贡献。

民族语言与文化

傈僳族神秘文化初探

胡兰英[①]　胡灵英[②]

[摘　要] 傈僳族文化里充满了传奇和神秘。本人通过自己的一些亲身经历和耳闻目睹，对傈僳族文化中的神秘文化部分进行探研性介绍。特别是色彩丰富、款式多样的服饰，还有充满神秘、又让人惊心动魄的"上刀山、下火海"活动，使傈僳族的文化里充满更多的神秘色彩和魅力。希望此篇文章给对傈僳族和对傈僳族文化感兴趣的专家、学者们一个抛砖引玉的作用，从而促进傈僳族文化的繁荣和发展

[关键词] 傈僳服饰　上刀杆　奇妙神秘。

一、傈僳族概况

傈僳族是我国民族大家庭中一个古老的成员，是历史悠久，勤劳勇敢，富有创造精神的民族。跨境而居，全世界总人口将近200万人，国内人口为73万人（217年各个地区傈僳族学会汇总的数字），主要居住在云南省怒江傈僳族自治州，其余分布在丽江、迪庆、大理、保山、德宏、楚雄、临沧等州、市、县。四川省的西昌、德昌、凉山等也有分布。国外有100多万人，主要分布在缅甸、泰国、新加坡、印度等，菲律宾、日本、澳大利亚等国也有零星分布。

傈僳族是一个"敢上刀山，敢下火海"的民族。用自己的智慧和勤劳，一代又一代繁衍生息。即兴、借景、借物和观察能力很强，创造了灿烂而辉煌

---

① 胡兰英　傈僳族　德宏民族出版社傈僳文编审
② 胡灵英　傈僳族　德宏州芒市市纪律检查工委

的文化。如：内容丰富的风俗歌十大调；优扬、轻快和激情的千百首三弦舞调、口弦和芦笙舞调。虽然居住在不同的地区，与不同的民族杂居在一起，却能与当地的各民族和谐相处。并兼通其它民族语言和文字。居住在各地区的傈僳族除了服饰不一样之外，还能完整的保留自己民族的母语和服饰，以及一些传统的风俗习惯，民间文学丰富多彩，同一个类型的歌谣和传统风俗歌，居住在不同的地方，表现的形式和内容不相同，如：傈僳族在过春节时唱诵的"阔时目刮"歌，有很大的地区差别。傈僳族中一部分人信仰基督教，使用同一种文字（即老傈僳文）。傈僳族除了居住在云南楚雄彝族自治州的使用东部傈僳文，与其他地方使用的不一样之外。其他无论住在哪儿的都能基本上通话。傈僳是一个热爱生活，善于即兴创作，借景抒发能力很强的民族。勤劳勇敢，喜欢居住在最高寒山区，以原始丛林为伴，以狩猎为生。从古至今，凡进入到过傈僳族居住地方的人们，都曾经对傈僳族生存环境中的高山峡谷和幽谷奇峡惊叹不已，同时对傈僳族的生存智慧、生活毅力所触动。

二、傈僳族服饰的奇妙与传说

傈僳族服饰是中国56个少数民族中，一个民族就有多种服饰的民族之一，用德宏民族出社出版的《傈僳族服饰精粹》一书汇集了云南、四川、缅甸、泰国等国家和地区的23种服饰。傈僳族不仅服饰丰富多彩，而且服饰里充满传奇的文化内涵和历史。凡是注意过傈僳族的人，都会发现一个奇妙的现象，特别是傈僳族女装的用料、颜色、饰物等，一个地方与一个地方不一样。某些地方，一个专州的傈僳族服饰，县与县之间都有明显差别。如德宏州，盈江和潞西的头饰就有明显差别。傈僳族男装虽然也有差别，但还是大同小异。德宏、保山一带的傈僳族女装叫"霞霞玛"（即清清整整），加日玛（冷地方的），略目玛（热地方的）。傈僳族服饰不仅穿着讲究，缝制更讲究。笔者曾穿着潞西的傈僳装到各地傈僳族聚住地区走访，看到我的傈僳族同胞中的年长者们对我说"我们的奶奶们也曾穿过这样的服装，只是现在不穿了"。据考证，傈僳族服饰在缝制的时候非常讲究，保山和德宏地区的傈僳族服饰的缝制方法和用料，与傈僳族服装传说比较接近。据老人们说"傈僳族早期居住在大地方，大平地，大树林。但是战争很多，男人们大都打仗去了，只有老人、小孩和女人仍在家。男人们在前方每打胜一战就从各种颜色的旗子上撕下一块布寄回家，以告知亲人战捷和思念。年年打仗的男人们越走越远，寄回来的布块越来越多，到后来有一些男人们没有再寄回布块，也不见人回来，女人们就把那些布块缝制成衣服穿在身上,以表对远方亲人的思念和盼归。"

这种傈僳族服装,是以黑色为低,然后把红、白、黄、绿的布剪成条块,有规律的搭配。年深日久,自成体系和规则。如果谁不按照传统的规律缝制而弄错颜色位置的话,对其本人带来不好或给亲人带来恶运,同时也会被同族人笑话或指责。红色永远都放在两肩的最前面,也可以在放红色的地方放上桃红或其它红色,但就不能放其它颜色的布料。还有一个讲究是,因为女人不能随身配带铁器或刀,为了使女人前驱邪、后驱鬼,在前面围腰头缝上小海贝,后围腰头钉上小海贝,这种小海贝曾在中国历史上作过货币使用。傈僳族把这种小海贝缝穿在身上的原因主要不是因为作过货币的原因。传说中,鬼很怕这种牙齿很多的东西,将这种小贝壳缝制在衣服、背包等处,能够起到辟邪驱鬼的作用。随着社会的不断发展进步,人们的物质生活进入了现代化,傈僳族也接受了汉装的穿戴。但已经形成习惯和传统的民族服饰,很少有人提出要改变和简化传统服饰的建议。虽然有个别的傈僳族人士提出了改进简化传统盛装的建议,也进行过具体的设计、缝制和推广,但除了一些文艺表演者们临时穿着表演使用外,傈僳族群众没有人随便应随。傈僳族妇女们在很小的时候就必须学会缝制自己民族服装。在大家看来随便违背祖辈们传承下来的是不尊重。包括笔者在内,除了保护原来的一切之想,而没有也不敢去妄加改动祖辈留下的一切傈僳族传统文化。丰富多彩的傈僳文化深深吸引和感动了多少人,人们在一次次惊喜和振奋中接触到傈僳族文化的传奇和神秘。

三、傈僳族阔时节

(一)丰富多彩的歌舞会

"阔时"傈僳语即"过新年"之意。傈僳族把正月的整月叫做"阔时哈"即"过新年月"。过新年用的食品和用品,必须在腊月 30 日以前全部准备好。初一开始,每村每户进行各种活动,如:大家会聚在一起跳三弦舞、跳芦笙舞,目瓜瓜舞(没有乐器伴奏由一人带唱,众人跟唱);有各种狩猎工具的比赛,如:弩弓、弹弓和铜炮枪等射击比赛,获胜者还可得到奖品。有体能竞技比赛的,如:度哒哒(用一种生长在高寒山区深洼里的一种长形植物叶遍裹成的带须球状的)在对打时两人四人或更多的人,但必须是成对才能玩。座木秋,爬竹杆比赛,打得萝比赛(用圆木做成的一头削尖,一头锯平的用麻线绕好一拉后放到地上就会自动旋转不停,力大技巧好的人拉转出来的时间长,取胜的可能性就大,即便被打中时也不会随便倒,力小的技巧差一点的拉转出来的时间

就短，被打倒的可能性就大）

三弦舞、芦笙舞一般要跳好几个夜晚，有一句传说是真的，傈僳族能跳"三天三夜不过瘾，三天三夜不觉累！"，"对歌对到下半夜，歌仙来助更有劲！"

（二）神秘而惊险的"上刀山，下火海"

"刀杆节"是傈僳族最富有传奇色彩的民族传统节日之一，一般在春节过后整月举行。届时傈僳族勇士们表演惊心动魄的上刀山，下火海的绝技。傈僳族的"阔时节"，即"刀杆节"活动，包括两个内容：上刀山、下火海。一般是先"下火海"，洗净全身后再上"上刀杆"。相传在历史上傈僳族人民曾为了纪念"白马将军——明朝兵部尚书王骥将军，举行过盛大的上刀杆"活动。明朝中期，云南边疆常有外敌入侵，朝廷派王骥将军征守，屡立战功，使边疆得以安宁。后来，王将军被奸臣所害，一些地方的傈僳族人民把王将军的祭日定下为"刀杆节"，每年的农历初七进行。后来随着一些具体的情况，把"刀杆节"的活动归入了"阔时节"的活动之中。但是无论何时、何处，爬刀杆、下火海时，都要由得到传承的"香通（尼帕）"进行祭祀，在"香通（尼帕）"的护佑、护持下方可进行活动。要爬刀杆的勇士们必须在头一个晚上下火海，也就是说先下火海洗净，第二天方可上刀山。为了给勇士们下火海，人们到山里抬回许多栗柴堆成堆，燃起熊熊大火，待栗柴烧成通红的炭时，老"香通（尼帕）"和数名将要爬刀杆的傈僳族男子经过一番焚香祈祷，每人喝一口酒后，在震天动地的铓锣声和人们的欢呼声中赤脚跳到红彤彤的"火海"里，不停地表演跨步、踏跳，并用双手捧起火炭洗脸，接着在火中打滚，手舞足稻，玩火链等惊险绝技。第二天，进行"上刀杆"，人们把磨快的三十六或七十二把长刀，刀口向上分别用藤条横绑在两根二十多米高的杆上，算一棵刀杆，然后将成刀梯的刀杆竖立在活动场上。有些地方竖两棵，有些地方竖一棵。在上刀杆之前的各种祭祀仪式全部由老"香通（尼帕）"主持，无关人员不得靠近，大部分的祭祀词不让随便听到。正午之时，经过一番焚香祈祷，老"香通"和数名勇士隆重出场，围绕刀杆跳起一种充满神秘的歌舞，歌词大意是："父老乡亲们，客人们，好好瞧，细细看，我们就要上刀杆，好心的人上得去，黑心的人心胆颤……"。有些地方老"香通（尼帕）"先上刀杆，也有的地方老"香通（尼帕）"不上刀杆，但他上刀杆或不上刀杆都起着重要的护持作用。勇士们在上杆之前或回到地面，老"香通（尼帕）"把含在嘴里酒喷给每人的脚心和脚背，老"香通"含在嘴里的酒喷在勇士的脚时都会冒出烟来。我曾经因为好奇和对本民族文化的兴趣，与真正爬刀杆下来的勇士交流过，他非常严肃的告诉我:"我能爬刀杆,我也很奇怪,我小的时候很机警,有一天就发现,不管是在家里或野外时就有意无意的见到一些怪模怪样的东西,当时很怕,就去告诉父亲。父亲听或不说话,没过几天就把带我带到专门护持爬刀杆的老'香通(尼帕)'的家,让我在那里学习爬刀杆。在老'香通(尼帕)'的指导和帮助下,我慢慢也能爬上刀杆。更多具体的,我不能告诉你,告诉了,对你不好,对我也不好"。后来我也听有些地方的老人们说过,每爬一次刀杆,都要祭祀并请"铁神"保佑才能无事,否则一把也爬不上去。1993年5月,我曾到云南民族村的傈僳族山寨看上刀杆表演,时间不到,我又有急事不等到表演就走,但我就纳闷,他们这样不分时间地点地表演上刀杆是怎么回事,于是我用傈僳语问了那几位等着爬刀杆的男子,他们回答我:"无论什么时候爬刀杆,只要祭祀焚香,接通了,就可以上刀杆,但必须是先得到传承的人才能做这些。"有这样的传说:有一年,上海一家娱乐公司听说傈僳族的"上刀杆、下火海"很精彩,于是就出资邀请傈僳族刀杆组到上海中山公园表演了将近半个月。当时惊动了不少修功练武之人,有一位轻功高手得到允许让其爬刀杆,结果只爬到十二把,他的功力就不行,只得下来。他当时仰望着竖立高空的刀杆感叹:"能上此刀杆者,并非凡夫俗子所能为。"在云南德宏的某个地方,有一年举行"阔时节"活动,期间进行爬刀杆,下火海的活动,当时有一个人就脱光了鞋去试爬,结果弄伤了脚鲜血直流,他也仰望着蓝天感叹:"傈僳族真不得了啊!这么快的刀也爬得上去!"后来再也没有听说谁去试跳火或爬刀杆。

四、结　语

　　世界是由多民族多文化组成的一个整体,中国是一个由56个民族组成的国家,民族文化丰富多彩,具有悠久的历史。每一个民族都拥有各自的传统文化、习俗和节日。然而,每一个民族在一个国家里共存了多少年,民族节日都不尽相同,还各具特色,这样的分工合理,非人所为,而应该说是天意。一个民族的文化不仅是其代表的那个民族的,而应该属于整个人类的共同财富。我们热自己民族的文化,用心的保护、弘扬和繁荣自己的民族文化。也就是对整个人类文明的一种贡献。

2016年10月13日

载瓦语四音格词初探

刀果双[①]

[摘　要] 载瓦语是景颇族载瓦支系使用的一种语言。载瓦语属于汉藏语系藏缅语族缅语支。四音格词是由四个音节按一定的结构规律组合起来的一类词，在汉藏语系中普遍存在，是汉藏语系不同于其他语系语言的一个重要特征。作为汉藏语系语言的成员之一，载瓦语四音格词不仅数量多、类型丰富，而且有自己鲜明的特点。本文拟从语音形式、韵律特征、声调形式等三个方面对载瓦语四音格词作简要分析。

[关键词] 载瓦语　四音格词　语音　韵律特征

一、引　言

四音格词是汉藏语系各语言中普遍存在的一类词，近年来相关著述逐渐增多。孙艳教授（2005）认为，汉藏语系语言普遍存在四音格词，在特征上呈现出高度的一致性。这种一致性并非来源于原始汉藏语的共同特征，而是在各自的语言系统中形成和发展的，即汉藏语四音格词是语言类型作用的结果。在同一本著作里，孙艳教授写道：汉语四音格词又可分为语音词和语法词两大类。语音词的四个音节主要按特定的韵律构成，包括四音格词拟声词、四音格拟态词、四音格联绵词等；语法词的四个音节则主要按句法结构关系构成，包括四音格成语、四音格俗语、四音格聚合词、四音格典故词等。如大家所知，目前学术界对四音格词的界定（马学良 2003，徐悉艰 1984，刘劲荣 2009，冯广艺 1996 年）还未达成一致，我们采用戴庆厦先生（2005）的观点，他认为按照一

---

① 刀果双，女（景颇族），云南民族大学民族文化学院 2015 级中国少数民族语言文学专业在读研究生。

定的语音和谐规律和构词规则搭配起来的四音节词才是四音格词，无语音和谐规律的四音节词，不在四音格词之列。载瓦语四音格不仅数量多、类型丰富，而且有自己鲜明的特点。下面试从语音形式、韵律特征、声调形式等三个方面来分析载瓦语四音格词。

二、载瓦语四音格词的语音形式

载瓦语中，四音格词比较丰富，人们在日常交际中使用较为频繁。我们按四个音节的结构关系将载瓦语四音格词分为AABB、ABCC、ABCB、ABAC、ABCD、ABAB等六种类型。

1. AABB式。即第一、第二音节相同，第三、第四音节相同。此类四音格词可以分为两类，一类是一、二、三、四的声母相同。例如：

je^{51}je^{51}lo^{51}lo^{51} 来回地走　　　　　koi^{55}koi^{55}ku^{ʔ22}ku^{ʔ22} 弯弯曲曲
去　去　来　来　　　　　　　　　弯　弯　□①　□

ti^{ʔ55}ti^{ʔ55}ko̠^{22}ko̠^{22} 大大小小　　　　　ku^{22}ku^{22}maŋ^{22}maŋ^{22} 弟弟兄兄
小　小　大　大　　　　　　　　　弟　弟　哥　哥

2. ABCC式。即第一、二音节为名词，动词，形容词，第三、四音节为叠音后缀。例如：

kjo^{ʔ22}ʃi^{22}phjui^{55}phjui^{55} 冷飕飕　　　mjo^{ʔ22}so^{22}pjo^{ʔ22}pjo^{ʔ22} 怒发冲冠
冷疙瘩　（叠音后缀）　　　　　　脸色　变（叠音后缀）

sik^{22}tso^{22}thut^{22}thut^{22} 心急如焚　　　mjo^{ʔ22}tʃhum^{22}tɤŋ^{55}tɤŋ^{55} 紧闭双眼
心　小（叠音后缀）　　　　　　　眼　　闭（叠音后缀）

3. ABCB式。即第二和第四音节相同，第一三音节可以是名词，动词，形容词。例如：

thuŋ^{55}mai^{22}thaŋ^{55}mai^{22} 四面八方　　mau^{22}so^{ʔ55}mji^{51}so^{ʔ55} 气候
边　从　后　从　　　　　　　　　天　气　地　气

ku^{22}sɤŋ^{22}maŋ^{22}sɤŋ^{22} 滴亲兄弟　　　ʃu^{22}pjat^{22}ʃa^{22}pjat^{22} 子孙后代
弟　亲　哥　亲　　　　　　　　　孙　辈　曾孙辈

此类四音格词，大部分第一、三音节可以组成词，例如：

thuŋ^{55}mai^{22}thaŋ^{51}mai^{22} "四面八方" 中 thuŋ^{55}thaŋ^{51} 指 "周围"；mau^{22}so^{ʔ55}mji^{51}so^{ʔ55} "气候" 中 mau^{22}mji^{51} 指 "天地"，引申义为 "土地"。

---

① 文中□表示没有实际意义的搭配语素。

4. ABAC 式。即第一、三音节叠音。此类型是载瓦语四音格词最多的一类。例如：

ŋau⁵¹pji²²ŋau⁵¹nap⁵⁵ 眼泪鼻涕　　　　tsaŋ²²tshut²²tsaŋ²²thaŋ⁵¹ 残羹冷炙
　眼泪　哭　鼻涕　　　　　　　　　　饭　菜　饭　剩
a²²ŋut⁵⁵ a²²tʃo²² 歪门邪道　　　　　te⁵¹tso²² te⁵¹phut⁵⁵ 私生子
　不　正　不　对　　　　　　　　　　私生子（陪义语素）

ABAC 式能产性最强，因此成为数量最多的一类，此类四音格词很大一部分的结构是"a"+B+"a"+C，例如 a²²jon⁵⁵a²²khe⁷⁵⁵ "东倒西歪"、a²²koŋ⁵⁵a²²ka⁵⁵ "花花绿绿"、a²²tʃha⁷⁵⁵a²²tʃut⁵⁵ "不干不净"等。"a"在不同的四音格词中的功能也不一致，主要有三种：一是"a"在四音格词中没有实际含义，仅仅是个词头，使两个音节的词汇变成四音格词，从而使词汇表达更形象深刻，此时第二和第四音节的词一般为形容词，如 a²²koŋ⁵⁵a²²ka⁵⁵ "花花绿绿"中的"a"没有实际含义，"koŋ⁵⁵"和"ka⁵⁵"本身就是"花（色彩错杂灿烂）"的含义；二是"a"在四音格词中表示否定意义，如 a²²jup⁵⁵a²²ʃu⁷⁵⁵ "废寝忘食"中的"a"表示否定意义、a²²jup⁵⁵ "不睡"、a²²ʃu⁷⁵⁵ "不喝"；二是置于亲属称谓前，如 a⁵⁵na⁵⁵a⁵⁵maŋ²² "哥哥姐姐"。

5. ABCD 式。四个音节都没有重叠关系，此类四音格词韵律关系较为复杂并且大都有双声、叠韵、谐音等韵律形式。例如：

lo⁷²²va²²mǎ²²ka⁵⁵ 掌纹　　　　　u²²phju⁵¹tsui⁵¹ne⁵¹ 长命百岁
　手　掌　纹　路　　　　　　　　头　白　牙　红
tum²²je⁵¹tum²²lo²² 来来回回　　　tin²²kjo⁵⁵ tin²²to⁷²² 跑上跑下
　又　去　又　回　　　　　　　　跑　下　跑　上

6. ABAB 式。这类四音格词是六种四音格词中最少的一类，其中第二次音节的表示数量单位的词较多，表示单位的词可以延展，也有表示状态的。例如

a²²pum²²a² pum²² 一堆一堆　　　　a²²khjam²²a²²khjam²² 一块一块
［缀］堆［缀］堆　　　　　　　　　［缀］块［缀］块
a²² tsaŋ⁵¹a²²tsaŋ⁵¹ 一层一层　　　xo²²xa²²xo²²xa²² 喘气声
［缀］层［缀］层　　　　　　　　　（拟声）

这类四音格词较少，其中表示数量的四音格词可以用三个音节的词来表示，如上例中 a²²pum²²a²²pum²² "成堆成堆"可以说成 a²²pum²²pum²² "成堆地"、a²²tsaŋ⁵¹a²²tsaŋ⁵¹ "一层一层"日常用语中简化成 a²²tsaŋ⁵¹tsaŋ⁵¹ "一层层"。

三、载瓦语四音格词的韵律特征

载瓦语的四音格词具有语音和谐的特征，语音和谐包括音节重叠或者音节之间双声押韵。在上述六种类型中，除 ABCD 型无重叠音节外，其余五类均具有不同形式的语音重叠。

1. AABB 型的韵律结构。AABB 型的韵律主要分为以下两种：

（1）一二音节双声叠韵，三四音节双声叠韵。例如：

kjo⁵⁵kjo⁵⁵toʔ²²toʔ²² 上上下下　　　tshuŋ²²tshuŋ²²tsan²²tsan²² 年年岁岁
　下　下　上　上　　　　　　　　　岁　岁　年　年

（2）四个音节双声

njuŋ⁵⁵njuŋ⁵⁵njaŋ⁵⁵njaŋ⁵⁵ 喋喋不休　　tiʔ⁵⁵tiʔ⁵⁵koʔ²²koʔ²² 大小不一
　皱　　皱（形容说话小声）　　　　　小　小　大　大

2. ABCC 型的韵律结构。此类四音格词的三、四音节双声叠韵，一、二音节一般为动词性和名词性的词组。例如：

kho⁵¹so²²tʃhaŋ⁵⁵tʃhaŋ⁵⁵ 徒步　　　　sui²²nje⁵¹pjaʔ²²pjaʔ²² 鲜血直流
　路　走　沿　沿　　　　　　　　　　血　红　形容流血状

3. ABCB 型的韵律结构。此类四音格词的二四音节双声叠韵。

khau²²loʔ⁵⁵pjoʔ²²loʔ⁵⁵ 捣乱分子　　xi⁵¹tai²²mo⁵¹tai²² 说三道四
　偷　手　坏　手　　　　　　　　　　这　说　那　说

4. ABAC 型的韵律结构。ABAC 型的韵律结构分为两种情况：

（1）第一音节和第三音节同音，第二音节和第四音节双声，例如：

a²²xoʔ⁵⁵a²²xɤ⁵¹ 颜面尽失　　　　　a²²koŋ²²a²²kaŋ²² 噪音
［缀］羞［缀］□　　　　　　　　　［缀］拟声［缀］拟声

（2）第一音节和第三音节同音，二四叠韵

xai⁵¹ku̠t⁵⁵xai⁵¹tut²² 万事如意　　　a²²khjik⁵⁵a²²nik²² 辛辛苦苦；含辛茹苦
事　做　事　成　　　　　　　　　　［缀］辛苦［缀］□

5. ABCD 型的韵律结构。ABCD 型的韵律结构复杂多变，可以分为以下几种：

（1）第三、四音节双声。

au⁵¹tso²²num²²naŋ⁵⁵ 亲朋好友　　　mau²²u²²tʃhu⁵⁵thaŋ⁵⁵ 来龙去脉
　亲　戚　朋　友　　　　　　　　　　天　头　后　边

（2）第一、二音节双声。

khun²²khjo⁵⁵a²²jo⁵⁵ 难以启齿　　　　kjo⁵¹kju⁽⁵⁵⁾lă²²tuŋ²² 闻风丧胆
言　路　不　便　　　　　　　听　怕　□　很

（3）第一、二音节韵母相同。

vui⁵¹tsui⁵¹a²²kum⁵¹ 笑口常开　　　pjaŋ⁵¹tshaŋ⁵⁵tʃap⁵⁵kat⁵⁵ 挑拨离间
笑　牙　合不拢　　　　　　　刀鞘　楔子　装

（4）第二、四音节韵母相同。

tsui²²thaŋ⁵¹a²²tʃaŋ²² 半途而废　　　tshuŋ²²tho⁽⁵⁵⁾mau²²po⁵⁵ 开春时节
做　尾　不　到　　　　　　　春天　出　天　亮

（5）第三、四音节韵母相同。

vui⁵¹vo⁵¹laŋ²²thaŋ⁵¹ 欢声笑语　　　pju⁵¹phoi²²mŭ²²nu⁵⁵ 无福之人
笑　事　□　□　　　　　　　人　霉　□　□

（7）第一、二和三、四音节韵母分别相同。

lo²²mo⁵⁵khjaŋ⁵¹laŋ²² 有斑纹的老虎　khuŋ⁵⁵ka²²la⁽⁵⁵⁾ʒa⁵⁵ 尊敬
虎　大　□　□　　　　　　　尊　敬　□　□

（8）第一、二、三音节韵母相同。

lo⁽⁵⁵⁾ko⁽⁵⁵⁾tho⁽⁵⁵⁾tsɤk²² 贿赂　　　　tʃɤ²²tʃɤ⁵⁵ tʃɤ²²ʃaŋ⁵¹ 年幼儿童
手　□　上　遮　　　　　　　□　□　　小孩

（9）第二、四音节双声。

sum²²tsai⁵⁵pju⁵¹tsə⁵¹ 一生一世　　　thum²²tʃaŋ²²a²²tʃo⁽⁵⁵⁾ 永无止境
三　世　人　做　　　　　　　尽　处　不　在

（10）第一、四音节韵母相同。

ju⁽⁵⁵⁾tso²²la²²nu⁵⁵ 年轻小伙　　　pjo²²pjin⁵¹su²²so²² 来来往往
人　小　□　嫩　　　　　　　蜂　像　走

（11）第二、三音节韵母相同。

i²²kjo⁽⁵⁵⁾jo⁽⁵⁵⁾tʃhaŋ⁵⁵ 审时度势　　xui⁵¹tʃo⁵⁵pjo²²lap²² 盲目从事

6.ABAB式的韵律结构。ABAB型的韵律结构可以分为以下两种：

（1）第一、三音节双声叠韵，第二、四音节双声叠韵。

la²²tum⁵⁵la²²tum⁵⁵ 一截一截　　　a²²khjo²²a²²khjo²² 一沟一沟
一　截　一　截　　　　　　　一　沟　一　沟

（2）第一、三和二、四音节双声叠韵，并且四个音节均为双声。

khoŋ⁵¹khaŋ⁵¹khoŋ⁵¹khaŋ⁵¹ 哐当哐当　mik⁵⁵mak⁵⁵mik⁵⁵mak⁵⁵ 一闪一亮
（拟声）　　　　　　　　　　（形容有光的东西一闪一闪地）

四、载瓦语四音格词的声调形式

声调也是体现载瓦语四音格词韵律特征的形式之一。载瓦语有高平、低平、全降三个声调，调值分别为 55、22、51。（何勒腊 2016）载瓦语四音格词在声调上存在相互交错的特点，在搭配上形式多样，主要有以下几个形式：

1. 四个音节全部同调。该类型基本集中在 ABAC 型和 AABB 型 ABAB 型，在其他类型中尚未发现四个音节同调的四音格词。例如：

a²²vui²²a²²jam²² 边沿　　　　　ʒɛ⁵¹ʒɛ⁵¹ʒa⁵¹ʒa⁵¹ 利索
边 □ 边　　　　　　　　　　　形容麻利的样子

2. 第一、二音节和三、四音节分别同调。该类型主要在 AABB 型中。例如：

teŋ²²teŋ²²tuŋ⁵⁵tuŋ⁵⁵ 真真实实　　xui⁵⁵xui⁵⁵khoŋ⁵¹khoŋ⁵¹ 干燥
准 准 真 真　　　　　　　　　干 干 燥 燥

3. 第一、三和二、四音节分别同调，该类型在 ABAC 型中居多。例如：

i⁵⁵ʃu²²i⁵⁵ʃa²² 子孙后代　　　　a²² pum⁵¹a²²tsaŋ⁵¹ 堆积如山
孙辈 祖孙辈　　　　　　　　　［缀］山［缀］层

4. 第一、二、三音节同调。例如：

khau²²tso²²khau²²ʃuʔ⁵⁵ 偷盗行为　a²²kji²²a²²kaŋ⁵⁵ 辛辛苦苦
偷 吃 偷 喝　　　　　　　　　□ 苦 □ 艰

5. 第二、三、四音节同调，该类型在 ABCD 型中较多。例如：

soʔ⁵⁵pju²²lǎ²²tuŋ²² 厌烦　　　 mjin⁵¹so²²pat²²san²² 凌乱
气 消 一 截　　　　　　　　　乱 □ 打 洒

6. 第一、二、四音节同调。该类型在 ABCD 中居多。例如：

xu⁵⁵xaŋ⁵¹a²²sə⁵⁵ 无所适从　　　ʃi²²tsui²²koʔ⁵⁵ŋun²² 硕果累累
东西 不知　　　　　　　　　　果 结 枝 垂

7. 第二、四音节同调，一、三音节异调。该类型在 ABCD 型和 ABCB 型中居多。例如：

tsui⁵¹lo²²mu⁵⁵tʃhau²² 老本行　　 jup⁵⁵mjin⁵¹a²²mu⁵¹ 夜不能寐
干 手 事 旧　　　　　　　　　睡 夜 不 能

8. 第一、三、四音节同调。该类型 ABAC 和 ABCD 中居多。例如：

a²²ʃi⁵¹a²²so²² 拼命　　　　　　ʃi⁵¹tʃhut⁵⁵no⁵¹u⁵¹ 昏头昏脑
不 死 不 走　　　　　　　　　死 昏 病 头

9. 第二、三和一、四音节分别同调。该类型在 ABCD 中居多。例如：

a²²mju̠⁵¹tshaŋ⁵¹tʃup²² 各式各样　　　xɤ⁵⁵xu⁵¹nuŋ⁵¹thaŋ⁵⁵ 前前后后
种类　□　团　　　　　　　　　前面　　后面

10. 第二、三音节同调，一、四音节异调。该类型在 ABCD 型中居多。例如：

au⁵¹tso²²num²²naŋ⁵⁵ 亲朋好友　　　mjin⁵⁵pjoʔ²²nap²²kə⁵¹ 早吵晚好
亲戚　朋友　　　　　　　　　　夜　吵　早　合

11. 第一、三音节同调，二、四音节异调。该类型在 ABAC 型中居多。例如：

a²²ʃut⁵⁵a²²ʃai⁵¹ 毫无差错　　　　au²²kjo̠⁵¹au²²khoʔ⁵⁵ 炊具
不错　不差　　　　　　　　　　锅架锅晚

12. 第三、四音节同调，一二异调。该类型在 ABCD 型中居多。例如：

i⁵¹ʃuʔ⁵⁵ʃo²²tso²² 吃喝玩乐　　　mjin⁵⁵saŋ⁵¹nap²²pjuʔ²² 健忘
酒喝　肉　吃　　　　　　　　　夜　说　早　失

13. 第一、四同调，二三异调。该类型声调组合较少，仅在 ABCD 型中发现。例如：

mjit²²xɤ⁵¹xaʔ⁵⁵ʒɤŋ⁵⁵ 根深叶茂　　　kha⁵⁵pji⁵¹a²²khap⁵⁵ 力有不逮
根　长　叶　茂　　　　　　　　　跨　给　不　愿

14. 一二同调三四异调。该类型主要出现在 ABCD 型的四音格词当中。例如：

ʃi⁵¹pjun⁵¹a²²sə⁵⁵ 不知死活　　　mau²²u²²tʃhi⁵⁵thaŋ⁵¹ 首尾
死活　不　知　　　　　　　　　天　头　后面

五、结　语

1. 我们对《载汉词典》（德宏州民语委 2010）进行了穷尽式搜寻，选取其中 469 个四音格词作了统计，如下表所示：

表 1

类型	所占比例	重叠形式	有韵/无韵	例　词
ABCD	27%	无	−	vui⁵¹tsui⁵¹a²²kum⁵¹ "笑口常开"
ABAC	57%	1·3 音节重叠	+	vo⁵¹khaŋ²²vo⁵¹mo⁵⁵ "到处"
ABAB	仅有 2 词	1·3−2·4 音节重叠	+	a²²tʃhok²²a²²tʃhok²² "喊喊嚓嚓"
AABB	7%	首尾俩音节重叠	+	pjiŋ⁵⁵pjiŋ⁵⁵tep²²tep²² "满满当当"
ABCB	6%	2·4 音节重叠	+	ʃi⁵¹so²²no⁵¹so²² "卖力"
ABCC	3%	3·4 音节重叠	+	kjoʔ²²lai⁵¹sɤ⁵¹sɤ⁵¹ "冷风飕飕"

其中 ABCD 型 125 个，占所选例词的 27%；ABAC 型 264 个，占所选例词的 57%；ABAB 型 2 个，在例词中比重极小，几乎可以忽略不计；AABB 型 35 个，占所选例词的 7%，ACBC 型 27 个，占所选例词的 6%，ABCC 型 16 个，占所选例词的 3%。ABCC 型在亲属语中也有分布。如冯广艺教授（1996）认为，景颇语有 kǎ^{31}tun^{31}tok^{55}tok^{55} "矮墩墩的"、kǎ^{31}tsiŋ^{33}phʒap^{31}phʒap^{31} "新鲜的"、lǎ^{31}si^{31}kʒom^{31}kʒom^{31} "瘦削状" 等。另外，以往的研究（马学良 2003，徐悉 1984）认为，在语音结构上，载瓦语四音格词主要有双声、叠韵、叠音、谐韵等形式，以音节是否重叠分作 ABAC、BBCC、ABCD、ACBC、ABAB 等五种类型。这些论著或从音节是否重叠、或从构词方式等角度对载瓦语四音格进行了细致的分析，为后来的研究者提供了研究范式。笔者在作四音格词收集时，在前辈学者的基础上发现了第六类 ABCC，尽管所占数量极少，但有必要拿出来讨论。

2. 载瓦语四音格词中一部分四音格词有向三音格词转化的趋向。像 a^{22}ʒoi^{22}a^{22}ʒoi^{22} 就可简化成 a^{22}ʒoi^{22}ʒoi^{22} "成串的"。例句：ʃi^{22}phik^{55}xi^{55}pe̱^{55}le^{55} a^{22}ʒoi^{22}ʒoi^{22}kut^{55}la̱ŋ^{51}to̱^{22}a^{ʔ55}. 句意为：把这些辣椒成串成串的挂起来。

3. 一部分四音格词可以有多种形式的表达，其意义相同。例如：a^{22}khoŋ^{22}a^{22}khaŋ^{22} 可以说成 khoŋ^{51}khoŋ^{51}khaŋ^{51}khaŋ^{51}，也可以用 khoŋ^{51}ə^{ʔ55}khaŋ^{51}ə^{ʔ55}，这三种形式都有 "物体相互碰撞" 的意思；a^{22}nju̱i^{55}a^{22}nja̱i^{55} 可以说成 nju̱i^{55}nju̱i^{55}nja̱i^{55}nja̱i^{55} 或 nju̱i^{55}ə^{ʔ55}nja̱i^{55}ə^{ʔ55}，它们有 "不利索、扭扭捏捏" 的意思。

4. 载瓦语四音格词主要以传统形式为主，且固化作某一类型的情况较少。这主要是因为载瓦文创制时间较晚，很多四音格词只能通过 "懂萨"（祭师）及长者以口头文学的形式传承，会造成已有词汇的流失，无法保证数量的增多。我们认为，是载瓦文使用频率的降低导致语言功能一定程度上的衰弱。

参考文献：

[1] 马学良主编.《汉藏语概论》[M].民族出版社，2003 年。

[2] 徐艰悉、徐佳珍.《景颇族语言简志（载瓦语）》[M].民族出版社，1984 年。

[3] 戴庆厦、孙艳.《景颇语四音格词产生的机制及其类型学特征》[J].中国语文，2005 年第 5 期。

[4] 戴庆厦、孙艳.《四音格词在汉藏语研究中的价值》[J].汉语学习，2003 年第 6 期。

［5］刘劲荣.《拉祜语四音格词研究》[M].民族出版社，2009年。

［6］冯广艺.《景颇语、汉语四音格词比较研究》[J].湖北师范学院学报（哲学社会科学版），1996年第4期。

［7］孙艳.《汉藏语四音格词研究》[D].中央民族大学，2005年。

［8］余金枝.《吉首苗语四音格词研究——兼与吉首汉语四音格词比较》[D].湖南师范大学，2007年。

［9］荣晶.《藏缅语族的四音格形式》[J].云南民族大学学报，2003年第4期。

［10］德宏州民族语文指导工作委员会、德宏州景颇族发展进步研究学会编:《载汉词典》，德宏民族出版社，2010年。

［11］朱艳华.《载瓦语参考语法》[D].中央民族大学，2011年。

［12］何勒腊.《载瓦语语音研究》[D].上海师范大学，2016年。

（指导教师：刘劲荣　何勒腊）

参考书名目

[1] 云南民族事务委员会编《傈僳族文化大观》1999年9月由云南民族出版社出版。

[2] 斯陆益著《傈僳族文化论》1999年8月由云南民族出版社出版。

[3] 杨春茂著《傈僳族民间文学概论》2002年3月由云南民族出版社出版。

[4] 和少英：《社会文化人类学初探》，云南民族出版社2003年5月出版。

[5] 德宏州民族宗教事物局主编的《德宏傈僳族聚居地区经济社会发展规划（2007~2010）》调查报。

[6] 云南民间文学集成编辑办公室和保山地区民间文学集成领导小组编《傈僳族风俗歌集成》云南民族出版社1988年3月出版。

[7] 杨春茂著《傈僳族民间文学概论》云南教育出版社2002年3月出版。

[8]《傈僳族文学简史》云南民族出版社1999年版。

[9]《基督教文化百科全书》济南出版社1991年9月出版。

[10] 中国少数民族编写组《中国少数民族》人民出版社1981年5月出版。

[11] 中国云南怒江福贡县县政协县民族宗教委员会合编《福贡县文史资料·傈僳族专辑第六辑》。内部资料云南省新闻出版局1995年12月批准。

[12]《德宏宗教》德宏民族出版社1992年10月出

后 记

　　张琪老师和我共同编著的《民族语言文化》终于全部定稿，将由德宏民族出版社正式出版。本书作为一本论文集，投稿者主要来源于云南民族大学民族文化学院的硕士研究生，投稿内容主要包含云南少数民族的语言、文字、文化，兼汉语方言。

　　我们对已提交的论文进行多次修改和旁批，直至最终定稿。这样做不仅仅是为保证出版论文集的质量，也是为学生搭建一个写作平台，便于为其营造良好的学术风气，杜绝学术不规范的现象。

　　经过将近六个月的审稿和筛选工作，我们最终敲定符合学术规范且含有自己独特见解的论文三十余篇。同学们精益求精、无一懈怠，为创作出高质量的学术论文而倾心倾力，这恰好贴合习近平总书记提出"不忘初心，牢记使命、永远奋斗"的理念。在这里，我们首先感谢石峰老师为我们作序，先生德高望重，是我们学习的楷模。其次，我们还要向闫蕊、郭晨阳、郭亚杰三位同学对此论文集的统稿及后期整理的相关工作表示感谢。最后，特别感谢德宏民族出版社申报成功了2016年度民族文字出版专项资金资助项目；感谢所有参与此书编撰工作的同志们。德宏民族出版社与云南民族大学民族文化学院出版《民族语言文化》此举，不仅推动了云南少数民族语言文字的出版，也进一步传承和弘扬了各民族的优秀文化。

　　请各位专家、学者们，提出宝贵的意见，我表示深切的谢意！

张　琪　刘劲荣

2017年12月　于春城昆明